国家出版基金项目
NATIONAL PUBLICATION FOUNDATION

教育强国战略研究系列书

教育公平背景下跨学校组织和区域教育政策执行

JIAOYU GONGPING BEIJING XIA KUA XUEXIAO
ZUZHI HE QUYU JIAOYU ZHENGCE ZHIXING

李孔珍等　编著

SPM 南方出版传媒

全国优秀出版社　全国百佳图书出版单位　广东教育出版社

·广州·

图书在版编目（CIP）数据

教育公平背景下跨学校组织和区域教育政策执行／李孔珍等　编著．—广州：广东教育出版社，2019.9

（教育强国战略研究系列书）

ISBN 978 - 7 - 5548 - 3038 - 3

Ⅰ．①教…　Ⅱ．①李…　Ⅲ．①地方教育—基础教育—教育政策—研究—中国　Ⅳ．①G639.2

中国版本图书馆 CIP 数据核字（2019）第 224794 号

策　　划：李敏怡　李杰静
责任编辑：李敏怡
责任技编：涂晓东
装帧设计：梁　杰

广 东 教 育 出 版 社 出 版

（广州市环市东路 472 号 12 - 15 楼）

邮政编码：510075

网址：http://www.gjs.cn

广东新华发行集团股份有限公司经销

广东鹏腾宇文化创新有限公司印刷

（广东省珠海市高新区科技九路 88 号 10 栋）

787 毫米×1092 毫米　16 开本　18.25 印张　380 000 字

2019 年 9 月第 1 版　　2019 年 9 月第 1 次印刷

ISBN 978 - 7 - 5548 - 3038 - 3

定价：48.00 元

质量监督电话：020 - 87613102　邮箱：gjs-quality@nfcb.com.cn

购书咨询电话：020 - 87615809

前　言

　　《教育公平背景下跨学校组织和区域教育政策执行》是在我国基础教育政策以追求教育公平为价值取向和以教育均衡发展为实践策略的背景下，对我国 21 世纪初基础教育政策执行的主要特征展开的研究。本书基于我国基础教育实行"以县为主"的制度基础，以基层教育组织为分析单元，探讨了在教育公平发展背景下我国跨学校组织这一办学模式的历史渊源、主要特征及其运作模式和区县教育行政组织教育政策执行的状况。

　　本书分为三章，第一章分析了我国基础教育办学模式的历史发展脉络，并以此为基础从理论层面探讨了目前我国跨学校组织的产生、特征和意义；第二章从实践层面，以案例研究的方式分别研究了教育集团、学校联盟、名校办分校、一校多址、学区制等跨学校组织的运作模式，探讨了其特点、问题和应对策略；第三章则在充分调研的基础上，从区县层面分析了教育公平背景下区县教育均衡发展政策及其执行情况。

　　本书具有以下几个特点：第一，本书在区县层面和跨学校组织层面研究教育政策的执行。就全球范围而言，教育政策执行研究已经不再仅仅秉持自上而下或者自下而上的研究范式，而是注重两者兼具。基于此，本书在研究教育政策执行时，既重视区县政府教育行政部门又关注跨学校组织这一新的学校组织形式，以两种不同类型的教育组织为分析单元展开研究，分析了在区县层面和在跨学校组织层面的教育政策执行，调研了两种不同类型的教育组织如何执行教育政策，这种执行取得了怎样的成效，还存在什么问题。第二，本书提出了跨学校组织这一新概念。这一概念的提出是因为以往的概念已经无法完整地解释目前我国教育改革领域，以追求办人民满意的教育为目标，以义务教育阶段教育均衡发展和优质教育资源共享为核心，而出现的这一新的学校组织现象，是对我国基础教育改革实践现象的一种提炼。这一概念涵盖了以扩大义务教育阶段优质资源为核心的所有类型的学校联合，是 21 世纪初我国在追求教育公平过程中采取的最重要的学校组织变革形式，代表了这一阶段我国基础教育管理改革的特征。第三，本书第二章对各种不同类型跨学校组织执行教育优质资源扩大政策的研究和第三章对区县教育行政部门教育优质资源扩大政策执行的研究，均来自第一手调研资料，是众多编者亲自调研的结果，秉持了源于实践、服务实践的思想，力图客观再现我国基础教育改革实践。

　　本书由李孔珍组织撰写、统稿和定稿，迟晓丽、樊凌、张琦、张鑫、杨琪琪、何雪菲、赵旭、席瑞、刘鑫、张欣然、韩琼玉、杨素梅、沈耘、赵静、高文华、乔欣、赵黎燕、史艳枫、张铁军、徐平政、徐新燕、王博、张艳霞、李军、万锡茂、陈进、杨宏、祁志军、樊罡、冯剑平、刘成良等参与了本书的编写或调研，他们多数奋斗在区县教育行政部门和跨学校组织中，为本书的成稿做出了很大贡献。同时非常感谢为出版此书而辛勤工作的广东教育出版社的责任编辑李敏怡主任和李杰静等有关人员。

本书在编撰过程中参阅了许多学者的成果，在此一并表示感谢！

李孔珍

2019 年 7 月于首都师范大学

目　录

目　录

第一章　教育公平背景下跨学校组织的产生

进入 21 世纪以来，促进教育公平和提高教育质量成为我国教育政策的主要价值取向。党的十九大做出了我国已经进入中国特色社会主义新时代的重大判断，我国社会主要矛盾已经转化为人民日益增长的美好生活需要和不平衡不充分的发展之间的矛盾，人民对公平而有质量的教育的向往更加迫切。为了追求教育公平和提高教育质量，义务教育均衡发展是我国近年来基础教育管理改革的重要举措。

通过以教育组织为分析单元来探讨义务教育均衡发展政策的执行，我们可以看出，致力于共享和扩大优质教育资源的"跨学校组织"成为近年来我国办学模式改革的主要特征，这一特征不是凭空产生的，而是有其历史渊源的。从历史发展的脉络来看，跨学校组织的产生以及办学模式改革政策的演变，给我国教育政策的制定和执行带来了深刻的启示。同时，我国公办中小学办学体制改革出现了一些新的特征，拨款模式、管理模式在延续以往经验的同时开始新的尝试，校长的产生方式也有了新的突破，但同时也存在一定的问题。在这样的办学体制和办学模式改革背景下，跨学校组织的发展取得了一定的成效，老百姓的获得感大大增强。不仅如此，跨学校组织也是我国整个社会改革由"管理"向"治理"转变在教育领域的重要体现。

为此，本章探讨了改革开放以来我国公办学校办学模式改革政策的演变及其启示，以 B 市为例，调研了公办学校办学体制改革的问题与对策，并在此基础上分析了跨学校组织的产生及其治理意蕴、特征、困境和未来路径。

第一节　办学模式改革政策演变及跨学校组织的产生

经济和社会的发展水平对教育发展产生着重要的影响，这种影响并不能直接为教育发展带来效果，而必须通过教育政策这一桥梁才能起作用。即使教育政策的主要内容和方向与经济和社会发展程度一致，能够顺应时代发展，并且能够在某种程度上满足公众的需求，也并不一定意味着教育政策会取得一致认同的理想效果。因而随着社会发展，新的教育问题总在不断出现，教育改革总在不断进行，教育政策总在不断颁布。从较长远的历史来看，教育改革如同川流不息的河流，时而湍急，时而缓慢，形成不同的阶段。改革开放以来，我国基础教育公办学校办学模式改革政策在不同历史阶段有着不同的价值追求，这种追求体现在不同历史阶段的办学模式中，深刻地影响着学校的发展和家长的择校行为。

这里的办学模式是指在一定的历史条件下，以一定办学思想为指导，在办学实践中逐步形成的规范化的结构形态和运行机制①，是兴办和管理学校的体制机制的特定形式，并涉及办学资源在学校间的分配。关于改革开放以来我国基础教育公办学校办学模式改革的专门研究并不多见，主要散见于对办学体制和公办学校的研究中。有研究认为，从改革开放到 1985 年《中共中央关于教育体制改革的决定》（以下简称《决定》）颁布之初，中国的公办学校系统是计划经济体制的一个缩影。1985 年《决定》强调简政放权，国家教育权开始向学校办学自主权转化。② 1986 年颁布的《中华人民共和国义务教育法》规定了义务教育的免费性，但是囿于当时的社会条件，允许义务教育学校适当收取杂费，这成为 20 世纪 90 年代义务教育学校收费的一个法律依据。③ 从《决定》颁布到 20 世纪 90 年代初期，受有计划的商品经济理论和 1985 年《决定》的影响，理论界提出了教育商品化的问题。④ 1993 年颁布的《中国教育改革和发展纲要》提出要建立"适应社会主义市场经济体制"的教育体制的改革目标，政府开始面临与市场的权力再分配，相当一部分在计划经济时代属于政府的权力和管辖的事务开始逐步向市场转移⑤，改制学校纷纷出现。针对 20 世纪 90 年代以来的基础教育办学模式改革，有研究表明，学校的收费权力一旦失去控制，就会出现乱收费等现象，公平秩序被破坏。⑥ 它虽然改变了我国公办学校经费不足、管理机械、缺乏特色等缺陷，满足了多层次、多样化的教育需求，但加剧了教育不均衡，危害了教育公平，淡化了政府提供公共教育的责任。⑦ 在这种情况下，《关于 2006 年治理教育乱收费工作的实施意见》发布，从其内容看，政府对改制学校的定位从"社会力量办学"和"教育体制改革的一部分"转变为教育领域"乱收费"的焦点和清理整顿的重点。至此，办学理念向着更加公平的取向倾斜。⑧ 2006 年新修订的《中华人民共和国义务教育法》一个重要的立法目的，即要解决义务教育的市场失灵问题，强化了国家的教育责任。⑨ 目前对于近期为扩大基础教育优质资源而出现的诸如学区制、教育集团等办学形式的研究多见于案例分析，而对于这种新出现的办学模式的整体思考则很少见。

---

① 潘懋元，邬大光. 世纪之交中国高等教育办学模式的变化与走向［J］. 教育研究，2001（3）：3 - 7.
② 劳凯声. 中国教育的问题是公办学校的问题［J］. 教育研究，2010（2）：15 - 21.
③ 劳凯声. 教育体制改革与改革伦理问题［J］. 首都师范大学学报（社会科学版），2011（4）：1 - 16.
④ 康永久. 当代公立学校制度变革研究述评［J］. 比较教育研究，2004（11）：16 - 20.
⑤ 劳凯声. 中国教育的问题是公办学校的问题［J］. 教育研究，2010（2）：15 - 21.
⑥ 劳凯声. 教育体制改革与改革伦理问题［J］. 首都师范大学学报（社会科学版），2011（4）：1 - 16.
⑦ 赵银生. 我国基础教育办学体制存在的问题及政策建议［J］. 当代教育科学，2012（4）：10 - 12.
⑧ 刘福才. 我国普通高中办学体制改革：现状、问题与发展路向［J］. 华南师范大学学报（社会科学版），2010（6）：28 - 34.
⑨ 劳凯声. 教育体制改革与改革伦理问题［J］. 首都师范大学学报（社会科学版），2011（4）：1 - 16.

从上述研究可以依稀看出我国基础教育公办学校办学模式改革政策的大致脉络，但是尚不全面和细致。我国公办学校办学模式改革在不同阶段之间并不是断然分开的，其中必定存在过渡期，本书为了研究的需要，以政策出台为标记对不同阶段进行划分，旨在分析我国改革开放以来教育政策文本和改革实践的基础上，探讨我国不同阶段基础教育公办学校办学模式改革政策的特征及其启示。

一、改革开放之初至 1993 年以重点学校制度为特征

从改革开放之初至 1993 年期间，追求效率是我国教育政策追求的首要目标，这主要体现在重点学校制度上，政府与学校之间的关系体现为政府对学校自上而下的行政管理。

中华人民共和国成立初期，国家一方面大力开办各类学校，为公众提供最基本的受教育机会；另一方面又把有限的教育资源重点投入到若干中小学，以培养社会急需的人才。改革开放后，我国延续了之前实施的重点学校制度，目的是在教育资源短缺的情况下，在尽可能短的时间内解决人才紧缺的问题。1978 年，教育部制定《关于办好一批重点中小学的试行方案》，提出在经费投入、办学条件、师资队伍、学生来源等方面向重点学校倾斜，由此形成了国家级、省级、地级、县级不同层级的重点学校。这样我国基础教育领域就存在着重点学校和普通学校并存的局面。为了使重点学校招收到学习成绩优秀的学生，统一考试和"以分择校"成为我国学生择校的基本制度。分数面前人人平等，这在某种程度上体现了一种标准公平的原则，并没有引起多少异议。有研究认为，"这是一个由政府举办、公共财政经费维持的学校教育制度，集权化、等级结构、非人格化的规章制度和自上而下的行政管理构成了这一体制的基本特征。"随着重点学校政策的实施，由于严重的等级结构，学校之间在升学率上的竞争越来越激烈，也出现了学生学业负担过重的问题。学业负担过重影响着学生，尤其是小学生的身心健康，他们正处于长身体的关键阶段，因而引起了人们的担忧。

1985 年，我国颁布了《中共中央关于教育体制改革的决定》，指出要"坚决实行简政放权，扩大学校的办学自主权""实行基础教育由地方负责、分级管理的原则"，并指出国家对教育的投资毕竟要受经济发展水平的制约，"当前办学经费困难"这一问题只能逐步改善。改革的决策者希望通过扩大学校的办学自主权来提升学校地位，使之成为独立自主的办学实体。虽然该决定并未单独对重点学校制度做出规定，但是在实践中重点学校的办学自主权开始扩大。

1986 年 4 月，第六届全国人民代表大会第四次会议通过的《中华人民共和国义务教育法》在减轻学生学业负担上采取了措施，规定小学入学及升入初中，因其处在义务教育阶段，要求取消升学考试而实行就近入学的方针。从此，国家取消了小学升初中的入学考试制度，采用就近入学的政策，小学升初中"以分择校"的局面结束。然而，面对学校与学校之间存在重点和非重点之别，很多家长并不甘心把孩子送进普通

3

学校就读。

同时，自20世纪80年代中期以来，我国开始建立社会主义市场经济体制，这一转型与改革的结果是城乡居民收入的大幅提高和我国竞争实力的增强，富裕群体开始逐渐呈现。就市场经济体制而言，它不仅体现的是一种经济形式，与其相对应的还是一种人的生存方式与文化模式，这为一部分家长"以钱择校"奠定了基础。加之，我国独生子女政策的实施和"望子成龙"传统思想的影响，以及实施市场机制以来"铁饭碗"的打破和就业竞争压力的增强，人们对教育分层作用的充分认识，加剧了富裕群体家长的择校意愿。然而我国民办教育的发展尚处于初级阶段，没有任何一所民办学校的教育质量能够与公办学校系统内的重点学校相比，这促使家长们主要在公办学校系统择校，因此公办学校中的重点学校成为家长们追逐的对象，择校及其引起的教育公平问题开始受到关注。

尽管重点学校制度在为国家培养急需人才方面做出了重要贡献，但是另一方面也引起了小学生课业负担过重的问题，而且择校问题也开始进入人们的视野。

二、1993—2005年以"混合制"学校为典型

在1993—2005年期间，为适应社会主义市场经济体制改革，扩大学校办学自主权和多渠道筹措教育资金成为教育改革的重要举措，"混合制"学校成为这一阶段公办学校办学模式改革的典型，政府、学校和市场之间的关系成为学术界讨论的重要话题。

1993年发布的《中国教育改革和发展纲要》提出了要建立"适应社会主义市场经济"的教育体制改革目标，教育产业化、市场化开始成为研究的热点问题。由于办学经费有限，1994年，国务院颁发的关于《中国教育改革和发展纲要》的实施意见指出："企事业单位和其他社会力量可按国家的法律多渠道、多形式办学，有条件的地方，也可实行民办公助、公办民助等形式"，"鼓励和提倡厂矿企业、事业单位、社会团体和个人根据自愿、量力原则捐资助学、集资办学。"1996年的《全国教育事业"九五"计划和2010年发展规划》再次提出："现有公办学校在条件具备时，也可以酌情转为'公办民助'学校或'民办公助'学校。"1997年发布的《国家教委关于规范当前义务教育阶段办学行为的若干原则意见》指出，"各地在义务教育阶段办学体制改革中，可依实际情况实行公办民助、民办公助、社会参与、举办民办学校等多种形式"。"公办民助""民办公助"等类型的改制学校被称为"混合制"学校，是这个阶段社会力量参与公办学校办学的一种重要方式，在经费来源和招生方面的自主权远远超过其他学校，很多家长开始竞相通过缴纳"赞助费"使孩子进入重点学校。在改制的过程中，国有资产、民间资产交错，政府、学校和社会的责、权、利发生重组。这样，由于择校意愿的强烈和基础教育学校之间客观上存在的重点学校与非重点学校之间的区别，在原本为了解决经费短缺问题而鼓励社会力量多渠道参与办学的政策背景下，公办学校以"捐资助学"的名义收取择校费似乎存在一定的合理性，在某种层

面上使得"以钱择校"有了些许借口。

以北京市为例，1996年4月，北京市批准11所学校作为市办学体制改革试点。从1997年开始，为了解决学生择校难问题，北京市教委出台了逐步创建示范高中的有关政策，决定将40多所重点中学从原有的初中剥离出来，并一律转制为民营性体制改革试点校，即"混合制"学校。这些"混合制"学校师资力量雄厚，可以多渠道筹措教育资金，并且可以突破初中就近入学的限制，面向全区或者全市招生。后来，"混合制"学校的数量不断增加。一时间，"混合制"学校成为择校的重点。在这种情况下，为了满足家长择校需求和筹措到较多的教育资金，有的普通学校也开始设"重点班""实验班""特长班"等，以期能够多收费。与此相反，薄弱学校主要依靠政府拨款，基本上无法筹措到外来经费，教师待遇与"混合制"学校差距很大，学生也流失严重。有研究发现，"简政放权和竞争性的教育市场的建构使学校展开了生源竞争和经费竞争，以获得在教育市场中的优势地位。"[1] 有人认为，校际差距的扩大、"寻租"和高收费导致了学校教育的乱象。[2] 这样，在公办学校办学模式改革中，虽然市场机制介入下的"混合制"学校对增强办学活力起到一定的作用，但是由于其导致择校问题加剧，并出现了乱收费问题，引起了公众对教育公平问题的热议和强烈不满。虽然政府多次出台禁止学校乱收费的政策，但效果并不理想。

面对这种局面，2005年，国家发展改革委、教育部《关于做好清理整顿改制学校收费准备工作的通知》指出："一些地方存在办学性质不清、改制行为不规范、收费过高等问题，甚至简单地出售、转让公办学校，偏离了教育宗旨和办学体制改革方向，在社会上产生了很大的负面影响。"要"做好中小学改制学校及其收费的清理整顿工作。"随后，各地采取了"非公即私"的办法展开了对"混合制"学校的清理整顿工作，即办学主要依靠公办资源的学校，转向公办；属于企业出资或是由小区开发商投资参与合办的学校，转向民办。从此，"混合制"学校改革政策告一段落。当然，在实践中，"混合制"学校的逐步清理整顿工作经过了几年才告结束。

"混合制"学校改革在吸纳社会资金方面起到了重要作用，但是使得择校问题加剧，乱收费问题突出，教育公平问题成为社会的热点问题。

三、2006年以来以"跨学校组织"为特征

进入21世纪以来，为了解决"择校热"问题，义务教育均衡发展备受重视，扩大优质教育资源成为当务之急，追求教育公平毫无疑问地成为我国基础教育政策的价值取向，在基础教育领域的办学模式改革则以"跨学校组织"为特征，政府、学校和社

① LIU Y J, DUNNE M. Educational reform in China: tensions in national policy and local practice [J]. Comparative education, 2009, 45 (4): 461–476.

② 杨东平. 办学体制改革与教育公平 [J]. 教育发展研究, 2005 (24): 32–33.

会之间的关系成为学术界讨论的重要话题。

首先，追求教育公平成为基础教育政策的价值取向。面对严重的重点学校与非重点学校校际差距等教育不均衡现象和"择校热"问题，2006 年修订的《中华人民共和国义务教育法》提出，县级以上人民政府及其教育行政部门应当促进学校均衡发展，缩小学校之间办学条件的差距，不得将学校分为重点学校和非重点学校。学校不得分设重点班和非重点班。县级以上人民政府及其教育行政部门不得以任何名义改变或者变相改变公办学校的性质。从此，重点学校制度结束，公办学校的性质得到强调，义务教育均衡发展受到重视，追求教育机会公平提上日程。2010 年颁布的《国家中长期教育改革和发展规划纲要（2010—2020 年)》（以下简称《纲要》）指出，要把促进公平作为国家基本教育政策，2013 年《中共中央关于全面深化改革若干重大问题的决定》再次提出要大力促进教育公平，并且提出要深化教育领域综合改革，深入推进管办评分离，完善学校内部治理结构。2015 年 5 月发布的教育部《关于深入推进教育管办评分离 促进政府职能转变的若干意见》再次指出：要推进管办评分离，构建政府、学校、社会之间的新型关系；形成决策、执行、监督相互协调、相互制约的教育治理结构，建立健全政府、学校、专业机构和社会组织等多元参与的教育评价体系，进一步落实和扩大中小学在育人方式、资源配置、人事管理等方面的自主权。由此可见，推进义务教育均衡发展和构建政府、学校、社会之间的新型关系成为政策重点。

其次，衔接上一阶段，社会力量参与公办学校办学再次受到重视，但是参与方式有别。《纲要》指出，要"深化公办学校办学体制改革，积极鼓励行业、企业等社会力量参与公办学校办学"，"各地可从实际出发，开展公办学校联合办学、委托管理等试验，探索多种形式，提高办学水平。"2014 年发布的《国务院关于创新重点领域投融资机制鼓励社会投资的指导意见》（国发〔2014〕60 号）（以下简称《指导意见》）也指出，可通过独资、合资、合作、联营、租赁等途径，采取特许经营、公建民营、民办公助等方式，鼓励社会资本参与教育，各级政府逐步扩大教育、医疗等政府购买服务范围，各类经营主体平等参与，建立健全政府和社会资本合作（PPP）机制，规范合作关系保障各方利益，健全风险防范和监督机制，健全退出机制。

在实践中，为了追求教育公平，实现义务教育均衡发展、扩大优质教育资源和促进资源共享，满足人民群众"上好学"的愿望，"跨学校组织"成为这一阶段典型的办学模式。所谓"跨学校组织"，是指在区县范围内或者跨区县的学校与学校之间，或者学校与其他社会组织之间，为推进义务教育均衡发展、扩大优质教育资源和实现资源共享而建立的诸如教育集团、学区制、名校办分校、教育集群、学校联盟、一校多址、九年一贯制对口直升等各种跨校联合形式。例如，广东省广州市越秀区实行了学区制，浙江省杭州市实行了名校集团化办学模式，北京市从 2005 年至 2014 年推动城区名校在郊县建立分校 50 所左右，北京市丰台区设立了教育集群等。这些跨学校组织中各成员组织之间有的联系紧密，有的只是一种松散连接；有的有正式的规章制度，有的则随意性较大；有的在教育部门（区教委）的部署下产生，有的则是学校与学校之间主动联合的结果；有的是公办学校之间的联合，有的则融入了社会力量参与公办学校办学。

跨学校组织类型多种多样，从包含的学段划分，包括横向联合（如均是初中学校）和纵向联合（如既有初中又有高中或者高校、小学等）；从关系的紧密程度划分，包括紧密型（如同一法人、统一师资分配、统一招生等）和松散型（如在管理上相互独立，仅仅合作开展活动等）；从资源共享范围划分，包括学校与其他社会组织的合作和学校校际合作；从组成学校的办学质量上划分，包括名校加分校、普通校加普通校等；从资源流向上划分，包括资源输入组织和资源输出组织等。当然在现实中，不少跨学校组织同时具有多种类型的特点，例如 B 市 PL 区和 D 学区有中学六所，小学、幼儿园各九所，职业教育学校、特殊教育学校各一所，校外教育机构两所，既包含横向联合又包含纵向联合，既包含公办学校又包含民办教育机构。从某一个维度划分，跨学校组织也不仅仅只有两类，例如介于紧密型和松散型之间，有很多不同紧密程度的跨学校组织。

伴随着国家治理体系建设，依据《纲要》，一些类型的跨学校组织开始尝试建立社会参与的治理结构，以 B 市为例，BF 实验学校于 2014 年开始试点"理事会领导下的校长负责制"，一些学区成立了学区工作委员会，致力于形成"政府管、学校办、社会评"的既相互独立又和谐统一的教育治理体系，在理事会和学区工作委员会中，参与公办学校办学的社会人员有街道社区干部、属地派出所代表、政协委员、学生家长等。同时，也出现了公办学校和民办学校联合的形式，例如北京市石景山区引进一所高质量的民办学校中杉学校，该校的 30 名教师进入五里坨小学等周边公立小学兼课。

跨学校组织的建立在一定程度上促进了教育资源的共享，扩大了优质教育资源，为"就近入学"带来了积极的影响。例如，2014 年，北京市各区县通过完善学区制，组建教育集团、集群、协作区、联盟等方式优化区域资源，使得全市小学就近入学的比例达 92.26%，初中就近入学比例达 77.64%，义务教育就近入学率显著提升。家长们减弱了择校的意愿，由择校引起的公平问题也开始化解，教育治理意蕴也开始呈现。当然，跨学校组织的发展在某些方面还需要进一步探索。例如，跨学校组织的政府推动和自主运行之间应该如何更好地契合，跨学校组织的规模应该控制在怎样的范围之内，应该采取怎样的激励机制促进跨学校组织的资源共享等。

由此可知，跨学校组织的产生是应我国教育发展的现实需求，针对教育发展的问题，吸取前期教育改革政策执行的经验，并且根据政治经济发展趋势而进行的改革，是对上一阶段教育改革政策的调整、继承和发展。它在取得重要成效的同时，也还有不少方面需要继续探索。

四、我国公办学校办学模式改革政策的启示

由上面办学模式改革政策的不同特征可以看出，改革开放以来我国基础教育公办

学校办学模式改革政策存在几个转变：在价值追求上，由追求效率转变为追求公平；在政府与学校的关系上，由注重市场机制的介入转变为强调政府的责任；在学校组织形态上，由单个学校组织独立竞争发展，转变为跨学校组织共同发展；在资源分配上，由重点学校制度转变为均衡发展。

三个阶段的办学模式改革政策均以不同的社会经济发展情况为背景，既适应当时的社会经济发展需求，又承接上一阶段教育发展的成效和问题。办学模式不断进行新的改革尝试，并根据政策执行情况做出调整。回顾我国基础教育公办学校办学模式改革政策的演变历史，可以看出改革政策的多种特性，对这些特性的分析有助于更为理性地理解政策的出台、调整和效果。

第一，在多数情况下，教育改革政策具有多面性。教育政策是对教育利益的权威分配，而在一定时间段内，教育利益的总量是一定的，因此在为一些群体打开一扇教育利益之门的同时，必然也为另一些群体关闭了一扇教育利益之门，教育政策正是这样带着为一些群体谋求教育福利和解决教育问题的初衷而出台，而又伴随着另一些群体的教育利益受限，很难做到使所有人的教育利益都最大化，因此教育改革政策很难十全十美，往往既存在有利的方面，也难免会存在弊端。在教育政策刚刚颁布和执行时，其有利的方面得到称赞，其弊端可能并不十分明显，然而随着政策执行，其弊端则可能逐渐积累而显现出来，而这时社会对教育政策有利的方面已经习以为常，对其弊端的认识则更为清晰；同时，教育政策的持续执行伴随着社会经济的不断发展，在经济社会和教育发展到一定程度的情况下，原有的教育政策难以适应新的社会形势，原本有效的教育政策又会引发新的教育问题和矛盾。为清除弊端和解决问题，就需要终止原有的教育政策，并且颁布新的教育政策。由此可见，正是由于教育改革政策具有多面性，随着其弊端的逐渐显现和社会经济的不断发展，教育改革政策总是不断出台又不断废止。

以重点学校制度办学模式为例，在资源紧缺的情况下，重点学校制度通过统一考试选拔优秀生源进入重点学校接受优质教育资源，的确为优秀生源打开了一条通往精英之路的大门，也把学习不怎么优秀的生源关在重点学校大门之外。其有利的方面是为我国精英人才的快速成长奠定了基础；其弊端是这一制度逐渐地造成了激烈的考学竞争，学校开始依据考入重点学校的升学率而排名，小学生学业负担渐渐加重，因而学校和学生都背负起升学压力，这种压力持续增长，引起了社会的广泛关注，上升为教育政策议题。在考学竞争逐渐加剧和小学生学业负担逐渐加重的过程中，我国义务教育发展取得了重要成绩，义务教育普及范围越来越广，为了适应我国义务教育的逐渐普及，同时也为了缓解小学生学业负担，我国出台了取消小学升入初中统一考试的政策。然而在重点学校制度下，没有了"小升初"统一入学考试，民办教育力量又严重不足，希望进入重点学校的家长开始在公办学校系统中寻求"以钱择校"，这种行为逐渐蔓延开来，从而引起了教育不公，出现了新的教育政策问题。

　　第二，当多项政策共存并且相互影响时，即使每项政策单独看起来都会有正面效应，但可能因为多项政策多重效应的叠加，加之缺少必要的配套监控政策，负面影响由此产生。以"混合制"学校办学模式为例，伴随着社会主义市场经济体制的逐步建立，我国基础教育政策必须适应市场经济体制的要求，为了增强办学活力和多渠道筹措办学资金，在办学模式上进行了体制改革试点，建立了一批"混合制"学校。这些"混合制"学校在延续1985年简政放权和扩大学校办学自主权思路的影响下，获得了较多的办学自主权。然而，当"混合制"学校政策、多渠道筹措办学资金政策和办学自主权扩大政策并存时，"以钱择校"现象加剧了，出现了教育乱收费等问题。为了解决这些问题，"混合制"学校大约十年的试验以调整为"非公即私"而告结束，同时，制止教育乱收费政策的相继出台，不断膨胀的教育乱收费问题开始得到遏制。"混合制"学校的试验和清理并不意味着学校"混合制"是一项失败的试验，也不意味着多渠道筹措办学资金是一项错误的政策，或者办学自主权不应该扩大。其问题在于，在实际改革中，在学校改制、自主权扩大和多渠道筹措办学资金三项政策并存时，"混合制"学校办学自主权的扩大在多渠道筹措办学资金上超出了三个单项政策各自允许的范围，"赞助费"实际上成为重点学校的入门费，而且这种获取"赞助费"的影响也波及其他学校的"实验班""重点班"等。更重要的是，在改革初期，这些单项政策的并存并没有配套严格执行的监控政策，对违规行为的惩戒力度有限。尽管禁止乱收费政策不断颁布，但是一时间难以彻底消除乱收费问题的负面影响，政府最终出台了清理"混合制"学校的政策，对先前的政策做出调整，大范围的体制改革试点校结束改制试验，"赞助费"问题开始得到遏制。

　　第三，在经济、社会制度改革的背景下，教育改革政策具有试验和调整的特性，某一阶段的教育政策调整往往以上一阶段教育的发展结果、教育问题和发展了的社会需求为基础，尽管对国外政策和经验的借鉴有时候会对政策调整产生影响，但是最重要的还是国内教育发展的现实需求决定了政策调整的方向和内容。以"跨学校组织"办学模式为例，义务教育均衡发展和扩大优质教育资源背景下跨学校组织办学模式的产生，秉持了教育公平的教育政策价值，改变了上一阶段以办学效率为目标的价值追求，是针对我国上一阶段教育发展校际差距巨大和择校、乱收费等入学有失公平的问题而做出的重要决策。我国改革开放后经济迅速发展的结果是老百姓的经济力量增强了，老百姓对教育的需求也由"有学上"转变为"上好学"，对优质教育资源的社会需求日益旺盛。这样的社会需求使跨学校组织这一扩大优质教育资源的办学模式广泛地获得了家长的认可和支持，而且，形式多样的跨学校组织在全国各地的普遍发展在国际上十分罕见，这种办学模式改革难以借鉴国际经验，是完全出于我国国情的一种改革实践。

　　上一阶段教育政策执行的经验为教育改革政策的调整提供借鉴。如果说"混合制"学校的核心是社会力量参与办学，而社会力量参与办学的方式有很多种，那么一部分跨学校组织也具有"混合制"学校的特征。这部分跨学校组织中的社会力量参与办学与上一阶段"混合制学校"中的社会力量参与办学既存在相同点，也有明显区别。其相同点主要表现为都会产生混合制学校。区别在于，上一阶段义务教育阶段体制改革试点校这样的"混合制"学校在多渠道筹措教育资金方面进行了尝试，虽然有良好的初衷，但是由于其在实际运作中筹措资金的主要方式与学生入学挂钩，很多家长为了使孩子进入重点学校不得不缴纳"赞助费"，这不仅违背了义务教育的免费性，也引起了教育乱收费问题，最后以改制校的清理而告结束；跨学校组织建设吸取上一阶段改革政策的经验，适应整个国家治理体系建设，在社会力量参与办学和教育治理方面迈出了重要步伐。一部分跨学校组织中，社会力量在管理决策方面的参与、在物质资源共享方面的联合和在师资力量上的共享成为最重要的参与办学方式，这些方式不再与学生入学挂钩，而且《指导意见》的发布，在健全政府和社会资本合作机制、促使各类经营主体平等参与公办学校办学政策方面有了一系列的配套政策，尤其是监督机制和退出机制的支持。实际上，社会力量参与本身并不是问题，关键是以怎样的方式参与公办学校办学。

综上所述，通过对我国公办学校办学模式改革政策演变的分析，可以看出，在经济、社会制度改革的背景下，教育改革政策往往具有多面性，这种多面性表现在为一些群体打开一扇教育利益之门的同时，也为另一些群体关闭了一扇教育利益之门；既为解决问题而出台，又在执行过程中，伴随着经济、社会的发展，而产生新的教育问题。在同一时期，往往存在多项教育政策并存的现象，这些并存的教育政策出台的时间可能有先有后，出台的部门也不一样，并非为了配套而出台，当多项政策相互影响时，即使每项政策单独看起来都注定会有正面效应，也有可能因为多项政策在某个问题上多重效应的叠加和效应的急剧扩大，加之缺少必要的配套监控政策，而产生负面影响。受教育改革政策的多面性和同一时期多项教育改革政策并存现象的影响，教育改革政策不得不需要试验和调整，而教育改革政策的试验和调整往往以上一阶段教育的发展结果、教育问题和发展了的社会需求为基础。因此，教育改革政策总是在不断废止和出台，也就是说，在社会急剧变革和快速发展的背景下，很难期望教育改革政策一劳永逸解决所有的教育问题。教育改革政策只要解决了一定的教育问题，并且满足了大多数人的需求，而且没有带来多少负面影响，就应该得到认可。虽然教育改革政策总是难以实现所有人的理想、满足所有人的需求，甚至有时候执行起来困难重重，但是教育改革政策总是带着某种理想和期望的目标，经过不断地尝试，一次又一次地给人带来希望，促使教育事业向着满足大多数人需求的方向发展。

第二节 公办学校办学体制改革的问题与对策研究

本节通过对以 B 市公办学校办学体制改革为例进行的调研，探讨公办学校办学体制改革的现状、问题和对策。

一、B 市公办学校办学体制改革的现状

（一）调研基本信息

本研究主要通过深入学校，采用访谈法来了解 B 市公办学校办学体制改革的现状及其存在的问题。访谈对象共 16 人，包含教育行政部门领导和学校不同层级领导两类人员。在对学校领导的访谈上，本研究于 2014 年 3 月 1 日至 4 月 15 日访谈了 15 位 B 市不同类型公办中小学的校长、副校长和中层领导，对 B 市公办中小学办学体制改革的现状、问题、问题产生的原因等进行调查研究。采用的访谈方法主要有两种形式：对其中 14 位被访者采用的形式是面对面访谈，一位由于被访人原因采取电话访谈形式。15 位访谈对象当中有一位拒绝录音，采用现场记笔记的方式记录访谈内容；对其余 14 位访谈对象的访谈在征求访谈对象的意见之后采用录音设备录音，之后对录音内容进行文字转录。访谈学校范围覆盖城区的 H 区、X 区、C 区、F 区四个区，远郊区县的 CP 区、P 区两个区，总计六个区域；具体包括 5 所小学、4 所初中、5 所初高中一体（六年一贯制）学校、1 所小初高一体（十二年一贯制）学校；访谈对象的年龄集中分布在 40～55 岁，男性领导居多。在对教育行政部门领导的访谈上，研究人员于 2014 年 6 月 13 日前往教育部，围绕推进首都基础教育均衡发展、优质教育资源扩大、缩小校级之间的差距、学校联盟、教育集团等方面问题对教育部主管基础教育工作的一位教育行政领导进行了面对面的录音访谈。

表 1-1 为访谈对象基本信息表。

表 1-1 B 市公办中小学办学体制改革访谈对象基本信息

编号	区域	职务	性别	学段	学校类型
A	F 区	校长	男	初中	普通
B	F 区	工会主席	男	小学	普通
C	F 区	教导主任	女	小学	普通
D	F 区	政教主任	男	小初高一体	普通
E	F 区	教导主任	女	小学	普通

（续表）

编号	区域	职务	性别	学段	学校类型
F	F 区	德育主任	男	初中	普通
G	C 区	副校长	男	初高中一体	市级示范
H	C 区	副校长	男	初高中一体	实验办学
I	X 区	副校长	女	初高中一体	普通
J	H 区	学科组长	女	初高中一体	区级示范
K	P 区	校长	男	小学	普通
L	P 区	副校长	女	小学	普通
M	P 区	德育主任	男	初高中一体	市级示范
N	P 区	德育主任	男	初中	普通
O	CP 区	副校长	女	初中	普通
P	教育部	行政领导	男		

同时，本研究还在前期访谈的基础上设计了调查问卷，于 2014 年 3—6 月对 B 市 105 名校长和 2121 名教师进行了问卷调查。

（二）B 市公办学校办学体制现状分析

随着义务教育均衡发展政策的执行和深化教育领域综合改革的不断推进，B 市公办学校办学体制改革正在原有的办学制度基础上，呈现出新的特征和方式，这些方式在促进义务教育均衡发展方面起到了重要作用。

以下依据访谈所收集的资料和所查阅的文献资料，从 B 市公办中小学办学体制改革新特征、拨款模式、管理模式和人员任命几个方面进行分析。

1. 办学体制改革新特征

（1）学校办学形式多样。

多年以来，B 市公办中小学基本上有小学、初中、高中、初高中一体（六年一贯制）、小初一体（九年一贯制）、小初高一体（十二年一贯制）学校等。

B 市近期新建公办中小学主要分为以下几种形式：新建校、小区配套校、薄弱校改造、名校办分校、一校多址等。具体到各所学校，有的学校并非只归属于特定的一类，可能既是新建校也是名校办分校，也有的学校以上几种形式均有。

①新建校。

B 市公办中小学的新建校均有一个共同的特征，即均是由 B 市政府批准、区政府举办的全日制公办学校，经费来源都是单一的政府财政拨款。但是，新建校建立的背景和契机各不相同。

一是以突出"实验性"和"示范性"为特征的新建校。这类学校以深化课程改革实验为重点，旨在构建符合现代教育观念的新型教育模式，探索素质教育和国际化办学的有效路径，H 校长认为，"我们这个新建校实际上的目标就是为区里乃至 B 市的基础教育变革提供一个试验田"。

二是旨在运用教育品牌优势促进教育均衡发展的新建校。这类学校由区教委和教育品牌校签约合作办学，这种全新的办学模式，旨在利用品牌校的优质教育资源，促进 B 市基础教育的均衡发展，在教学方式上有所突破、有所创新，为中国基础教育的发展蹚出一条新路，在扩大优质教育资源的示范和辐射作用方面，依托优质资源，在较短时间内打造教育品牌。

三是依据对未来入学人口的预测提前做出谋划而布置的新建校。这类新建校多集中在小学，是在预测小学入学人数之后，为了应对入学高峰提前实施小学建设，确保适龄儿童就近入学。

②小区配套学校。

小区配套学校出现于 20 世纪 80 年代中期，最早出现在沿海开放城市，随着"教育地产"模式的迅速复制而蓬勃发展，属于经济大潮中的新兴事物。

某小区配套学校的 D 学校的主任说，"这个地区当时有一个由开发商建成的大社区，我们现在用的楼也是他们建的，所以属于小区配套建起来的学校。之前学校的校园比现在的小，离这里不远。"

F 学校位于一个超大型的小区里，该学校主任说，"学校是小区配套建设，我们原来是在三环内，后来由区教委统一部署，将学校分配在这个新建的小区，把整个学校从三环内搬到三环外。"

按照《城市居住规划设计规范》规定，作为教育设施的学校属于公共服务设施，是达到一定规模的居住区必须配建的公共服务设施。因此，近些年来，B 市小区配套学校随着房地产业的蓬勃发展也日益增多。

③薄弱校改造。

薄弱校是相对好学校而言的，是指存在办学条件相对差、师资水平较弱、生源质量不好、学校管理不佳、办学水平不高等因素中的一个或几个方面的学校，致使学校社会声誉不佳，进而又影响学校正常生存和发展的一类学校。

属于薄弱校改造的 G 校副校长说，"原来的小学办不下去了，仅有几个班，没多少学生。经过改造，新招了一批老师，原来的老师也换了一批。现在学生人数猛涨，一个年级六个班都不够位，原来迁出去的学生家长纷纷往回迁，没有户口的学生家长也在这附近买房子，学位越来越紧张。"

在实际改革中，薄弱校改造常常与教育集团、一校多址、名校办分校等跨学校组织密切相关，这也是教育均衡和优质教育资源扩大的诉求，通过提升原薄弱校的名气、引进优秀师资、变革学校内部管理体制等措施，薄弱校的面貌很可能会焕然一新。

④名校办分校。

名校办分校多以政府为主导，发挥优质教育资源的辐射作用，把优质教育资源引入郊区县和城乡接合部，缓解人口出生高峰和城市人口在城郊接合地区集聚所产生的入学矛盾。

在谈及名校办分校的背景和契机时，M 主任表示，"当时我们这边有个开发区，很多的外资企业纷纷入驻，他们员工的孩子要念书，因此需要一所优质学校，虽然是和名校合作办学的分校，但也起到吸引外资及其员工的作用。"

M 学校位于 B 市远郊区，政府出于促进地区发展、引进外资、贯彻教育先行的发展理念，由政府主导并出面洽谈与名校的合作事宜，为该区配套优质学校。分校引进名校的管理人员（如校长、副校长、退休校长）直接驻扎到分校或是指导监督分校工作。

⑤一校多址。

目前 B 市公办中小学一校多址的情况比较多，一校多址学校多数以名校为基础或依托承办或者合并一些办学水平相对薄弱的学校或是新建校，城市建设规划、校园容纳能力等原因也是造成一校多址的原因。一校多址学校采取一套领导班子、统一管理制度、统一教师调配、统一教辅服务等措施，确保不同校址实现同一办学水平。

一校多址学校的 E 主任说，"我们都是一个班子，总校长在那边，一个校长管两所学校，然后一边一个副校长，我们都是同一个教学计划，都执行一个方案，财务都是一个体系，我们是一个整体。"

另一个一校多址的 G 副校长说，"我们是一所学校，分两个校区，两个校区都差不多大，那边是初中和高三，这边就是高一高二，还有一个小学，学校领导班子就是一套。"

造成 B 市学校一校多址的原因主要有两个：一是由名校牵头，承办或合并一些办学水平相对薄弱的学校或是新建校，可以是地理位置相近的，也可以是跨区域的；二是受限于建设规划，校园的容纳能力不足，因此实行一校多址。

（2）校际合作形式多样。

各学校与外部的合作形式主要有集群、联盟校、教育集团、学区制、中心校、兄弟学校、手拉手学校、帮扶校。具体合作活动有评课、赛课、运动会、备课组、跨校跨区献课、片教研室课程研发交流等形式。

关于集群模式，F 学校主任说，"我们区叫集群发展，有一个牵头校，它主导去组织各种活动。这些活动不属于教研，而是比较有特色的各类比赛或者主题活动。这个模式最早是自发的，校长们聚在一起，觉得要形成合力，然后有这么一个想法，慢慢地就形成了方案。然后慢慢地开展，并报到教委，教委也觉得挺好，还让我们建一个集群。这个集群成立后，可以在其他地方再成立其他的集群，例如教委在东高地成立了东高地集群，在西边的西片也成立了一个集群，而且这种集群式的发展，主要是想形成教育的合力。"

以前 B 学校属于学区制合作，学校的工会主席说，"现在我们虽然说学区撤了，但周围这些学校以前是一个学区的，现在还是有一些合作，比方说我们要请一位专家来给我们讲课，只一所学校听课的话就太浪费资源了，我们就几所学校一起参与。以前有学区的时候是大家都常交流，现在因为学区撤了，没有人去主导，交流也少了。除非是一所学校要做一个课题或项目，其他几所学校跟着一块儿搞，我们这几所学校才会一起交流。学生如果跨学校搞一些活动，也是可以出去的，但是很少。"

关于片区教研，F 学校的主任说，"这得看教委的安排，片区教研，区里面也有划分，整个区分成三块，东片、西片和中片，我们属于东片，教委会组织相应的教研活动，我们都必须参加。但是，单独两所学校之间的联谊活动较少，有时一学期利用别的学校做开放日的活动的机会去学习，否则贸然前去会打乱人家的教学秩序。"

针对联合备课，G 校的副校长说，"除了单个校区的合作备课以外，也有其他校区之间的合作备课，比如说有的学校，因为都是九年级的，教材也一样，才可能会一个星期在一起备一次课。"

B 市公办中小学的校际合作最初多是基于各自的发展需求而自发形成的，属于松散的结构模式。现阶段，在合作求发展的大形势下，政府相关部门、区县教委正在积极地促进校际合作。

（3）学校存在层次划分。

尽管 2006 年修订的《中华人民共和国义务教育法》已经明文规定取消重点学校，事实上，高中依然存在市级示范校、区级示范校和普通校之别，而在中小学领导的心目中，重点校的影子也依然存在。

在访谈中问及中学领导所在学校是哪种类型的学校时，学校领导主要有以下回答：

A 学校的校长说，"我们就是一个很普通的初中学校，在区域里面属于薄弱校。好的学校，比如示范高中所附带的附属初中，就可以从政策方面得到更多的支持。"

I 学校的副校长说，"我们不是示范校，现在不是有示范校和非示范校之分嘛！名义上是示范校和普通校这两种叫法，但是毕竟学校还是有多年的积淀和名声，老百姓那儿或许还有更细的划分，比如说，原来的重点学校在老百姓心目中还是叫重点学校，我们就属于那种不是重点但是也比较好的学校。"

J 学校的学科组长说，"我们属于区级示范校，示范校分为市级和区级，我们刚争取到优质高中校。"

G 学校的副校长说，"我们是新建校，目前还没有正式挂牌，但是在老百姓的心目中我们就是示范校，我们招生的分数比一般的学校要高出很多。"

在访谈中问及小学之间的类型时，学校领导主要有以下回答：

B 学校的工会主席说，"一部分学校是优质学校，还有一部分就是普通学校。咱们这个算是普通学校，因为这牵涉一定的办学规模和办学质量，以一个整体的综合评价，没有太大的区别。每年发给学校的资金，优质学校跟普通学校大概差一千块钱吧！"

K 学校校长说，"小学不分示范校和普通校，但是按照我们区里的分配应该是分成三个等级，以便于评比。比如说城区是一部分，城区学校有大有小；还有一部分是深山区的，深山区一批；然后就是中间的，半山区是一批。分三个等级进行评比，即城区跟城区比，半山区跟半山区比，深山区跟深山区比。"

结合以上资料分析，学校类型按照所处地域可分为农村校、城镇校；按照重点与否可分为非示范校、示范校，示范校里面又分为区级示范校和市级示范校。民间有的将 B 市的中小学划分为一类学校、二类学校、三类学校等。小学阶段学校的等级划分并不明显，初中次之。高中在义务教育阶段之外，存在示范校和非示范校之分。

（4）学段设置不同。

具体学段根据各区县教委的整体统筹安排以及学校的容纳能力来设置，但是在发展的过程中，也会出现一些变动。比如一所十二年一贯制的学校 D 主任说，"这个学校于 1999 年由原来的两所中学合并而成，2000 年时学校开始更名，在 2002 年又合并了两所小学。学校的管理层是一套班子，校长对应各个学段的副校长，各个学段的副校长下面是教育和教学，财务也是一个体系。"

位于远郊区县的 N 学校主任说，"我们是农村校，在城区外，原来是有高中的，高中撤了以后就分流到城关了。后来又进行了两次合并，现在是规模比较小的纯初中校。"

因此，根据学段设置不同，可将中小学划分为小学、初中校、高中校、初高中一体（六年一贯制）学校、小初一体（九年一贯制）学校、小初高一体（十二年一贯制）学校。

（5）各校管理模式不尽相同。

学校采取的管理模式主要有年级组形式、学科组形式、年级组领导下的学科组形式，也有交叉进行的。

M 学校主任说，"现在中小学一般是两种管理模式，按照先前完整是一室七处，办公室、总务处、德育处、信息处、教务处、财务处、思想教育处，这是标准的。咱们学校取消了学生处，归入德育处。其他的学校都是大年级处，年级处主任都是正科，像我们这里大的处都是正科，跟底下的校长都是一个级别。我们区的除了几个处级单位之外，剩下的几个校长都是科级。"

G 校的副校长说，"我们实行的是年级组的模式，然后又以科目组成办公室，集体备课。科目主要听任于备课组，备课组、教研组这条线，是学科的线。"

各所学校的管理模式并不固定，但都要以灵活高效、方便管理、沟通顺畅为前提，随着工作需要在发展过程中不断地调整和完善。

2. 经费以政府主导单一拨款模式为主

所访谈的 15 所 B 市公办中小学无一例外都是政府单一拨款，资金来源于区教委和

B市政府，无社会机构或个人投资，也无学校自筹经费。

在被问到现在学校经费来源时，学校领导主要有以下回答：

A学校的校长说，"学校的资金，现在是公开的，普通的初中学校的经费完全是由政府拨款，没有自筹，现在学校的所有办公费是按学生的人头来拨付，B市户籍的和外地户籍的都是统一核算的。此外，学生参与社会实践活动的经费也是按人头拨款，无论B市和外地都一样，一个学生一学年是150元。"

I学校的校长说，"现在学校全都是财政拨款。以前曾有学校自筹经费的阶段，在二十世纪八九十年代，学校的部分经费是自筹的。之后就越来越少，现在已都是全额拨款，有统一的标准，上级按照学校的规模、学生、老师的规模人数来计算，然后据此给予拨款。"

M学校主任表示，"学校一直都是单一的政府拨款，每一分钱都是政府出的。原来还允许拉赞助，包括找企业和附近比较富裕的村镇等，现在都不允许了。现在就是国拨的经费，够用就行了。以前自筹经费时还允许招择校生，择校费的一半留给学校，另一半分到教委。公办学校在资金上没有压力，各所学校也不允许有更多的钱。钱拨下来用途不能改变，例如买电脑的钱不能买别的，钱花不完要收回。"

O学校校长说，"我校执行的是政府单一拨款的方式，教委统一拨付办公经费、专项资金。一般来说，经费足够使用，很多都用不完。比如学校足球场需要修看台，就会拨付专项资金。"

B市公办小学初中的学费和杂费全免，享受免费的义务教育，部分学生享受"两免一补"和"寄宿补贴"；高中阶段收取一定学杂费，金额不高。多数学校实行由教委安排的有资质的配餐公司统一配餐，学生自愿交费就餐。

公办学校统一财政拨款，按照学校规模、学生人头、教师数量等来拨付款项。学校有其他的资金需求的时候，依据其合理性，实行项目申请制，获得批准之后，方可取得专项资金拨付，且专款专用。

3. 教委统一直接管理

B市公办中小学全部归教委统一直接管理，极少数由中间层管理（中心校、学区校等），教委对各校实施督导评估和绩效考核。由于是政府单一拨款，因此不存在产权分配和利益分配。

属于区教委跟名校签约合作办学性质的M学校主任说，"联合办学的时候，最早有学监，派人到学校驻扎，如派退休的校长来，就是纯粹的监督。财务归学校，教师聘任也归学校。实际上就是利用他们把附属学校结合到一块，进行比武、研讨，每年都要挂牌费，不给钱就摘牌子。B市各区有教育督导室，督导室规定对每个学生划拨的经费都要拨到位，初中学生拨多少，高中学生拨多少，每年都要监督落实。"

K学校的校长说，"比如说X小，实际上下面有两所学校，它行使的就是学区的管理，中心校还管着下面一个村小（村里的完小）。咱们学校原来是中心校管理，是按周边的村镇地理位置来划分的，有将近十个学校，现在全部撤并了，仅剩这所学校了。"

C 学校的主任说，"教委会有督导或者视导来评价学校，成绩只是一个方面，还有对应的打分表，会公示在网上，征求大家的意见，这方面现在做得还可以。"

B 市公办中小学从早期的学监、中心校、学区校领导管理，发展到现在的教育督导室，教育督导室负责督导或者视导各所学校的运行，包括拨款、财务、管理、人员任用等。教委对 B 市公办中小学全部归统直接管理，并对各校实施督导评估和绩效考核。

4. 校长委派制与校内竞聘制并存

目前 B 市公办中小学基本上实行校长委派制，没有任职届期限制。多数学校是区教委委派校长和书记，某些教育集团分校是集团委派校长和书记，某些区开始尝试校长竞聘制。副校长以及中层领导从校内产生，实行校内竞聘制，报教委或集团备案。

关于委派制，I 学校副校长说，"现在的校级干部一般是由教工委组织任命的。关于中层主任的产生，B 市有三个指导性的文件，干部的选拔理论上是由校长提名，党支部审查，还要征求老师们的意见，要通过民主的环节才能上任。主任以外的任命，要向组织部备案，还要定期考察。"

实行校长委派制的 O 学校副校长说，"校长是教委委派的，中层干部是由学校自主选拔、民主评议产生的。我们从一线优秀教师中选拔干部，一般是教学成绩好的老师。原则上校长在一所学校的任期不超过十年，示范校除外。"

某教育集团分校的 G 副校长说，"我校校长和管理层不是教委委派的，而是集团本部委派的，相当于总校长领导、集体决定。有些学校里有区教委委派的书记，但我们这里没有，所有的领导完全都是本部决定的。学校内部主任、组长是由本校领导任命的，但需要跟本部通报。"

实行竞聘制的 L 校副校长说，"我不是一来就做副校长的，之前做了两年教务主任，学校建立后就面向整个区招聘，通过考试招聘各个学科的老师。"

同样实行竞聘制的 D 学校校长说，"校长不是教委委派而是经过考试选拔的只属个案。前几年教委面向全区竞选校长，一大批人考试竞当校长，现在就是副校长之类的也都要进行考试。报考、笔试、面试、考核，这是基本流程。校级干部一般是教委委派的，或者是通过选拔出来的。但中层干部一般是校内岗位竞聘上来的。现在教委改革，校级干部副校级干部也是竞聘产生的。校长原来是五年一任，但现在已不实行，因为它不利于学校发展。"

综合而言，目前 B 市公办中小学校长委派制与校内竞聘制并存，多数学校实行校长委派制，副校长及中层领导实行校内竞聘制。校长委派制是由教委主导的人员进行任用及调动，教委经过宏观统筹来具体安排；校内竞聘制不仅为各个岗位选拔合适的人才，也为普通教师提供了职业发展和上升空间，教职工通过自身努力争取到的岗位，在工作的过程中也会更有工作热情和职业认同感。

二、B市公办学校办学体制改革的问题及原因

通过对B市公办学校办学体制改革的现状调研，从以下几个方面分析B市公办中小学办学体制改革中存在的问题：如办学自主权、校际合作机制、多重制度等，以及这些问题产生的原因。

（一）办学自主权总体上不充分

1. 校本课程自主权较为充分

调研发现，校本课程的自主权得到最充分的体现。校本课程（school-based curriculum）即以学校为本位、由学校自己确定的课程，它与国家课程、地方课程相对应。B市公办中小学的校本课程，一般都是根据本校师资情况及学生兴趣自行开设，一般情况下是双向选择的过程：先是面向学生征求意见，了解学生需要培养什么样的兴趣特长，然后根据教师的能力决定开设哪些课程，也有个别学校会根据情况外聘老师来授课。15所不同类型、不同区域的学校的访谈对象一致认为：在校本课程方面，学校拥有充分的自主权。

正如本研究现状部分提到，学校间存在严重的等级划分，而办学自主权则与学校的等级息息相关。

2. 一些郊区的普通学校缺乏人事招聘自主权

目前，B市公办中小学教师入职渠道与形式，主要有两种，一种是区教委统一组织的教师公开招考；另一种是学校自主选聘。城区的学校在用人方面的自主权更大一些，可以自己招聘教师或者辞退教师；某些农村校及普通校用人自主权较小，只能将人员需求上报教委，然后教委选拔之后再派到学校。新教师的招聘要由教委核发编制指标，录用后，实行合同聘任制，各区各校的合同签订期不同，有一年一签、三年一签、六年一签，也有终身合同。终身合同这种情况不是很多，访谈学校里仅限于某些区对接近退休的老教师的一种保护，在某种程度上也是对学校的一种保护，因为经验丰富且敬业的老教师在如今快速发展的时代依然是一种珍稀的人才资源。

拥有一定人事自主权的城区重点示范校I学校副校长表示，在教师的选聘方面，学校还是有一定的自主权，当然这个自主权也是在一定的空间范围内。学校选定后，还要上报到教委人事科进行备案，然后教委进行审查，一级一级地把关。例如，组织教师体检、心理测试等，用专业的测量工具，组织一些专业的人员去编制问卷来考察教师各方面的素质。

享受一定政策倾斜的新建重点校H校长在提到人员招聘的时候说，"去年在招聘时校园还没建成，未来也仅具蓝图，所以实际上学校以招聘的形式，用它的办学追求、对现有教育的反思，来集聚一批有共同的志向、有理想、有事业心的人。同时，教委也给予一定的政策支撑，如高级教师的比例、绩效工资的额度等，让新建校在起步阶段有一个好的环境。"

属于名校办分校性质的 G 分校校长说，"学校教师一开始是由本部派过来的，第一批老师是当时招的第一批硕士、博士，全部在本部培训一年，第二部分教师是在全国招的特级教师，属人才引进。现在学校有博士 16 人，其中博士后有 2 人，硕士有 122 人；还有一部分老师是从 B 市各区县调进来的优秀骨干的教师。新进的教师需要走程序申请指标。有的通过公开招聘，经教委报名，应聘者到学校面试、试讲，然后走教委的程序；也有的是学校在网站上发招聘信息，应聘者来学校面试，然后学校可决定是否录用。一般有一段集中面试、试讲时间。录用之后，采用聘任制，应届毕业生是六年一签，之后是一年一签。"

而在郊区的 K 学校在人事自主权方面却情况不同，该校校长认为，"学校发展最大的瓶颈就是教师，郊区学校没有教师的招聘权，相反城区学校发展特别快，因为校长甚至教务主任就有权利去招聘教师。所谓的结构性缺编，是指学校想要的人招不来，不想要的人分了过来，而且没法不要。"

处在城乡接合部的 C 学校主任说，"招生的时候，谁先招，谁后招，这就是区别。同时，在教师分配时，一些示范校可以不受限制地在全国任何地方招聘最好的老师，编制问题都能解决。此外，示范校也可以得到更多的财政支持。现在示范校在生源、师资、硬件条件等各个方面都普遍好于普通校。"

在校学生90% 以上都是农民工子弟的 E 学校主任说，"学校本市户籍学生每个班可能只有五六人、七八人，本市生留在普通校的，一般没有门路，或是没被自考的学校录取的，他们极少数是愿意就近上学的。"

3. 教师退出机制不完善

谈及公办学校教师退出机制，人们总会与"开除""下岗""丢了铁饭碗"等负面信息相联系。实际上，就公办学校教师的退出机制而言，它是一个系统的人员正常流动的过程，是保障公办学校自身教师资源优化配置的最有效的制度安排。

按照教师队伍管理系统的运行机制划分，有系统外和系统内两种退出方式。[①] 系统外的退出多数指教师彻底离开，如调至其他行业、解聘、淘汰、辞聘、下岗、辞职等；系统内退出多指在学校内部对教师岗位进行调整，如转岗、待岗、进修培训等。

在访谈过程中，很多学校的领导都认为，"编制"导致 B 市公办学校的教师"只进不退"，这种缺少退路的、相对封闭的教师体系，也保护了一大批不合格的教师，在远郊区县的普通学校这种情况更为严重，已经逐渐演变成为学校健康发展的一种障碍。

A 学校校长说，"退出的时候，如果对方不同意，上法庭诉讼已是比较文明的方法了。有的人通过闹事、上访等逼学校让步，满足他的要求。因此现在学校通常的做法是通过内部转岗的方式进行处理。"

I 学校副校长认为，"退出机制的问题在于社会保障，因此不是教育口能单独解决

---

① 赵石磊，张淑丽，刘胜辉. 教师退出机制与人才流动［J］. 学术交流，2014（4）：209.

的。比如说，相关的社会保障机制如果比较健全的话，教师可能会有比较灵活的选择，但是涉及每个人的生计问题，所以处理时就得特别的谨慎和慎重。比方说，有的教师可能确实教学水平不能够胜任学校的发展和学生的要求，学生、家长的意见一大堆，学校的测评他每年都排在后面，他明显不适合这个岗位，或者说不适合这所学校的情况。但问题却很难解决，因为不上课就涉及生计问题！真的是挺难的。"

O 学校副校长认为，"问题在于退出机制不合理。要进一步完善这个退出机制，比如说应该延长试用期，让年轻人可以更灵活地选择职业，一旦经试用合格进入这个行业，那流动的概率就会减少一些。还可以像很多私立学校一样，最大程度上体现多劳多得、优劳优得，不行就辞退，这样才能调动教师的积极性，更有利于发展，而且也能吸引更多的人加入这个行业。退出机制要做到既要人性化又要客观。年轻人应该给他更多的求职机会，年龄大的教师犯错了，也要多给机会改正。"

因此，在现行体制下，当出现教师不适合该岗位，无法胜任本职工作，或者学生和家长都意见很大的时候，学校通常的做法就是对其实行转岗、待职的处理方式，一线教师转到教辅及后勤岗位，学校自身进行内部消化。与此同时，适合该岗位的、可以胜任工作的、有能力的教师由于缺乏编制又很难进入，一定程度上增加了年轻人的就业压力，也限制了一部分人对职业的灵活选择和自主发展。

4. 学校普遍缺乏财务自主权

B 市公办中小学由于资金来源都是单一的政府拨款模式，且专款专用，学校的设备采买更换一律走政府采购渠道，因此落实到学校内部，学校自身的财务自主权非常小。

K 学校校长说，"现在从上到下对资金的管理特别严格，例如学校有个返聘的校外老师，属于编制外，给学校学生上了一个学期的校本课程"捏泥人"，但工资一直没办法解决，因为现在每一笔款都得有明细。"

C 学校的主任说，"上学期期末开始，之前不需要走政府采购的都得走政府采购了，买一个鼠标、维修打印机都需要政府采购，在一定程度上降低了工作效率。"

M 学校的主任说，"现在虽然说是校长负责制办学，但由于没有财政权、人事权，因此办学自主权不大。"

在绩效工资方面，学校通过教代会制定自己的工资方案，有一定的自主权。但是具体到学校内部，绩效工资存在差异，有的学校注重平衡教师之间的利益，绩效工资的差距并不大；有些学校为体现多劳多得，绩效工资差异比较大。

M 学校属于绩效工资差异不大的学校，该学校的主任说，"实际上在分'蛋糕'的时候，教委就把'蛋糕'分成好几块，都从这里面拿出一块，高考奖励、学生的晚自习费、教辅材料收费等。用于发绩效的钱不多，所以各个老师差距拉得不大。"

O 学校绩效工资差异比较大，该学校的副校长说，"学校有自己的工资方案，这个方案是经过教代会讨论通过的。绩效工资内部差异还是很大的，因为既然是绩效工资，就得体现多劳多得！从教师考勤等课时量来衡量，一线教师很辛苦，课时补贴就相对多一些，二线的教辅人员只是做好自己的本职工作，绩效少是肯定的。"

（二）校际合作机制不完善

1. 缺乏健全的合作机制

调研显示，校际合作中有 60% 以上的学校有实质性的合作，包括进行教师培训、共享教学资源、分享学校管理经验。在校际合作的师资交流、合作进行教师培训、共享教学资源、合作进行课程体系建设、分享学校管理经验、学生交流等方面，均有超过三分之一的学校与合作学校签有正式的合作协议，在校际合作的各个方面均按一定比例有政府政策保障和经费支持，如图 1-1 所示。

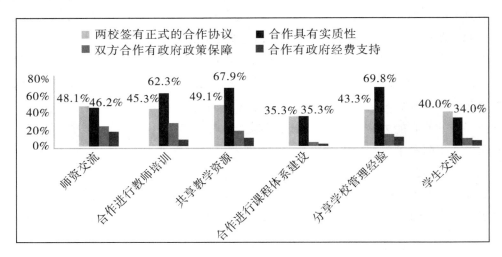

图 1-1　校际合作各个方面对比图

当前，B 市公办学校校际合作中，切实可行的合作机制和合作制度尚不够完善，在顶层设计以及整体构建和系统安排上还有努力的空间。尽管有些校际合作签署了合作协议，对合作事宜也作了相关的规定，制定了相应的规章制度，但是合作的实际情况往往局限于学校的部分成员。在访谈中发现，当问及校际合作时，校长可以介绍得全面而且详细，但是教师中只有少部分了解合作情况。正是由于缺乏健全的合作机制和切实可行的合作制度，所以校际合作涉及的范围还不够全面。

2. 校际合作中资源共享的管理不到位

合作学校已明确达成资源共享的意识，但具体如何共享、如何管理，却没有规范及详细可操作的规定。比如校际合作中，成员学校达成"共享图书资源""共享运动场地""共享实验室""共享课件资源"等协议，然而在操作中发现各自学校的图书馆、运动场、实验室等准入规定不同，课件资源平台需要专业人员花费时间和精力来进行管理维护，遇到问题及阻力的时候也没有再次进行协议修订，因此无法顺利实施共享。又如"跨校听课"协议，现实中教师自己学校的课程安排相当紧凑，根本没有多余的时间去别的学校听课，致使这一协议在实践上落空。

校际合作被视作扩大优质教育资源的一条捷径，但也面临着巨大挑战，即如何实现学校间的资源整合与共享，真正做到"名实相符"。只注重外在形式的结合，不注重内在资源的整合，将难以取得改革的预期效果。要想让校际合作真正"长期利好"和"实质性利好"，还须在注重实效上下功夫。

3. 校际合作中高校理论学者的指导有待加强有效性

有研究表明，20 世纪 80 年代以来，很多国家采用了"高校与中小学合作模式"来扩大基础教育优质资源。但是，这些合作也受到众多问题的困扰，大多没有取得预期的效果。导致高校教师的研究兴趣和中小学校的支持热情都在慢慢淡化，合作双方沟通低效，合作功利化逐渐凸显[1]。

我国高校与中小学的多种形式的合作在很多方面发挥了良好的作用，高校理论学者的理论指导为中小学教师开阔了思路，中小学为高校教师的研究提供了实践基础。但是也发现，高校和中小学教师之间在理论和实践上容易出现难以融合的困境，有时中小学教师很难很好地理解高校教师讲解的理论，无法将理论与自己的教育教学实践联系起来。相关研究也发现，高校与中小学合作存在的问题主要有：一是有些合作只"造福一方"，或以高校理论学者为主的"数据榨取式"，即理论学者怀揣着在实践中检验理论的想法走进中小学去发展合作，中小学及其教师只是"被观察者"。二是有些合作是以中小学教师为主的"行动研究"的形式来展开，中小学与高校合作是为了解决一线教学中零散的、个别化的教学问题，是低层次的、零散的合作。三是有些合作是高校与中小学之间的"单线合作"，并没有与中小学之间的"横向校际合作"立体交叉。[2]

（三）多重制度约束

教育发展必然是跟国家整体的大环境有关，与改革的大背景相关，而且也与国家和地区经济发展结合在一起，还与政治的发展改革力度紧密相关。综合起来说，B 市公办学校的办学体制改革受政治、经济、社会、教育本身等种种制度约束。

G 校副校长认为考试制度是一个很大的问题，他认为，考试制度导致创新人才的培养被弱化，根本就没有鼓励创新反而在扼杀创新。如果采取同一把尺度的话，那么好学校就被管死了。高考背景下的这种改革，必定会造成学校里面的应试色彩越来越重。把教育形成了一种功利化行为，功利化背离了教育本身的目的，用一句话来说就是异化了教育本身。所以对培养人才来说，尤其是培养创新性人才来说是很不利的。另外一个就是教育功利化之后导致学习本身的目的被异化了。甚至有很多老师就把教

① 林海亮，陈理宣. 战略合作伙伴学校联盟：大中小学合作模式的创新 [J]，教育发展研究，2013（20）：64-67.

② 吴永军. 谈谈新课改背景下中小学校际合作共同体 [J]. 江苏教育研究，2009（12）：4-6.

学当作以考试为目的。但是是不是考试好的学生，创造力就强，工作能力很强，解决问题的能力就很强？不一定。所以社会也应该对考试这件事情有所认识，随着用人机制更加市场化，它必然导致对人才本身的能力的关注度更高，而不是关注他的学历本身和成绩的好坏。其实有些学习成绩特别好的人，反而能力很弱，所以教育应该要培养人的创造性、体现自主性。学校要有这个能力去办学，做有利于学生发展的事情。

A 学校校长认为社会现实、社会结构、政治制度都会制约教育的发展，他认为，因为缺乏多元评价体系，从而导致缺乏多元的出路。学校按学生的兴趣、爱好、特长设计与实施校本课程，学生将来走进社会后，他们可以依照自己的兴趣爱好特长作进一步的发展，第一是能够自立生活，第二是能够在这个方向上做得有声有色。中国是农村和城市双轨制的二元结构，界限较明显，整个教育系统无时无刻不受到这种政治和社会的影响。

属于名校办分校的 G 校副校长在谈及行政干预时提到，随着互联网等技术的发展，上级行政主管部门与学校或许可以通过网上视频进行交流。尤其是每年的下半年，行政事务性工作特别多，学校需要花很多时间来应付这些事情，对学校的正常教学工作也有一定影响。学校已考虑派专人来应付这些事情，即行政专搞行政，教学就专搞教学。

因此，B 市公办学校办学体制改革不仅仅受教育体制本身影响，还受到招生考试制度、社会评价机制、社会结构、行政干预等因素影响。

三、公办学校办学体制未来改革路径及策略

（一）推进管办评分离

党的十八届三中全会《中共中央关于全面深化改革若干重大问题的决定》指出，"深入推进管办评分离，扩大省级政府教育统筹权和学校办学自主权，完善学校内部治理结构，强化国家教育督导，委托社会组织开展教育评估监测"。管办评分离，是教育体制改革的重要内容和关键环节，也是教育现代化的必然要求。

1. 管办评分离是教育治理体系现代化的重要路径

教育治理体系的现代化包括教育治理主体的现代化、治理理念的现代化和治理机制的现代化。实现教育治理主体的现代化，最根本的是推进教育家办学，让懂教育的人办教育。实现教育治理理念的现代化，关键是要推进教育治理的科学化、民主化和法治化。在教育治理中，要把尊重教育规律、依靠教育科学作为基本指导思想，把依法治教、依法履职作为基本任务。实现教育治理机制现代化，关键是要将广大人民群众纳入教育决策和管理主体，要完善学校内部治理机制，建立现代学校制度。[①]

推进管办评分离的目的是要重新构建政府、学校、评估机构及社会之间的相互关

---

① 张志勇. 管办评分离是建立现代教育治理体系的关键 [J]. 人民教育，2014（3）：1.

系。综合而言，"管"要回归行政管理本位，给"办"和"评"让出空间；"办"要在落实学校办学主体地位的基础上，探索与创新具体办学模式，强化办学的开放性、专业性；"评"要增强开放性和独立性，把更多的教育评价权交给社会。[①] 具体而言要做到如下方面：

（1）"管"要简政。

简政即把该放的放掉，把该管的管好，做到管理不缺位、不越位、不错位，要把权力关进制度的笼子里，充分发挥制度的规范作用。根据政策规定和政策实施需要，国家教育行政部门抓宏观，省级教育行政部门抓统筹，基层教育行政部门抓具体，学校抓政策执行和日常办学。每个部门都有职能界限，每个工作人员都有岗位职责，应各就其位、各行其事。各级部门应根据国家财税体制改革要求，整合专项资金，扩大基层和学校的统筹使用权，发挥资金使用最佳效益。整合各种常规性和临时性检查，减少检查活动，给基层和学校创造一个安心静心的办学环境。"善政必简"，只有该简的简、该放的放，才能激发学校和社会的活力、需求潜力和发展动力，才能让学校从名目繁多、烦琐细碎的具体事务解脱出来，有更多的时间和精力抓大事、议长远、谋全局，做好该做的事。

（2）"办"要自主。

健全学校内部治理机构，将"办"的权力还给学校。教育质量的高低，取决于学校的办学。学校自主办学，就是要落实学校办学主体地位，明确权利责任，自我管理、自我约束、自我发展。学校应充分建立教师代表、家长代表和社区代表为主体的民主治理的学校治理机制，让权力在阳光下运行。这样在尊重教师对学校发展的企盼和要求的同时，还能调动家长这些教育最直接的利益相关者们对教育发展的监督和约束的积极性。政府作为宏观的管理者，仅对学校的发展方向、教育培养目标等进行有效的宏观管理，办学者才会有学校治理的积极性。

（3）"评"要民主。

教育评价是评价者围绕一定的目标，根据一定的社会和教育的价值标准，采用科学可行的方法和手段，对教育要素、过程和效果进行价值判断的活动。我国政府对教育的评价主要以政府督导为主，而目前的教育督导机构，大都设在教育行政部门内部，这样一种既当"运动员"又当"裁判员"的评价机制，导致监督力度不够，监督可信度不高。

在"管办评分离"模式中，评价是反馈环节，具有重要的导向作用。客观、科学、公开、公正的评价，是增强教育工作针对性、有效性的前提，可以为政府决策提供参考，为学校改进工作提供依据。治理模式下的"社会评教育"实质就是教育质量要接受社会评价、教育成果要接受社会检验、教育决策要接受社会监督。因此，

① 杨志刚. 基础教育管办评分离的实践探索与理论分析［J］. 中国教育学刊，2014（7）：7 - 9.

对学校的评价应改变过去那种政府办学、政府评价的做法，将评价交给社会，让利益相关者参与监督、评价教育，实现学校由封闭式办学转向开放式办学，确保评价的客观、公平、公正。尤其是要建立家长、学校、第三方专业人员组成的社会评价机构，发挥社会评价学校办学的优势，指导学校发展，并定期公布评价结果。同时评价要采取多元化的方式，不仅评价学校的教学质量，还要评价学校的管理水平、办学条件、办学行为、师资水平、学生发展等；不仅进行终结性评价，还要进行过程性评价和发展性评价。①

（二）扩大学校办学自主权

在访谈过程中，学校的校长及中层领导普遍认为学校缺乏办学自主权，普通学校与示范学校的自主权需求不同，郊区学校与城区学校自主权需求也有所差异。

1. 因校制宜赋予不同领域的自主权

研究表明②，普通学校希望赋予更大自主权的领域排序前三项为学校教师招聘录取权、学校课程设置权、教师工资确定权；示范学校希望赋予更大自主权的领域排序前四项为学校课程设置权、教师招聘录取权、教师工资确定权及学校经费使用权。由普通学校和示范学校的对比可以看出，在教师招聘录取权上，普通学校比示范学校大约高出15%；在学校课程设置权、学校经费使用权、学校招生权上，示范学校均比普通学校高出10%以上。由此可以看出，普通学校希望赋予更大的教师招聘录取权，而示范学校希望赋予更大的学校课程设置权、学校经费使用权及学校招生权。如图1-2所示。

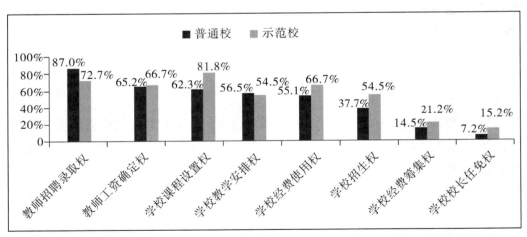

图1-2　普通学校与示范学校希望赋予更大自主权的领域比例对比图

城区学校希望赋予更大自主权的领域排序前三项为学校经费使用权、教师招聘录取权、学校课程设置权；郊区学校希望赋予更大自主权的领域排序前三项为教师招聘

① 刘利民. 新形势下我国基础教育管办评分离思考［J］. 中国教育学刊，2015（3）：1-6.
② 数据来自首都师范大学办学体制课题组研究报告.

录取权、学校课程设置权、教师工资确定权。由城区学校和郊区学校的对比可以看出，在学校经费使用权、学校招生权上，城区学校均高出郊区学校15％以上；在教师招聘录取权、教师工资确定权、学校课程设置权上，郊区学校要高于城区学校，尤其是教师招聘录取权。由此可以看出，城区学校希望赋予更大的学校经费使用权和学校招生权，而郊区学校希望赋予更大的教师招聘录取权。如图1-3所示。

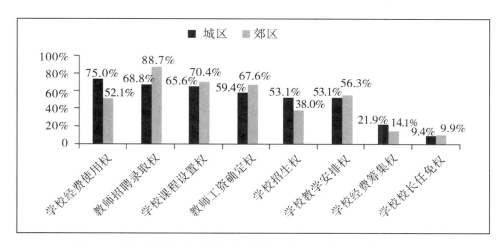

图1-3 城区学校与郊区学校希望赋予更大自主权的领域比例对比图

因此，在未来办学体制改革过程中，扩大学校办学自主权，也需要区别对待、有所侧重，才能做到有的放矢。对于普通学校，应注重对教师招聘录取权、学校课程设置权、教师工资确定权优先放权；而对于示范学校，则应进一步扩大学校课程设置权、教师招聘录取权、教师工资确定权及学校经费使用权。对于郊区学校，应该赋予更大的教师招聘录取权；对于城区学校，则赋予更大的学校经费使用权和学校招生权。

2. 减少行政干预

要建设依法办学、自主管理、民主监督、社会参与的现代学校制度，必须尊重学校的办学自主权，减少甚至取消对学校不必要的行政干预。政府及区县教委应进一步对学校实施宏观管理，减少过程管理。日常联系事宜可以多运用电话、邮件、通知、视频会议等简捷的形式，减少不必要的行政事务性工作。

（三）完善教师退出机制

完善教师退出机制，需要做到以下几个方面：

1. 创新公办学校人事和分配制度改革路径

要激发办学活力，必须推进人事制度和分配制度改革。改革中应以合理配置人才资源、优化教职工队伍结构、全面提高教育质量和水平为核心，积极稳妥推进公办学校人事制度和分配制度改革，逐步建立起符合公立中小学特点的人事管理运行机制，为基础教育的改革发展提供一个强有力的机制保障。

在人事制度改革方面，可以把教师从"学校人"转变为"系统人"，让教师隶属

27

于区教委，教师通过聘任跟学校形成合同制关系，从而打破以往的教师跟学校之间既有的关系结构，从而进一步优化教育资源配置，推动公办学校人事管理体制的创新。

在分配制度改革方面，可以把市场经济的奖励和刺激机制引入公办学校分配制度中，从而激发教师的工作积极性和主观能动性，进一步提高教师薪资待遇，完善教师绩效工资制度，真正公平地实现多劳多得，优劳优得。

通过教育人事制度和分配制度改革的结合，形成合同制＋绩效工资制的公办学校人事管理和分配管理制度，从而进一步夯实现代基础教育制度基础，构筑深化教育管理体制改革的制度保障。

教师退出机制是以行政手段规制学校教育教学的重要举措，理应成为学校人事管理系统中的重要组成部分，关系到学校的战略发展、生机活力以及效能建设。因此，在深化办学体制改革进程中，要将公办学校教师退出机制作为公办学校人力资源管理的重要组成部分，应科学理性地建立完善合理的教师退出机制。对未能竞聘上岗、考核不合格、违反师德或因其他原因等不能胜任（坚持）教学岗位工作的教师，应该予以退出。通过确立校内转岗、待岗培训、解聘和辞聘教师等教师退出渠道，以完善教师能上能下、能进能出的用人机制。同时，公办学校的教师退出工作要主动接受纪检监察部门的监督检查，力保程序规范，处理有据，结果公正。

2. 深化教师聘用制度

聘用制是事业单位的基本用人制度，实行聘用制改革是人事制度改革的核心内容。应该在严格确定编制、确定岗位、确定责任的基础上，按照实际岗位需求来设置岗位，营造平等竞争的过程及氛围，择优聘任，实行合同管理等原则，大力推进并持续完善教师及员工全员聘任制改革。

一是按照实际需要设置岗位。按照专业技术岗位与教辅后勤岗位结合、人员合理适度兼任等原则，合理设置每一个岗位，合理利用每一个编制。二是大力推行全员竞聘制。包括校长、副校长、中层领导、任课教师，公办学校所有人员均采取公开发布招聘信息、营造平等竞争的氛围、择优聘任的方式聘任。在竞聘制实施过程中，要确保聘用条件公开、聘用政策公开、聘用人数公开、聘用过程公开和聘用结果公开并接受公众监督，从而保证竞聘的公平公正和人员质量。三是不断创新和学习聘用模式和办法。如有的地区率先创新和尝试多种聘任模式结合的方法，公开招聘模式、学校宏观调控模式、分层次聘任模式和量化考核排序模式等，有些已经取得较好效果。四是大力推进并完善合同管理。在学校与教职工双方平等自愿、协商一致的基础上，签订聘用合同，明确聘期内教职工的义务和应该享受的各项权利。五是强化考核和管理机制。应将聘任教职工的日常考核、学期考核、学年考核和任期考核相结合，此外应结合工作过程评价、同行评议、学生评分、家长评价等多个方面，把考核结果作为绩效工资分配、年终奖惩、后续晋升和继续聘任的重要依据。

3. 实行动态编制管理

2001 年 11 月，国务院办公厅转发了中央编办、教育部、财政部《关于制定中小学教职工编制标准的意见》，这是中华人民共和国成立以来颁布的第一个权威性的中小学编制标准。中小学教师编制一经确定，其工资待遇等经费来源纳入财政预算，从根本上建立了按时足额发放教师工资的机制，也为实施中小学人事制度改革奠定了坚实基础。

然而在发展过程中也逐渐显现了一些问题，公办学校教职工编制管理现状呈现出编制管理权及审批权过于集中、超编、编制过紧、结构性缺编、区域之间城乡之间标准不统一等特点和弊端，从而导致学校无法按需补充新教师，部分学科部门教职工紧缺，学校日常管理缺乏弹性，教师工作压力大。这些问题也在一定程度上阻碍了教师专业的持续发展和学校人力资源配置低效等问题。

当前需要尽快核定符合课程和教育改革以及学校发展，特别是远郊区县农村学校需要的教师编制标准和教师工作量标准，尽快调整城乡倒挂的不合理的教师编制标准，在标准的制定上坚持促进公平、兼顾效率的原则，在师资配置上向远郊区县及偏远山区倾斜。此外，为吸引优秀教师长期在远郊区县及偏远山区从教，还应该加大对这些地区教师的补贴力度及相应的住房福利保障。

对编制实行动态管理。各区县教育行政部门要定期收集，及时掌握教师需求变化情况，并在此基础上适当调整编制计划。[1] 根据编制部门核定的教育系统事业编制，以本区县现有学生数量、预期入学的学龄人口数量、班级数量等为基础，结合学校内部职能增减的情况和学校办学规模的变化以及学校办学特色和实际办学效果的情况，按照"总编控制、内部整合、优化高效"的原则逐年形成动态调整机构编制的工作机制，在不突破编制总数的前提下，对编制进行适度的动态调整。[2]

4. 建立健全社会保障机制

根据《中华人民共和国教师法》规定，教师的平均工资水平应当不低于或者高于国家公务员的平均工资水平，教师的医疗同当地国家公务员享受同等待遇，享受国家规定的退休待遇。

对教师而言，就算自己不喜欢这份工作或不堪重任想退出，但考虑到事业编制、养老保险、失业保险、医疗保险等诸多问题，一旦退出，就意味着失去这些优厚待遇，带来重重的后顾之忧。因此，教师主动退出的动力不足，阻力巨大，这种想走不敢走、不想留但不得不留的局面就是目前公办中小学教师退出机制实施难的真实写照。[3]

对学校来说，由于我国目前尚未建立事业单位工作人员社会保险制度，以保障教

---

① 蔡永红，毕妍. 从美国教师试用期制度看我国教师退出机制的建立 [J]. 北京师范大学学报（社会科学版），2013（1）：12 – 18.

② 郝保伟，鱼霞. 从现状透视中小学教职工编制管理的问题与政策走向 [J]. 教师教育研究，2013（6）：79 – 84.

③ 卢艳，陈恩伦. 中小学教师退出机制存在的问题及原因探析 [J]. 教学与管理（中学版），2012（8）：6 – 9.

师在年老、患病、工伤、生育、失业等情况下，享受社会保险待遇。在此情况下，实施教师退出机制将直接影响教师的生计，学校为了规避可能出现的矛盾，也就很难将不合格教师推向社会，只能进行转岗、待岗处理，内部消化。

从地方实践经验来看，建立教师退出机制最大的难点就是完善教师退出后的保障机制。只有保障机制完善，退出机制才会完善，而保障机制涉及多个部门，需要统筹协调安排；只有建立健全社会保障机制，才能保证教师效用最大化，流动渠道畅通，从而不断更新教师队伍，满足教育教学改革和发展要求；只有建立健全社会保障机制，才能把"单位人"变成"社会人"，而"社会人"身份的转变，是在保障教师待遇的基础上进行，必须确保完善教师在退出之后的基本社会保障，才能疏通教师退出路径的种种障碍。①

（四）深化校际合作

未来应从以下几个渠道拓展校际合作：

1. 建立健全教育资源共享管理机制

教育资源包括有形教育资源和无形教育资源。有形教育资源包括教职工资源、运动场地、教学场地、教学设施、图书资源、财力资源等；无形教育资源包括先进的教育理念、校园文化、管理经验等。

基于历史积累和现实发展的多重影响，公办学校之间的发展水平具有相当大的差异性，因而对教育资源的共享是公办中小学开展校际合作的重要动因之一。因此，校际合作需要建立健全的校际教育资源流动与共享管理机制，校际教育资源的流动与共享既是中小学开展合作的重要内容和形式，也是实现合作双方利益和价值的物质前提和基础。学校围绕教育资源的流动与共享进行合作，也有利于解决政府教育投入不足问题，推动校际教育资源配置均衡，提高校际教育资源配置效率②。最后，还需要制定切实可行的校际合作制度，发现问题并及时解决，不断地与时俱进修正合作细则，确保达到共赢效果。

2. 加强高校理论学者的合作指导

在校际合作中，需要进一步加强高校理论学者的合作指导，这里的合作双方必须以平等的姿态、互惠的目的来建立。

高校理论学者应作为一个中介桥梁，在校际合作过程中自始至终坚持面对面的深度介入和全面策划与调控③。要有计划地深度介入每所学校，指导其变革，并在变革中创造新经验和形成学校自身的个性，还要注重搭建校际交流平台，如组织校际合作研讨活动，使个别学校在某些领域积累的改革经验、资源转化为校际合作共同体的所有

① 安雪慧. 完善中小学教师退出机制的政策路径［J］. 华中师范大学学报（人文社会科学版），2011（6）：144－149.
② 薛海平，孟繁华. 中小学校际合作伙伴关系模式研究［J］. 教育研究，2011（6）：36－41.
③ 伍红林. 主动深度介入：转型期教育实践研究的新方式［J］. 现代大学教育，2010（6）：38－43.

学校发展的经验和资源，并积极促进新型经验与资源的产生、交流与放大，形成规模效应①。

此外，应该使高校与中小学的直接单线"纵向合作"和中小学之间的"横向合作"交叉并存，使校际合作更加多元，更加丰富和饱满。在这个过程中，高校理论学者以其丰富的理论指导教学实践，中小学教师以鲜活的教学实践来丰富、诠释或修正理论，最终实现共同利益。②

同时，高校理论学者也要注重培育中小学校内部的科研人员，帮助学校建立起自己的科研队伍，促成更为持续有效的合作。

3. 争取地方教育行政力量的支持

地方教育行政力量对学校变革的影响是巨大的③，因此公办学校的校际合作也同样必须争取区县教育行政力量的支持，并且各合作共同体要善于根据其受支持的程度采取不同的合作策略。

第三节　跨学校组织的特征及其发展

近年来，国家出台了一系列关于扩大义务教育优质资源的政策。《国家中长期教育改革和发展规划纲要（2010—2020 年)》明确指出，实现教育公平的根本措施是合理配置教育资源，要构建政府、学校、社会之间的新型关系。2012 年，《国务院关于深入推进义务教育均衡发展的意见》指出，要扩大优质教育资源覆盖面，发挥优质学校的辐射带动作用，鼓励建立学校联盟，探索集团化办学，提倡对口帮扶，实施学区化管理，整体提升学校办学水平。2014 年，教育部《关于进一步做好小学升入初中免试就近入学工作的实施意见》再次提出，要大力推进学校联盟或集团化办学模式，试行学区化办学等。扩大义务教育优质资源已经成为促进教育公平、提高教育质量、满足人民群众教育需求的重要举措。

那么，扩大义务教育优质资源政策的执行采用了怎样的路径？取得了哪些成效？存在哪些担忧呢？

一、跨学校组织的涵义和特征

（一）跨学校组织的涵义

概括起来，义务教育优质资源扩大的模式包括两类：一是通过义务教育学校之间

---

① 伍红林. 高校理论研究者深度介入下的中小学校际合作 [J]. 现代大学教育，2012 (2)：99 – 103.
② 吴永军. 谈谈新课改背景下中小学校际合作共同体 [J]. 江苏教育研究，2009 (12)：4 – 6.
③ 李春玲. 关于政府主导学校变革教师问卷调查与分析 [J]. 教师教育研究，2007 (2)：50 – 53.

优质资源共享而实现的扩大模式，如学校联盟、名校办分校等；二是通过义务教育学校有效运用其他社会组织的优质资源，从而实现义务教育学校优质资源扩大的模式，如一些教育集群、区政府与民办教育集团合作而建立的实验学校、高校院团助力小学美育体育等。为了表述方便，我们把义务教育优质资源扩大政策执行中出现的教育集群、教育集团、学区、名校办分校、一校多址等统称为跨学校组织。

这些跨学校组织的共同特点：一是均超出了传统的一所独立学校的界限，均由原来的单所学校与其他学校或者与其他社会组织联合发展而成；二是其内部成员组织之间的合作均超出了传统意义上的学校与学校或者学校与其他社会组织之间的临时的、一时一事的随机性的合作，相对固定，并且每个跨学校组织各有自己独特的名称；三是均有名牌辐射或者资源共享的明确目标，跨学校组织内部各成员之间都存在不同程度的教育教学交流活动。

以北京市为例，2010 年《北京市中长期教育改革和发展规划纲要（2010—2020年）》强调试行学区化管理、学校联盟、对口合作；开展名校办分校、教师特派、优质管理输出、学校托管等试点，以扩大优质教育资源的辐射和共享。[①] 之后，市政府和各区县纷纷出台各种具体措施。例如，2012 年市政府制定《北京市城乡新区一体化学校建设管理办法》，2014 年东城区出台《东城区实施学区制综合改革方案》。一位教育行政部门领导谈到，"扩大优质教育资源是涉及民生的大问题，我们进行了清晰、严密的任务部署。"另一位教育行政部门领导也谈到，"在城市或者某一区域扩大优质教育资源，学校联盟和集团化办学等是当前最有效、最便捷、可操作、可检查、可实现的措施。"从具体情况看，北京市把 16 区县划分为四类区域，并依据区域特征设计优质资源扩大举措。首都功能核心区注重内部盘活，如西城区计划把教育集团增至 15 个；城市功能拓展区致力于把好学校办到家门口，如丰台区 2014 年新建校 13 所，计划未来四年建成教育集群 16 个；城市发展新区改扩建学校最多，如顺义区 3 年内的学校改扩建项目达到 61 个；生态涵养发展区则注重引进名校，提升质量，如门头沟区引进 10 个优质校。[②] 跨学校组织纷纷建立。新建校、改扩建校、引进优质校等往往纳入了名校办分校或者教育集团等跨学校组织的模式中。

（二）跨学校组织的特征

由于跨学校组织由其成员学校和其他成员组织组成，而与传统意义上的单所学校组织有所不同，形成了独有的特征。从不同的维度分析跨学校组织，可以发现跨学校组织存在不同的特征。

从跨学校组织内部成员组织之间的关系看，第一，跨学校组织既强调成员组织间

---

① 薛二勇. 基础教育名校办分校的政策分析：基于北京市基础教育均衡发展政策的调查研究［J］. 教育科学研究，2014（7）；45－50.
② 李莉. 扩大优质资源供给，缓解"择校难"［N］. 北京晚报，2014－8－4.

的任务边界划分，也强调在同一平台、同一系统上实现资源共享，并作为一个统一的整体组织对内和对外举办活动。例如，跨学校组织内部举办的由各成员组织参加的学生作文大赛、创意大赛等，既突出各成员学校的努力和成绩，又表明跨学校组织作为一个整体举办了一场相互学习的活动；如果有跨学校组织以外的组织参与，则跨学校组织又作为一个整体组织而与其他组织在平等的位置上共同举办活动。第二，跨学校组织中成员组织之间的资源共享存在层次性。依据资源共享活动的主要负责人的身份，可以将其依次分为校级领导层、中层领导层、教师层和学生层。下一层次总是包含上一层次人员的参与。例如，在校级领导层次的资源共享，可能成员组织中的中层领导、教师等对合作的很多方面并不清楚，只在校长层面有交流；在中层领导层次中，则除了中层熟悉和交流外，校长也对交流有所了解；在教师层次的交流中，校长、中层领导同样有所了解。但是上一层次并不总是包含下一层次人员的参与，有时尽管某一所学校是某个跨学校组织的成员组织，但是由于其参与层次仅限于校级领导层，因而该学校的普通教师对跨学校组织层面的交流知之甚少。第三，跨学校组织发展需要成员组织间不断磨合。由于跨学校组织中各个成员组织之间发展历史、周围环境、师资水平和生源等各方面都存在区别，其在意愿、动机以及行为等方面也存在差异，在合作过程中难免出现不一致和意见分歧，因此各个成员组织之间的协同共进是一个逐渐磨合的过程，其合作方式也会随着合作的进展而不断调整。第四，跨学校组织资源共享的成效可以用成员组织之间合作的密切程度来衡量，即可以用成员组织间资源和信息流动的密集程度、合作领域的多少等来衡量。例如，有的合作频次多，有的合作频次少；有的只在德育方面有资源共享，有的则除了德育外，还在体育、选修课、共同教研、班主任工作等多领域有合作。

从成员组织与跨学校组织之间的关系看，一所学校可以是多个跨学校组织的成员组织，其在每个跨学校组织中资源共享的负责人和范围都可能相同或者不同。例如，在北京市东城区，一所学校可能是某个联盟的成员组织，后来成为某个教育集团的成员组织，再后来又成为某个学区的成员组织。在一定的发展时期，该学校在联盟学校和集团中都主要由教研组长在本土化课程方面负责资源共享，在集团中还可能由政务主任负责借用企业场所作为实践活动的场地进行资源共享，在学区里则可能主要由校长负责去对学区的发展建言献策从而在办学理念和管理方式等方面进行资源共享。

从跨学校组织中参与的个体角度看，跨学校组织存在如下特征：一是强调基于共同角色或岗位人员的对接，例如跨学校组织中不同成员学校的学科组教师共同备课、教研交流；不同成员学校的校长相互学习、交流经验，即合作任务的对接往往在双方同一工作领域内进行。二是跨学校组织不同角色或岗位人员的资源共享具有目的性、时间性、范围性、重复性等特征。目的性是指负责本领域资源共享的人员是为了一定的目的进行交流合作的，这一目的可能是希望通过资源共享促进专业发展，也可能是为了完成学校交给的某项具体任务，或者是为了获得某种奖励或者绩效。时间性是指资源共享行动一般发生在合作周期之中，在没有合作要求或者计划的情况下，这种合作就会大量减少。范围性是指成员学校之间的资源共享活动一般是在同类角色或岗位人员范围之内的，例如，数学教师主要探讨数学教学，德育领导主要交流德育工作经验或者开展德育活动。重复性是指资源共享不是一次性的，例如今年举办了体育竞赛，明年还会以同样的方式举行，一个学期可以多次召开跨学校组织教研会等。三是所有的人员都希望构建一种低成本合作基础。例如通过租用汽车以缩短跨校学习的空间距离；通过利用网络、视频等方式减少亲临现场学习交流而花费在路上的时间。四是跨学校组织中成员组织之间的合作规则是合作人员经过互动形成的，是在不断的学习中逐渐培养出来的，是不同成员组织中合作人员之间相互适应的结果，一旦形成则呈现出惯例化的特征。

（三）跨学校组织持续发展的条件

跨学校组织是一种由多个成员组织以一定的方式组成的联合组织，由于其内部的每个成员组织都是一个独立的利益体，所以如果成员组织想维持长久的、真诚的合作，就需要满足一定的条件。

从跨学校组织的产生过程维度分析，跨学校组织是在教育资源不均衡、校际资源差别巨大的背景下由政府自上而下推进的结果。政府的推动搭建了跨学校组织的组织架构，而真正实现跨学校组织扩大优质教育资源的目标，需要跨学校组织的成员组织之间展开持续的、实质性的合作，真正做到资源共享。

一般情况下，在一个跨学校组织中，一个成员组织在决定要与另一个成员组织建立和维持长久的、实质性的合作关系时，往往需要具备如下条件：一是能够获得利益或者满足需求。即如果一所学校加入某个跨学校组织，就能够得到某种利益或者在某些方面满足其自身的发展需求。这种利益或者发展需求可能来自跨学校组织外部，例如基于政府的要求或者支持，也可能来自跨学校组织中的其他成员组织，例如，跨学校组织中其他成员组织的资源输入。因此，外部影响和激励能让成员组织产生主动合作的意愿。反过来，如果不加入或者不与其他组织组成某个跨学校组织，单个组织就难以得到某些利益或者需求满足，例如生源的改善、绩效工资的增加、专业水平的提高、评优机会的增加等。二是有前期的成功合作体验。不论是与跨学校组织中某些成员组织还是其他组织曾经的合作，都取得了较高程度的成功，这种成功感可能来自自身资源输出而感到自豪和受尊重，还可能因为获得了资源输入而提升了自身水平，都能够让成员组织获得满足感。三是未来合作成功的可能性大。成员组织做出贡献的意愿还取决于跨学校组织中各成员组织协同发展整体上成功的可能性。如果对预期的合作效果充满信心，则意愿会增强；如果对预期的合作不抱希望，则积极性就会减弱。四是能够承受自身付出的成本。即一所学校加入某个跨学校组织并不会给自身造成发展的困境，例如优质学校的校长、优秀教师在帮扶薄弱学校过程中付出的资源量需要控制在一定的限度内，如果一个跨学校组织规模过大，需要帮扶的学校过多，那么跨学校组织中主要起资源输出作用的优质学校将难以承受其付出的时间成本和精力成本。

跨学校组织的发展是一个需要成员组织之间不断磨合和相互适应、不断学习并培养合作意愿、不断改进合作方式的过程，在这个过程中必然会遇到各种的困境。

二、跨学校组织的治理意蕴

在扩大义务教育优质资源政策执行的过程中，跨学校组织是全新的课题，它与政府教育主管部门之间存在什么关系？其内部资源输出组织与资源输入组织之间应该在管理上如何实现优质资源持续共享、促进共同发展？与社会之间应该如何互动？它作为一种新型的教育组织意味着什么？这些问题都有待认真思考。

有研究认为，管理与治理的区别在于：一是行为主体不同。管理的主体是政府，而治理的主体还包括社会组织乃至个人。二是权力运行方向不同。管理是垂直的，自上而下；治理是交互的，多样化的，有上行、下行、平行等。三是运作模式不同。管理重在"管"，是强制的、刚性的；治理重在"治"，是合作的、包容的。四是社会参与程度不同。管理依靠政府的政治权威，通过强制的行政命令而实现；治理则强调互动和协商，鼓励多元参与。① 据此，跨学校组织充满着治理意蕴。

首先，在跨学校组织产生的过程中，一些跨学校组织管理的主体已经发生变化，正在由单一的政府管理走向由包括社会组织在内的多元管理。例如，北京市东城区实行学区制，学区工作委员会（实行聘任制，每届任期三年）治理主体由教委处级领导、学区轮值主席、牵头学校的校长、学区内的学校校长、责任督学、教育直属部门人员、学区所在街道社区干部、属地派出所、驻区单位代表、家长代表和学生代表，以及人大代表、政协委员共同组成。海淀区、朝阳区等也正在开始实施学区制。再如，北京教育学院附属丰台实验学校是丰台区教委引进高校联合办学的一所九年一贯制公办学校，2014 年开始试点"理事会领导下的校长负责制"，该理事会由北京教育学院、丰台区教委有关负责人、学校主要领导、学生家长、社区属地居民五个方面人员组成。这两类跨学校组织治理主体的共同特点是包含了几乎所有的利益相关者代表，实现了教育治理的多元参与。这种教育治理的多元参与不仅有利于各利益相关者在教育治理上群策群力、集思广益，而且有利于各利益相关者诉求的充分表达和利益保障。

其次，跨学校组织的产生，在学校与区域教育主管部门之间增加了管理层级，但这种层级并非行政层次，这改变了政府对学校管理的单一的、自上而下的权力垂直运行方向。在实践中，跨学校组织的成立分为两类：多数组织是由政府主导，自上而下成立，如教育集团、教育集群、名校办分校、学区等；个别由学校自发、自下而上形成，如一些学校联盟。由政府主导而推进的跨学校组织，在组织的地理空间、组织成员的类型和数量、组织形式等方面基本上由政府决定，但是在跨学校组织内部管理机

---

① 肖俊华. 从管理到治理：领导者如何引领单位建设［J］. 领导科学，2014（7）：11－12.

制和日常运作方面，则由教育主管部门、跨学校组织牵头校和成员校以及其他社会组织协商决定。自发形成的跨学校组织，各个方面均在区域教育政策允许的范围内由成员校协商决定，地理空间范围可大可小，类型可单一、可多样，成员组织数量也因自愿而可增可减。这类组织的形式往往是联盟，但是这并不意味着这类跨学校组织与教育主管部门不存在关系，这类跨学校组织的很多活动都会争取教育主管部门的支持、指导和建议，教育主管部门也会给予必要的帮助和关注，但是并不以此作为考核依据，也不对此做出正式评价。跨学校组织这一管理层级的增加，使权力运行由政府对学校自上而下管理的垂直方式转变为垂直与平行相结合的方式，改变了以往以政府为中心的格局，教育权力在政府、学校、社会之间发生了转移，有利于实现管办分离，促进教育管理走向共同治理。

最后，跨学校组织由不同的成员校及其他社会组织组成，积聚了当地政府、中小学、高校、科研机构和优秀企业的力量，形成了相互协作、资源共享的协商、合作关系，不仅有利于为不同组织成员之间实现人、财、物和空间资源共享、合作交流、研训活动和协作发展提供平等的平台，而且有利于促进不同学段和不同类型学校的贯通，但是这些必须以跨学校组织成员之间的平等协作为前提，需要兼顾各成员组织的需求，因而通过协商和广泛的社会参与而展开工作，成为跨学校组织的一大内部工作机制。目前，跨学校组织各成员的协作方式主要分为三类。一是由优质学校或者高层次学校牵头并充分发挥其优势，通过校际甚至其他社会组织的资源共享，在与其他成员校协商合作的过程中，引导、带动其他成员校发展。二是以共同的发展愿景为纽带，不定期地由不同成员校牵头或者召集组织活动，通过校与校之间的平等交流、借鉴与合作，使各自在管理水平、教育教学水平上得到提升。三是由跨学校组织的理事会或者委员会通过民主讨论做出跨学校组织如何发展的决策，并制定相关制度，然后各成员组织依据决策和制度，并根据自己的实际情况制定自己的发展规划。无论是哪类协作方式，由于跨学校组织不是行政机构，因此内部成员之间不存在哪个成员具有决策命令职权、哪个成员处于执行地位的区别，即使有牵头校，其活动计划、规章制度也由牵头校和成员组织通过协商而制定。因此，成员之间地位平等，即使是资源输入校，也应有自己的议事决策机会和发言权。通过合作、包容、互动和协商而推进工作，是跨学校组织这一新型办学模式变革的一大特征，其优点是能够集思广益，同时照顾到不同成员组织的诉求。

由此可见，跨学校组织的产生在某种程度上意味着政府、学校、社会之间的新型关系正在建立，即政府的有限责任、学校办学自主权的释放和社会的多元参与，跨学校组织在有效扩大义务教育优质资源的同时，也正在促使政府与学校的关系由管理走向治理，这正是跨学校组织在发展过程中显现出来的强大生命力，也必将促进学校教育更好地满足老百姓对优质教育的需求。

三、跨学校组织的成效、困境和担忧

（一）跨学校组织已经取得的成效

我们通过调研发现，通过构建跨学校组织，义务教育优质资源扩大政策取得了明显成效。

第一，各个区县优质教育品牌覆盖面大幅度提升，优质学位得以增加，就近入学比例也得到提高。例如，2014 年东城区几所热点名校的一年级新生就近入学率增至80% 以上；小学升入优质中学的招生录取率为 85%，其中通过电脑派位（含对口入学）进入优质教育资源初中学校的比例达到 73%。[①] 2015 年东城区义务教育优质资源学校由 2014 年的 83 所增加到 91 所，优质教育品牌资源覆盖率达到 91.9%，小学入学及小升初优质学位分别占到学位总数的 95.51% 和 94.51%。一位教育行政部门领导谈到，"人大附中在朝阳区办分校，2014 年刚招生就很受欢迎。北京师范大学有自己的招牌，门头沟北师大实验学校、大兴实验学校，当年招生当年就有效果。"一位校长也谈到，优质中学附小、对口直升等打消了家长顾虑，打通了升学瓶颈。这样，优质教育资源的扩大在一定程度上满足了家长、学生和社区对就近享受优质教育的强烈需求和追求名校的愿望。

第二，优质资源得以共享。跨学校组织成员学校的校长之间共享管理经验，教师之间相互切磋教学技巧，一所学校的经验、技巧、发现、讲座等，其他联盟学校均有机会无偿参与学习，并应用到学校管理和教育教学中。例如，P 区将逐步构建东、西、南、北、中 5 大教育发展集群，在各集群内部，干部教师培训、特色课程建设、校园文化培育、综合素质提高、设施设备共享等资源整合平台将被搭建起来，实现学校资源共享，抱团发展。有研究表明，北京市名校与分校在学校管理、教师发展、课程教学改革、教学质量保障、学生交流互动等方面加强合作，初步建立了共同发展的合作机制。[②] 不同的跨学校组织建立了内部不同的教师流动与共享机制，建构了多校合作的教研氛围和学生活动平台，不仅在不同学段上实现了优质资源共享，有利于在共同协商和研讨中不断迸发出创新思想，而且充分利用了社区资源、家长资源和其他社会组织资源。

第三，办学质量得到提升。在优质资源辐射过程中，名校往往把本部的优秀副校长或者中层领导派往新建分校或者改建分校任职，带去了本部的管理理念和管理方式，放大了名校的品牌辐射力，起点高、见效快，带动分校迅速发展，扩大了优质教育资源，使整个社会的优质教育资源总量迅增，办学质量上了台阶，短时间内就得到家长

① 沙培宁. 北京东城区启动新一轮学区制综合改革实验项目［J］. 中小学管理，2014（8）：51.

② 薛二勇. 基础教育名校办分校的政策分析：基于北京市基础教育均衡发展政策的调查研究［J］. 教育科学研究，2014（7）：45 - 50.

和社会认可，甚至部分郊区分校开始出现生源回流现象。例如，2008 年成立的北京小学翡翠城分校不仅在短短 3 年后成为大兴区的优质校，而且以发展共同体的形式带动了 3 所农村校的发展。东城区 3 对综合改革深度联盟一体化管理学校统一招生、统筹师资、共同教研、同址上课，教学质量得到了学生、家长和社会的认可。[①] 跨学校组织的建构促进了学校的共同发展和整体办学质量的提升。

（二）跨学校组织的现实困境及其原因

跨学校组织的现实困境主要表现如下：

在思想认识方面，一些跨学校组织中成员组织的合作意愿不强。理想上，跨学校组织应该怀有实现优质教育资源共享的目标，输出资源的成员组织会为帮助了薄弱学校而感到光荣，输入资源的成员组织会为合作过程中有新的收获而感到满意，以此为基础，成员组织间才能够以一个整体行事，跨学校组织内的教师和学生才会有一种属于组织的归属感。而事实上，有的优质校校长因需要辐射的学校不断增加而抱怨工作量太大，压力过大，效率不高；有的教师因为成员学校之间距离较远而不愿意跨校研修……这种合作意愿的疲惫带来的后果是合作效率低下，有时甚至造成了资源的浪费。

在协调方面，一些跨学校组织存在沟通渠道不畅和沟通方式不完善的问题。资源共享的双方是否了解对方的需求，能够满足需求的有效资源有哪些，在合作方式、合作内容等关键问题上能否达成共识，这些需要通过反复沟通才能使双方明确。事实上，一些跨学校组织内部成员组织之间的沟通渠道不畅，沟通频率也十分有限，有研究表明，学区管理存在权限不明确、管理关系不能理顺、权责不配套等问题。[②] 学区助理较难指挥学区内各学校管理员的工作，而学区内各学校管理员的工作仅停留在网上上传一些学区工作安排。[③] 这样必然导致在相互了解需求和满足需求上出现偏差，成员组织只是把工作安排上传到网上，并不等于相互进行了交流，网上的信息只有通过认真阅读并通过相互切磋而且与自己的工作进展对接起来才能发挥作用，正如如果把资金放在了保险柜里，却不让其有效流动起来，这些资金就没有用处一样。跨学校组织的资源共享需要具有实质性的信息、资源交流，而且无论是交错的还是单向的知识流或者信息流都需要反复进行，只有这样，成员组织才能够拓展所拥有的知识深度和宽度。

在运作环节方面，一些跨学校组织的工作安排存在跳跃性问题。成员组织之间的合作需要一步一步进行，只有走好了上一步，下一步的工作才有可能符合预期的设想。例如，有的跨学校组织致力于在共同教研上促进教师专业成长，推荐教师开展"同课异构"活动，即几所学校各抽选出一名优秀教师，均给同一年级的学生上同一节课，教学目标相同，教材一样，并对教学过程提出了统一的要求，这几名教师各自备课，

---

① 沙培宁. 北京东城区启动新一轮学区制综合改革实验项目 [J]. 中小学管理，2014（8）：51.

② 胡中锋. 当前推进学区化管理应注意的问题 [J]. 人民教育，2014（7）：45－50.

③ 蔡定基，周慧. 学区管理内涵与实践：以广州市越秀区为例 [J]. 中国教育学刊，2010（8）：27－29.

然后举办活动，在同一天内依次上课，展示自己的优势，相关专家和其他教师点评。这种教研活动看起来十分完美，对于教学水平的提高十分有益，然而，这项工作可能在很多环节上存在欠缺，例如在统一要求环节，尽管若干要求已经提出，但是由于事先没有对要求进行明确说明。如对于"趣味性"的要求，每个人都有自己的理解，可能在教师看来具有趣味性的内容或者课堂活动在学生看来并无趣，对于在哪些方面做到了怎样的程度才叫有了"趣味性"，怎样做才能实现"趣味性"，并没有进行过研究和分析。在听课环节，可能各成员学校来听课的教师十分有限，如果主要是活动举办的成员学校的教师参与，其他成员学校只有讲课教师来切磋，其收益面会大大缩小；在活动结束后，如果没有反思环节，没有课后的总结，没有把这次活动的收获在跨学校组织中传播，则其本来能够实现的资源共享的范围就很有限。

在运行效果方面，一些跨学校组织在实际合作上面临持续发展的问题。有研究表明，有的名校有多所分校，分校的师资力量和水平得不到保证，校长担任几个分校区的法人，因兼顾各个分校导致管理上的疲劳与疏漏。[①] 校长工作量的增大超过了承受能力，就容易导致无法持续的结果。还有的研究表明，学区总校校长由原来管理一所学校，发展到现在要同时管理几所学校，责任无限增大，压力也无限增大，但相应工作待遇没有增加，影响其积极性的发挥。[②] 激励制度的缺失和迟缓使校长看不到付出带来的回报，容易导致积极性的减弱，从而容易导致行动的拖延，出现虎头蛇尾的现象。

在师资方面，有的名校与分校合作到期后，陆续将派到分校的师资力量撤回。不少分校因此师资配备出现问题。[③] 跨学校组织短暂的资源共享难以产生长久的效果，而又没有后续措施，直接影响了资源共享的高质量运行。

之所以出现这些情况，原因是多方面的。

第一，从成员学校合作意愿上而言，由于多数跨学校组织的成立是政府自上而下推进的结果，成员学校预先并没有合作的意向，甚至有的学校感到加入某个跨学校组织是被整合、被改名、被建设的结果，具有非自愿性和被动性，因而容易在主观上拒绝适应合作。这就意味着，在真正组成跨学校组织之前，一些成员学校的教师并没有接受充分的宣传，没有做好充分的思想准备，更没有静下心来探讨自己需要什么和能够给予对方什么。事实上，在跨学校组织中，由于各成员组织在人员与财物的管理方式和历史传统等方面都是独立的组织，因而每个组织都力图保持自身的独立性，即能够根据自己的需要和意愿而选择相应的行为。有的成员组织与其他组织组成一个跨学校组织就意味着它要失去部分独立行为的自由，有的还要单向地对其他成员组织输出自己的优质教育资源，缺乏来自其他成员组织的输入。在这种情况下，只有通过充分

---

① 尹玉玲. 透视与反思：北京市"名校办分校"政策的实施 [J]. 中国教育学刊，2014（9）：7－11.

② 本刊编辑部. 深化学区化　推进集团化　促进教育均衡优质发展：访贵州省贵阳市教育局局长赵福菓 [J]. 基础教育参考，2014（3）：12－16.

③ 贾晓燕. 名校办分校招牌后面水分多 [N]. 北京日报，2010－3－24（6）.

宣传促使成员组织充分了解组成跨学校组织的意义和作用，才会有意愿付出时间和精力达成资源共享的共识、认同具体合作目标并产生归属感。

第二，从跨学校组织规模上看，当在短时间内一个接一个的成员组织加入某个跨学校组织，成员组织数量超过一定的量时，跨学校组织的规模就超过了一定的限度。一个成员组织同时与越来越多的成员组织合作，成员组织间资源流动的领域和频率就会增加，跨学校组织的地域范围就会扩大。这个成员组织与其他成员组织中对接点负责人之间的联系、协商和研讨会议就会增多，沟通的频率大幅增加，而这些会耗费很多时间和精力，造成疲惫不堪，合作的意愿自然就会减弱，维持跨学校组织持续发展的动力就会越来越小。而且任何一所优质学校的优质资源都是一种稀缺的资源，当优质资源的量固定而需要输出的量却不断增加时，或者无法满足越来越多的其他成员组织的需求时，跨学校组织内部资源共享的质量就令人担忧。例如，每所学校的优秀教师的数量都是有限的，假设一所优质学校有五名优秀教师分别去五所资源输入校召集研讨活动，而且可以达到良好效果的话，那么如果资源输入学校增加到十所，原来的五名优秀教师的工作量就增加了一倍，人的精力和时间都是有限的，这势必影响工作效率和质量。优秀教师的培养需要过程，要从五名优秀教师增加到十名优秀教师，存在着极大的可能性，但是需要培训和锻炼的时间。

第三，从合作规则的决策上看，如果规则全部仅由上级领导制定并层层推进，则成员组织对接点负责人和实际合作的教师们就减少了增强积极性的机会，因为他们没有预先思考应该如何合作，更没有关于怎样合作的决策权，只能被动接受上级的命令和指示，沟通渠道不充分，而最基层的合作实践随时可能遇到新情况，只有给予合作者充分的决策权，使他们能够随机应变，才能顺利推进工作。在制定规则时征求双方基层合作者的意见，而不仅仅由领导决策，如此会增强规则施行的可行性，也会增进基层合作者对规则的理解和拥护；规则制定后广泛、深入地宣传，有利于使每个即将参与合作的成员理解规则，认同规则，避免信息扭曲，如果减少了宣传环节，工作安排就出现了跳跃性，对接也就难以遵从规则。如果在执行规则时配以相应的激励机制，则有利于增强遵从规则的积极性，减少逃避责任和主动违背的行为。但是，事实上很多跨学校组织的规则主要由成员组织的领导参与制定，对基层的意见听取不够，沟通不够，相应的激励机制又不完善。

第四，从跨学校组织资源流向上看，有的成员学校以资源输出为主，有的则以资源输入为主，这种依赖的不对等往往会影响成员组织间资源共享的持续进展。依赖的不对等意味着合作组织双方在权力和地位上的不对等，这种权力和地位上的差异使得处于合作组织中优势的一方不愿在知识共享中投入更多，因而会对彼此间的知识共享产生消极的影响。输出学校希望能够把自己的理念和经验传播给输入学校，希望输入学校尽快与自己一致，并以相同或者相似的方式提升教学水平，但是输入学校会认为输出学校给予自己的是约束，总是希望摆脱这种因依赖性所强加的约束，从而阻碍优质教育资源共享系统的建立和完善。

（三）对跨学校组织的担忧

不同的跨学校组织建立后，一些校长也表现出一定的担忧，如何维持跨学校组织持续高质量的运转是摆在面前的核心任务。

第一，从政府层面看，后续的配套政策尚不够充分。主要体现在两个方面：一是政府的一些后续政策没有跟上。薄弱学校办学质量的提高并不仅仅需要学校牌子的更换和学校之间形式上的合并、联合，更重要的是如何运用后续的配套政策促进跨学校组织的实质性交流与合作。部分跨学校组织优质资源扩大效果的立竿见影的确振奋人心，但是难以为继的现象也屡见不鲜。例如，一些名校的优秀教师因教学任务重，又没有足够的激励政策，很难做到长期到分校指导教育教学改革；成员学校之间签署的合作意向协议缺少整体规划与设计，内容不具体，又缺少监督评价机制，基本上属于短期行为，因而容易出现雷声大、雨点小的现象。这些都需要政府进一步出台相关后续政策予以规范。二是维持跨学校组织正常运转的经费政策不到位。目前教育经费均由政府直接划拨到学校，跨学校组织专项经费支持不充分，因而维持持续的高质量运行存在一定困难。例如，有的名校与分校合作到期后，没有后续经费，便陆续将派到分校的师资力量撤回，造成部分分校的师资配备出现问题。[①] 有些品牌输出学校虽然得到了来自政府的专项拨款，但金额有限，因而积极性不高。政府持续的经费支持十分重要。

第二，从跨学校组织层面看，一些学校中层领导担心有的跨学校组织"只是面子工程"。主要问题如下：一是一些跨学校组织内部管理机制需要理顺。例如，教育集团内部成员学校校长、副校长均由上级教育行政部门任命，而这个校长可能与集团牵头学校校长存在理念上的分歧，成员学校之间也存在文化上的巨大差异，在短期内甚至在未来很长时间内都很难实现认同与协同，造成事实上的貌合神离，集团的凝聚力无法形成，集团的协同效应无法发挥。[②] 二是一些跨学校组织规模过大，跨学校组织需要有与其规模相适应的办学条件，如果成员校过多，名校校长兼顾过多分校，管理幅度就会增加，责任无限增大，压力也无限增大，优秀师资的辐射力度和范围也需要加大，这些校长和教师就会因为兼顾过多的工作而导致情绪倦怠和出现工作疏漏，从而影响工作质量。三是一些跨学校组织不仅成员学校多，而且地点过于分散，相隔距离远，给交流带来不便，也给文化"融合"带来难度，而管理难度加大，管理效率就会低下。诚然，跨学校组织只有在一定的限度和范围内，名校才会带动分校高水平发展。四是一些跨学校组织缺乏内部交流的硬性制度和有效激励措施，有的成员校一开始积极合作，但是后期积极性逐渐减小。

---

① 贾晓燕. 名校办分校招牌后面水分多 [N]. 北京日报, 2010 - 3 - 24（6）.
② 李彦荣. "管办评"分离下的集团化办学：制度化利益协调机制尤为重要 [N]，中国教育报, 2014 - 9 - 2.

第三，从学生和家长层面看，一些跨学校组织的成立使得生源较好的尖子校和生源一般的薄弱学校联合起来，学生生源范围发生了变化，家庭背景差异也扩大了，这给跨学校组织的学生管理带来挑战，尤其像一校多址这样需要统一管理的实质性合并学校。例如，原来的尖子校校服费用1000元是正常现象，而现在与薄弱校合并成为一校多址跨学校组织后，校服费用改为400元，一些家庭仍感到费用昂贵。生源层次差异的扩大还给教育教学带来挑战，原来针对某类生源的教学理念、教学方法不能适应现在所有学生的需求。这些都需要跨学校组织在管理理念、管理制度、教学理念、教学方法、师资培养等方面做出相应的调整和改变。因此如何确保跨学校组织持续、有效地整体提升办学质量成为巨大挑战。

由此可见，跨学校组织在后续的运行过程中要解决目前的担忧，进一步使优质资源共享落到实处，其持续改革内动力和牵头校的积极主动还需要政府给予必要的激励政策和持续配给经费；跨学校组织内部的管理机制、组成架构、发展规模和速度需要根据发展需求做出适时的调整和变化，还需要硬性的制度规定；要解决生源变化出现的问题等需要跨学校组织的管理思想、课程思想和教学思想进一步丰满。同时，跨学校组织还有很多值得深入研究的问题：如何处理好整体办学特征与单一成员校特色之间的关系，既要注重文化融合，又允许保留特色；如何处理好资源输出组织与资源输入组织决策权之间的关系，更好地将决策建立在民主协商的基础上，照顾到各方利益；如何处理好成员组织之间贡献与分享的关系，群策群力，各尽其责，责权利统一；如何设计出良好的评价机制来为跨学校组织护航等。

四、跨学校组织的未来路径

跨学校组织的未来路径需要综合考虑跨学校组织成立的条件、跨学校组织的特征、目前的困境及其原因，以便有针对性地走出困境，促进跨学校组织的持续发展。这就需要从对跨学校组织的整体设计和完善内部运作机制着手。

（一）对跨学校组织发展进行整体设计

从整体上考虑跨学校组织的发展，未来避免困境的路径主要有如下几点：

第一，把跨学校组织的规模控制在一定范围之内，一个是总体规模，另一个是阶段规模，因为一定的优质资源能够辐射的范围总是有限的。总体规模是指最终的规模总量，包括成员组织的总体数量，所有成员组织之间的总的空间距离，需要输入资源的成员组织数量等。阶段规模是指在一个跨学校组织中，成员组织的增加逐步进行，在不同阶段可以容纳不同数量的成员组织，例如，跨学校组织成立初期，一所输出资源的优质学校对应的需要输入资源的成员学校不能太多。经过几年的发展，资源输入成员学校在管理水平、师资力量发展起来后，甚至其优质资源也可以向外输出时，其他资源输入成员学校的加入才不会导致资源输出学校成本过大，即跨学校组织在发展的不同阶段可以有不同的规模。因为不同的规模和发展水平决定了协调成本和资源流动成本的大小，当成本过大时，跨学校组织就会效率低下、积极性降低，当付出的成本在可以接受的范围之内时，效率和积极性才容易有保障。这样，当要加入的成员学校看到前期的成员学校之间的成功合作，就增强了对未来合作成功的预期，从而增强了合作意愿。

第二，在跨学校组织发展的不同阶段，合作可以由点到面、由简单到深入渐进展开。在合作的初始阶段，因为各个合作方及其责任人对对方的了解程度有限，在小范围内具体的少量岗位之间建立清晰的对接点、设定对接目标和绩效指导，将有助于起步工作的良好开端和顺利进展，同时也降低了失误的风险。在合作的推进阶段，在共享资源、信息和经验的过程中，经过不断的协调和沟通，合作内容和合作领域不断增加，相互了解和可以预测彼此未来行为的信念不断增强，合作由尝试到稳步推进，不断走向深入。在合作的稳定阶段，成员组织间彼此相互信任和认同，拥有了共同的价值观和实际指导行动的准则与规范，拥有了自己的一套合作模式以及对未来合作的美好憧憬，实现了整体合作，组织间的关系从传统的简单协作转变为拥有共同愿景、深入持久的合作关系。跨学校组织也由此实现了由只注重书面规章的制定到在原则性规章的前提下实现共享价值和灵活推进的转变，组织成员也有了较强的归属感。

第三，理性看待合作失误。尽管跨学校组织真正维持资源共享的长期合作是以合作双方都感知到合作的不断成功为基础的，但是跨学校组织中成员组织的合作过程是一个既有成功也有失误的过程，因此合作只要在多数情况下取得了成果，对于合作中的一时过失应视为正常的现象，不必过于看重，更不可因此而半途而废，而应在不慎产生过失的过程中不断改进合作内容、合作结构和合作方式。跨学校组织中的合作是一个动态的、不断完善的过程。

第四，注重挖掘资源输入学校的优质资源。一般而言，以资源输入为主的成员学校总体上优质资源少于以资源输出为主的成员学校，但是也有可圈可点的优质资源。从教师方面看，资源输入学校也有十分优秀的教师，他们的教学水平也有值得借鉴之处，这往往在不同成员学校的同课异构活动中十分明确，很多情况下，评课专家仅凭听课并不能判断哪位教师是来自输出成员学校还是输入成员学校。从学生方面看，在各种跨学校组织的大型竞赛中，几乎所有成员学校都有取得好名次的学生。因此，善于发现资源输入学校的优势，充分尊重他们的发言权，增强他们的自信心，在此基础上共享优质资源，是跨学校组织保持向心力的重要途径之一。

总体而言，控制跨学校组织的规模有利于减少因规模过大造成的师资资源的时间和精力成本；控制规模还有利于在每个成员组织从加入到成为一体的过程中，由照顾边界到重视统一平台的构建。跨学校组织的渐进展开有利于促进跨学校组织成立之初就收获匪浅，从而增强合作的意愿，也使成员组织对未来合作抱有更大期望，同时有利于优秀师资的精力集中，避免范围过大，从而容易产生成效，避免因输出目标过于庞大而造成成本过大和产生畏难情绪，同时给成员组织之间的磨合留下了缓冲时间，包容了跨学校组织在不同阶段合作时因层次不同而呈现的进度不同。理性看待失误则从认识上认同了任何一个跨学校组织的成立和推进都是一个过程，在过程中难免有弯路，需要不断修正。挖掘资源输入学校的优质资源则有利于增强资源输入学校的信心和确保在合作对话中的平等地位，从而增加了各方对利益的表达机会，增强了跨学校组织的凝聚力。

（二）完善跨学校组织内部的运作机制

完善跨学校组织内部的运作机制是各成员组织之间保持良好的关系和推进合作进展的重要保障，主要应在以下方面加强努力。

第一，成员组织之间就合作规则进行充分的协商。在一个合作水平和资源共享水平较高的跨学校组织中，参与决策的人员一般都由双方校领导延伸到了中层领导，再到学科教研组长（或者最基层的教育教学活动参与者），学科教研组长的参与资格建立在充分征求一般教师的意见的基础上。决策流程要给成员组织中参与合作的各层次各领域领导和教师充分表达自己想法的机会，分析清楚各方可以输出的优质资源和需要输入的优质资源，根据实际情况探讨合作规则。在通过不断协商完善合作规则的过程中，旧规则不断改进，新规则不断形成。

第二，在需求和满足需求方面找到对接点和学习点，扬长避短。跨学校组织按照任务分工可以分为多个方面，例如从教师专业发展方面看，可以分为教师学科专业水平的提高、教研能力的增强、课堂教学水平的提升等。作为高校的资源输出成员组织在学科专业水平上具有优势，那么它与其他成员学校之间的对接点就应在学科专业上；作为有着特级中学教师的优质中学，其优势之一在于课堂教学水平，那么它与其他成员学校之间的对接点就在课堂教学上。相反，希望提高学科专业水平的资源输入学校就要在与高校合作的过程中找到学习点，希望提高课堂教学水平的资源输入学校就要找到对优质中学的学习点。

第三，明确合作责任人的责、权、利和合作的计划方案。在确定合作规则和对接点、学习点的基础上，还需要确定好对接点、学习点的责任人。资源共享要以成员组织中不同岗位的责任人为连接点和纽带，高层责任人之间的相互信任促进了相互合作的力度和范围，基层责任人合作过程中形成的默契与成效又有利于坚定高层责任人合作的决心。责任人的业务能力、沟通能力和通常的交流网络要和对接点、学习点的要求相匹配，并且要有相应的、明确的责权利划分。要给予责任人充分的权力和激励措施去设计合作的计划方案，例如在合作内容上，高层责任人可以设计好时间表，决定对于表现突出的教师如何给予晋升机会或者物质奖励；在合作方式上，成员学校之间基层责任人中的优秀教师可以与新手教师结对子、"一对一"帮扶，也可以分期、分批、分层次为对应的教师提供帮助，可以召集集体备课，中层责任人可以召开年级组长会展开研讨。

对合作规则进行充分协商有利于照顾到各方的诉求，满足多方利益和发展需求，也符合跨学校组织的特征，跨学校组织本来就是由历史传统和管理方式各不相同的成员组织组成，如果只有某一所学校制定规则，其他处于服从地位，那么跨学校组织就会缺少向心力。找到对接点和学习点，是以资源与需求相对接为前提的，也避免了资源浪费，使有限的资源用在最需要的地方。明确合作责任人的责权利和合作的计划方案，有利于避免工作环节的衔接和持续，而所有这一切都为增强合作意愿起到了作用。

第二章　教育公平背景下跨学校组织的运作模式

跨学校组织是在追求教育公平政策取向的背景下一种学校组织之间新的组织形式，这种新的组织形式的运作模式是怎样的？取得了什么成效？存在什么问题？应该如何进一步发展？针对这些问题，本章分别选取了学区制、名校办分校、教育集团、教育集群、一校多址、大中小学合作、政府购买教育服务、家校合作等不同类型的跨学校组织进行了案例研究，以期能够从跨学校组织的层面，从实践维度探讨 21 世纪以来我国在追求教育公平、优质教育资源共享和提高教育质量的背景下，我们在区域教育政策执行中所做的尝试和努力。

第一节　学区制及学校品牌化探索模式

本书将以北京市东城区为例进行分析。东城区位于北京市城区东部，2010 年东城区合并崇文区，成立新东城区，调整之后的面积扩大到 41.84 平方千米。根据北京东城统计年鉴（2016），2015 年年末全区常住人口为 90.5 万，北部、东部与朝阳区相连，南部同丰台区接壤，西部与西城区相接，东西最宽处 5.2 千米，南北最长处 13.0 千米，管辖 17 个街道办事处，187 个社区。东城区共有普通中学 43 所，小学 64 所，幼儿园51 所，职业教育学校 3 所，成人教育学校 7 所，校外教育单位 8 个。早在 2003 年北京市东城区就区内优质教育资源较多但分布不均衡的状况，提出了学区化管理的改革举措。

一、从学区化到学区制的演变

（一）学区化管理的实践探索

长期以来，我国不同学段、不同领域的教育系统划分泾渭分明，各自为政。在2010 年前东城区人均占地面积偏低，普通学校的办学条件不尽人意。根据 2003 年东城区的统计，有室内体育场的学校有 10 所，有天文馆的学校有 2 所，占全区学校总数的7%。同时，特级教师集中在 6% 的优质学校和教研机构，90% 的骨干教师集中在 10%的优质学校。伴随这些不均衡的是各自为政的封闭办学观念，这使得校际的差距也越来越大，从而引发了社会上尖锐的择校矛盾。

1．学区化改革举措

针对以上出现的问题，东城区教育主管部门在调查研究的基础上，决定对全区的优质教育资源进行融合，使学校的资源变为学区的资源，所以提出了"学区化管理"，旨在开阔学校的办学思路，打破学校之间、学段之间以及学校和社会之间的壁垒，从而实现师资、课程和硬件等方面的资源共享。如图 2－1 所示。

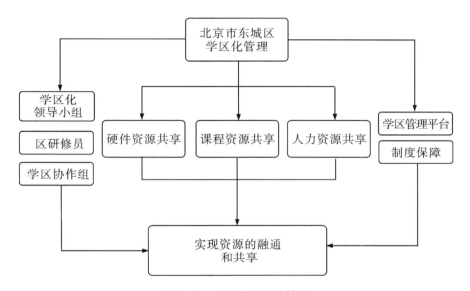

图 2－1　东城区学区化管理

（1）组建学区组织机构。

在构建学区组织机构加强组织保障方面，分别从三个层面对学区进行指导与管理。第一个层面由教育主管部门的人员组成，主要是教委的领导和相关科室负责人组成学区化领导小组，负责了解学区工作的信息动态。第二个层面由教研员组成，按照学区的相关要求，各个学科的教研员要深入各教研组指导相关的备课和教学工作。第三个层面是学区协作组，可以看作是学区化管理的中枢，由各校校长组成，学区内校长推举出轮值主席，任职半年或一年。在学区协作组中，负责制定学区各项计划工作的还包括中学、小学、幼儿园学段的牵头人，他们共同与轮值主席组成学区协作组的核心。

2004 年，东城区根据街道的行政划分以及优质教育资源的分布状况，将 10 个街道划分为 5 个学区。和平里学区是学区化首先进行试点的学区，2005 年试验范围扩大到景山—东华门学区、东四—朝阳门—建国门学区；2006 年北新桥—东直门学区、安定门—交道口学区的学区化管理工作正式启动。至此，东城区学区化建设全面铺开。根据《东城区教育系统内学区管理办法》，建立学区轮值主席制度，这一制度的建立让学区内每所学校都有了一种集体的荣誉感和主人翁的责任感。

（2）搭建学区管理平台。

东城区教委利用互联网建立了一个网络信息平台并制定了详细的运行机制，此平台是实现资源共享的重要保障。每个学区内都有不同类型的优质教育资源，各学校将自己的优质教育资源通过该平台发布，供求双方可通过平台达成协议，这样就可以实现学校各项资源的共享。争取利用此平台最大限度地发挥区域内优质教育资源的辐射带动作用，实现资源利用的最大化与资源流的畅通无阻。

（3）确保制度保障。

在制度保障方面，由东城区教委指导学校联盟协议的研制，确定联盟规则，建立目标责任制。为了确保学校联盟工作长足发展，将其纳入学校综合评价指标体系，并建立了专项奖励制度。

（4）促进资源共享。

在促进资源共享方面主要有三种方式。

第一，促进人力资源共享。主要是通过特级教师、高级教师的跨校兼课；学区内的师徒结对，师徒共同讨论教案，互相听课；建立名师工作室、干部的轮换制；完善人才流动的引导和服务体系；通过分流和安置富余人员等方面来实现人力资源的最优化。最大限度地把教师们从"学校人"转变为"学区人"。①

第二，促进硬件资源共享。将各学校所拥有的体育场馆及其运动设施、天文台、计算机教室、大型会议厅、专业教室、专业设备等进行统计，并且对这些资源进行了合理的共享。

第三，促进课程资源共享。2008年4月8日，东城区启动学校深度联盟机制，推行学生学区内网上选课，首批八所学校结成联盟并相互签署合作协议。它们分别为和平里学区的171中学和177中学，东四朝阳门建国门学区的史家小学和东四七条小学、安定门交道口学区的五中分校和国子监中学，安定门交道口学区的府学小学和方家小学，联盟学校之间开展跨校听课、教师互派、课程资源共享等互助交流。

2. 学区化改革的成效

（1）初步实现了资源的融通和共享。

截至2006年3月15日，根据学区化管理平台的统计，全区共接收硬件资源279项、人力资源469项、课程资源1146项，已达成资源共享活动1057项次。由此可见，各类资源已经打破学校的围墙开始在学区中流动，尤其是在课程资源的共享方面表现较为活跃。同时学区化管理也带动了教师水平的整体提升。没有区级骨干教师的小学数量锐减，由原先的24所减少为5所，中学则实现了各校都有区级骨干教师。所以，自学区化实施以来，区域内的各类资源初步实现了融通与共享。

---

① 王世明. 北京市东城区学区体育开展现状的研究 ［D］. 北京：首都体育学院，2009.

（2）"资源观"的转变。

学区化管理让校长、教师们逐渐树立起了新的"资源观"，主要表现在三个方面：一是大家可以自觉地贡献出自己的资源，而不再是把优质资源视为独家所有；二是校长的"资源观"在扩大，他们逐渐意识到资源不单单指好学校、好教师，社区、家长也都可能是资源；三是大家开始树立起全新的"资源观"，即"不求所有，但求所用"，也开始认识到如今的学校已经不能再像过去那样"关门办学"。

（二）学区制改革的实践探索

东城区在学区化管理的探索中取得了一定的实效，促进了义务教育优质均衡发展。但是面对义务教育发展的新要求，以及老百姓对优质教育资源的新期待，学区化管理面临一些需要研究和解决的问题。所以，2014 年东城区决定进行新一轮的学区制改革。

1. 由学区化到学区制

学区制是对学区化的一种超越。学区化是根据相对平衡的原则划分学区，更多的是一个实践和工作的平台，实现课程、硬件和人员等方面的互通和共享。另外，学区化管理的出发点比较单一，缺乏系统性、综合性的设计，管理层面的保障、评价、激励机制不完善。[①] 因此，学区制主要从以下几个问题出发，对学区进行深化改革。

（1）共享机制问题。学区化管理实现了区域资源的共享，促进了学校发展。但由于管理形式相对松散，资源共享的通道还不够丰富和完善，对资源的统筹力度不够，未能从根本上将一些小而散的教育资源聚集成一定的教育品牌，择校难题尚未破解。

（2）管理机制问题。由于学区化管理从实践出发，出发点比较单一，没有系统性、综合性的设计，缺乏管理层面的保障、评价、激励机制，特别是在干部教师轮岗交流的机制上尚未突破，因而形成了发展瓶颈。

（3）人才成长机制问题。学区化管理在探索搭建学段顺畅衔接、个性化人才成长模式上还未发挥其应有的作用，在研究学生成长规律上还有很大的发展空间。因此，在学区制的改革中，需要把学区化管理由单一局部的工作实践，推进到全面综合制度化设计，统筹考虑，系统设计，综合改革，实现学区化到学区制的全面升级，全面提高义务教育优质均衡发展水平。[②]

2. 学区制改革的举措

如图 2 - 2 所示，东城区构建了学区制的管理运行机制。

---

① 沙培宁. 从"学区化"走向"学区制"：北京东城区推进"学区制"综合改革，凸显"多元治理"理念 [J]. 中小学管理，2014（4）：25 - 26.

② 资料来源：根据访谈对象提供的《东城区实施学区制综合改革方案》整理所得.

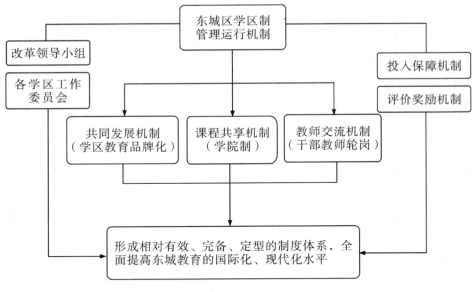

图 2 - 2   东城区学区制管理运行机制

第一，东城区建立了完善的领导体制，成立深化学区综合改革领导小组。在各个学区成立学区工作委员会，委员会由教委委派干部、学区轮值主席、成员校校长、相关直属单位领导及专职督学共同组成，建立相应的学区内校际联合发展工作机制；在义务教育阶段建立起就近入学的稳定机制。

第二，建立了共同发展机制实现学区教育品牌化。在之前学区化建设学校联盟的基础上，深化学校的联盟机制，另外探索九年一贯制学校实验模式、探索学区内中小学对口入学机制；构建优质教育资源带，探索优质初中深度联盟一体化办学管理；实施优先发展初中小班化教学；落实示范高中学校招生名额指标到初中学校等工作。

第三，建立了学区课程资源共享机制。深化课程改革，积极推进学院制建设，在每个学区内建设学院分院或基地，实现学生在学区内的跨校选课，促进学生个性化成长；加强学段衔接研究；探索学生成长规律，整体搭建育人平台；深化九年一贯制实验学校培养模式的研究，完善九年一贯制实验教材体系和教研体系，及时总结推广研究成果。

第四，建立健全干部教师轮岗交流机制。在学区内通过深化干部教师轮岗交流，逐步实现教师由"学校人"到"系统人"的身份转变；以学区为单元，以深度联盟学校、优质教育资源带一体化管理学校以及师资储备基地校等为平台，通过教师跨校任教兼课、师徒结对、联合教研、提供网络课程资源等形式，落实教师轮岗交流。

第五，建立学区发展投入保障机制和学区评价奖励机制，建立学区资源配备机制、学区教育一体化建设机制、建立社会资源引入机制以及教育服务补充机制。①

①　资料来源：根据访谈对象提供的《东城区实施学区制综合改革方案》整理所得.

二、学校品牌化的探索模式

建立学区教育品牌化主要是为了扩大学区内部优质教育资源的辐射范围，缩小学校之间的差距，使学区内的优质教育资源趋于均衡。新一轮学区制综合改革实验项目在之前学区化建设的学校联盟的基础上深化学校的联盟机制，探索九年一贯制学校实验模式、探索学区内中小学对口入学机制；构建优质教育资源带，探索优质初中深度联盟一体化办学管理等。这一系列举措将大幅提升学区内优质教育资源覆盖面。基于学校的数量及其组合方式的不同，通过融合模式、拓展模式和组团模式进行学校之间的整合或者重组等主要方式，逐渐建立起学区内品牌化教育。

（一）融合模式

东城区在新一轮的改革中大力推进"盟""贯""带"建设，融合模式主要是指这里的"盟"和"带"。"盟"的发展方式有两种：第一种是优质资源校与较薄弱学校结成发展联盟；第二种是结成特色发展联盟，实施一体化管理。由于当前的学校联盟主要以第一种方式为主，所以这里主要讨论第一种"强＋弱"方式下的融合。

如图2-3所示，在实行学区管理之前，学校之间相互独立，学校之间的联系较少。早在2008年，东城区就启动了学校联盟机制，学校打破了原有的边界，学校内部有了某些联系。如图2-4所示，与之前的学校状态相比，学校之间有了交集，联系相对频繁。当时首批八所学校为联盟试点校：和平里学区的171中学和177中学，安定门交道口学区的五中分校和国子监中学，安定门交道口学区的府学小学和方家小学，东四朝阳门建国门学区的史家小学和东四七条小学，学校之间互相签署联盟合作协议。建立学校联盟主要是为了实现学校间的课程共享，优秀教师可以跨校流动，从而使得优质教育的辐射面增大，实现均衡发展。但是在当时，成为学校联盟的两所学校还是相互独立的，学校有各自的法人。联盟学校之间的关系较为松散，并没有从根本上解决学校之间的差距。

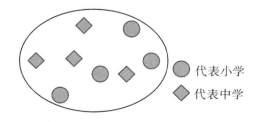
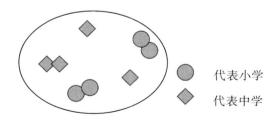

代表小学
代表中学

代表小学
代表中学

图2-3　实行学区管理之前学校的分布状态　　图2-4　实行学区管理的学校联盟机制

2014年，为贯彻落实党的十八届三中全会关于全面深化改革精神，东城区开展了新一轮的深化改革，旨在建立共同发展机制，实现学区教育品牌化，提出深化学校联盟机制，通过"一长两校制""大年级组制""联盟一体化管理"等路径，实行统一管理、统筹资源，进一步扩大优质资源。在之前学校联盟的基础上，不断建立新的联盟学校，截至 2016 年 12 月，东城区共有深度联盟学校 33 对。[①]

深化改革之后的学校联盟与之前的有较大差别。如图 2 - 5 所示，相较于之前的学校联盟，深化改革之后学校之间的联系更加紧密。不单单是两所学校之间出现了联盟，有的联盟还包含三所学校。改革之后联盟的特点有三个：其一，由原来的独立发展逐渐融为一体，目前的深度联盟学校采取一长执两校的管理方式，两所学校只有一个法人；其二，教师的流动方面，由原来的跨校兼课变为了现在的统一打乱、统一管理，教师的流动打破了学校的边界，在不同的学校上课已成为常态；其三，在学生管理方面，在之前的联盟学校，学生跨校上课的机会并不多，优质资源学校与薄弱学校的学生并没有真正打开校园的边界。深化改革之后，深度联盟学校的学生进行"混班"，两所学校的学生共同进行班级的编排，真正使优质资源学校与薄弱学校的学生坐到了同一个教室里面。

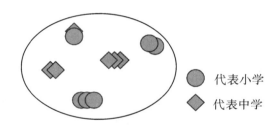

图 2 - 5　深度联盟和优质资源带

所以，在深化联盟机制之后，两所原本独立的学校，由一位校长担当法人，学生进行混班，教师的流动也成为常态，在发展的过程中逐步成为一所学校，真正实现了优质资源的扩大。另外，"带"是指构建优质教育资源带。以学区内优质学校为龙头，联合周边的两至三所普通学校，统筹师资及教育教学活动，实行统一招生、统一管理，学生根据就读学段在不同校区内流动学习。"带"和"盟"在实质上是相通的，有的"带"是在"盟"的基础上发展而来的，比如龙潭—体育路学区的培新小学和永生小学，在 2014 年这两所学校叫深度联盟校，到 2015 年，因为学校变成了一校三址，所以改称为优质资源带。

（二）拓展模式

拓展模式主要是指"盟""贯""带"中的"贯"，探索九年一贯制学校的实验模式，通过学区内优质品牌小学增设初中部和示范中学增设小学部两种方式来实现。如图 2 - 6 所示，有的小学"往上托举"出一所初中校，有的初中校则是"往下拉"了一所小学。增设后的两所学校实行统一的学校行政、教育、教学一体化管理。其中，"增

设"的方式有两种，第一种是建立一所新的学校；第二种是选取合并一所原本存在的学校。

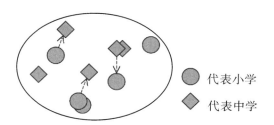

图 2-6　九年一贯制学校拓展模式

在深化改革之前，景山学校是东城区唯一的一所九年一贯制学校，东城区在吸取景山学校的发展经验之后，逐步建成一批新的九年一贯制学校，让优质的中学选取一所普通的小学作为一贯制学校，或者让优质的小学选取一所普通的中学作为一贯制学校。例如和平里学区的 171 中学，目前是东城区中学排名前三的学校，171 中学和青年湖小学（较为薄弱的学校）组合成九年一贯制学校，青年湖小学作为 171 中学的小学部，所有毕业生都升入 171 中学。用这样的方式在来扩大优质教育资源，让学生在上小学的时候就知道自己升入的中学是哪一所，在择校热的大背景下，这无疑给家长吃了一颗定心丸，从而缓解了择校矛盾。

（三）组团模式

组团模式主要是指多所学校联合在一起，形成共同的发展机制，实现均衡共同发展。目前东城区正积极推进教育集团的建设与发展。

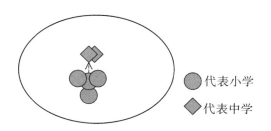

图 2-7　教育集团的形成模式

如图 2-7 所示，学校之间通过各种融合、拓展之后，与一所中心校相关的学校逐渐增多，在视觉上出现了"一团"的感觉。在这样的情况下，学校之间的关系显得错综复杂。所以，在"盟""贯""带"改革的基础之上，与优质学校有关联的学校不断增多，出现了组团发展的模式，在这里称为教育集团。目前东城区共有教育集团 7 个，集团内部首先在管理上进行协作，然后进行资源共享、课程互授，学校之间进行学分互认、学生的学籍互通。在此过程中慢慢形成文化共融，从而达到品牌共生，实现共同发展。

　　教育集团在目前来讲并不陌生，全国很多地区都在探索教育集团化办学，各个地区探索的方式方法也不尽相同。例如东城区的史家教育集团。2008 年 4 月，史家小学携手七条小学共建深度联盟校。2011 年 2 月，深度联盟建设实施"一长执两校"制度，提升了两校发展的紧密度。2014 年，在北京市推进义务教育优质均衡发展的政策引领下，史家小学承担了多项改革任务：一是史家小学与遂安伯小学实施一体化管理，共建跨校区的优质资源带；二是将原曙光小学升级为九年一贯制的史家实验学校，与史家小学实现紧密型发展；三是西总小学、史家小学分校作为保留法人代表的深度联盟校，与史家小学实现相对紧密型发展。2015 年 1 月，群聚六所学校的史家教育集团正式成立，为促进教育公平、推动区域均衡打造了一个新载体。[①] 东城区的教育集团是学区制改革的产物，最初的产生是自下而上的。后来，东城区积极推动集团的建设与发展，并以集团为载体提升学区的教育质量。

第二节　名校办分校的优质资源扩大

　　教育公平是目前我国教育政策的重要价值追求，为了追求教育公平，各地均在采取各种措施致力于义务教育均衡发展和优质教育资源扩大，名校办分校即是其中的重要举措之一。本书通过运用问卷调查法、访谈法收集某市名校办分校改革实践的第一手资料，研究某市名校办分校的特征、成效、问题，并针对问题提出相关建议，以期能够为名校办分校取得更好的效果提供借鉴。

一、名校办分校整体情况调查分析

　　该研究首先于 2014 年 11—12 月对两所名校办分校的 11 名访谈对象进行了访谈，包括 3 名校长、2 名中层管理者和 6 名教师，然后在访谈的基础上设计了调查问卷。相关问卷调查于 2014 年 12 月进行，采用纸质版和电子版问卷在分布于 B 市三个区的十二所学校进行实测，这三个区分别位于城市功能核心区、城市功能拓展区、城市发展新区，这样选择一方面是因为这三个区分别代表了一种区县类型，另一方面也是为了方便取样。调查对象均为分校的领导与教师，问卷采用匿名填答的方式进行，答案不涉及对错。问卷回收 450 份，有效问卷 429 份，有效问卷率为 96%。调查对象的样本特征如表 2 - 1 所示。

---

　　① 王欢. 史家教育集团：构建"动力群"，激发"群动力" [J]. 人民教育，2016（16）：45 - 47.

表 2 - 1　调查对象样本特征

样本特征		人数/人	所占百分比/%
年龄	21 ~ 30 岁	189	44.1
	31 ~ 40 岁	187	43.6
	41 ~ 50 岁	49	11.4
	51 ~ 60 岁	4	0.9
	合计	429	100.0
学历	大专及以下	12	2.8
	本科	340	79.3
	硕士	76	17.7
	博士	1	0.2
	合计	429	100.0
岗位性质	教学	386	90.0
	管理	3	0.7
	教学与管理	35	8.2
	后勤管理	3	0.7
	其他	2	0.5
	合计	429	100.0

从上表可以看出，调查对象年龄在 21 ~ 30 岁及 31 ~ 40 岁阶段的人数较多，分别为 189 人和 187 人，由此看出被调查者的年龄相对较小。调查对象的学历主要是本科，达到 340 人，占到有效人数的 79.3%，大专及以下以及博士学历的教师很少，同时，硕士学历的教师占到 17.7%。在调查对象中纯粹的教师最多，有 386 人，占到总数的 90.0%，同时单纯的管理者人数较少，仅有 3 人。

（一）关于名校办分校的策略

这里选择了名校与分校的资源共享和人员交流两大策略进行调查。资源共享不仅使名校有限的资源得到了充分利用，而且对于提升分校的办学水平具有重要意义；而资源之所以能够共享，离不开名校和分校之间领导、教师和学生的各种交流，正是这种交流才能使资源共享得以真正实现。

1. 名校与分校的资源共享

本部分主要从名校对分校提供了哪些帮助，分享了校内哪些资源和开展了哪些活动三个方面进行了调查。

（1）名校对分校提供的帮助。

关于名校对分校提供的帮助，这里主要依据访谈对象提及较多的几个方面，包括师资培训、教科研指导、办学资源、学生活动、干部培训、学校制度设置、学校规划等进行了调查，调查结果如图2-8所示。

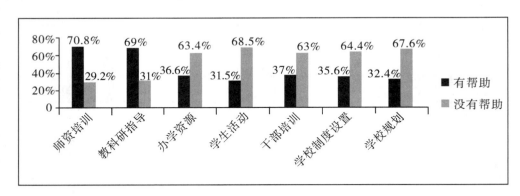

图2-8　名校为分校提供的帮助情况统计图

从图2-8可以看出，深色表示认为获得了帮助，浅色表示没有获得帮助。在师资培训和教科研指导两方面，名校提供的帮助较多，认为能获得帮助的人数占百分比分别达到70.8%和69%；在办学资源、学生活动、干部培训、学校制度设置和办学规划方面做得相对欠缺，调查对象认为名校提供的比例在30%~40%。

（2）名校为分校分享校内资源。

关于名校为分校分享校内资源的情况，如图2-9所示。

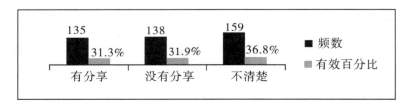

图2-9　名校为分校分享校内资源情况统计图

在图2-9中，深色表示频数，浅色表示有效百分比。名校在与分校分享校内资源方面，有31.3%的调查对象认为名校与分校分享了自己校内的资源，有31.9%的调查对象认为没有分享，还有36.8%的调查对象表示不清楚。由此可见，资源分享情况不容乐观。因为只有三分之一的调查对象持肯定态度，而且三分之一以上的调查对象表示不知道，表示不知道的调查对象可能对于资源分享的情况不关心，也可能意味着名校对分校没有进行资源分享，还可能说明区教委和学校领导宣传不到位。

（3）名校与分校的交流活动。

关于名校与分校是否定期举办交流活动的情况，如图2-10所示。

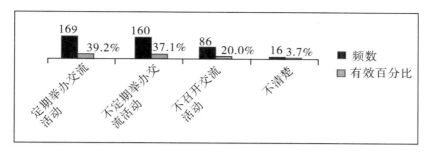

图 2 - 10　名校与分校是否定期交流情况统计图

由图 2 - 10 可见，有 39.2% 的调查对象认为两校定期举行了交流活动，有 37.1% 的调查对象认为不定期举办了交流活动，有 23.7% 的调查对象认为不召开交流活动和不清楚。由此可见，76% 以上的调查对象认为名校在与分校举办了交流活动，即名校已经在一定程度上采取了相应的措施支持分校的发展。

2．名校与分校的人员交流

本部分主要从领导交流、教师交流和学生交流三个方面进行了调查。

（1）领导交流。

关于领导交流，交流方式包括研讨会、实地观摩、行政会、教委会议和其他。关于交流方式的调查结果如图 2 - 11 所示。

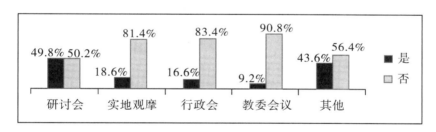

图 2 - 11　领导交流方式统计图

在图 2 - 11 中，深色表示采用了这种方式，浅色表示没有采用。由图可见，在领导的交流方式中，研讨会的形式最多，49.8% 的调查对象认为采用了这种方式，实地观摩、行政会和教委会议等形式相对较少，尤其是教委会议，仅有 9.2%。不过其他方式还有 43.6%，从访谈得知，这些方式主要包括名校与分校领导之间电话、微信等私下的意见交流，并非制度所规定。这在一定程度上表明，领导之间有一定的意愿交流思想，如果给予更充分的制度支持，可能会收到更突出的效果。

关于领导流动的状况，如图 2 - 12 所示。

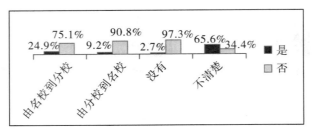

图 2 - 12　领导流动情况统计图

在干部之间的交流中，由名校到分校和由分校到名校的情况共占 34.1%。由名校到分校占 24.9%，由分校到名校仅占 9.2%。2.7% 的调查对象肯定地表示没有交流，34.4% 的调查对象则表示不清楚。这里可以看出，分校领导到名校交流非常少，也就是说，分校领导去名校学习的机会在制度层面没有得到保障。在领导层面名校支持分校采用的主要方式是名校领导去分校指导、带动发展。

（2）教师交流。

从访谈得知，关于教师交流的方式，主要有研讨会、共同备课、讲座、案例教学等，因此这里就这些方式进行了调查，结果如图 2 - 13 所示。

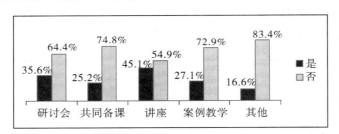

图 2 - 13　教师交流方式统计图

在名校与分校教师之间的交流中，45.1% 的调查对象认为采用了讲座形式，即一所学校开展讲座，其他学校的教师也可以参与；35.6% 的调查对象认为采用了研讨会的形式。而除"其他"项外共同备课的形式最少，仅为 25.2%，原因可能是两校由于地理位置相距较远，共同备课需要教师经常在一起，而讲座、研讨会和案例教学相对需要教师在一起的时间没有那么频繁，地理位置的限制较小。

关于教师流动情况，如表 2 - 2 所示。

表 2 - 2　教师流动情况

流动方式	人数/人	所占百分比/%
由名校到分校	114	26.8
由分校到名校	43	10.1
没有	234	55.1
不清楚	34	8.0
合计	425	100.0

数据显示，有36.9%的调查对象认为两校间教师存在流动现象（包括由名校到分校和由分校到名校），26.8%的调查对象认为名校教师到分校流动，而有10.1%的调查对象认为分校教师到名校流动。这一调查结果与领导是否流动的调查结果相似，都是由名校到分校的多，由分校到名校的少。而另一调查结果却显示教师流动与领导流动不同，一半以上的教师调查对象认为不流动，只有2.7%的领导调查对象明确地认为没有流动。那么，可以看出，领导流动与教师流动相比，领导流动量大于教师流动量。

关于教师交流的收获情况，如表2-3所示。

表2-3 教师交流收获情况

收获情况	人数/人	所占百分比/%
收获很大	139	43.8
有一些收获	160	50.5
基本没有收获	16	5.1
没有收获还浪费时间	2	0.6
合计	317	100.0

有43.8%的调查对象认为交流收获很大，50.5%的调查对象认为有一些收获，可见交流效果得到了教师们的认可。

（3）学生交流。

关于学生交流情况，如图2-14所示。

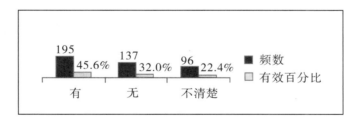

图2-14 学生间交流情况统计图

有45.6%的调查对象认为两校学生之间进行过交流，32.0%的认为两校学生之间没有交流。

关于学生交流频次，这里以学期为分析单位，对每学期交流频数进行了调查，如图2-15所示。

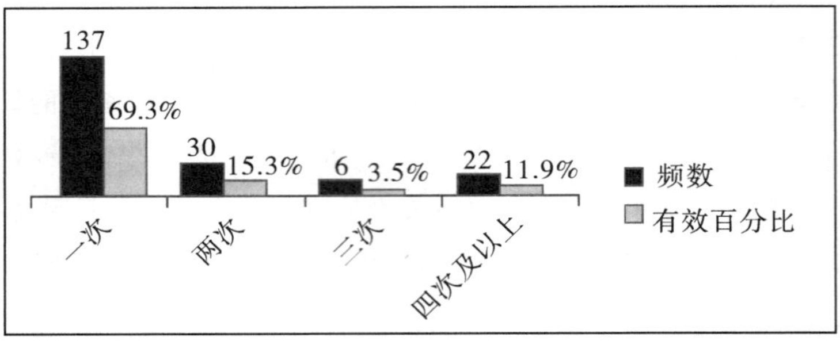

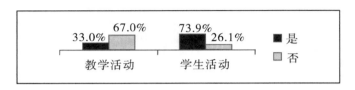

图 2 - 15　学生每学期交流频次情况统计图

由图可以看出，有 69.3% 的调查对象认为每学期仅仅交流过一次，交流四次及以上的占 11.9% 。

关于学生交流的方式，分为教学活动和学生活动两类，如图 2 - 16 所示。

图 2 - 16　学生交流方式统计图

从学生交流的方式可以看出，33.0% 的调查对象认为在教学活动上进行了交流，73.9% 的调查对象认为在学生活动方面进行了交流，可见学生活动交流较为频繁，从访谈得知，学生活动交流主要为名校和分校共同开展竞赛活动、学习活动、娱乐活动等。

（三）关于名校对分校的影响

这里所指的名校对分校的影响，包括对优质教育资源扩大、分校地位、分校不同利益相关者和对分校管理的影响。之所以选择对优质教育资源扩大的影响以及名校办分校是否稀释了优质教育资源，是因为这一举措不仅是学校与学校之间通过联合对学校产生影响的一种改革，更是对优质教育资源如何分配和如何利用的一种改革，还是对整个教育系统资源重组的一种改革。之所以选择对分校地位的影响，是因为一所学校的地位高低直接体现了这所学校的水平。选择分校不同利益相关者的获得感进行调查，是因为一项政策或者举措不仅需要产生实际的结果，而且需要对公众的意识产生影响，才能发挥更大的作用。选择对分校管理的影响结果进行调查，是因为对于学校的发展而言，好的管理是提高质量的重要法宝，分校有了好的管理，意味着教师教学积极性和学生学习积极性的提高，也就意味着分校发展的蒸蒸日上。

1. 名校办分校对优质教育资源扩大的影响

名校办分校这一重要举措的目标之一是扩大义务教育优质教育资源，因此是衡量名校办分校是否成功的一个重要指标。关于名校办分校对优质资源扩大的影响以及名校办分校是否稀释了优质教育资源，调查结果如表2-4和表2-5所示。

表2-4 名校办分校对优质教育资源扩大的影响

影响程度	人数/人	所占百分比/%
有很大帮助	261	62.1
帮助不大	59	14.0
没有帮助	41	9.8
不清楚	59	14.0
合计	420	100.0

表2-5 名校办分校是否稀释了优质教育资源

是否稀释	人数/人	所占百分比/%
是	75	17.9
否	208	49.6
不清楚	136	32.5
合计	419	100.0

由表2-4和表2-5可以看出，有62.1%的调查对象认为名校办分校对优质教育资源的扩大有很大帮助；同时，有14.0%的调查对象认为对其帮助不大，甚至有9.8%的调查对象认为没有帮助。另外，有17.9%的调查对象认为名校办分校是在稀释优质教育资源。两相比较，可以看出，认为扩大了优质教育资源的调查对象占大多数，但是也有部分调查对象认为不仅没有促进优质教育资源扩大，反而稀释了优质教育资源，对整体提高教育质量不利。

2. 名校对分校的影响

（1）名校对分校地位的影响。

关于名校对分校地位的影响，从学校声望、教学质量上进行了调查，调查结果如图2-17所示。

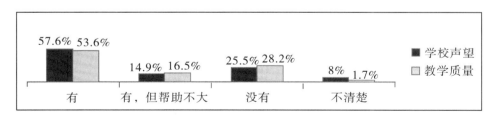

图2-17 名校对分校地位的影响统计图

由图2-17可见，一半以上（57.6%）的调查对象认为学校的声望有所提升，53.6%的调查对象认为教学质量也得到提升。也就是说，多数调查对象认为名校办分校对分校的发展起到了一定的效果。但同时也有25.5%和28.2%的调查对象认为分校的学校声望和办学质量没有提升，即名校对分校的效果没有显示出来。

（2）分校不同利益相关者的获得感。

关于不同利益相关者的获得感，从师生集体荣誉感、师生精神面貌和家长满意度三个维度进行了调查，调查结果如图2-18所示。

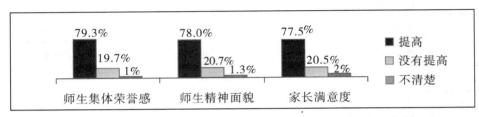

图2-18　分校不同利益相关者获得感的影响统计图

由图2-18可见，分别有79.3%、78.0%和77.5%的调查对象认为分校在师生集体荣誉感、师生精神面貌和家长的满意度方面得到提高，即持肯定态度的调查对象均接近80%，这是一个可喜的数据，调查对象看到了实在的效果。

3. 分校在管理上对名校的借鉴

关于分校在管理上对名校的借鉴情况，从管理制度、学校文化和学校特色等方面进行了调查。

（1）分校在制度上的借鉴。

关于分校借鉴了名校哪些制度，选择了管理机构设置、教学制度、考试制度、学生评价、校本教研和教师评价几个方面进行调查，调查结果如图2-19所示。

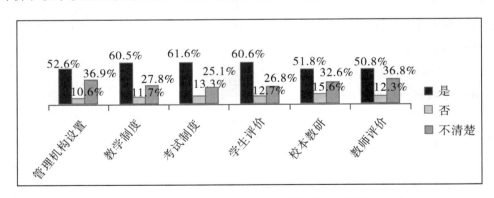

图2-19　分校借鉴名校相关制度情况统计图

分校在以上六个方面借鉴名校的相关制度较多，都有超过一半的调查对象持肯定态度。52.6%的调查对象认为在管理机构设置上进行了借鉴，60.5%的调查对象认为在教学制度上进行了借鉴，61.6%的调查对象认为在考试制度上进行了借鉴，60.6%的调查对象认为在学生评价上进行了借鉴，51.8%的调查对象认为在校本教研上进行了借鉴，50.8%的调查对象认为在教师评价上进行了借鉴。在教学制度、考试制度和学生评价三个方面，都有超过60%的调查对象持肯定态度。

（2）分校在文化上的借鉴。

关于分校在文化上的借鉴，包括学生培养、教师发展、物质环境、管理文化和家长文化等方面，调查结果如图 2 - 20 所示。

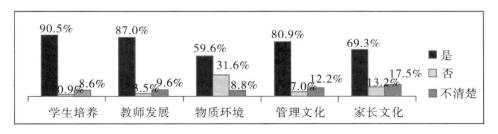

图 2 - 20　分校借鉴名校相关文化情况统计图

由图 2 - 20 可见，分校在以上的相关文化方面均有较多的借鉴，尤其是在学生的培养方面，超过了 90% 的调查对象持肯定态度。在教师发展文化上，87.0% 的调查对象持肯定态度；有 80.9% 的调查对象认为在管理文化上进行了借鉴。虽然只有 59% 以上的调查对象认为在物质环境上进行了借鉴，69.3% 的调查对象认为在家长文化上进行了借鉴，但是这些都超过了 50%。由此可见，多数分校在办学文化借鉴方面受到了名校的影响。

（3）分校在学校特色上的借鉴。

关于分校对名校办学特色的借鉴，由于在访谈中发现访谈对象对此意见不一，有的认为一致好，有的认为各有特色好，因而采用问卷形式进行了调查。结果如表 2 - 6 所示。

表 2 - 6　学校特色借鉴情况

借鉴情况	人数/人	所占百分比/%
保持一致性更好	30	7.1
各具特色更好	135	32.1
总体一致，各有特色更好	227	54.0
其他	28	6.7
合计	420	100.0

上表显示，54.0% 的调查对象认为两者应在总体一致的基础之上，有自身的特点，而不应该是完全模仿、一致；32.1% 的调查对象认为各具特色更好。也就是说，总体而言，保持自己的特色得到更多调查对象的认同。这意味着，绝大多数调查对象认为分校应该在很大程度上保留自己的特色，这可能是由于分校与名校在办学传统、师资力量、地理环境等很多方面存在区别，因而难以模仿，也可能是因为调查对象认为特色本身是学校的优势，应该保持下去。

以上从名校办分校的策略和名校对分校的影响两方面进行了调查分析。调查结果显示，多数调查对象认为名校办分校有利于优质教育资源的扩大，名校办分校提高了分校的学校声望、教学质量、师生集体荣誉感、师生精神面貌和家长满意度。另外，分校从管理制度、学校文化和学校特色等方面进行了借鉴。在管理制度上，分校借鉴了名校的管理机构设置、教学制度、考试制度、学生评价、校本教研和教师评价几个方面。在学校文化上，借鉴了学生培养方式、教师发展制度、物质环境优化、管理文化和家长文化等方面。在学校特色上，分校在借鉴名校的基础之上，致力于寻求自身的特点和塑造独特的品牌。

二、问题与对策分析

下面从名校办分校存在的问题和提高名校办分校办学质量的建议等方面进行分析。

（一）名校办分校存在的问题

名校办分校存在的问题主要包括三个方面。一是区教委、名校、分校之间权责不清，二是分校与名校的交流不够充分，三是名校办分校存在一定限制因素。

1. 区教委、名校、分校之间权责不清

名校办分校过程中的权责不清现象主要由于服务协议规定不详细，体现在四个方面。一是名校所在地区教委、名校、分校之间的权责不清。作为政府主导的一项措施，大部分地区的名校办分校政策由区教委牵头实施，合作交流的政策文件中没有明确的管理职责界定。政府对名校办分校的明确的具体的政策也有限，区教委的管理缺少政策引导。案例中分校在建立过程中，均由其所在地的区教委与名校之间签订了服务协议，但是在实践中对于区教委、名校以及分校之间的权利义务关系规定并不明确，对于突发事件的处理规定不完善。并且，对在服务期内的费用情况没有明确规定，除了经费拨付规定外，没有说明具体的事项，那么就存在推诿扯皮的空间。服务期结束后，名校是否应继续提供服务，提供什么样的服务，费用没有明文规定，有很大的弹性空间。这些表面上看起来虽然属于名校与分校之间的事情，但是需要区教委做出决策。

二是名校与分校所在的不同的区教委之间的权责不清。通常情况下，在名校与分校签订合作协议后，区教委对其没有充分的监督和管理，也没有对其进行有效的评价，在名校所在区应该负责什么和分校所在区应该负责什么方面规定不够详细，致使一些名校办分校开始时轰轰烈烈，后期则成效渐弱。

三是名校与分校之间的权责不清。名校应该并能够在哪些方面分享自己的资源和经验，在实践中没有明确的划分，双方责任、义务不明确，因而合作随机性强，合作效果良莠不齐。再加上学校负责人调整或退休等人员变动因素，很难有效地实现文化交融。

2. 分校与名校的交流不够充分

分校与名校的交流不够充分主要表现在两个方面：一是交流主要集中在高层，致

使沟通渠道较为有限、单一；二是分校与名校沟通缺乏严格的制度保障。

研究发现，分校与名校的沟通渠道大多集中在学校领导层面，分校内无论是学校的管理问题，还是教师的教学问题，如果需要与名校进行沟通，都必须经过分校的相关领导批准实施才可以完成，这种沟通的方式与渠道都显得相当烦琐，并且可能会产生决策时的"第三类错误"——解决了错误的问题。

在分校建设过程中，名校与分校之间缺乏有序合作、资源共享等方面的制度保障。一是合作过程中"帮扶"色彩浓厚，合作不紧密，实质性紧密合作措施不够，双方合作交流多是靠名校与分校管理者之间的感情维系，双方学校领导之间的关系极大程度地影响着教师、学生交流的频率和效果。二是分校可能认为名校一些核心内容不重要，而学习了其他的东西，名校举办的活动以及取得的成果可能传递不到分校去。

3. 名校办分校存在多方面限制因素

在名校办分校过程中还存在不同区域管理措施的不同、课程的不同、一些学校距离远等因素，这些因素限制了名校办分校的交流方式和交流频率。

名校与分校所在不同区县对学校的管理措施、不同区县所处的地域环境等都存在差异，为不同区县学校之间的合作带来挑战，学校层面实质性交流受到管理体制制约。

名校与分校所在不同区县在教材的选择以及课程的进程方面存在区别，大大增加了名校与分校之间共同教研的困难。X学校的教师反映他们所在区与所对应的名校使用的教材不同，因为他们要统一进行考试，因此现在他们使用的教材要调整与所对应名校一致，但是其与所在区的教研就存在一定分歧，这种情况可能会导致X学校在教学时既要把握当地教委的教材与课程，又要学习名校的教材与课程，引起一定的冲突。

有的分校与名校之间地域距离较远，在调研时有很多调查对象认为地理位置较远是两校间很多活动不能进行的主要原因。例如，两校间学生之间的访学、上课等都受地域原因限制，这牵涉学生的安全、时间、成本等问题。这致使分校学生与名校学生之间的交流更多地集中在体育文艺等少量的活动上，很少有分校学生可以去名校听课，自由地进行交流。这既不利于分校学生更好地理解名校文化，也就不能更好地体会本校的要求。

（二）提高名校办分校办学质量的建议

1. 制定名校与分校的合作交流制度

名校与分校的合作交流不仅要有权责规定和明确的服务协议，而且要有一定的保障支持系统。

首先，明确名校办分校的管理部门及其管理职责。不仅要有合作的文件协议，还要有一定的监督指导机构进行反馈评价。双方合作的服务协议规定要尽量详尽，明确各方的权责范围、权利关系，即使有些突发事件也应有指导性的规定。对优质教育资源配置、学校办学标准等工作提出指导性意见；对名校办分校的定位、目标、任务，以及合作内容、方式、经费保障等问题，制定引导性的政策，以便区县明确责任。将合作协议标准化，建立区域内统一的名校办分校合作标准。例如，名校办分校需要选派骨干教师到分校承担教学和管理任务，优质学校的教学资料须与薄弱学校共享。

其次，由政府部门建立分校与名校之间的电子信息支持系统。针对分校与名校之间地理位置较远的问题，两校可采用互联网技术，让信息资源之间、学生之间、教师之间的互动更加常态化，甚至可以尝试校与校之间网上课程的学习、交流。

再次，建立约束性的合作机制，特别是在名校与分校校长、教师、学生交流及文化融通等方面，建立约束性机制。一方面，加强区域政府部门之间的统筹和协作力度，做好分校的建设规划，同时做好名校办分校的顶层设计，规划共同愿景；另一方面，明晰名校、分校合作交流的内容，通过分期合作协议等方式，将交流制度化、常态化，确保将合作落到实处。相关政府部门要安排名校办分校专项合作经费，支持名校与分校之间开展广泛、深入、系统的教育教学交流活动。[①]

最后，分校与名校之间可建立专门的沟通机构。针对分校与名校之间沟通方面出现的问题，可以协商建立专门负责两校沟通的机构，此机构不仅针对出现的问题，更要加强日常的交流，从学校总体宏观层面到教师教学技巧的改进，以及日常事务性的交流。

2. 完善名校办分校的考核评价机制

名校与分校合作的成功与否、分校质量的提升与否都要有明确的评价，可以委托独立的第三方进行公正评价，提供结果的同时发现其中存在的不足与问题。

具体可以分别对办学合作双方进行绩效考核，依据考核结果对名校、分校进行精神奖励和物质奖励，促进双方紧密合作，探索优质教育资源优化配置的有效途径。奖励资金在专项资金中列支。受到奖励的教师，要持续发挥骨干示范带动作用，在工资晋级、职称评定、生活补贴、专业进修等方面给予政策倾斜。成立区域内名校办分校工作联盟，由名校和分校校长参加，定期召开会议，交流经验，提出改进意见，以便及时研究解决名校办分校的问题。[②] 评价的机构不仅是政府部门，还要有一定的社会力量参与，评价的结果要公开透明。

3. 提高分校的师资水平

教师是学校质量提高的关键，提高分校教师的师资水平对提升分校的办学质量具有重要影响。要提高教师的水平，就必须关注教师的专业发展，主要体现在如下方面：

（1）激发分校教师潜力。

为了让分校教师尽快在教学上、管理中脱颖而出，不仅要提高分校教师的教学技能水平，还应激发其自我实现的需求。首先让分校教师全方位了解名校的文化内涵，

---

① 薛二勇. 基础教育名校办分校的政策分析：基于北京市基础教育均衡发展政策的调查研究 [J]. 教育科学研究，2014（7）：45－50.

② 薛二勇. 基础教育名校办分校的政策分析：基于北京市基础教育均衡发展政策的调查研究 [J]. 教育科学研究，2014（7）：45－50.

去名校进行培训不仅是培养与提高业务能力，还要内化名校的学校文化，激发自我实现的需要。其次，分校教师相对来说都比较年轻，这可以让青年教师发挥最大的主人翁精神，让教师感觉到学校就是他们的家，可以让其竞争，最大化激发他们的主动性。再次，每年可以举办分校与名校间优秀交流教师的评比，鼓励青年教师在教学上快速成长，通过阶梯式的模式造就骨干和名师。最后，建立发展性教师评价体系。以教师自评为主，家长、领导、学生的评价为辅。多元式的评价，可以促进教师自我反省、自我分析能力的提高，明确自身的优势和不足，以及进一步发展的方向。

（2）增加教师能量。

首先，学习增能。给教师创设机会学习新课程理念，转变观念、拓宽视野。提倡"五个一"：每人至少拥有一份教育刊物；每天至少阅读一小时；每周至少写一篇读书心得；每学期至少写一篇教学论文；每年至少阅读一部教育专著。其次，科研增能。教师的科研能力直接促进教师对课堂教学的把握能力。让每位教师有机会参加课题研究，在实践中增强自己的科研意识和能力。与名校专家、教科室教师相互结对，接受别人的点拨。[1] 学校要为每位教师提供相关书籍，并且对教师不急于求成的做法充分认可，另外还要多鼓励教师进行学习，帮助其形成自己的教学特点。

4．提高分校的课程水平

分校可以借鉴名校的课程体系、开设的课程类型等，学习名校在课程中的优秀因素，挖掘名校优质课程是什么，其优质的特点体现在哪里以及优质课程是怎样体现学校的文化内涵的。在此基础上总结特点，结合自身的学校文化设置分校自身的课程。

分校与名校的教师之间可以基于专业知识建立学科研讨会或学科联盟，创建教师之间基于学习研究的平台，这样教师之间就可以针对相应的教学问题进行及时的交流，但是自身学校的课程设置也应着眼于本校学生的实际情况，应以人的生动活泼发展、主动健康发展为主题，逐步确立新的教育价值观、人才观和质量观。在教育价值观上强调为学生获得终身学习能力、创造能力以及生存与发展能力打好基础的主要目标，确立面向全体、为了全体、造就全体的学校职能观。[2]

在教育人才观上，将每名学生都看成有独立人格的个体，发展学生的主体性，理解尊重学生，平等地为每名学生提供表现、创造和成功的机会，使每名学生在原有基础上都得到生动活泼、主动和谐的发展。在教育质量观上强调学生在求知过程中的主动性和创造性，强调学生的独立思考能力、分析判断能力、搜集处理运用情报信息的能力和发展新知识的能力。例如某学校自己建立了一站式菜单课程，针对学生的不同特点进行专门的教学。

5．形成分校自身的学校文化

分校学校文化是在名校文化的基础上，吸收分校环境、教师等方面的因素，通过

① 葛戴丹. 扩大基础教育优质资源的研究［D］. 江苏：苏州大学，2007.
② 裴娣娜. 我国基础教育现代化发展的根本转化［J］. 北京大学教育评论，2004（2）：63－69.

自上而下的方式形成。分校校长和管理者对学校文化的影响巨大，他们不仅要主导学校文化的形成，而且要有一定的品牌运作意识，使自己的学校在社会上更加具有竞争力，形成自身的品牌。

（1）分校借鉴名校文化。

名校的文化，既有显性的，也有隐性的。分校在自身文化形成过程中不仅要吸收名校显性的文化，更要发掘其隐性的、潜移默化的文化，在全面了解名校文化的基础上形成自身文化。

（2）校长要有品牌角色意识。

随着教育改革的深入发展，学校之间的显性资源条件将逐步趋同，只有品牌才是不可复制的资产，才是学校的核心竞争力。因此，分校的校长要学习名校的学校文化，了解他们的学校品牌。

（3）校长要有品牌管理意识。

学校一般可以从以下几个方面入手来提升学校的品牌：提升学校理念识别系统，建立科学的管理制度，建设一支优秀的教师队伍，建立新型的课程结构，倡导教育科研，充分利用现代信息技术，创建优良的教学环境。因此，分校要注重对这些方面的学习与了解。

（4）分校要形成自我的学校品牌。

名校的品牌固然知名度较好，社会认同度也较高，但是分校自身的实际情况，与名校不同，如生源、地理位置、家长素质等。因此分校要在借鉴名校文化、名校品牌的基础上形成具有自身特色的学校品牌。

6. 吸引社会力量促进分校发展

社会组织具有巨大潜力，其不仅可以对学校进行专门服务，还可以搭建分校与名校之间交流的桥梁，让学校的办学更加开放。分校的建设、分校办学评价、教师的培训等各方面都可以有社会组织的参与，同时社会组织还提供了与政府部门不同的办学思路。社会组织可以作为学校建设的评价主体。现在国家倡导教育进行"管办评分离"，那么社会组织可以发挥自身的优势，对学校办学情况进行公开透明的独立评价。

家长参与学校相关工作。家长作为教学活动的利益相关者，对学校的发展有一定影响，家长不仅要了解学校的情况，更要参与到学校的工作中来。首先，学校要与家长有密切的联系，及时互通信息，让家长了解学校最近的工作情况，也要让学校知晓家长的情况以及学生在家的表现情况，以便于双方可以更好地引导学生发展。其次，学校要利用家长的资源进行教学。如某学校定期组织家长进行相关知识的讲座，将家长吸引到学校这一大集体中来，为家长设立活动的教室，让家长为学校的活动与发展献计献策。

第三节 教育集团案例研究

本节以几个不同类型的教育集团为案例进行了研究，探讨其突出特点，调研主要采用了访谈法。

一、Y 附中教育集团管理模式研究

该研究分别于 2014 年 3 月 14 日和 4 月 16 日对 Y 附中教育集团的学校领导进行了访谈，访谈均是前往被访人办公室进行面对面的访谈，其中两位同意进行录音访谈，另一位要求现场记笔记访谈。如下表 2 - 7 所示。

表 2 - 7 教育集团案例研究访谈对象基本信息

序号	区域	职务	性别	学段	学校类型
T	朝阳区	副校长	男	初高中一体	市级示范
U	朝阳区	副校长	男	初高中一体	市级示范
V	教育部	副司长	男	/	/

研究人员对该教育集团的分析将从建构模式、管理模式、交流模式、成效和问题五个方面进行。

（一）建构模式

Y 附中教育集团成立于 2012 年，也叫"Y 附中联合总校"，被列为 Z 市教育体制改革试验校。这一模式以 Y 附中为基础，整合直管校、托管合并薄弱校、受托承办校、手拉手学校、帮扶校、联谊校、国际学校等形成 Y 附中联合学校总校。直管校有 Y 附中本部，托管合并薄弱校有 Y 附中分校、Y 附中二分校、Y 附中 C 区学校小学部；受托承办校有 Y 附中 S 学校、Y 附中 C 学校、Y 附中 F 学校、T 区学校（筹建中）；手拉手学校有 Z 市某教区校、四川省什邡、宁夏等的学校，帮扶校包括贵州毕节、云南腾冲等学校，联谊校有某大学附中、H 区某中学、Y 附中某联谊学校；国际学校有 H 区、C 区、F 区各一所还有美国分校。

在谈及成立契机时，教育集团受托承办校 T 副校长说，因为本部的发展越来越大，为了便于管理不同的学校，因此成立一个总的机构，有一套统一的机制，由相应的机构、人员来管理，教育集团内各司其职。

Y 附中总校与各输入校的区教委合作，区教委筹建校舍、购置设备、负责教师及教辅人员的工资以及各种拨款，区教委对引进的这类名校的分校有一定的政策倾斜和扶持，体现在学校管理及教学自主权、教师工资以及项目申请批准等方面。

（二）管理模式

关于教育集团管理模式，教育集团受托承办校 T 副校长表示，最初只有本部，建成这个联合集团之后，本部就属于其中的一个分支，相当于母公司，成员学校跟本部是一种隶属关系，但财务是独立的。

总校对成员学校的辐射包括了"统一备课""派出干部、教师""接受学生留学"等各个方面。以总校为核心，向成员校辐射优质资源，从而达到资源共享。Y 附中教育集团下属各个学校全部都是独立核算、独立运营，只是共享该教育集团的品牌和管理资源。

Y 附中总校只承担管理工作，输出管理人员，派出教师指导新进教师，也接受新进教师进入总校观摩学习。Y 附中总校承担着很多义务，做出一些奉献和牺牲，包括独自承担各种活动产生的费用。T 副校长说，本校提供了不少资源，都是义务的，包括给参会的成员学校提供座位、中午餐、晚餐等。

Y 附中教育集团本部设立专门的协调机构，与分校之间属上下级关系，本部负责宏观管理，分校负责具体操作，属于命令与服从管理的关系。Y 附中教育集团未来发展的速度并非是急速地膨胀扩张，而是成熟一个接手一个，Y 附中本部会进行严格的质量把控。

（三）交流模式

Y 附中教育集团与各分校联系和接洽由 Y 附中集团本部与分校领导班子直接进行，各分校之间的联系并不多。校与校之间的联系也要通过本部中心，不同学校之间的开会、不同学校之间教师的借调，都由本部来统一协调调动。

交流活动方面，T 副校长说，联合总校有时会下发通知，让各学校派人去参加一些活动，如专家来做讲座、校长培训班等，各成员学校有时间的教师都可以参加。除了上述活动以外，教育集团内各学校经常有区级公开课、校际公开课、联合备课教研，以及各校去本部观摩或者本部到各分校做指导。

（四）成效

在问及教育集团的成效时，教育集团受托承办校 T 副校长表示，目前看来只有好处没有坏处，整体效果比较好。形成教育集团，对 C 区乃至 Z 市，是一种均衡，是实现资源的最优化的有效方法。它是一种管理模式，是理念的扩张，就像一个大公司一样，公司做得越来越好的话，就会对外扩张，集团就会越来越大，从市场化的角度来看是正常现象，对社会资源的优质配置起积极作用。

Y 附中教育集团带给各分校的影响分为以下几个方面：一是生源方面带来了名校效应，原有的薄弱学校往常招不来学生，外流的很多，Y 附中接管以后想进来的学生不断增多，录取分数也一直攀升；二是名校的影响力促进各分校引进大批优秀师资，由全国骨干教师、博士、硕士构成了强大的师资队伍；三是教育集团不断输入理念和文化，对分校的未来发展进行引领。

（五）问题

在存在的问题方面，T副校长表示，"本部的领导和分校教师已经习惯这种模式，受托承办校觉得限制太多，过程管理太多，而本部的自主权更大，过程管理很少，就是靠自主。一所学校，或者社会上一个企业、个人，如果说这个企业或者单位本身内在的发展动力和意愿很强，就完全就不需要给他太多的东西；如果本身内在的东西很弱的话，就得逼他去做一些东西，如果自身的内部动机很强，还要给他加那些东西的话，反而会限制他的自主性和创新性。"

由于Y附中本部自身拥有非常大的自主权，因此很多从本部委派或者调任至各分校的教师，对于分校所在区域的区县政府、区县教委的各种自上而下的行政干预很不习惯。此外，各分校希望逐步缩小与本部的差距，这个差距主要在于生源的差距，本部的生源是面向全Z市的，不受划片限制，高中面向全Z市挑选拔尖儿的学生，而各分校受所在区域的政策及其他原因的制约，只能实行划片招生和全区域内的统考招生。

二、J中教育集团课程体系研究

J中是S区唯一的一所市示范高中，于2010年5月成立J中教育集团。本研究于2014年分别对J中教育集团的教师和S区教委的相关人士做了访谈。

J中教育集团是在S区教委的领导下，充分发挥J中学作为示范学校的示范辐射作用，以扩大区域优质教育资源、促进学校间资源整合、均衡发展、品牌升级为宗旨的学校发展协作共同体。J中教育集团成员有S区的J中学、J中学初中部、H中学、D第二小学和D第四小学。实现优质资源区内效益的最大化是J中教育集团成立的直接目的，其致力于扩大区域优质教育资源，为本区培育更多的优秀学生，打造区域内高端优质教育品牌；提升学校办学水平，推动区域教育特色发展。

在管理方式上，教育集团学校通过开展学校管理、教学交流、师生互访、教师培训等丰富活动，鼓励成员学校多渠道、多形式创设条件，推动集团整体教育教学改革。J中教育集团建立以来，有管理提升、师资提升和课程提升几大亮点。

（一）课程体系建设

课程资源的开发应用、课程内容的整合是实现教育集团宗旨的核心要素。J中教育集团在课程上打通小学、初中、高中的界限，加强各学段间衔接的教学研究，加大课程整合研究力度，努力构建符合学校和学生实际的、独特的课程体系。

第一，课程管理的集团化整合。为了确保项目的顺利实施，在J中教育集团理事会的领导下，成立J中教育集团课程领导小组，负责制定J中教育集团学生发展规划，领导课程的整合和实施。项目组定期开会，交流项目实施情况，出台教学质量标准，研究项目实施细节，评估实施效果，总结实施成果。各学科组推行联系人制度，定期研究，通报进展。各学校教科研室建立课题研究，为课程整合提供必要的先行探索。在课程实施阶段，注重积累实施案例。

第二，师资力量的集团化整合。J中选派优秀师资到集团内小学为五年级及以上的学生开展讲座，讲授数学、外语等课程，以加强学校的特色建设和学生自主能力培养，将高中的优质资源辐射到小学，对基础教育优质资源均衡发展进行积极的探索。J中还通过青少年科技俱乐部、金帆舞蹈团等，在整个教育集团理事单位甚至全区选拔学生，并且统一配备师资，为集团内学校和学生的发展提供优质教育资源。仅2010年和2011年两个秋季学期，J中高中本部已向初中部派出30名优秀的干部和教师。

第三，德育课程的集团化整体构建。从小学一年级至高中三年级，J中教育集团将德育整体设计、整体推进，构建整体德育课程体系。集团尤其注重研究各年龄段学生的心理和生理特征，针对容易出现的问题，如升学焦虑、青春期逆反、早恋倾向、网络不良信息等，加强对策研究，强调防范教育，加强心理干预，为学生健康成长保驾护航。

第四，课堂教学理念的集团共享。对于课堂这一反映教育教学质量的主渠道，J中坚持"聚焦课堂、研究课堂、反思课堂"的理念，并引领集团成员校的课堂教学实践。聚焦课堂，即重视教学设计，注重活动设计，关注课堂教学的互动和生成，强调知识、技能和能力的落实。研究课堂，即研究学生、研究教材、研究方法。研究学生的学习状态、认知结构、思维习惯以及学习基础；研究教材包括研究课程标准、研究考试说明、研究教材内容，教师对每一块知识的基础、要求、关系都了然于胸；研究方法就是针对不同的学习对象、学习内容，采取相应的行之有效的方法，让课堂充满灵动、充满智慧、充满激情，要研究教学流程的优化，在各环节内部及各环节间不断挖潜，增强效益。反思课堂，即教师在教学反思中，反思自己的好设计、好做法、课堂机制，反思自己的不足、失误、失败之处，反思教学流程的改进、优化之处。

第五，国家课程的集团化整合。J中教育集团国家课程整合的主要原则为：在小学高年级（五、六年级）渗透中学生必需的重要能力，如数学学科中的分析问题与解决问题的能力、语文学科的阅读能力和写作能力、英语学科的听说能力等；在八、九年级适当开展物理、化学的课程整合。

第六，链条化的综合实践活动课程。以博物馆课程为例，教育集团开展"在博物馆中学习"系列课程，从小学一年级到高中三年级，十二年里共24个学期，可以参观学习20多个重要的博物馆和科技场馆。另外，为家长提供带孩子自主学习的场馆目录，充分发挥市科学文化中心的优势。

第七，链条化的综合发展系列课程。如体育与健康教育、艺术修养教育、科技教育等，教育集团尝试系统地思考与设计，形成相关的课程系列，为学生的全面发展不断创新。例如，D二小的"小小金帆舞蹈团"在师资和课程方面已与J中本部的金帆舞蹈团相衔接。

第八，培养拔尖创新人才的特殊课程。对于优秀学生，在上述课程的基础上，教育集团提前开设部分课程。在小学高年级开设物理、化学、生物的实验课程，借助有趣的理科实验，讲解相关的基础知识，发现优秀学生。对部分优秀学生设立实验班，开展五、四学制实验，即小学五年、初中四年，特别优秀的可以采用五、三、四制，即小学五年、初中三年、高中四年。

对于实验班的学生，各阶段班主任和任课教师相对固定，在高年段尝试开设下一学段的选修课程，提前渗透部分学科知识，努力把他们培养成将来进入北京大学、清华大学等名校的拔尖人才，也为本区高端教育的可持续发展奠定坚实的基础。

（二）发展面临的困境

S 区是一个比较小的市属行政区，面积不大，近年来发展格局有了很大变化，从重工业转向文化休闲。在 S 区地界到处都能看到 CRD 的广告牌。S 区规划功能定位是以文化创意、新型休闲娱乐为发展主旋律，建立文化休闲区。为了完善文化休闲区的定位，文化教育成为 S 区发展的重中之重。目前面临的困难和困惑可以归纳如下：

第一，三个教育集团如何并立发展 S 区教育。

J 中教育集团、G 教育集团和 I 实验教育集团，已把 S 区的相当部分中小学包括进去了，如何并立发展 S 区教育，如何把区域内优质生源留住？

G 教育集团（2011 年 10 月成立）由 G 第二小学、G 外国语学校和 G 高级中学组成，目的在于推进 S 区义务教育均衡优质发展，为 S 区中部绿色教育品牌奠定基础。集团成员校还与首都师范大学签署了合作协议，是共同体教师发展学校。

I 实验教育集团成员共包括 5 个学校、7 个校区，分别为 S 区实验中学、S 区实验中学分校（原市 L 二中）、S 区实验小学（2 个校区）、S 区第二实验小学、S 区实验幼儿园（2 个校区）。I 实验教育集团内的小学和中学实现了对口直升，其中实验小学毕业生对口升入实验中学，第二实验小学的毕业生对口升入实验中学分校。

三个教育集团之间形成了怎样的关系呢？为 S 区教育带来了怎样的影响？到底是起到了引领和辐射作用并达到了教育资源的均衡目标，还是保住了各自的生源？这是一个值得研究的问题。

第二，本区优质生源流失问题比较突出。

优秀生源流失一直是 S 区教育的一个问题，高中阶段尤为明显，去临近城区名校就读有诸多便利，如何解决这个问题是个难题。建立教育集团是否能在一定程度上解决这个难题，是区教委和集团常常在考虑的一个问题。

F 老师在 J 中工作二十多年，她认为，J 中近年考上清华大学、北京大学的学生人数比二十世纪八九十年代明显少了，可以用寥寥无几形容，尽管从 J 中的高考喜报上看，考上一本的人数还是很可观的。很多在本区排名靠前的初中毕业生都纷纷去市区的 H 区、X 区等上高中，交通的发达给人们带来了便利，比如去 H 区第八中学上学和到 S 区 J 中上学，路上花的时间差不多，可能去八中的车更顺呢。J 中教育集团建立以来，通过集团内部的机制尽力把优秀的学生留在本区上学，但实际情况并不乐观。学习好的，包括很多老师的孩子，能考出去的就肯定不留在 J 中，原因是大多数家长认为孩子需要开阔视野，留在 S 区闭塞，这是一个教育选择的问题。

通过对 S 区教育集团的研究，发现有几个问题值得思考：通过教育集团或其他办学模式，能不能把一个区域的教育搞好，让百姓满意？政府的职责、教委的职责、学校的职责到底应该是什么？多个区县采取办教育集团或联盟组团，以优质示范校为龙头把区域内学校分成几大部分，龙头校和教委各自的职责是什么？

三、B 教育集团

F 区 B 校始建于 1951 年，是一所历史悠久的学校，也是 Z 市引人瞩目的优秀小学之一，有着丰富的教育教学经验和优秀的学校文化。基于扩大优质教育资源，促进均衡发展的需要，在区教育行政部门的安排和支持下，F 区 B 校从 2000 年起至 2014 年，先后开办了 Y1、Y2、Y3、Y4 四个分校区，F 区 B 教育集团一校五址，由同一法人管理。2015 年 5 月，一所独立法人单位 Y5 分校纳入 F 区 B 教育集团，形成了一校六址集团办学的规模，拥有教师近 350 名，学生近 5000 名，学校的服务范围从 13 个社区增至 50 多个社区，集团管理方式更加丰富。

（一）B 教育集团的办学经验

一校多址、多校区管理能有效促进多种资源的整合利用，实现规模办学，提升办学效益，但同时，管理也更复杂、难度更大，面临诸多问题，如统筹管理、沟通协调、业务分工、发展进度等，B 教育集团经过十几年的多校区管理的探索实践，总结了一些经验。

一是同一法人的管理体制非常重要。在访谈中，集团校长提到，同一个法人是关键因素，这种使命感要求校长不能把学校办差了。相对校长来说会很辛苦，要考虑的事情要比原来多得多，但是也有好处，学校知道几个校区要统筹配置，每个校区都要关注。在教师招聘、交流使用等方面，学校可以结合教师要求和各校区发展需要，在几个校区内统一进行调配。学校办学遵循"同心、同源、同质"又"异形、异构、异趣"的原则，让每个校区紧密相连，在教学研讨、课程安排、学生活动等方面，通过同计划、同标准、同培训、同评价、同总结等方式，做到文化引领、制度保障、教师培训、学生培养高位统一。不同校区在保证核心业务同步开展的同时，各有特点地推进各校区的工作，做到整体有序而各不相同、各有精彩。

二是以学校文化建设为引领是关键。F 区 B 教育集团在 1994 年就提出了"海燕精神"，属于较早进行文化建设的学校。2007 年，学校明确了以"幸福教育"为核心，以内涵发展为重点，构建了"精彩天地、幸福摇篮"的幸福教育体系，以及"自主、自律、自信、自强、自豪"的"五自"学生培养目标。幸福教育以关注教师专业发展、引领教师多元共进为根基，以构建"幸福五味"课程、鼓励创新实践与展示自我为平台，以呈现灵动的自主课堂、成就精彩的 B 学校为主渠道，形成了独具 B 集团特色的幸福教育文化。F区B教育集团以艺术校本课程作为学校文化建设的突破口，逐步建立起体现学校特色的校本课程体系，该校"走进民族艺术"校本课程一共包括7类24种校本课程。目前F区B教育集团每个校区都保留各自特色：幸福B、炫彩银地、动力京铁、乐学鸿业、悦读科丰、活力万柳等，做到校校有特点，校校展精彩。

（二）B教育集团发展中存在的问题

从一所学校到教育集团，不仅仅是办学规模的扩大、办学模式的转型，更是对实现优质教育品牌的增值。B教育集团在发展中也碰到一些问题。

一是从学校到集团的转变，在顶层设计和集团组织治理方面还存在困惑和茫然。集团校长也在思考：要不要成立一个专门抓科研的部门？要不要成立一个学生发展中心？要不要成立一个资源保障部？办公室的功能是否应该再扩大一些？课程设计也需要以集团视角再考虑。其实现在已经有人在做这个工作了，从集团层面考虑发展，需要进行体制机制建设加以固化，成立教育集团一定不是又加一层检查的部门，不能让人觉得压力更大，而是多一个平台、多一个资源支持体系。

二是在办学自主方面还存在迟疑和等待。教育集团的建立是由教育行政部门基于区域扩大优质教育资源而在管理层面做出的行政决策，并在其发展过程中在经费投入、教师招聘、课程教研、加大宣传等方面给予很多关注与支持。除Y5分校外，作为同一法人的B教育集团，仍旧坚持自主办学。甚至包括Y5分校的办学，集团内部协商、形成共识整体推进。但是，在师资整体配备、经费统筹管理、对外品牌扩张等方面，校长还存在一些困惑："我能不能自己做这些事情？还是需要教委下达一个指令？"正是因为困惑，使得B教育集团在发展过程中缺乏有魄力和扩大品牌效益的新举措。

四、C教育集团

C教育集团是集小学、初中和高中教育于一体的多学段、辐射区内区外的教育集团，现有5个校区。从法人主体来看，有总校法人兼任分校法人的，也有独立法人的。从学段看，覆盖12年中小学教育，甚至包括国外大学的预科，未来还将发展成从幼儿园、小学、初中到高中，公办、民办相结合的多体制教育集团。C教育集团打造"同形同构同质"的教育模式，提出了学生、教师、集团"三位一体"的发展目标和理念，即将学生培养成具有社会责任、学术素养、创新能力、国际视野的大写的人；将教师发展成为重学术、善创新、勇担当、宽视野的唯美教师；将集团办成国内一流、国际知名的优质化、特色化、现代化的教育集团。"同形"，即所有校区，从学校大门、学生的校服、校园一卡通等都拥有统一的形象标识。"同构"，即从组织结构到建设规划，从管理制度到校规校纪，从人事安排到教师流动等，各校区实行一体化管理。"同质"，即实施系列教育教学措施，保证优质资源在集团内得到充分共享，达到同等高质量（高成绩、高素养、高科技、高创意、高标准、高境界）。例如，同一套校本教材，会在不同校区的同一学段使用；阶段性大考一律实行统考、统一阅卷和评估；有针对性地进行部分学生集团内换校上课，让不同校区的学生体验不同的教学方式。

（一）C教育集团办学成果

C教育集团在集团化办学的实践中，不断整合内部资源，借力合力，将优质资源、办学理念、教学经验向其他学校推广，打破单个学校的边界，带动区域教育水平不断提升，形成内外、上下、左右互动共享的良性循环机制。

一是校园核心文化已经形成。办学八十余载，C校"方正和谐，弘毅致远"的校风一直熏陶、浸润着C校人，逐步沉淀形成了"求真、崇善、唯美"的办学理念，在各校区的校园建设和教育教学活动中，在师生的言行举止、为人处事、待人接物中随处显现。

二是育人课程体系全面建立。课程体系秉承"真善美"的内在逻辑，围绕育人目标，将课程建设与学段衔接贯穿于优质化、特色化和现代化发展一贯制的三条主线中。它是学校课程纵向延展与辐射的系统工程，该工程的核心工作包括建设系统性高水平学科实践课程，学科综合、科技创新、社会适应、国际理解四大系列课程一贯制建设，品牌德育课程一贯制建设，贯通培养试验，7~12年级"二四"制试验以及特色衔接课程建设。

三是学生收获良多。集团的教育追求是"让优秀者领跑，让所有人优秀。在成为优秀的道路上，集团内的学生一个都不能少"。"十礼教育"渗透各校区每一个学生的日常学习生活，育人于无形。"三个百分百"发展目标，即百分之百的学生掌握一项体育技能，百分之百的学生参与一个社团活动，百分之百的学生做一百个实验、读一百本书籍、聆听一百场报告。模拟联合国大会、模拟人大、国学夏令营、学农教育、慈善义工社、青春导师、京外社会实践、名师讲堂、翱翔计划等，贯穿学生各个成长阶段。面向全体学生设立校长奖学金，提出"责任在肩，八气修身"素质要求，激励学生不断完善自我。

（二）C教育集团发展中存在的问题

近几年，C教育集团在集团化办学的实践中取得了较大成效，推动了优质教育资源和C教育集团品牌的推广和普及，但也存在一些问题。

一是教育同质化问题。作为集团的核心校、龙头校，C校有绝对的文化自信、办学优势，集团的学校文化建设应该在统一协调的基础上，还要实现各自特色。如果只是照搬，就会产生雷同而缺乏活力。正因为C校的绝对优势，集团中其他学校和校区会产生被动迎合、放弃自己原有特色的想法，而可能导致千校一面的局面，因此实现文化建设在求同存异的目标上还需进一步努力。

二是资源共享不够充分，优质品牌的辐射和示范作用还没有充分发挥出来。例如，独立法人单位X1学校纳入教育集团，希望借名校的"外壳"，将C校的先进管理经验、优秀师资等教育资源移植进来整合共享，缩短由弱到强的发展周期，实现优质教育资源的快速扩大。但是一些教师也反映：X1学校纳入C教育集团后，人与人、校与校之间的活动确有融合，当年的招生情况也有一些变化，但是方式比较简单，渠道也不够畅通，仅有一些学生活动、教师培训，在课程体系建设方面还有待进一步延伸。

第四节 教育集群的共享共进

一、教育集群的概念

"集群"这个专有名词来源于英文中的 cluster，迈克尔·波特（Michael E. Porter）教授于 1990 年在《国家竞争优势》一书中正式提出产业集群（industrial clusters）的概念，在其研究里极力强调地理群聚现象对于生产力和创新能力的意义。该概念已经成为企业和政府认识经济的新思维方式以及促进经济和科技发展的政策工具。进入 21 世纪，我国对"集群"的研究热情越来越高，多位学者对产业集群的研究逐渐深入。经济学专家学者都认为并且也证明了竞争对手在地理上的集中能够提高竞争力，刺激企业的创新活动和成长。因为地理上的临近创造了一个有利于面对面交流的网络，从而有利于刺激那些不可言明的知识和非正式知识的扩散。

"集群"更多的应用是在计算机领域。"集群"是指一组相互独立的、通过高速网络互联的计算机构成了一个组，并以单一系统的模式加以管理。集群技术的目的是为了解决单机运算能力的不足，提高服务的可靠性，获得规模可扩展能力，降低整体方案的运作成本。如果其他技术不能达到以上的目的，或者虽然能够达到以上的目的，但是成本过高的情况下，就可以考虑采用集群技术。应用在信息技术领域的"集群"，可以让我们进一步理解"集群"的概念、发展目的、优势等，即可以解决单个产品效率不高、规模不大、运行成本过高等问题。

"教育集群"是指通过整合一定区域内学前教育、义务教育、高中阶段教育、职业教育、校外教育及社区地域教育资源，实施规范化管理，实现教育资源共享、集群内学校（园）多方面合作，达到促进教师交流、教育理念互动、学生贯通发展、各类教育互补、共进、全面提高等目的，逐步形成集群特色教育。

二、教育集群办学实践

"集群"在教育领域的研究还不多，对教育的发展可能存在的巨大作用还没有得到更多人的关注，目前在全国范围内真正涉及区域教育集群理念的项目并不多见。

始建于 2004 年的苏州独墅湖科教创新区是以吸引世界级高等教育机构来园开设分支机构为特色的高等教育集群，区内以大学学历教育、研究所、技术培训中心等为主。四川省郫县 2009 年开展"集群式"学校建设，以国家、省、市级重点学校、示范性学校为领办学校，以城镇相对薄弱学校和农村学校为成员学校，组建学前教育、义务教育、普通高中、职业教育集群①，采取的是以一所较好的"中心"学校全面带动其他几所学校的方式，"中心"学校的校长成为这一"集群学校"的"第一校长"，对"集群学校"的师资力量、教育教学管理等方面拥有一定权限。郫县"集群式"发展充分发挥名校的优势和品牌效应，通过以优势带弱势，建立起充满生机与活力的小型学区；通过资产重组、管理输出、师资交流等方式，优化教育资源配置，实现城镇中心学校与农村学校的联动发展，快速提升农村学校办学水平，推进城乡教育一体化。四川省德阳市旌阳区教育局 2013 年启动学校集群发展模式，因地制宜组建 5 个教育集群。按照"观念共树、管理共构、队伍共建、德育共进、资源共享"的策略，采取城市强校"一加一"模式，带动周边学校、薄弱学校、农村学校，充分发挥优质教育资源的辐射、带动作用。各集群学校实施"三统一"机制，即统一行政管理、教师管理和后勤管理机制；统一教学机制、课程设置、教学活动、质量标准；统一考核机制，促进集群内资源共享，尤其是教师合理分配、流动②。郫县"集群式"、旌阳学校集群发展模式和本研究中的 F 区教育集群化改革试验的实践还是有较大差别的。郫县类似旌阳教育集团中的"强校＋弱校"模式中，管理模式是由一所名校牵头，统筹协调"集群学校"的事务，强化统一标准、统一管理，"集群学校"的"第一校长"比其他成员学校的校长有更大的管理权限，重点是加强软件建设和软件的均衡。而 F 区教育集群建设属于"各美其美，美美与共"的发展模式，实行轮值主席制（集群牵头校校长），管理模式是实施自我运行管理为主的共同体管理，发展到 2015 年，则由集群理事会和监事会进行管理和决策重大事项。集群共享的基础是硬件资源，逐步发展到教师交流、课程贯通、学生发展等。

三、案例

（一）F 区 A 教育集群发展分析

1. A 教育集群的基本情况和特点

A 教育集群以 F 区的 FZ 地区为单位进行建设，属于"地区型"的 A 教育集群涵盖了 27 所中小学、幼儿园、职业学校、校外教育机构及优质民办教育机构。在建设初期成立了由教育行政部门、地区办事处、属地单位、社区代表共同组成的 A 教育集群管理协调中心，作为集群的管理、协调机构，并在牵头校中设立了集群办公室负责具体工作。集群办公室中有一位牵头校的中层干部兼职协调集群事务，各集群成员校也设有专门的集群联系人。A 教育集群从初级的抱团取暖、资源共享的区域教育共同体，

---

① 四川在线—天府早报：以强带弱，郫县学校实现"集群作战"模式［EB/OL］.（2009 – 07 – 16）［2019 – 08 – 11］. http://news. sina. com. cn/c/2009 – 07 – 16/092415962812s. shtml. htm.

② 德阳教育网：集群发展谋均衡，优质倍增促升级［EB/OL］.（2014 – 06 – 30）［2019 – 08 – 12］. http://www. dy – edu. cn/newsInfo. aspx?pkId = 36766.

发展到以课程为中心的区域生态教育共同体。作为一种新型的区域教育发展模式，开始了以打通各学段学生出口、改变区域教育结构为主要任务的现代化区域教育共同体建设。

2. A 教育集群的发展成效

2015 年 1 月 16 日，选举产生 FZ 集群第一届理事会和监事会，发布了《FZ 教育集群规划（2015—2020 年）》，并建立"一平台一基地二论坛三中心"的支撑平台，标志着 A 教育集群治理体系建设逐渐走向"成熟期"。

一是治理体系的初步建成。集群的权力由目标方案决策权、行为执行权、监督评价权组成。集群成员大会拥有和行使目标方案决策权，集群理事会拥有和行使行为执行权，集群监事会拥有和行使监督评价权。集群理事会是 A 教育集群成员代表大会的执行机构，由集群成员（包括成员校法人、教师代表）、服务对象（学生、家长、社区知名人士和居委会的代表）、政府（区委、区政府，区教工委，教委，方庄地区办事处的代表）和为集群服务的专家代表等四个方面组成。集群理事会、监事会依照集群成员大会形成的决议行动，是两个相互制约的执行机构。治理机制由分权、授权、平等协商、依法民主、政府主导、成员协同等机制组成。集群成立"一处二部三中心"，即秘书处、资源部、联络部、课程研发中心、教师专业发展中心、测评中心，第一届集群理事会成员由集群中具有不同优势的成员校组成并负责。[①] A 教育集群治理机构和运行机制的形成，使权力运行由政府对学校自上而下管理的垂直方式转变为垂直与平行相结合的方式，改变了以往以政府为中心的格局，教育权力在政府、学校、社会之间发生了转移[②]，对 A 教育集群来说，有利于实现管办分离，促进教育管理走向共同治理。A 教育集群理事会积聚了政府、中小学、家长、社区、企业、专家等力量，形成了相互协作、资源共享的协作关系，不仅有利于 A 教育集群资源共享、合作交流，更加有利于不同学段和不同类型学校的贯通，有利于教育与社会的沟通融合。

二是资源共享的程度愈加深入。支撑平台的"一平台"是指 A 教育集群云平台，依托平台及时发布关于集群的课程信息并进行资源共享。例如，平台的"微课"系统能使集群的所有师生共享"微课"。"一基地"是指集群教师培训基地。"二论坛"是指集群成员论坛和班主任论坛。"三中心"是指集群教师科研中心、集群家长培训中心和以学生综合素质评价为主要功能的集群教育质量测评中心。通过支撑平台，集群初步实现了教学硬件、软件、课程、师资等教育资源的共享。第二期规划则重点从加强集群研究、深化集群发展机制、完善集群保障机制等方面进一步推进。

第一方面是硬件资源共享。例如，BS 中的音乐厅，集群成员要想使用的话只需提

---

① F 区 FZ 教育集群规划（2015—2020 年）.

② 李孔珍. 义务教育优质资源扩大：跨学校组织的产生及其治理意蕴：以北京市为例 [J]. 教育科学研究，2016（8）：44–48.

前在网上预约，按预约的顺序免费使用。2015—2016年集群共享使用 BS 中音乐厅 128 次，篮球场 14 次，其他场馆 9 次。BS 中的"名师大家进校园"活动，集群数字平台及时发布信息，集群成员无偿共享，迄今为止走进集群的名师大家共有 26 人。

第二方面是师资共享。FX 中学的京剧教师、中央音乐学院附中的音乐教师、ZA 中学的围棋教练、DT 一中的跆拳道教练，BS 中、FC 小学的足球教练、PH 一小、BS 中的科技教师都可以在集群内有组织、有计划地共享。

第三方面是教师培训资源共享。根据小学英语教学的实际，集群购买了耶鲁视线课程，对集群成员校的小学英语教师进行培训，两年总共授课 146 节，促进集群内小学英语教学水平提高。在 A 教育集群试验阶段推进会上，FG 小学英语教师孙老师进行成果展示，面向小学一年级学生开展全英文授课，参加展示的 36 名学生可以听懂全英文授课，并能用英语回答随机提问。

第四方面是课程资源共享。在集群各校保留特色校本课程的基础上实现特色共享，实行跨校、跨学段开发，对课程进行升级，开发出了集群生态课程、职业成长、人生规划体验课程，满足了不同学段、不同层次的学生个性特长发展的需要。例如，"新音乐教育"课程由 ZY 音乐学院教师授课，该课程立足于我国音乐教育优良传统，借鉴世界上流行的音乐教育体系的成功经验，探索融合本土音乐文化与国际先进音乐教育理念、方法的中国特色的音乐教育之路。目前集群接受新音乐培训的教师四十余人，参加实验的学生近三百人。

A 教育集群的实践取得了显著的成效，得到了上级教育部门和其他教育单位的关注，受到了社区、家长和学生的好评。在 2015 年义务教育均衡发展国家级督导验收中，A 教育集群建设得到教育部督导专家、市教委领导的高度评价，《人民日报》《中国教育报》《中国教师报》《北京日报》等多家媒体和教育期刊先后对比进行报道。

3. A 教育集群发展中存在的问题

A 教育集群建设发展中也存在一些问题。

一是集群治理规则还需深化与落实。由于集群成员单位负责人的重视程度、认识程度不同，各成员单位联络人的集群意识和工作量不同，使得集群成员参与共享的深度、广度存在明显差异，影响资源共享的实效性。比如在资源共享方面，有些学校不积极开放资源，有些学校不知如何开放资源，有些学校不会借助集群平台统一管理，有些学校由于缺乏使用评价制度及运行维护成本补偿机制而影响了积极性等。

二是运行机制与现行政策之间还存在冲突。如集群经费使用方面与财务制度"专户专款专用"有冲突。集群经费拨付给集群牵头校，经费使用在集群发展建设上，就可能会出现钱拨到 A 校账户上，但支出到集群其他活动中，甚至可能是集群某活动牵头校 BS 校使用，或者几个集群成员校分别使用的情况。而且下拨集群活动经费一定要拨到独立核算的法人单位，在集群中就会出现某个牵头校年度经费总额远超过同规模的其他学校，在审计和经费绩效考核中也会有相应问题。A 教育集群一位中学校长表示：对于集群建设的经费，区财政和区教委应该有一个针对改革发展新现象的新举措，要依法依规管理好经费，学校要依法依规使用好经费，更重要的是要促进集群和学校发展，不能成为教育改革的阻碍。针对教育集群建设，建议以政府名义加大对"连锁学校"的支持，专款进行资助①，使用方式也需更灵活。如学生特长发展需求、学校特色发展与现行的学籍制度之间存在冲突，义务教育阶段入学严禁"择校""择生"，可是针对特长的学生培养，禁止没有考试的贯通培养方式、禁止选择学生的入学方式、禁止人籍分离的管理制度等新要求对生源建设还是有很大挑战的。

三是缺乏统筹规划，特色教育品牌还不够凸显。足球、围棋、跆拳道、科技、音乐等是 A 教育集群特色教育品牌。由于缺乏统筹规划，纵向上不能形成学生成长培养链条，横向上不能形成规模发展，类别上没有形成品牌建设的层次，具有一定国际影响的京剧教育、初具特色的美术教育和击剑教育还处于"单打独斗"层面，没有在集群层面大力推进。

（二）F 区 B 教育集群发展分析

1. B 教育集群的基本情况和特点

B 教育集群所在 DG 地区是著名的航天城，高科技人才聚集地。B 教育集群以"航天科技教育"为核心特色，属于"单位型"教育集群。该教育集群由 7 家单位组成，其中 5 所小学、1 所完全中学、1 所以科技教育为主的校外教育机构。B 教育集群充分发挥航天科技资源优势，依托 DG 青少年科技馆、中国运载火箭技术研究院，组织开展科技教育活动，激发学生对航天科技的兴趣，为航天事业培养拔尖创新的后备人才。

B 教育集群在让各校自主发展的同时，通过校际多层次、多角度的干部交流、教师培训、业务研究、工作创新，实施"共建、共享、共育、共创"4 项工程，促进干部教师群体的业务能力和研究水平的提升，促进形成以航天科技特色为核心、各校特色发展的地区教育品牌，培养更多的时代需要的拔尖创新人才。4 项工程具体内容是共建队伍，通过专家引领、集群培训、共同研修、校际交流等多种方式，增进教师交流，整体提升集群内教师队伍的专业素养；共享资源，借助地区特点和人才优势，挖掘集群成员单位的优势，支撑科技特色发展；共育英才，依托科技活动、课程开发，统筹校外、社区教育，培养学生的创新能力，促进学生综合素质发展；共创特色，依据学校个体发展的基础和学段教育特点，借助集群交流与发展，发挥集群核心特色的辐射能力，推动学校个性化特色发展。

2. B 教育集群的发展成效

B 教育集群成立以来，各单位在资源共享、特色发展上取得了一些成效，特别是

---

① LINDSAY G，MUIGS D，HARRIS A，et al. School Federations Pilot：Study 2003 - 2007 ［EB/OL］. ［2019 - 07 - 11］ Nottingham：DCSF，2007. http：//dera. ioe. ac. uk/7911/1/dcsf - rr015v2. pdf. http：//dera. ioe. ac. uk/7911/1/dcsf - rr015v2. pdf.

在航天特色发展和培养创新人才上取得很大成效。

一是建立了有力的组织机构。B教育集群设立了集群领导小组、集群秘书处，由专家团队引领，开展集群工作。领导小组成员由各成员单位领导组成，秘书处设立专人，由牵头校的副校长负责集群成员的联络和各项工作的落实。集群工作分工明确，简捷高效。

二是凸显了航天科技特色。在牵头校航天中学建立了集群工作室、航天科普教室"问天阁"，为集群活动提供保证。集群学校在周末开放校园，协助DG科技馆组织开展F区科技比赛，满足地区和全区学生参加科技活动的需求，让硬件资源得到充分共享。依托钱学森青少年航天科学院、DG青少年科技馆资源，开设丰富多彩的科技课程，开发地方教材《DG地区航天人物》，建设航模工作室基地，建立航模工作室，开展科普实践活动，运载火箭副总设计师每年都到集群中小学开展航天教育专题讲座，中国宇航协会、院士、航天一院领导也受邀到集群与师生座谈。以集群为单位开展爱国之旅夏令营、科技之旅冬令营、航天体验交流、科普讲座、实验探究、科幻画比赛、科普剧演出等，开展垃圾分类、"科学在身边、科技进万家"科普教育等多项主题教育活动。通过集群开展的系统航天科技教育和知识普及，吸引了一大批热爱航天科技的青少年学生。几年里，在市区各类科技竞赛中，该集群学校、学生、教师成绩显著。在市科技创新大赛中，占全区中小学学生、教师总数5.3%[①]的该集群学生、教师，获奖比例分别占全区参赛总人数的37%和28%。F区13所市科技教育示范校、4个市金鹏科技团中，该集群就有3所科技教育示范校、2个金鹏科技团。航天科技优势已成为B教育集群的特色，也为该集群成为中小学科技教育高地打下坚实基础。

三是构建了集群的特色课程体系。集群统筹和各校自主开发了一批精品校本课程，以航天特色为引领，拓展学科基础，满足学生兴趣及特长发展的需求，建构了突出航天科技教育的课程体系，由航天科技、人文、体育、实践等四大类共33门校本课程组成。集群建成以来，有3700人选修了科技类课程，其中76.73%的学生选修了机器人课程和电子课程；有4826人选修了人文类课程，其中82.55%的学生选修了京剧课程和书法课程；有4490人选修了体育类课程，其中93.74%的学生选修了篮球课程和花式跳绳课程；有4377人参加了集群活动类课程，其中74.37%的学生参加了艺术节和科技节活动。该集群共有学生8900余人，累计有17 093人次参加了集群课程和活动，这些课程和活动满足了学生探索科学、提升核心素养的内在需求，促进了学生全面发展。

3. B教育集群发展中存在的问题

B教育集群比A教育集群范围小，包含的学校数量少、类别少，教师学生数相对少，集群管理相对简单。

---

① 数据来自Z市F区教育事业基本数据汇编（2015/2016学年度）．

一是由于社会单位和成员单一，社会整体的参与度相对较低。一位 B 教育集群的校长指出，B 教育集群里只有航天部和 DG 街道办事处。尽管航天部还细分各所处室，但是都带有航天的印记，而且都是体制内的单位，不像 FZ 教育集群那样多元开放。

二是科技教育特色和优势凸显，但教育特色的丰富性相对不足。集群牵头校航天中学与 A 教育集群牵头校 BS 中学相比，办学质量与影响力、管理水平和教育特色、生源结构、师资情况都相对较弱。B 教育集群一位小学校长表示，集群目前的牵头校 HT 中学就是这里的"老大"，但是和 FZ 集群的 BS 中学相比还是弱一些。如果要打通学段、构建学生贯通成长的通道，HT 中学只能在航天科技这一方面对接得上，其他的就相对弱了。

三是集群治理体系建设、集群课程体系构建、学生跨学段发展、集群整体发展水平相对来说有些简单和滞后。航天中学一位中层干部表示，在集群的管理上还应进一步明确各单位职责，不要让牵头校过于疲惫而不愿意牵头或者硬着头皮牵头，缺乏持续发展的后劲，集群建设的效果就会受到影响。

第五节　一校多址下的校本教研

一、问题的提出

近年来，H 区部分学校遵循"相邻合并、强弱联合、名校承办、一个法人一体化管理"的原则，通过合并、委托、承办等资源整合方式，促使优质教育资源分布更加均衡。提高教学质量是学校的中心工作，建立完善的校本教研制度势在必行，在一校多址的办学模式下，进一步促进各校区优质均衡发展显得尤为必要。因此，必须充分整合各校区优质的教育教学资源，提高校本教研有效性，促进教师专业成长，形成团体合力，提高学校整体的教学质量和办学水平。但是，目前一校多址学校的校本教研活动在教育教学实践中还存在一定的问题，例如，各校区之间教师发展不均衡，并不是每所一校多址办学模式下的学校都有统一高效的校本教研机制。为此，我们研究一校多址办学管理模式下校本教研的现状，总结校本教研的成功经验，分析问题，探索校本教研的有效方式和长效机制。

我们的研究着眼于在一校多址的情形下如何促使校本教研立足于学校发展，提高整体教师群体的教学能力和素养，确实解决学校教学管理中的实际问题，促进学校整体教学质量的提高。

现有文献大部分停留在研究校本教研的内涵，关注校本教研对教师专业发展的推动作用，肯定了校本教研制度建立的重要性，但是关于一校多址模式下校本教研现状的研究非常少，因此，我们对 H 区一校多址模式下校本教研的现状做了深入的调查研究，获得实践层面一校多址校本教研的相关数据，客观、真实地呈现一校多址学校校本教研的现状，总结成功经验，从"以人为本"的角度剖析现存的问题及其产生的原因，探讨促进教师和学生发展的相关策略，探索提高校本研究质量的机制、方法和途径，为教育行政决策提供参考。

二、相关研究概述

通过广泛搜集并分析文献资料发现，学者们对中小学一校多址办学模式的研究不是很多，主要集中在中小学校本教研上。国际上，学者对校本教研的研究方兴未艾。"校本"具体形成一种理论和实践范式产生于 20 世纪 60—70 年代英美等国家兴起的"校本课程运动"。"校本"在于以学校为本位和基础、以教师为主体来实施教育教学管理。例如，英国自 1988 年出台改革教育法案，授权中小学实施"学校自我管理制度"。英国的教师校本培训计划是中央及地方教育行政部门一项固定的长期工作，教师可以参与校本培训课程和各种专题讨论会、座谈会，与校外来访的专业人士交流。目前，这种以校为本的教学研究正在世界各地实施与倡导，如新西兰、澳大利亚、法国等。[1] 我国对于校本教研真正深入研究是近年来的事。[2] 如卢琳在《论校本教研》中从校本教研产生的背景出发，论述了校本教研的内涵和特性、校本教研的价值和意义，重点论述教研室在开展校本教研中的角色转变和功能拓展；[3] 刘方在《校本教研的理念及特征简析》中提出建立以校为本的教学研究制度是当前乃至今后基础教育课程改革实验中一项非常重要的工作，在校本教研制度建立的过程中要注意处理好一系列的关系；[4] 胡庆芳在《我国校本教研理论与实践研究的综述》中把近年来相关的校本教研成果作了回顾和综述；[5] 魏山金在《校本教研的定位与价值厘定》中谈到校本教研是以解决教学过程中的实际问题为目标而建立起来的一种教学研究制度，是整合校本培训、校本管理和校本课程的纽带，等等。[6]

相关研究显示，校本教研活动在实践中的问题包括：一是认识上存在偏差。一些研究者指出，目前许多学校和教师对校本教研没有形成正确的认知，教师认为自己的本职工作是教好书，科研工作是教育专家的事情；一些领导也片面地认为搞教学研究会影响实际教学效果。二是教研机制创新不够，不能适应课程改革对广大教师专业成长的需求。三是形式主义倾向还比较严重。不少学校"科研兴校"往往只是停留在喊

---

① 董素静，赵隽咏. 美国、日本、英国、俄罗斯的校本教育科研［N］. 中国教育报，2004 - 02 - 10.

② 夏英. 校本教研中的教师共同体建设［J］. 南京师范大学学报，2005（4）：4.

③ 卢琳. 论校本教研［J］. 教育导刊，2002（23）：32 - 35.

④ 刘方. 校本教研的理念及特征简析［J］. 教育理论与实践，2004（2）：14 - 16.

⑤ 胡庆芳. 我国校本教研理论与实践研究的综述［J］. 中小学教师培训，2005（4）：10 - 13.

⑥ 魏山金. 校本教研的定位与价值厘定［J］. 新课程研究（教育研究与实验），2005（2）：13 - 15.

口号上，制定的教研计划并不切合学校实际，不能得到很好的贯彻落实，而那些申报立项的教科研课题一般在申报立项后即被束之高阁，少有实际的研究过程。四是校本教研存在功利主义倾向。当前许多学校的教研是为了迎合上级的考评；许多教师关心的只是参加这些教科研活动及撰写的教科研论文能否为自己今后的评优和晋级增加砝码。五是校本教研存在过度干预的情况。有研究者指出，专业人员的干预太多，其指导未能充分发挥教师的主体性，往往包办代替、越俎代庖，使得主体偏离。

三、研究方法

（一）文献法

本研究搜集和分析研究有关的文献资料，了解前人研究成果，对重要概念作出界定，从而为本研究奠定一定的基础，并将研究引向深入。通过涉及多校区办学模式、校际合作、校本教研文献的收集、整理和分析，了解国内外有关多校区办学模式与校本教研的动态，并为本文寻找理论依据和分析框架。通过在 H 区中小学校实地获取的多校区办学、校本教研的文件、与展开校本教研有关的文字记录，如常规表格、会议材料及散见于报刊、互联网的相关文字资料等，来获取学校校本教研实践资料。调查的部分学校建有完备的网页，这些学校对校本教研的现状进行公布，并适时更新，也为研究提供了便利。

（二）问卷调查法

2014 年下半年，研究人员采用调查问卷调查了 H 区 9 所一校多址学校中 278 位教师，目的是为了初步了解学校的基本情况、校本教研的基本现状、教师对校本教研的理解以及对校本教研实施的意见和建议。

问卷内容涉及一校多址学校校本教研活动开展的六个方面：包括研究课题的制定与执行，校本研究活动开展的频率、形式、持续性，教师参与的积极性，校本教研与教师专业发展，教师培训，课程资源。调查问卷主要围绕以上几个维度进行设计。

四、调查结果分析

（一）校本研究科研课题

对校本研究课题情况的调查，我们设计了三道题目："学校统一制定科研课题、由各校区执行"，"校本研究课题很贴近教师的教学实践"，"校本研究课题很符合学校的现状"。第一道题目是调查科研课题的制定与执行方面，总校与分校是如何开展工作的；第二道题目是调查科研课题与教师的教学实践之间的关系；第三道题目是调查科研课题与学校发展的实际是否符合，调查结果如表 2 −8 所示。

表2-8 校本研究课题情况统计

序号	问题	备选项/%				
1	学校统一制定科研课题、由各校区执行	完全不符 (3.1)	比较不符 (6.9)	一般 (12.0)	比较符合 (28.2)	完全符合 (49.3)
2	校本研究课题很贴近教师的教学实践	完全不符 (1.6)	比较不符 (1.7)	一般 (7.1)	比较符合 (38.1)	完全符合 (51.5)
3	校本研究课题很符合学校的现状	完全不符 (3.7)	比较不符 (4.3)	一般 (11.2)	比较符合 (34.2)	完全符合 (46.6)

认为学校的科研课题是由学校统一制定、各校区执行的教师占绝大多数。这一现象一方面说明学校对研究课题的审慎把握和统一管理的力度较强，另一方面说明没有充分发挥全体教师的主观能动性。此外，还有10%的教师认为这一说法不符合，有12%的教师持折中观点。总体上看，学校制定科研课题的过程中，主要采取部分教师参与、学校统一协调的策略。这种做法既可以发挥骨干的引领带动作用，也没有忽视学校层面的统一管理。

89.6%的教师认为校本研究课题贴近教师的教学实践。这说明课题是从教师中来、从实践中来的，是被教师们认可的。只有这样，广大教师才能够产生课题研究的主动性。但仍然有3.3%的教师持否定态度，有7.1%的教师感觉一般，这到底是因为工作态度问题、研究意识问题，还是科研能力导致的，应该引起学校的重视。总体上看，学校制定的研究课题与教师的教学实践基本吻合，这为课题研究以解决实际问题奠定了一个坚实的基础。

80.8%的教师认为学校的校本研究课题符合学校的现状。这说明学校绝大多数教师关心学校的发展，了解学校的优势与不足，希望通过科研课题的研究推动学校的发展。但仍有相当一部分教师持否定和观望的态度，需引起高度重视，尤其是他们对学校管理者的看法、对周围群体的态度。

总体上看，部分教师对课题研究引领学校持续发展的态度不够明朗，甚至不够认同。

（二）校本研究活动

教师是校本研究活动的主体，为了更好地呈现校本研究活动开展的现状，研究人员设计了校本研究活动频率、活动形式多样化、活动持续性满意度三道题目，从教师的角度来评价校本研究活动。

第一，校本研究活动频率满意度调查，具体分析如图2-21所示。

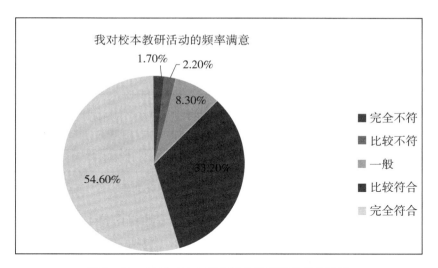

图 2 - 21　教师对校本研究活动频率满意度统计图

由上图可以发现，54.60% 的教师非常满意学校校本教研活动的频率，33.20% 的教师比较满意，因此可以说对学校校本培训频率满意的教师占所有参与问卷调查的教师的 87.80%，也可以认为大部分教师认可学校校本教研活动的频率。也有 3.90% 的教师持否定的态度，说明教研活动在开展过程中还需要时常与教师做好沟通，以便更了解教师的意见，提高活动的满意度。

第二，各学科专业组所进行的校本研究形式的多样化程度。

为更好地对问卷数据进行分析，我们将所有参与问卷调查的教师按照其所任学科进行分类比较：语、数、英学科专业组教师与非语、数、英学科专业组教师，分别调查这两类学科专业组内所进行的校本研究形式多样化的现状，调查结果如图 2 - 22 和图 2 - 23 所示。

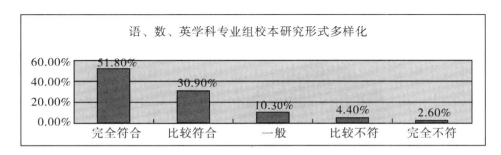

图 2 - 22　校本研究形式的多样化程度统计图（语、数、英学科）

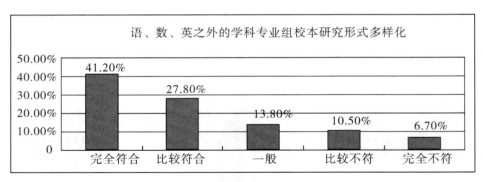

图2-23 校本研究形式的多样化程度统计图（非语、数、英学科）

由图2-22可见，语、数、英学科的教师认为专业组内校本研究形式多样化的比例为82.7%（包括完全符合与比较符合），不符合（包括完全不符与比较不符）的比例为7.0%。从图2-23可以看出，非语、数、英学科的教师认为专业组内校本研究形式多样化的比例为69.0%，不符合（包括完全不符与比较不符）的比例为17.2%。该数据说明，认为语、数、英学科专业组内进行的校本研究形式多样化的教师比例高于认为非语、数、英学科教师，并且相比较而言，在非语、数、英学科专业组内，有17.2%的教师认为研究形式的多样化不符合事实，在一定程度上高于语、数、英学科专业组内持否定态度的教师比例。这说明非语、数、英学科专业组内校本研究形式多样化程度应引起学校管理者的重视，同时应强化所有学科教师对校本研究活动的认同。

整体来看，一校多址学校的教师对自己所在的学科专业所进行的校本研究形式多样化的认可比例范围为69.0%~82.7%，大多数教师是持积极认可意见的。

第三，教师对所在校区开展的校本研究活动持续性满意度。

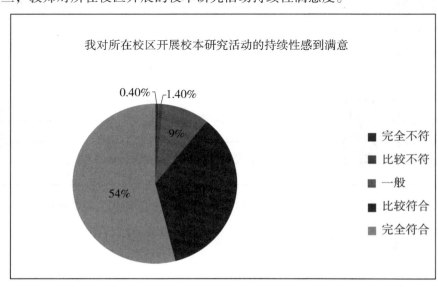

图2-24 教师对校本研究活动持续性满意度统计图

从上图的统计数据中，可以看到持否定态度的教师只占1.8%，认为一般的占9%，而89.2%的教师持肯定态度，可见大多数教师对自己所在校区开展校本研究活动的持续性感到满意。

为进一步分析主校区与分校区教师对所在校区校本研究活动持续性方面的满意度，我们对数据进行个案选择分析，以更清晰地呈现主校与分校教师对校本研究活动的满意度，分析如表2-9和表2-10所示。

表2-9　校本研究活动持续性满意度（本校）

	类别	频数	百分比/%	有效百分比/%
有效性	完全符合	73	61.9	61.9
	比较符合	37	31.4	31.4
	一般	7	5.9	5.9
	比较不符	1	0.8	0.8
	合计	118	100.0	100.0

表2-10　校本研究活动持续性满意度（分校）

	类别	频数	百分比/%	有效百分比/%
有效性	完全符合	69	45.4	45.4
	比较符合	61	40.1	40.1
	一般	18	11.8	11.8
	比较不符	3	2.0	2.0
	完全不符	1	0.7	0.7
	合计	152	100.0	100.0

从问卷调查数据可以看出，本校区教师"对校本研究活动的持续性感到满意"选择"符合"的比例高达93.3%，选择"一般"与"比较不符"的比例分别为5.9%与0.8%；分校区教师"对校本研究活动的持续性感到满意"选择"符合"的比例为85.5%，选择"一般"与"不符（包括比较不符合与完全不符合）"的比例分别为11.8%与2.7%。可见，本校区与分校区的教师对所在校区开展校本研究的持续性满意度存在差别，本校区的教师满意度高于分校区的教师满意度，并且本校区教师持"一般"与"不符"的否定态度的比例也低于分校区。这说明在校本教研活动的持续性上，本校区的校本研究活动的教师满意度较高，各分校区需要加强对研究活动的管理，以提高教师满意度。

（三）各校区教师参与校本研究的积极性

从如图2-25所示的数据可以看出，参与调查的教师对自己所在校区教师参加校本研究的积极性非常高是"完全符合"与"比较符合"的比例占72.7%，明显低于校本教研活动活动频率、校本研究多样性及持续性的满意度，而且认为"完全不符"和"比较不符"的比例增加至16.9%。

为了进一步分析教师参与校本研究的积极性，研究人员设计了一道从教师的角度出发认为管理层能否调动教师校本研究积极性的题目："我认为学校的管理层能够有效地调动教师教研的积极性"，数据分析结果如图2-26所示。

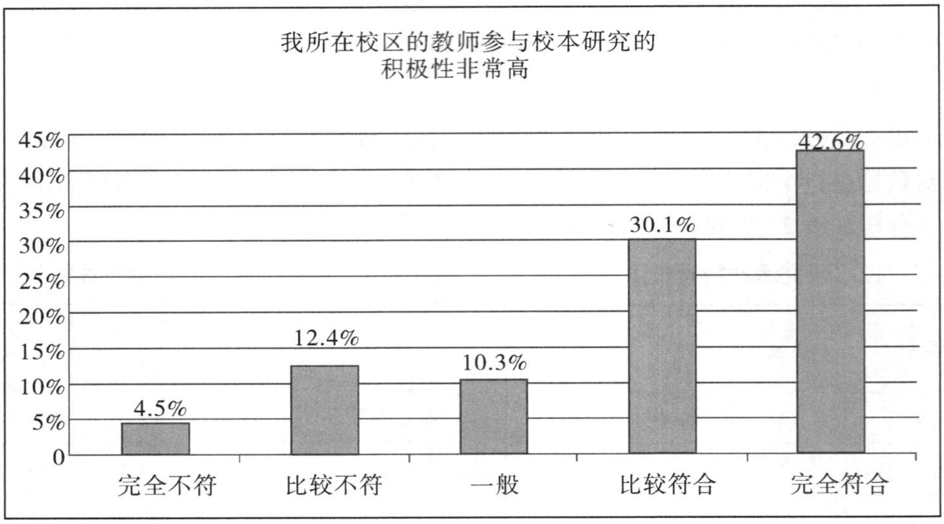

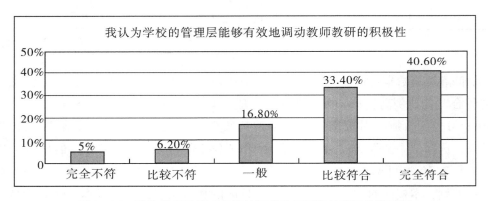

图 2-25　教师参与校本研究积极性现状统计图

图 2-26　学校管理层能否有效地调动教师研究的积极性统计图

如图 2-26 所示，在对"学校的管理层能够有效地调动教师教研的积极性"调查中发现，74.0% 的教师持肯定态度，认同管理层能够有效地调动教师参与教学研究的积极性，也有 16.8% 的教师认为管理层在调动教师教研中的积极性为一般，积极性不是很高，处于原地踏步阶段，要深入教师进行座谈及调整，但还有一小部分的教师认为学校的管理层不能有效地调动教师教研的积极性，原因可能是领导层日常给教师安排的活动偏多等。因此基于以上这些数据，管理层在管理过程中，应及时反思，关注教师的专业发展，调整管理的方式与方法，这样才能做到全面调动教师参与教研的积极性。

（四）校本教研与教师专业发展

校本研究的最终目的是促进教师专业发展，提高教师整体的教学水平，并最终有益于学生的成长。为分析教师参与校本研究对促进其自身专业发展的作用，研究人员设计了"我认为校本培训有利于教师的专业发展""参加校本研究活动我有很大的收获""我对校本研究最终能提高学校整体办学质量持乐观态度"三道题目。前两道题目考查的是校本研究活动促进教师个人发展的作用，后一道题目考查的是校本研究活动促进学校整体发展的作用，具体结果如图2-27所示。

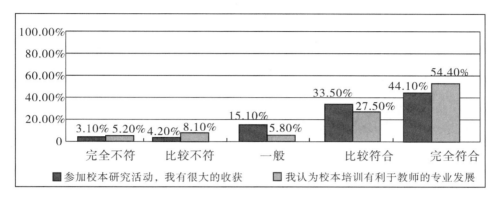

图2-27 校本教研与教师专业发展情况统计图

由图2-27可见，认为"参加校本研究活动我有很大的收获""校本培训有利于教师的专业发展（包括比较符合与完全符合）"的教师比例分别为77.6%和81.9%，可见77.6%以上的教师认可校本研究活动对教师专业发展的促进作用，他们对学校校本培训的现状还是比较满意的，由此也看出各所学校校本教研的内容、形式以及相关的其他安排基本能够满足绝大多数教师的需求；但也分别有15.10%与5.8%的教师持一般的态度；还有7.3%与13.3%的教师否定（包括完全不符与比较不符）校本教研活动对教师专业发展的促进作用，认为参与校本研究活动并没有收获。一是一些校本培训的内容不符合或者是不太符合绝大多数教师的需求，虽然学科之间存有关联性，但是在跨学科培训中忽视了教师的专业需求。二是教师的年龄、学历层次、学科特点等决定了培训需求的多层次、多形式和多内容。只有针对性较强的培训，才会受教师的欢迎。

由此可见，学校的校本培训要朝着以下几个方向去努力：一是多层次，即使是同一学科、同一内容的培训，也要关注不同层次教师的需求。二是多内容，校本培训的内容要是多方向的，要让绝大多数教师都够有收获，可以解决实际问题。三是多形式，培训的形式也很重要，需要让教师乐于参与，乐于融入其中。

由图2-28可见，在"我对校本研究最终能提高学校整体办学质量持乐观态度"的统计中，有90.1%的教师持认可（包括完全符合与比较符合）的态度，可见教师非常认同校本研究能提升学校整体办学质量。当然，也有6.7%的教师持一般的态度，有3.2%的教师并不认为（包括完全不符与比较不符）校本研究最终能提高学校整体办学质量。可见，学校还需要进一步强化教师对于校本研究活动的观念认知，只有在认同的基础之上，才能调动教师参与的积极性。

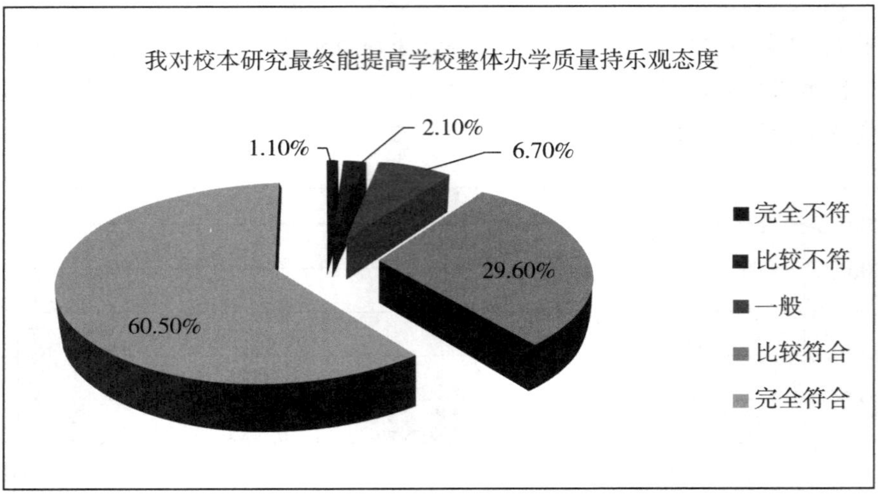

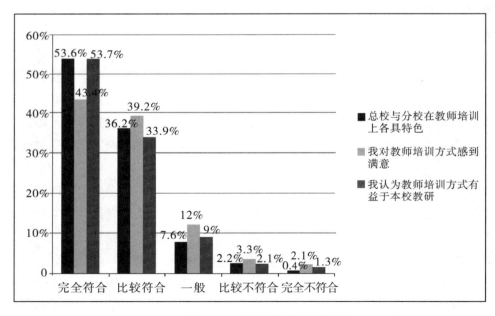

图 2 – 28 校本研究能否提高学校整体办学质量统计图

（五）教师培训情况

通过设计"总校与分校在教师培训上各具特色""我对教师培训方式感到满意""我认为对教师的培训有益于校本教研"这三个问题，开展对教师培训情况的调查。调查情况如图 2 – 29 所示。

图 2 – 29 教师培训情况统计图

通过对调查结果的分析对比，总体上看这三项调查内容认为"完全符合"的都达到了 43.4% 以上，"完全符合"和"比较符合"加起来，分别是 89.8%、82.6% 和87.6%。这说明教师对"总校与分校在教师培训上各具特色，对学校开展的教师培训方式及对教师的培训有益于校本教研"的认可度是趋同的，总体上看，各校教师对教师培训工作是认可的。由此反映出各校在教师培训上做了大量的工作，加大了教师培训的力度，在教师队伍建设方面的成果取得了教师的认可。

另外，也看到这三项调查内容中认为"一般"和"比较不符合"及"完全不符合"的也有一定的占比，选择"一般"的比例范围是9.0%～12.0%，选择"不符合"（包括"比较不符合"和"完全不符合"）的比例范围是2.6%～5.4%，这反映出教师培训中满足教师个性化需求的工作还需要加强，让每位教师参与教师培训并从培训中获得提升是我们今后教师培训工作需要努力的方向。

（六）课程资源满意度

在问卷调查中，研究人员设计了"学校提供的课程资源非常丰富""我对学校选修课程资源共享的程度感到满意""我对学校提供的国家课程资源感到满意"三道题目调查课程资源情况。具体数据如表2－11所示。

表2－11　学校提供的课程资源非常丰富认可度统计

我对学校提供的国家课程资源感到满意				
	类别	频数	百分比/%	有效百分比/%
有效性	完全符合	156	56.1	56.1
	比较符合	89	32.0	32.0
	一般	26	9.4	9.4
	比较不符合	5	1.8	1.8
	完全不符合	2	0.7	0.7
	合计	278	100.0	100.0

在对学校是否提供了较为丰富的课程资源问卷调查中，有88.1%的教师认为学校提供的课程资源非常丰富，9.4%的教师持折中的态度，只有0.7%的教师对此认为"完全不符合"。由此可以看出，各学校在提供课程资源的量整体上充足，可以满足教师教学需求。

表2－12　学校选修课程资源共享程度满意度统计表

我对学校提供的国家课程资源感到满意				
	类别	频数	百分比/%	有效百分比/%
有效性	完全符合	143	51.4	51.4
	比较符合	85	30.6	30.6
	一般	41	14.7	14.7
	比较不符合	6	2.2	2.2
	完全不符合	3	1.1	1.1
	合计	278	100.0	100.0

在"我对学校选修课程资源共享的程度感到满意"的调查中发现，总校及分校选修课程资源共享比较普遍。有80.0%的教师对此感到满意或比较满意，有14.7%的教师选择"一般"选项，有3.3%的教师对此感到不满意。总体来看，大多数的教师对选修课程资源共享的程度是满意的。选修课程资源共享的途径一般有选修课程共同开发、共同实施及通过网络共享课程开发资源等。

表2-13　学校提供的国家课程资源满意度统计表

我对学校提供的国家课程资源感到满意				
	类别	频数	百分比/%	有效百分比/%
有效性	完全符合	150	54.0	54.0
	比较符合	96	34.5	34.5
	一般	25	9.0	9.0
	比较不符合	5	1.8	1.8
	完全不符合	2	0.7	0.7
	合计	278	100.0	100.0

在"我对学校提供的国家课程资源感到满意"的调查中，有88.5%的教师对学校所提供的国家课程资源感到满意或比较满意，只有0.7%的教师对此感到非常不满意。提供国家课程资源是学校应尽的义务，从调查结果上看，教师整体上对此感到满意，说明各学校在国家课程资源整合及课程开发和实施上都投入了很大的精力，效果也比较好。这项调查结果也从一个侧面说明，教师们对各学校常规的教学研究、常态课备课及课堂教学状况的认同度是较高的。

综上所述，从校本研究科研课题上看，科研课题很贴近教师的教学实践，教师参与对课题的研究能够帮助其解决教学过程中遇到的一些难题；课题很符合学校发展的现状，能够满足学校发展的需求。在校本研究活动满意度方面，整体上看教师对研究活动开展的频率、研究形式多样化、研究活动持续性满意度较高；在研究形式多样化方面，非语、数、英学科专业组内校本研究形式多样化程度低于语、数、英学科专业组，应引起学校管理者的重视，同时应强化所有学科教师对校本研究活动的认同；在校本教研活动的持续性上，本校区的校本教研活动的教师满意度高于分校区教师的满意度，因此各分校区需要加强对研究活动的管理，在研究活动的持续性上与本校区保持一致，以提高教师满意度。从教师参与的积极性看，教师参与校本研究的积极性较高，但也存在着一定比例的教师持否定的态度，因此从管理者的角度来说，在日常管理过程中应多关注教师的专业发展，调整管理的方式与方法，全面调动教师参与教研的积极性。在校本教研与教师专业发展的关系方面，教师整体上认为校本教研有助于教师的专业发展，有助于提高教师的校本教研能力。在教师培训方面，教师总体上对学校的培训工作是认可的，多数教师能从培训工作中受益，提高自己的教学工作水平，但教师培训中满足教师个性化需求的工作还需要加强。在课程资源方面，大多数教师认为各学校提供课程资源的数量整体上是充足的，可以满足教师教学需求，教师对于课程资源共享的满意度较高。

五、经验、问题与对策

（一）值得推广的经验

在问卷调查过程中，我们设置了"您所在学校在一校多址背景下的校本教研有什么好的做法值得推广"这一开放性的题目，目的是希望进一步了解一校多址背景下开展校本研究活动的优势，以积累经验，并进行推广。调研结果如下：

第一，一校多址背景下总体上校本研究形式多样化。例如，师徒结对，发挥了传帮带作用；充分利用了数字化校园建设的资源，各校区主管、教师可以通过视频转播、直播进行集体教研；同课异构，交流经验；三实践两反思活动；集体备课，同伴互助，优秀教师的模范带头作用，共享优秀教师讲课的视频、教案；分散与集中相结合；定期聘请教研员开展讲座、听课、评课活动等。

第二，高度统一的做法值得推广。在一校多址背景下，教研课题统一，实施方案统一，时间统一，遇到困难时共同协商探讨解决的方法，有利于提高研究的效率。

第三，一校多址背景下的校本研究有助于跨校区活动相互学习，取长补短，提高研究的有效性；利于各校区形成自己的特色，各校区结合本校的实际情况展开具体的研究，例如在调研过程中，一所学校有交响乐团，因此他们的研究课题之一就结合交响乐进行，这样的校本教研能有助于教学和教研的共赢。

第四，研究内容深入。校本研究过程中每个人都加入课题的讨论之中，每次教研都安排有主讲人，主讲人会提前准备好与大家分享的内容，然后大家共同讨论，各抒己见，集思广益，使教研内容更加深入。

（二）存在的问题

通过对问卷结果及教师访谈内容的分析，研究人员发现一校多址背景下校本教研活动也存在着一定的问题。

第一，地域分散并存在着差异。一校多址，各校区人员分散，不利于及时交流，一定程度上制约了校本研究的有效性；同时各校区学生学习能力和学习水平存在差异，各校区教研时侧重点会有一定的差异。

第二，时间不充分。由于校区分散，有时不能保证有充足的时间集中教师进行教研，教师们奔波劳累；教师事务性工作太多，消耗了太多的精力，挤占了大部分时间；很多教研活动由于会议或上级行政部门临时部署的事务工作导致时间出现冲突而被搁置延后，不利于研究持续性进行。

第三，部分分校研究形式单一。虽然多数校区校本研究形式多样化，但在一些分校区仍存在研究形式单一的问题，比如集体备课时，教研组长和骨干教师一般处于主导地位，对于年轻教师的成长不利。

第四，研究内容存在研究专题过大、过泛、缺乏针对性的问题。有些课题偏离教学实际，没有很好地与教师的课题结合，更是偏离了学生的学习主题；有些新教师缺乏问题意识，不能很好地将教学中遇到的问题上升到理论研究的高度，不善于从教学实践中总结。

（三）对策建议

针对上述研究过程中校本教研存在的问题，在此提出一些解决的策略。

一校多址学校开展教研过程中，由于地域分散，不利于有效地集中教师进行研究，可采取视频会议、优质教学资源共享等方式加强沟通与交流，有助于校本教研持续性进行，有利于提高其有效性；同时各分校在总校统一领导共同教研的情况下，还要根据各自校区学生的具体情况，考虑到校区间的差异，开展因材施教的研究。

在活动时间安排上，确保合理、充分，确保研究活动按计划有条不紊地开展下去，直至产生一定的成效。

在研究形式上，针对一些分校区研究形式单一的问题，主校应加强指导，可以派遣有经验的教师到分校区去指导、分享研究的经验；定期地以组为单位邀请专家指导，让专家参与到学校的校本教研中，这样更具有针对性，更能让教师得以快速成长。

在研究内容上，研究课题应更多地取自教师教学实践中的困惑，更加注重课堂，提高课堂的实效性；增强教研活动内容的针对性，选择研究"小而精"的内容，有助于提高研究的有效性；同时注重培养教师的问题研究意识，教师在教学过程中总会碰到很多问题，鼓励教师有意识地将实践中的问题上升到研究的高度，大家共同探讨解决，也可以组织教师多读书，提高教师的理论水平。

第六节　大、中小学合作的突破点

本节以 B 大学与中小学合作为案例进行研究。B 大学坐落在某市 C 区，地理位置优越，交通便利。经过多次隶属关系的变迁，B 大学于 2000 年划归市人民政府管理，现隶属于市教委，是一所以外国语言文学为主体学科、旅游管理为特色学科以及文学、管理学、经济学、法学等多种学科协调发展的著名高校。目前，学校设有 13 个一级学科，市重点（建设）学科和国家级特色专业各 4 个；在编在职教职工近千人，教师队伍结构合理，其中 44% 的专任教师具有博士学位，50% 以上的教师具有副教授及以上职称，还聘请多名兼职教授和外国专家，专业素质普遍较高。学校拥有国家级优秀教学团队 1 个、市优秀教学团队 3 个以及市学术创新团队 7 个；在学生培养方面，各级各类在校生近万人，在"学用结合，注重实践"办学特色理念的指导下，对外语专业学生进行"听、说、读、写、译"的基本技能训练，非外语专业的学生则依托优质的外语教学资源和多元文化环境，加强培养实践应用能力，做到了产学研一体化。

B 大学不仅培养了大量高水平、复合型、国际化人才，同时充分发挥自身智力优势和资源优势，通过各种形式积极参与到社会服务中。

一、大、中小学组织间关系的建立

在基础教育发展过程中，依然存在优质教育资源配置不合理、优质校和普通校差距较大、城乡教育差距不均衡等问题，严重影响教育质量的提升、教育公平的实现。为落实党的有关教育的精神，办好老百姓家门口的学校，完善市教育新地图，市教委充分利用区域高校云集、高等优质教育资源丰富的优势，启动了高校参与中小学发展建设项目。

2014 年 6 月 27 日，B 市教委组织召开了高等院校参与市中小学发展工作推进会，市 C 区教委与 B 大学代表签订合作框架协议。在市教委项目的基础上，C 区教委希望 B 大学充分发挥高校带动作用（因为 C 区高校较少），成立了区域小学英语教育联盟。联盟校的选定主要根据资源利用原则和资源就近原则来确定，访谈对象谈到，学校所在地属于 GZ 学区，所以离 B 大学都不太远，半径大概四、五千米以内的学校选定 10 所小学加入小学英语教育联盟，要承担这么多小学以及自己附中附小的英语教学合作的任务，对于 B 大学来讲，首先学校距离不远，工作开展也方便，同时，既然是互利合作，B 大学的教师享受子女可以通过合作进入附中附小读书的政策优惠，如果离得太远，也不太现实。"因此，综合以上因素考虑，B 大学选定了周边的 10 所小学展开合作，其中 C 区 T 小学于 2014 年 6 月 12 日更名为 B 大学附属小学。

之所以选定 T 小学作为 B 大学的附属小学，也是多方考虑后的结果。访谈对象谈到，C 区教委和 B 大学协商，教委进行平台搭建，大学也要考虑各方面因素，比如距离的远近、前期的教学环境、学校原来的历史等。这些学校是一些普通校，希望通过借助大学优势来使学校得到提升。T 小学始建于 1999 年，学校坐落于 C 区五环外 GZ 地区城乡接合部，建筑面积 5340 平方米，拥有 23 个教学班，近 800 名学生，学生主要来自附近的社区和乡村。学校有在职教师 56 人，其中具有高级职称的教师 4 人，中级职称的教师 32 人，区级骨干教师 11 人，分别占教师总数的 7%、57% 和 20%；教师中 35 岁以下教师 24 人，硕士学历教师 2 人，本科学历教师 52 人。

二、大、中小学组织间关系的形式

根据三方合作意愿和合作程度，结合 B 大学与中小学合作的实际情况，探讨 C 区教委、B 大学以及合作中小学的合作关系形式。其中，合作程度主要从硬件资源共享、课程与学科建设、教师交流培训、学生培养及合作机制建设等主要合作行为进行阐述。

（一）三方合作意愿

1. 大学的合作意愿

大学是社会的产物。回顾大学的发展史，大学很早就承担起了服务社会或社区的功能。随着社会的进步，社会性和服务性依然是现代大学的重要性质。企业可以直接生产各种社会产品，但是大学与企业不同，大学一般以间接的方式服务社会，大学通过培养满足社会需求的各类人才，进而为社会发展做贡献。在全面深化教育领域综合改革的过程中，学校的发展、教育质量的提高都离不开大学的参与，大学与中小学合作，是大学实现服务社会功能的重要途径之一。B 大学作为隶属于市教委的外语类高校，秉承着社会服务理念，对于合作采取积极的态度。大学领导很重视这件事情，认为这是学校服务社会的重要内容，执行过程中各部门也都积极配合合作工作的开展。

2. 教育行政部门的合作意愿

长期以来，我国基础教育发展处于不均衡状态。尤其是在基础教育资源的配置方面，区域之间、城乡之间存在明显的失衡现象，严重影响了基础教育质量的提高，甚至导致教育不公平。《国家中长期教育改革和发展规划纲要（2010—2020 年)》中明确指出，"教育公平的主要责任在政府，全社会要共同促进教育公平"，"根本措施是合理配置教育资源"。因此，各级教育行政部门必须采取措施优化教育资源合理配置，实现当地基础教育均衡发展。然而在现实发展中，教育行政部门作为中小学的上级主管部门，有时候对中小学给予大量财政和政策的支持，虽然学校硬件设施改善，却仍然不能从根本上改变基础教育发展不均衡的事实。对于中小学来说，校长、教师是影响教育质量的重要因素，也是基础教育质量提升的重要资源。因此，教育行政部门促成大学与中小学合作显得尤为重要。市教委在中共市委教育工作委员会市教育委员会市人民政府教育督导室 2015 年工作要点中第 17 条明确提到，"促进义务教育均衡发展，鼓励高校创办附中附小、教研部门和社会力量支持中小学建设"，通过深度合作、共享资源，有利于为优质资源的供给打通渠道，创造条件，进而实现教育资源合理配置，基础教育均衡发展。在市教委的统筹下，市 C 区教委主动践行市教委 "高校支持附中附小建设" 项目，积极推动区域内大学与中小学合作。在市教委项目的 "每校每年 200万经费" 的基础上，区教委充分创新 "一校一策" 政策支持，通过直接拨款给区域内中小学，给予更多的经费和政策保障。由此可见，教育行政部门对于合作有较高的积极性，而且是合作关系形成的主要推动力量。

3. 中小学的合作意愿

"质量决定一切"，这个命题虽然不能说明经济与社会生活品质提高的全部机理，但是它道出了问题的核心。如果说当代社会生活的品质是在质量大堤保护下放出光彩的，那么，学校发展也是在质量的护卫下昂首前行的，没有适当的质量学校就是一具

"空壳"，一个徒有形式的空间。① 目前来看，我国基础教育不均衡的现象依然存在，一大批薄弱校的办学质量亟待提高。为了改善这种现状，中小学亟须寻求资源，支持自身发展。而大学与中小学合作则为此提供了一种新的可能，通过合作大学为中小学提供优质的师资、课程、社团等软件资源以及实验室、体育场等硬件资源，切实满足了中小学发展的实际需求。市教委实施的高校支持中小学建设项目中，明确提出合作双方要结合高校资源特色和中小学实际需求，在中小学原有隶属关系和办学性质不变的前提下，高校要实质性地参与中小学课程建设、教学改革、师资培训和特色创建等学校发展的核心业务，通过深度合作、共享资源，为增加优质资源供给打通渠道、创造条件。影响中小学教育质量的主要因素有教育投入、课程与教学、教师队伍等，而大学参与中小学建设，中小学可以从教育行政部门以及大学获得影响上述教育质量主要因素的资源，因此，中小学参与合作有利于学校教育质量的提高。与 B 大学合作的中小学"很清楚自己要得到什么，要向大学寻求怎样的帮助，要变成什么样的学校"，因此，不管从哪方面考虑，参与合作对中小学而言都是有利的。

（二）硬件资源共享

我国对高等教育进行长期、大量的投入，加之高校独特的教育地位，使得高校与其他类型和级别学校相比拥有更多优质硬件资源。高校的硬件资源既包括会议室、运动场地、教室、实验室，还包括开展教育教学活动所需要的仪器设备、体育设施等。B 大学与中小学合作以来，面向中小学开放了高校的报告厅、运动场馆、图书馆资源等硬件资源。例如，在市教委和 B 地区高校图书馆工作委员会的倡议下，B 大学图书馆资源面向中小学生开放，合作中小学可以组织学生参观 B 大学图书馆，让中小学生感受大学图书馆的文化氛围，培养学生爱读书、爱学习的习惯。"对于中小学生进入高校图书馆借阅书目，我们也在进行各方面的协调，这毕竟要涉及很多技术上的问题，但是我们也在尽快解决。"B 大学附属小学的首届外语戏剧节暨 B 大学附属学校和联盟校的英语节目展演，在 B 大学礼堂明德厅进行，该活动加强了大学与合作中小学校之间以及中小学联盟校之间的联系。

（三）课程与学科建设

在开展正式合作之前，B 大学首先对 10 所联盟校进行入校调研，然后形成调研报告，制定合作方案。通过调研发现，"B 大学和师范院校不同，我们外语院校是走特色道路的，与中小学合作是从学科入手，然后带动整体的发展。所以一定要有一个抓手，否则合作只会浮在表面，没办法深入下去，也不利于发挥大学外语学科上的优长。"

在课程建设方面，借助 B 大学优势，合作的附属小学英语教师团队与 B 大学专家共同构建了小蜜蜂特色英语课程体系。

---

① 高洪源. 学校战略管理［M］. 重庆：重庆大学出版社，2006：44.

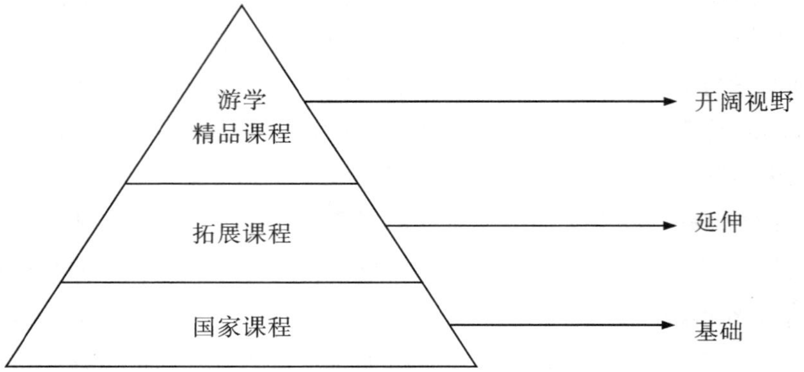

游学
精品课程 ————→ 开阔视野

拓展课程 ————→ 延伸

国家课程 ————→ 基础

图 2 - 30　小蜜蜂特色英语课程体系

如图 2 - 30 所示，小蜜蜂特色英语课程体系包括作为基础的国家课程、以社团活动作为拓宽课程和通过游学拓宽学生视野的精品课程。

表 2 - 14　B 大学附属中学专家课程示例

话题	能力目标	必学内容（输出）				拓展内容（输入）					
		词汇	语法	表达或功能	写作	阅读	试听歌曲赏析	跨学科知识	文化	经验批判与创新	支持性语言拓展
伟大的人	1. 记单词方法 2. 定义	月份、不规则动词过去式	过去时	谈论名人的生活经历	名人的传记	居里夫人传记	成长史和故居事迹分析	历史：月份起源、词根、词源	伟人所在时代的社会环境	中外名人简介分享	动词过去式、时间状语从句

在教学改革方面，中小学课堂通常存在高耗能、低效率的现象，教师处于主导地位，习惯于满堂灌，学生只是被动地接受，教学效率低，学生各方面素质薄弱。为了改变这种现象，合作之后附小在原有的"智慧课堂"特色基础之上，又明确了加强外语特色教学的目标，教师与学生建立平等对话的关系，课堂氛围充满生机活力。而且，教师的教学方式也在不断改变，大学教师走进每一位附小英语教师的课堂，记录老师的授课情况，通过分享观课议课的感受，提出课堂教学变革的意见。如图 2 - 31 所示是附属小学教师教学的基本程序。

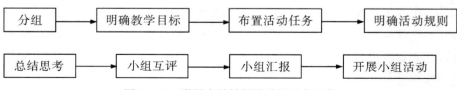

图 2 - 31　附属小学教师教学的基本程序

课程改革也离不开教材的改革，随着校本课程的深入，编订配套的校本教材必不可少。因此，在教材编订方面 B 大学附属小学多次请大学教授协助审定，并对校本课程与国家课程的衔接进行过多次探讨，编写了《中华成语故事英语绘本》，将英语学习与德育和其他学科学习结合起来。B 大学附属中学自合作以来，在大学专家的指导下，结合学生的实际英语水平，将《新概念英语》第二册作为背诵资料，《新概念英语》第三册、《书虫》系列丛书作为阅读辅助资料。

（四）教师交流培训

在教师交流培训方面，B 大学的老师会对中小学教师进行常态化培训，分为两个层面，首先是对中小学教师进行校本培训，会根据中小学教师专业、教学等方面的需求做日常的培训，比如每周对一些薄弱学校的老师做语音语调以及课堂指令等常态化的培训。然后是 B 大学跟 B 外国语大学合作，通过做英语基础教学研究的两所外国语大学的合作进行集中培训，从去年开始连续办了四期。高校之间进行合作，可以借助其他高校的资源优势，B 外国语大学有专门的外语教育研究中心，通过外语教育研究中心，联合了中心的专家以及一些特级中小学英语教师，在对合作中小学英语教师需求充分了解的基础上进行的培训。学校也希望此项集中培训会系统地一期一期做下去，最终达到常态化。表 2-15 和表 2-16 是 B 大学和中小学合作中在教师培训方面采取的一系列具体措施。

表 2-15　B 大学对 C 区小学英语教师进行测试及培训安排

时间	12 日安排	13 日安排	14 日安排
8：30—9：50	开班仪式	英语教学方法	英语课堂活动组织
10：00—11：30	TEP 中级口语测试	英文歌曲赏析	角色扮演
1：00—2：20	英语听说知识技能讲座	英文电影赏析	英文戏剧表演与组织
2：40—4：00	听说训练	论坛交流	英语活动组织

对 B 大学首批 20 名专任英语教师和 10 名小学教研组组长进行英语语音和口语的业务培训以及小学英语教学方法培训的安排如表 2-16 所示。

表 2-16　英语语音和口语的业务培训以及小学英语教学方法培训安排

日期	时间		内容	主讲人
8月18日	上午	8：30—9：00	开幕式及课程介绍	
		9：00—10：10	专题讲座1：教师培训者的核心能力与专业发展	X 老师
		10：20—11：30	专题讲座2：国家课程标准与小学英语教学的设计原则	Z 老师
		11：30—11：50	问答与交流	Z 老师、X 老师
	下午	14：00—16：00	专题讲座3及教学录像观摩（聚焦教学目标）	X 老师
		16：10—16：40	分组讨论	
		16：40—17：20	全体交流及专家点评	X 老师
		17：20—17：40	撰写反思日志	
	晚上	17：20—17：40	分组讨论：模拟教学设计	

在师资建设方面，除了充分利用 B 大学优质的教师资源，还积极借助了校外的优质资源。如邀请北京大学某商学院主要从事跨文化传播与组织传播的外教为附中附小教师进行题为"跨文化交际在英语教学中的应用"的专题讲座；邀请某出版社四名英语基础教育专家为附中附小 30 余名英语教师、B 大学英语学院和继续教育学院 10 余名英语教师、5 名联盟校的入校研究生代表举行教师培训以及小学英语教育教学相关培训。

除了上述教师培训外，还采取了以教研组活动、课题为纽带的方式培养教师专业发展。访谈对象称，B 大学老师和中小学老师结成了一对一的结对关系，互相了解上课内容，这是一直提倡的，大学老师和中小学老师的沟通交流会更频繁，除了课堂方面外，专业等其他方面的沟通也会增多，对于大学老师和中小学老师的成长都是很有好处的。B 大学附属小学借助大学的优质师资，实施读书工程和人才培养工程，其中人才培养工程包括"骨干名师工程"、"青蓝工程"和"英语品牌教师打造工程"三个子工程，通过这种对不同对象进行不同培养的多层次系统化培养工程来全面促进教师专业水平提升。

（五）学生培养

不管是大学还是中小学，培养全面发展的人一直是各级各类学校的育人目标。学生的知识水平和实践能力是学生质量的体现。

合作关系建立后，B 大学选派了多名优秀研究生和本科生进入中小学，一种是作为"班级伙伴"参与结对班级的英语教学实践，了解课堂教学实情，并与合作小学的英语教师交流研讨；另一种是大学生到附属小学担任"英语图书馆"管理教师，在英语角活动中与学生进行外语交流。同时也选派 B 大学优秀留学生协助开展社团活动，如英语歌曲社、戏剧社、新闻社和小语种社等，组织丹麦高中代表团与附中学生一起上课，参观交流。这些活动拓展了学生的国际视野，提升了学生的交流能力，丰富了学生的学习兴趣，满足了中小学生多元、全面发展的需求。

大学与中小学合作对于参与合作的大学研究生和本科生也是一个自我提升的机会。首先，进入合作中小学之前所接受的专业培训和课堂教学培训有助于专业素质提升。同时，在实际课堂教学及社团活动中，也是大学生运用所学知识的过程，锻炼课堂掌控能力的过程，更是提高组织管理等实践能力的过程，满足了高校培养全面发展的人的要求。

（六）组织机制建设

1. 设置合作执行机构

B 大学是市属院校，但不是师范院校，与基础教育的合作没有专门的机构、职能部门负责，也没有专门的学院来做。在接受市教委高校支持中小学发展项目之后，作为市属院校，首先由于学校服务社会的功能，学校领导也非常重视，因此学校专门成立了"中小学英语教育中心"作为项目执行部门。除此之外，B 大学还成立了项目领导小组、DF 片区小学英语教育联盟两个实施机构来促进高校参与中小学建设合作项目顺利进行，严格管理专项经费使用，具体成员与职能如表 2 - 17 所示。

表 2 - 17　机构设置及职能

机构名称	成员组成	机构职能
项目领导小组	组长、副组长、小组成员	①合作宏观规划指导 ②校内外部门协调联络 ③制定方案，履行合作涉及的部门工作
中小学英语教育中心	中心主任、执行副主任、办事员	①组织管理工作 ②执行落实教学教研、教师培训工作 ③开展外语交流活动，英语综合改革工作
DF 片区小学英语教育联盟	各校主管领导、英语教研组组长	①与领导小组沟通，推进小学英语教学改革 ②配合领导小组绩效督导和评估工作 ③组织开展校际交流、资源共享活动 ④组织开展对外英语教学调研和交流 ⑤开展教学竞赛和英语活动竞赛

从三个机构的成员构成及职能可以看出，在大学与中小学合作中，各机构职责分工明确，工作重点突出，三者能够从不同层面相互配合，形成上下联动，共同推进合作的进一步发展。

2. 设立理事会制度

除了设置专门组织机构外，大学与中小学合作关系的维系和发展还需要制度保障、平台搭建才能真正实现。如何使制度落到实处，B 大学、区教委以及中小学成立 B 大学及附属学校合作理事会。理事会会议每学年至少召开一次，进行学年合作工作总结。理事会的主要职能是决策，比如附中发展的五年规划、附小发展的三年规划以及大学在合作中的三年工作计划均须提交理事会进行审议。理事会主要是对合作工作作大的决策，为了能够全面掌握和了解日常合作工作，理事会设置了实行理事会例会制度。理事会秘书处设在中小学英语教育中心，主要职责为筹划理事会的召开和议事的内容等。

表 2 - 18　理事会成员设置及构成

理事会成员	成员
理事长	高校负责人、区教委负责人
执行理事长	中小学英语中心主任、附中校长、附小校长
理事会秘书长	中小学英语教育中心副主任

从理事会成员构成、理事会章程中规定的理事会职责、权利、义务以及历次理事会召开的会议内容来看，理事会的成立为合作规划、合作重点、合作目标、合作工作思路及下一步合作计划等做价值导向，也为解决合作过程中遇到的障碍提供决策支持，是保证合作关系顺畅、深入的重要保障。

合作中小学更名为"B大学附属中学"和"B大学附属小学"，并都举行揭牌仪式，学校标示如校徽、校歌、校服以及场地校舍风貌等都与大学进行统一设计。大学内部及附中附小内部实现上下联动，积极寻求合作。大学为中小学开放了图书馆、体育馆、实验室、报告厅等教育教学设施，大学派专任教师进入中小学授课，大学专家定期入校讲座，构建附中附小特色校本课程体系，定期进行教师培训等。同时为保障合作顺利开展，成立B大学、C区教委、附中附小成员构成的合作办学理事会，制定理事会章程，并成立"中小学英语教育中心"作为理事会的秘书处，主要负责合作工作的筹划开展。虽然大学与中小学在办学理念上得到统一，但是由于合作开展时间较短，合作面临重重障碍，如合作以大学资源输出为主、合作经费使用规定尚未完善、教师交流机制尚未健全、课程融合体系存在障碍等。在行政管理方面，中小学隶属于C区教委，合作内容主要围绕中小学教学质量提升展开，并不涉及行政隶属关系的变化。大学和附中、附小不存在上下级关系，附中附小也很明确这种合作与教委的直接管辖是不一样的，大学可能在层次上高一些，但是地位是一样的，没有行政权力去要求中小学干什么，所以说都是一种平等的、协商的、互利合作的关系。结合以上特征可见，B大学与中小学合作关系形式在现阶段属于协同关系形式。

三、大、中小学组织间关系的障碍

大学与中小学合作的三方组织，由于性质、地位、文化等方面存在差异，所以体现在合作关系中就是各个主体不断地碰撞与磨合。而在我国，大学与中小学合作研究已经开展多年，但是实例研究仍然相对较少，同时随着教育领域改革的不断深化，合作教育改革面临着前所未有的新问题、新情况。B大学与中小学的合作虽然取得了明显的成效，但是并不意味着合作道路是一帆风顺的。通过调研，我们了解到B大学与中小学的合作关系曾经历或正在经历着重重的障碍和考验。

（一）三方组织差异障碍

大学、教育行政部门和中小学组织性质不同，大学主要是从事教学和科研的机构，教育行政部门属于国家行政机关，中小学是教育教学机构。大学与中小学虽然隶属于教育行政部门，但是却存在着巨大的差别。这三个组织之间的差别也成为影响合作关系顺利发展、合作能否取得成效的根本性因素。例如，组织性质不同，组织职能也不同，大学的主要职能是人才培养、科学研究和社会服务；教育行政部门的主要职能是优化教育资源配置，办好让人民满意的教育；中小学的主要职能则是提高学校教育质量，促进学生发展。组织职能的差别进而影响三方合作的价值取向。大学希望通过合作将理论知识运用于实践，并在实践中进行科学研究；教育行政部门希望提升区域基础教育整体的办学水平；中小学则关注学生成绩、升学率及学校品牌建设。最终因各组织对合作"结果"与"过程"重视程度的不同而产生分歧，且无法从根本上消除差异，只能互相博弈来协调融合。

（二）大学办学条件限制

与师范院校相比，B 大学主要是以外语教学和研究为办学特色的院校，学校没有设置教师教育以及学科教学方面的专业，而且虽然有着比其他大学更大的外语优势，在外语教学方面又长期从事大学外语教学和研究，却缺少对基础教育外语教学的研究。因而，在实践合作中大学教师只能凭经验开展实践活动，未受过师范教育的本科生和研究生参与中小学教学实践的专业素养有待提高。同时，在合作规划方面，以"外语学科的发展带动学校整体办学质量的提高"这种以点带面的做法是否可以达到合作初衷还有待考究。

（三）资源融合障碍

B 大学与中小学的合作中，三方组织存在明显的资源依赖，大学要通过与中小学合作实现服务社会的功能，中小学依赖大学优质师资、学科资源来提高办学质量；大学与中小学又同时依赖教育行政部门提供的政策和经费支持，教育行政部门又希望通过大学与中小学合作实现区域教育质量水平的提升。但是，在合作实践中，三方面临着资源融合障碍，主要表现为师资融合障碍、课程资源对接障碍以及经费使用障碍。

1. 师资融合障碍

大学与中小学合作主体间关系的发展主要靠大学教师与中小学教师之间的合作来践行。首先，大学教师长期在专业领域从事科学研究，具有系统的理论框架和知识体系，对中小学的课程和学科建设有较强的引领作用。然而在深入实际教学中却面临着诸多困难，当大学教师真正进入中小学的时候，他们会感到地位很尴尬，所起的都是边边角角的作用。由于受升学压力影响，中小学教师教学压力大，所以大学教师和中小学教师在合作中找到有机融合的方式还有待探索。

其次，建立科学高效的课程教学体系，将中小学建设成优质品牌学校需要大学提供相对稳定的、能够长期参与外语基础教育研究和教学实践的教师团队。然而，由于现有政策不完善，配套政策滞后，大学教师在中小学的工作与大学教师正常的工作融合还需进一步改善。

最后，合作关系的可持续发展需要调动教师的积极性。大学教师是否愿意将深入中小学进行直接授课以及对中小学教师培训常态化，并将此作为自身专业研究旨趣？中小学教师是否愿意接受培训参与课题研究？解决大学教师和中小学教师在合作中的专业融合问题尤为重要。

2. 课程资源对接障碍

大学与中小学合作，课程资源的支持合作是主要的合作内容。在现阶段的合作工作中，B大学与合作中小学主要集中于大学教授或专任教师直接进入合作学校进行课堂授课。但这一措施也面临诸多问题，中学体系具有特殊性，面临中考高考压力，从外语教学的角度来说，按照国家的改革要求是要提升学生的运用能力而不是以应试为中心，当大学教师真正在中小学去做这件事情的时候，会发现其做法和中学原有的体制很难融合。而且，学生的课时和时间又有严格的限制，所以，大学教师进入中学之后会感觉处于边缘地带。在与小学的合作中大学在附小开设了由大学教师任教的绘本课，这门课程开设下来没有问题，但是依然觉得与小学的国家课程之间没有形成一个有机的整体，小学教师上这一块，大学教师上那一块，大学的初衷是特别希望通过大学的介入促进整个学科的发展，而不是把这一块完全交给大学教师来做，因为这毕竟是一个学科，要实现相互支撑，最终体现在学生身上是英语运用能力和水平的提升。由此可见，大学与中小学课程合作，大学并不是要主导中小学学科发展，而是希望能够和中小学原来的教学体系融合起来，实现共同发展。

3. 经费使用障碍

在B大学与中小学合作中，政府每年给予400万元的专项拨款支持，由大学支配，但是看似充足的经费背后却受到种种限制。一方面，教育行政部门要求"合理支出，保证进度"；另一方面，政府对于专项经费有使用规定。比如，大学要将经费全部用于中小学建设，而且主要用在中小学软件建设上，硬件设施如用于中小学发展的大型服务器采购就受到限制，同时，对于进入中小学授课的大学专任教师、大学生和研究生的劳务报酬等也有着严格的限制，有些真正需要解决的问题却因为经费使用的限制被搁置下来，合作经费支持明显滞后于合作工作开展的进度。受访者还称，经费只能用于附中附小发展，不能用于大学自身建设。合作经费使用的障碍会影响大学参与中小学合作的积极性，进而影响合作组织间关系的发展与维系。

四、大、中小学合作关系持续的对策建议

（一）树立共同体建设理念

共同体体现的是一种不同组织之间通过多元合作达到和谐共生的思想意识。大学与中小学合作本质上是打破三方主体差异障碍，将大学、教育行政部门和中小学置于一个平等、开放的变革框架中，三方经过冲突、调适、融合，最终实现共生共赢。一方面，树立共同体理念是三方合作达成的重要前提，影响着三方组织的合作意愿以及合作程度。教育行政部门要积极搭建合作平台，提供政策和财政支持，保障合作关系的建立、发展和持续。另一方面，树立共同体理念，淡化组织间利益冲突，是形成强大凝聚力的重要前提。树立共同体建设理念主要包括共同体办学理念建设和建设共同愿景两方面。

1. 共同体办学理念建设

办学理念体现着学校的发展定位，决定着学校的品牌和竞争力。我国公办学校主

要实行校长负责制，校长是学校发展的灵魂，校长的办学理念影响着学校办学水平。在大学与中小学合作中，统一合作办学的理念对于大学与中小学合作关系的建立、发展和持续显得尤为重要。大学领导、教育行政部门领导与中小学校长要充分认识共同体办学理念，并能够将该理念逐级下达到校内其他成员，以提高整个组织成员的共同体意识。在合作发展过程中，可以组建教师教育共同体、学术共同体、学习共同体、教研共同体等组织，通过活动将大学与中小学成员联系在一起，实现资源的整合、开发和利用。中小学校长作为重要成员参与大学会议，了解大学办学情况；教育行政部门对大学与中小学合作给予更多的宏观指导而非行政命令；中小学校长对学校的管理由权力约束转为民主管理以及对人的教育思想引领等，通过以上措施来建设共同体理念。

2. 建设共同愿景

共同愿景是整个组织中人们内心的图景，这样的图景让组织有一种共同性，它贯穿整个组织，从而在其各式各样的活动中保持一种连贯性和一致性。[①] 中小学与大学的体系有着巨大的差别，因而在合作中面临着文化冲突、理念冲突、体制冲突等问题，大学作为外在力量介入中小学发展，在合作初期将面临多重阻碍。因此，在平等、开放、包容、共生、和谐的共同体理念指导下，大学与中小学应结合各自学校特色制定合作发展特色方案，建设合作发展的共同愿景，最终淡化组织间利益冲突，形成强大凝聚力，如中小学校长、大学领导以及教育行政部门领导就合作发展的重大事项进行平等协商、决策，制定合作办学三年规划等。

（二）加强资源转化能力

资源是组织发展、提高组织竞争力的重要构成要素。大学、教育行政部门与中小学建立合作关系，三方各自能够为另一方提供自身发展所需的资源实现资源共享。但是，资源具有独特性、有限性、不稳定性，因此，合作中应该由加强资源供给转为加强资源整合和转化能力。教育行政部门履行资源供给职能，同时搭建资源共享平台，大学与中小学在资源共享的同时也应学习如何利用、整合和转化，实现自身教育资源的扩容。大学与中小学合作资源转化能力建设主要集中在课程学科资源生长和教师专业发展上。

1. 课程学科资源生长

采取以学科与课程建设为切入点是现阶段大学与中小学合作的主要形式之一。学科与课程建设的成效最终体现在学生质量的提升上。因此，设计符合学生特点及学段水平的课程体系，以及将校本课程与国家课程实现对接融合是课程与学科建设的重点。大学主要从事专业理论研究，中小学则以教学实践为主，因而要进行课程与学科建设，就需要将理论研究转化为教学实践，以教学实践充实理论研究。在师范类大学与中小

---

① 圣吉. 第五项修炼 [M]. 张成林译. 北京：中信出版社，2010.

学合作中，师范大学可以充分发挥学科专业特色和教师教育特色，将课程研究、学科建设等理论运用于教育实践，协助中小学进行课程与学科变革，实现科研资源反哺基础教育，同时一线的教育实际问题又为大学理论研究者提供研究素材或新的研究方向。将校本课程与国家课程融合起来，最终实现校本课程充实国家课程。在非师范大学与中小学合作中，大学主要以外语及其他特色专业课程为基础协助中小学开展校本课程体系建设。但是，因为在教师教育及学科、课程、教学等方面的专业与学术研究相对较少，很多合作活动的开展只能依靠已有的经验进行。从长远来看，将会影响到合作关系的深入持续发展以及合作质量的提升。基于以上情形，一方面大学应增强资源转化意识，尝试在合作中凝练出与基础教育相关的理论成果。如在英语学科建设上，合作前大学主要围绕大学专业英语研究，如果合作后能使大学在英语基础教育方面有所发展，那么对于大学而言就使自己获得了学术上的成长，学科发展、学术资源、教育领域等相对得到了扩容，这也将成为大学参与合作的真正动力。另一方面，大学与大学之间应搭建资源共享平台，各大学在专业设置、学科建设上取长补短，如师范类大学与非师范类大学合作，理工类大学与人文社科类大学合作，通过借助其他学校的学科优势来更有效地参与中小学合作。

2. 教师专业发展

大学与中小学合作是提升教师专业发展水平的过程，也是通过充分发挥教师在资源整合中的主体作用来实现资源整合与转化的过程。在大学与中小学合作中，大学教师对中小学教师进行培训、观课议课、教学指导等，有助于提高中小学教师的教育理论素养和反思能力，养成高度的自主发展意识。如通过专业知识培训，带给中小学教师最前沿的专业信息，让教师了解到教育环境的变化，促使教师积极调整和更新教学思想和教学方法，整合外部资源，进而带动课程体系和学生培养模式的改进，实现教育质量提升。对中小学教师进行教育理论的培训，有助于中小学教师站在理论的高度解决教育实际问题，使问题解决科学化。大学与中小学合作中，大学教师与中小学教师实现平等对话尤为重要。对话既是促进大学教师与中小学教师交流思想和情感的重要方式，也是形成理解性合作关系、实现文化融合的重要途径。[①] 如组成伙伴结对关系、进行教研交流等，在此过程中，大学教师与中小学教师不是"师徒关系"，而是平等的、互为师长的关系。大学教师与中小学教师在课堂掌控、教学技能、课堂指令、语音语调等方面相互学习，取长补短。对话关系形成后，大学教师与中小学教师不仅会在专业知识、专业技能提升上获益，在其他方面沟通交流的增多也有助于合作关系的持续。研究表明，当大学教师参与到基础教育的服务后，他们真切地捕捉到教育的

---

① 刘秀江，张琦. 大学与中小学合作：教师发展学校建设的现象学探析 [J]. 教育科学研究，2011（3）：16－19.

真实问题以及教师的真实需求，从而改变了自身的情感、思维方式、知识和能力结构。①

（三）建立长效政策和多维制度

大学与中小学合作关系发展，需要组织机构、制度机制和活动平台等的建构和完善才能真正得以实现。大学与中小学合作中，面对组织性质、组织层级、组织类型等的差异性，单一的制度往往难以保障合作关系的持续深入发展，因而构建多维长效的制度体系显得尤为重要。因此，大学与中小学合作的制度保障需要从以下三方面进行建设。

1. 健全组织机构

教育行政部门对于大学与中小学合作关系起着推动与维系的作用，合作关系的可持续离不开完善的三方组织机构设置。教育行政部门和大学应该成立负责大学与中小学合作的专门机构，中小学也应由校长本人全面负责转为由专门对接机构负责，提高对接效率。同时，成立由大学相关领导、区县教委相关负责人、中小学校长三方成员组成的合作办学理事会，当然也可以让更多的社会机构、属地管理部门和社区民众参与理事会。理事会主要负责制定合作协议、设计合作发展规划，包括阶段目标与长期目标、决策关系学校发展的重大事项，督导合作进程与评估合作成效。制定理事会章程，明确三方主体权、责、利关系，设置秘书处为理事会合作执行机构，全面负责部门联系、合作推进、会议筹备与召开等内容，实行理事会例会制度，定期汇报合作进展、制订下阶段合作工作计划。

2. 完善政策和经费保障机制

大学与中小学要实现长期稳定的合作，以及在学科建设、教师培训、校园建设、学生培养等方面的合作要实现全方位发展，都需要有充足的政策保障和经费支持，因此教育行政部门要充分发挥统筹作用。教育行政部门应针对合作制定相应的政策，将大学与中小学合作上升到区域教育改革战略层面，加大宣传力度，营造有利于合作的政策和舆论环境。同时要给予大学更加明确的政策优惠来提高大学的合作积极性，如解决大学教职工子女入学问题，解决专任教师工作量问题等。同时，教育行政部门还要给予中小学在教师编制、外籍教师聘请方面更多的政策支持。政策制定必须具有针对性、稳定性、现实性，否则就可能导致合作工作表面化、合作行为短期化、合作目标功利化。

在合作经费统筹方面，主要表现为：在合作经费投入上加大力度，将合作经费设置为专项经费，设置以市级财政经费投入为主导、区县教育行政部门按比例共同分担的经费投入机制。同时应加大对参与合作大学的财政投入，参照大学生投入比率给予合作中小学相应的财政经费，保障合作经费投入的长效性。

---

① 杨朝晖. 大学教师介入中小学实践的角色调适研究［M］. 重庆：重庆大学出版社，2013：182.

在合作经费管理上，需要自上而下更加科学的指导，规定经费使用原则，明确经费使用范围，如校园建设费、硬件设施设备采购费、教学科研材料费、专任教师劳务费、培训费、专家咨询费、会议费等，应有详细的使用条件和使用额度。同时要严格规定经费预算，加大教师培训、学科建设、教学教研以及文化建设等方面的经费占用比例，保障经费使用进度，提高经费使用效率。

3. 建立评价督导机制

建立评价督导机制是对大学与中小学合作成效的质量考察，一方面对合作行为、合作过程起导向作用，另一方面对合作主体、合作成员起着激励约束作用。应建立内外部相结合的评价督导机制，对大学与中小学合作工作进行全面质量评估。制定大学与中小学合作评价标准，对合作关系、教师交流、课程设置、学科建设、教材编订、学生培养、课题研究、学校办学质量等进行全面评价。根据管办评分离的原则，引入合作专项咨询评价团队。"局外人视角"有助于提升评价说服力，外部评价既可以由教育行政部门组织专家进行，也可以由合作三方委托专业性的非政府组织来实施。[①] 在教育行政部门的推动下，大学、科研院所、社会专业团队发挥专业智力优势，共同参与合作办学评价，检验合作成效。如北京市高校支持附中附小建设项目，挑选长期从事基础教育教学研究、具有教育教学研究实力和实践经验的大学专家组建专家团队，以项目组的形式参与到大学与中小学合作建设。项目组作为第三方力量参与大学与中小学合作建设，参与合作顶层设计，探索合作模式，确立合作内容；项目组内部实行例会制度，讨论工作计划，总结工作成果；实行联系人制度，内部专家团队成员作为合作学校联系人，分别负责一定数量的学校，定期进行入校深度调研，访谈三方合作成员，了解合作进展与合作困难，给予指导，并将调研问题汇总上报，研究解决方案；项目组定期召开联席会议，为大学与中小学面对面沟通搭建平台，向合作学校汇报合作进展，展示各校合作办学成果，有助于加强信息交流。同时鼓励大学和中小学教师、学生、家长、社区、教育行政部门等相关利益者进入评价主体中，由内而外全方位、科学化地反映出合作以来办学质量、学校精神文化的提升和改变程度。教育行政部门对合作成效高的合作学校给予奖励，激发合作学校的积极性和主动性，促使经验成果交流、分享、转化，对合作进展缓慢、合作效果不明显的学校给予经验支持和鼓励。

---

① 孙元涛，许建美. 大学与中小学合作研究：经验、问题与思考［J］. 教育研究与实验，2012（3）：44－49.

第七节　政府购买教育服务研究

一、政府购买教育服务实施现状

政府购买教育服务是政府购买公共服务的一种具体类型。政府购买公共服务是指将原来直接由政府提供的教育、就业、社会保障、医疗卫生、文化体育、公共安全、科技普及、环境保护、计生服务等领域的公共服务项目，通过直接拨款或公开招标方式，与有资质的社会服务组织或私营企业签订契约，最后政府根据选定者或中标者所提供服务的数量或质量，来支付服务费用。[1] 政府购买教育服务是将教育服务的"生产者"和"提供者"剥离，与教育社会组织签订契约，用公共财政向社会购买优质的教育服务。

随着市场经济的发展，现有教育资源不能满足社会公众对优质的多样化教育资源的需求。在这种背景下，政府购买教育服务显示出强大的生命力，通过社会教育服务的介入，给义务教育注入新鲜的血液，提供多元化、优质的教育内容。

（一）我国政府购买教育服务的实施现状

目前，我国政府购买的教育服务包括教育基本公共服务，如学额学位；教育管理性服务，如委托管理、校园安保、校车接送、后勤管理服务等；教育评估性服务，如教育评估、监督检查、项目评审等；教学辅助性服务，如优质在线课程、优质教材、课外体育艺术类课程及活动等；教育培训服务，如师资培训、专业技能培训等；教育技术性服务，如公共教育成果交流推广等。[2] 我国政府购买教育服务虽然起步较晚，但是发展较快，各地政府已以不同的形式开展购买教育服务。

政府购买教育服务实施以来，得到了各地政府的支持。

上海市政府向社会购买了如下服务：一是委托第三方中介组织对教育单位进行评估和分析，促进良性竞争，促进区域优质教育资源集聚；二是向民办学校购买学位；三是委托知名高校管理中学。上海市政府向教育社会组织购买教育管理服务，如上海市东沟中学向成功教育管理咨询中心购买学生管理、教师队伍建设、课程设计等方面的学校管理服务。北京市政府向教育社会组织购买中小学"课后一小时"活动，旨在提高学生的创造性，促进学生全面发展。东莞市政府为解决随迁子女的上学问题，向优质民办教育学校购买学位。宁夏政府采用发放助学券、购买学位、补贴教师工资、

---

① 贺巧知. 政府购买公共服务研究［D］. 财政部财政科学研究所，2014（4）：3－7.

② 张燕. 政府购买基础教育服务的实践困境与推进对策［J］. 中国教育学刊，2016（9）：6－10.

提供管理服务等方式向民办幼儿园购买学前教育服务，旨在解决适龄儿童"入园难"问题。

总之，政府购买教育服务虽然兴起的时间不长，但已逐渐显现出了生命力。政府购买教育服务是提高教育质量、促进教育公平的重要方式，已受到各地政府的重视。本节以 B 市政府购买中小学"课后一小时"服务为例，从购买原因、购买内容及服务提供主体等方面呈现政府购买教育服务现状。

（二）B 市政府购买中小学"课后一小时"服务实施现状

根据教育服务受众的需求不同，政府购买的教育服务也多种多样。下面以 B 市政府购买中小学"课后一小时"教育服务为例，从政府为什么购买、教育服务受众需要什么服务、市场上谁是卖方、购买服务的效果如何等几个方面呈现 B 市中小学"课后一小时"的实施现状。

1. 政府购买中小学"课后一小时"服务的原因

党的十八届三中全会指出，要使市场在资源配置中起决定性作用和更好地发挥政府作用。[①] 市场经济不仅能提供优质的服务，更能满足个性化的需求。为了减轻学生课业负担，促进学生全面发展，满足学生个性化需求，B 市政府出台了一项惠民政策，即中小学"课后一小时"活动。

（1）提供优质教育是追求的目标。

国家的发展需要大批的杰出人才，而人才的成长和培养需要优质的教育，因此任何一个国家都十分重视教育。我国政府历来重视教育发展，很多政策文件都强调了教育的重要性，强调建设教育强国是中华民族伟大复兴的基础工程，必须把教育事业放在优先位置，加快教育现代化建设，办好人民满意的教育。同时随着我国经济的迅猛发展，我国政府对教育的投入不断增加，对教师队伍建设日益重视，教育整体发展水平不断提高。我国义务教育已经全面普及，正在向普及高中阶段教育迈进；教育公平取得重要进展，教育质量稳步提升，教育综合改革全面推进，正在从"有学上"向"上好学"迈进。

同时，随着家庭经济收入的增加和经济能力的增强，家长有了更高的支付能力，对优质教育的追求也日益强烈。然而我国基础教育还存在不平衡现象，尽管政府采取了多种措施来改善薄弱学校，形成了各种各类的跨学校组织，但是目前在老百姓的心目中还存在重点学校和非重点学校之别，十几平方米的学区房能卖到几百万的天价，胡同里根本不能住人的过道甚至也要价百万，这些都从侧面反映出优质教育资源的紧缺和家长对优质教育资源的强烈需求。在这样的情形下，如何满足家长们对优质教育的需求，更成为政府关注的焦点。

① 张慧娟. 政府购买教育服务应规范化［N］. 人民政协报，2014－7－23.

（2）提供多元化的教育服务是大势所趋。

随着经济的迅猛发展，家庭收入的增多，人们逐渐认识到最好的投资就是教育，因此更愿意把钱花在孩子的教育上。开设传统课程的学校教育已经远远不能满足学生对多元化知识的渴求，B 市的大部分学生除了学校课程之外，都报了校外补习班或者兴趣班，俨然成为一种 B 市特色。由多元文化带来的多元化教育需求，也成为基础教育的一种趋势。B 市基础教育发展必须满足社会公众对优质教育资源、多元化教育的需求。政府购买中小学"课后一小时"服务正是政府顺应这种趋势的表现，把放学后的这一小时交给有经验、有资质、有资源的各类教育中介机构，提供多种多样的课程，让学生选择自己感兴趣的课程。

（3）转变政府职能是时代潮流。

购买教育服务通过将服务"生产者"从政府角色中剥离出来，使教育服务供给模式由"二元主体"转变为"三元主体"。在目前我国购买教育服务现实运作中，政府、学校及教育社会组织之间的权责划分不清是造成购买服务责任推诿及教育服务质量不高的主要根源。对此，有必要重新对政府承担的角色进行定位，提高社会公众权利意识以及提高购买价值文化，从而重新塑造政府购买教育服务中"三元主体"间可持续发展的良性关系。[1]

调查显示，从 B 市政府购买中小学"课后一小时"服务来看，此项活动实施以来受到了大多数学生和家长的欢迎，有些区县的参与度甚至达到 99.5%。研究人员针对中小学"课后一小时"的参与度做了进一步调查，发现 72.46% 的学生家长表示接触过中小学"课后一小时"活动，且还想继续参加，表明家长对中小学"课后一小时"活动的认可度较高；15.15% 的家长表示"没接触过，但如果有机会可能会参加"，而没接触的主要原因是"学校没开设该活动"；12.39% 的家长表示不支持，通过进一步研究，发现不支持的家长主要来自小学高年级及九年级。由此可见，政府购买教育服务在一定程度上确实能够满足社会公众对多元化教育的需求。

2. 中小学"课后一小时"活动

（1）"课后一小时"服务内容。

教育服务受众是购买服务中的消费主体，是实际使用和享受各项服务的社会公众。在 B 市政府购买的中小学"课后一小时"服务中，教育服务受众所得到的服务包括体育、艺术、科技相关的比赛活动，"科学家进校园"等系列活动以及各类社团活动。在购买内容上，B 市教委给予学校一定的自主权，开设以科学、体育、艺术为主的兴趣课程。因此，大部分学校的"课后一小时"活动都包含了科学、体育、艺术三大内容，但是各学校的侧重点有所不同：有的是从自己学校的教学计划出发，选择以国学为主

---

① 毛明明. 我国政府购买教育服务的社会环境评估及发展策略选择［J］. 大连干部学刊，2016（6）：34 – 38.

的兴趣活动；有的是从自身的地理优势出发，如靠近航天城的学校开展以科学为主的活动；有的学校根据自己的办学特色，开办以传统艺术为主的活动；有的学校以强身健体为办学目标，开设以体育类活动为主的"课后一小时"活动。

①购买以体育运动为主的中小学"课后一小时"活动。

A区某S小学以增强学生身体素质为目标，设置以体育活动为主的中小学"课后一小时"兴趣活动。具体内容包括如下：

a. 成立"小壮壮"训练营。通过开展趣味游戏、球类项目训练、健康知识大讲堂等生动的活动，帮助肥胖学生合理地减轻和控制体重，从而养成一个全面健康、科学运动的生活方式，最终达到远离肥胖、健康一生的目的。

b. 向SS体育运动学校购买青少年体位矫正课程。该课程是以生物力学和神经发育为基础，采用主动和被动的训练方法，通过运动调整肌肉、骨骼、关节及韧带，促进神经肌肉功能，提高肌肉的耐力和平衡功能，调整矫正身体姿态和治疗运动功能障碍。

c. 开展趣味田径游戏课程。课程以田径运动原理为基础，开设具有教育娱乐和比赛竞争功能的运动项目，以增强集体的凝聚力，提高学生的速度、力量、耐力、灵敏及身体的协调性，培养学生吃苦耐劳、勇于拼搏的精神。

d. 开设"沙盘"干预课程。通过在沙盘中建造一个模拟世界来投射内心世界，触及情感核心和集体无意识领域。通过积极想象和创造来探索思想和情绪，统合意识与无意识，转化并释放新的能量，实现人格完整，从而更加积极地生活。

e. 开设各类"棋社"课程。例如开设的国际象棋课程，是一种把战略战术和纯技术融为一体的理想游戏，是把艺术、科学、知识和灵感熔为一炉的游戏，通过攻王的战斗和战略问题的运筹，激发学生创造性灵感。各类棋社课程不仅能丰富学生的课余生活，也能开阔学生眼界、丰富知识，培养学生的想象力和独立思考的能力。

f. 组建各类精品社团，并成立校队。学校开设了乒乓球队、篮球队、少儿啦啦队、游泳队、跆拳道队、健美操队、高尔夫球队、击剑队、羽毛球队、田径队、冰球队、足球队等13个精品社团，社团的老师部分来自学校的体育老师，部分是社会上有专业特长的个人。

g. 成立教育集团健康工作室。聘请奥运冠军成立各项体育课程工作室，如聘请2016年伦敦奥运游泳冠军焦刘洋成立"游泳课程工作室"，聘请2008年北京奥运会击剑冠军成立"仲满击剑课程工作室"，聘请中国男子篮球职业联赛2011—2013赛季、2013—2014赛季总冠军闵鹿蕾成立篮球课程工作室等。

②购买以传统艺术为主的中小学"课后一小时"活动。

A区YY地区R学校中小学"课后一小时"课程主要以传统文化为主，课程极具特色，且符合学校的发展定位。在学期开始时，学校在操场设置了三个板块的展示区，分别是科技展示区、艺术展示区和体育展示区，并在不同的展示区展示相关的课程，让学生自由选择。

R 学校共开设了 60 多门兴趣课程。在体育方面开设篮球、足球、乒乓球、花式跳绳以及软式垒球等课程；在科技方面主要是与中国电力科学研究院深入合作，开设了神奇化学、趣味生物学、创意机器人、3D 创意打印机、航模以及小小创客等课程。在艺术课方面开设的课程是 R 学校最具特色的课程，主要包括以下课程内容：

a. 开设京剧课。聘请著名京剧演员杨振涛担任兴趣班老师。京剧是中国的国粹，让京剧进课堂，通过唱、说、表演来感悟京剧的艺术魅力，不仅能够培养学生对京剧的兴趣，普及京剧知识，而且能更好地传承优秀的中华文化。

b. 向社会聘请专业茶艺师开设茶艺课。中国人的饮茶习惯已有上千年的历史，是中国人日常生活不可缺少的一部分。茶艺不仅是一种文化，更是一种生活艺术、舞台艺术和人生艺术。学生在学习茶文化的过程中，了解传统文化，提升内心修养。

c. 开设衍纸艺术课。衍纸艺术又叫卷纸装饰艺术，是将一条条细长的纸条一圈圈卷起来，然后用这些"纸条"创作形状各样、美轮美奂的作品。在制作衍纸的过程中，学生不仅能培养兴趣、丰富知识，也可以学习传统文化。

d. 向社会聘请专业的相声、快板艺术家，开设相声课和快板课。相声是一种曲艺表演艺术，是国家非物质文化遗产；快板是一种独立的艺术，是相声演员必备的基本功之一。学校开设相声课和快板课，是为了让学生丰富传统文化知识，培养文化修养。

e. 开设书法课。书法是中国特有的一种传统文化及艺术，学习书法能够陶冶情操，提升修养。随着电子书信的迅速发展，需要手写的地方越来越少，以至于人们的写字能力有所退化，通过书法课的学习，学生能够练得一手好字，受益终身。

f. 开设琵琶课等古典乐器课程。琵琶是已有两千多年历史的东亚传统弹拨乐器，学校开设琵琶等传统乐器课程，是为了让有音乐特长和爱好的同学，通过专业的课程学习，提升音乐修养，培养兴趣爱好。

g. 除了传统艺术课外，学校还开设了其他类型的艺术课程，如魔术课、面点制作课。学校开设的面点课受到学生的欢迎，大多数学生表示想通过该课程的学习，亲手给父母制作食品。

针对学生对不同类型活动的参与度调查，研究人员发现 43.75% 的家长选择科学技术类活动，表明家长希望通过中小学"课后一小时"活动让学生学到知识的愿望比较强烈，对科学艺术类的活动需求较多；另外，18.75% 的家长选择舞蹈艺术类活动，12.5% 的家长选择体育活动。

当问到学校应该怎样决定所开设中小学"课后一小时"的活动内容时，56.25% 的家长认为应该"根据学生的真实需要"来开设活动；25% 的家长认为应该"由家长联合推荐，学校选择"；18.75% 的家长认为应该"由学校根据自己的情况决定"。

（2）教育服务受众对"课后一小时"活动的评价。

中小学"课后一小时"活动从 2014 年 1 月起，至今已实施了多年，从问卷调查结果来看，此项活动受到了学生和家长的欢迎。以 F 区为例，全区 85 所学校已经全面开展中小学"课后一小时"活动，参与度高达 99.5%。有家长在访谈中提到，以前 3 点放学，孩子没人看管，但是现在政府出钱开办兴趣班，既可以免费看管一个小时，还能学到知识。在调查中显示，接触过中小学"课后一小时"活动的学生都愿意继续参加。在问及让孩子参加中小学"课后一小时"活动的初衷时，80.95% 的家长表示想培养孩子的兴趣特长，有 57.14% 的家长表示是孩子喜欢，这说明家长希望通过这项活动真正培养学生的兴趣，而不仅仅是晚放学一小时。

但是有的家长也表示"这一小时的教学质量没法保证，一分价钱一分货，还是自己在外面报班学的东西多"。而这部分家长主要是高年级的家长，对于他们来说，他们更想让孩子学到对升学有利的知识。

在满意度评价上，家长对中小学"课后一小时"任课教师教学水平非常满意的有 16.28%，比较满意的有 39.53%，一般的有 37.12%，满意度达到 92.93%；在中小学"课后一小时"教学内容评价上，13.95% 的家长表示非常满意，48.84% 的家长比较满意，32.56% 的家长持一般态度，满意度达到 95.35%。在对中小学"课后一小时"所学知识的掌握程度评价上，13.95% 的家长表示很好，46.51% 的家长表示掌握得比较好，32.56% 的家长认为掌握得一般，知识掌握度达到 93.02%。由此可见，家长对于中小学"课后一小时"这项惠民政策是比较认可的。

此外，在活动内容和任课教师方面，家长也给出了他们的建议。44.19% 的家长建议学校开设的中小学"课后一小时"活动内容应该"根据学生的真实需要"，41.86% 的家长认为应当"由家长联合推荐，学校选择"，并以此对学校进行监督，为学生选择最优质的教育服务。另外，在中小学"课后一小时"的任课教师方面，46.51% 的家长认为"可以多元化地选择教师"，30.23% 的家长认为要选择"相关领域的专家"。

虽然政府购买教育服务的具体内容各不相同，但从 B 市政府购买中小学"课后一小时"服务这一实际活动中可以看到，通过向社会购买教育服务的方式在一定程度上弥补了现有教育资源的不足，提升了政府供给公共服务的效率，实现了教育服务供给模式从政府直接提供服务给社会公众的"二元主体"向"三元主体"的转变。但在对现状的梳理中发现，目前我国政府所购买教育服务尚未达到预期效果，其主要根源是政府角色定位不清、教育服务受众权利意识缺乏以及教育社会组织发育"先天不足"。[①]

3. 提供中小学"课后一小时"服务的教育社会组织

本书中提及的教育社会组织是指在政府购买教育服务中，为教育服务受众提供各类教育服务的服务承接主体，广义上包括具有官办性质的教育社会组织和民办教育社

---

① 毛明明，罗崇敏. 我国政府购买教育服务的主体关系困境及重构路径［J］. 现代教育管理，2016（6）：1 - 9.

会组织，具体包括教育社团、教育学会、教育基金会、民办学校、教育中介组织和营利性的校外教育培训组织。[①] 教育社会组织是政府购买教育服务的承接主体，购买的服务类型不同，提供服务的社会组织也不尽相同。通过阅读文献、搜集新闻资料、访谈相关专家，并对资料进行汇总分析，发现在中小学"课后一小时"活动中，学校主要是向以下主体购买教育服务：

（1）教育社会组织的教师。

①民办教育组织的教师。

民办教育组织包括以提供各类培训服务的民办培训组织、以提供教育衍生产品为经营方式的教育类公司。大多数参与中小学"课后一小时"的组织都是从事教育衍生行业的教育公司，根据公司的业务不同，它们所提供的兴趣课程也不同。

根据公司审批单位不同，参加中小学"课后一小时"的民办教育组织主要分为以下几种类型：一是由 B 市教委审批的民办学校，例如 B 市 A 区昊科学校；二是由工商行政管理局审批的教育咨询公司，如 B 艺兴文化传媒有限公司；三是由 B 市民政局审批的社会团体，如 B 市 C 区书法家协会；四是由人力资源与社会保障局审批的劳务派遣公司，如 FF 职业技能培训学校；五是由体育局审批的体育类培训公司，如 B 市 D 区博雅体育运动培训中心。

中小学"课后一小时"的兼职教师可分为以下几类：一是专门从事教育工作、具有教学经验的民办学校专职教师，年龄一般为 25～40 岁，大部分教师专业背景与所教课程并不相同，但是有丰富的教学经验；二是在校学生兼职教师，他们多为本科生，少数是大专生、研究生，除了教授舞蹈、乐器等艺术类课程的兼职教师专业对口外，其他课程的兼职教师所教课程与专业不相关；三是年龄为 30～50 岁的专业人才，如足球教练、烙画师、空竹艺人等，这些教师一般学历不高但专业技能很强。

②少年宫、科技馆等教育社会组织的教师。

向少年宫、科技馆等教育社会组织购买兴趣课程服务，是由少年宫等教育社会组织的教师担任中小学"课后一小时"兴趣课程教师。一般是由学校与少年宫等教育社会组织的教师单独签订合同，由校外教师自愿担任兴趣教师。这类教师通常专业能力强，教学经验丰富。

③校内教师。

除了向社会购买教育服务聘请校外兼职教师外，部分学校在职教师也参与"课后一小时"活动。按工作内容可分为两种，一是跟班班主任，大部分学校均规定本班班主任要全程参与兼职教师的授课活动，负责维护班级秩序和保证学生安全；二是社团类教师，大部分学校都有自己的特色社团，这些社团的活动是学校的传统特色活动，

---

① 王浦劬，萨拉蒙. 政府向社会组织购买公共服务研究：中国与全球经验分析［M］. 北京：北京大学出版社，2010：6.

社团教师一般由学校在职教师担任。

④具有专业特长的人。

调查发现，学校在科学类、体育类、文学类课程中，通常向科研院所、体育学校、校外教育机构等购买课程服务，而对于艺术类课程，则主要向具有专业特长的个人购买，如舞蹈课、京剧课、乐器课、相声课等，这些具有专业特长的兴趣课老师并不是学校的正式职工，而是只需要在中小学"课后一小时"授课的兼职教师。这些兼职艺术教师往往具有很强的专业技能，但毕竟不是专职从事教育的教师，在教学经验和教学管理能力上有些欠缺，因此需要在上岗前对其进行基础性的教学培训，以提高教学效果。

⑤志愿者。

除了向课外教育组织及具有专业特长的个人购买中小学"课后一小时"课程服务外，学校还会邀请志愿者参与中小学"课后一小时"活动。

例如，某大学附属小学依托大学资源，由大学组织相关专业的学生在附属小学实习，担任中小学"课后一小时"兼职实习教师，不仅可以为大学生提供实习经历，为以后从事教育的学生积累课堂教学经验，而且能在大学生与小学生的教学互动中，丰富小学生的课外知识。

又如，某大学从英语学院选派优秀的大学生志愿者，担任每周两次的英语听说活动课教师，大学生们寓教于乐，深受小学生们欢迎，且取得了不错的效果。

中小学"课后一小时"打破了以往仅由校内教师任课的传统，这些兴趣课教师的社会角色、专业背景各不相同，一方面给学生带来新鲜感，有助于他们接触社会，开阔视野；另一方面，由于众多校外人员进入校园存在安全隐患，给学校管理带来挑战。

在中小学"课后一小时"活动中，在校大学生是兼职教师的主力，对于在校大学生担任中小学"课后一小时"教师的情况，35.7%的家长表示支持，认为"在校大学生更贴近学生，利于学生成长"。

（2）中小学"课后一小时"中的教育社会组织。

在购买中小学"课后一小时"服务中，是由政府先按人数拨款给学校，学校面向社会招募合作伙伴，其中最重要的合作伙伴就是校外教育机构。学校的兼职教师主要由校外教育机构提供，因此校外教育组织的质量直接影响着中小学"课后一小时"服务质量。下文主要以 Y 教育机构为例进行分析。

①教育组织的背景及管理机制。

各类教育服务的公司所提供的"课后一小时"服务内容一般跟其主营业务相关。例如 Y 组织是主要以向各中小学提供校本课程研究、教研活动等服务的教育公司。据了解，该组织是第一次接触"课后一小时"项目。Y 教育组织主要为 X 小学提供语文类的相关课程，例如二年级、三年级、四年级开设硬笔书法及成语故事，五年级、六年级开设名著导读。

如何管理直接与孩子接触的兼职教师，让其发挥最大价值是教育组织的首要问题。在 Y 教育组织中，由一名教学管理经验丰富的退休校长担任教学负责人，每次课程轮流在各个校区督导，并将教学中发现的问题在教师群里反馈；另外在每个校区安排一名联系人，负责管理并统计这个校区所有教师的考勤情况。

②教育组织的管理机制。

随着新鲜感的消退，一些内容乏味、质量不高的课程必然会遭到淘汰，如何留住这些学生成了教育组织共同面临的问题。例如 Y 组织一直以来提供的是以语文类为主的课程，但是家长和学生对趣味性强的艺术课、外教课的兴趣远远大于相对枯燥的语文课。

Y 教育组织负责人称，他们聘请了一大批离退休教育骨干，他们都有管理经验，有一定的优势，但是运作一年后，组织感到师资力量是个大问题。一方面在校学生是用课余时间来上课，时间得不到保证；另一方面是重视程度不一样，有的人可能想要上好课，有的人只是来拿报酬的，不能遵守时间、教法、纪律等。还有，在教学延续性上也是个问题，兼职教师可能刚上手就因实习结束或毕业等原因离开。

另外，学校规定，若某个兴趣班的选课人数不足 10 人则该班不能开设，已报名的学生会并入其他班级。若学生流失情况严重，学校很有可能终止合作。对于舞蹈课、科技课、外教课等，选课学生人数日渐减少，这也是个大问题。

二、政府购买教育服务存在的问题及主体角色分析

购买教育社会组织服务的方式在一定程度上弥补了教育资源的不足，满足了教育服务受众对多样化教育的需求。以购买中小学"课后一小时"服务为例，对学校来说，一方面减轻了学校在职教师的负担，让其更专注专业课程的教学；另一方面提高了学校的管理水平，提升了学校的教学质量和声誉。对政府来说，加大对教育的投入不仅使学校更好地承担了应尽的责任，而且给予学校充分的自主权，促进了由"大政府"向"小政府"的转变。但是通过对现状的梳理，发现了许多不可忽视的问题。下面从购买服务中的购买主体、承接主体及消费主体，即地方政府、教育服务受众和教育社会组织这三个主体分析在购买服务中存在的问题，并运用新公共管理理论，分析这三个主体在购买服务中各自担任的角色。

（一）政府层面的问题及角色分析

1. 存在问题

（1）政策体系不完善。

2013 年，国务院办公厅发布了《关于政府向社会力量购买服务的指导意见》，对政府购买服务的购买机制、购买内容等方面做了详细的说明，要求逐步扩大在教育、就业、社保、医疗卫生、住房保障、文化体育及残疾人服务等公共服务领域购买服务的力度。2016 年，中共中央办公厅、国务院办公厅联合印发了《关于改革社会组织管

理制度促进社会组织健康有序发展的意见》，就进一步加强社会组织建设等问题提出了许多好的建议。我国开始重视政府向社会力量购买服务。然而，一些国家在"政府采购法"中包含"政府购买教育服务"的具体内容，但我国于 2003 年 1 月 1 日正式实施的《中华人民共和国政府采购法》中并没有提及"教育服务"，虽然在 2013 年出台的《国务院办公厅关于政府向社会力量购买服务的指导意见》中指出，在教育等基本公共服务领域，要逐步加大政府向社会力量购买服务的力度，但是也只是一笔带过，对教育服务的购买主体、购买对象、购买资金来源、合同管理与监督并没有做出具体的规定。《关于改革社会组织管理制度促进社会组织健康有序发展的意见》则从多个方面对社会组织给予了规范，但尚没有专门的政府购买教育服务的规定。

（2）监督评价体制不健全。

教育质量评估是对购买教育服务结果的直接反馈，决定着政策的执行以及服务的改进，在政府购买教育服务中有着举足轻重的作用。这种评估一般包括以下三个方面：一是检查教育社会组织三证、资质是否齐全，二是检查管理制度、师资力量等软件条件如何，三是通过听课、抽样、年检等手段检查教学效果如何。

据了解，校外教育督导组对 B 市 10 个区县的校外教育工作进行专项督导的次数屈指可数，可见，政府的监管力度是远远不够的。教育是公共服务，政府有不可推卸的责任，给予学校充分的自主权，并不意味着放任不管，政府要对服务质量和实施效果严格把关。同时，在资金流向上，政府要建立问责制。

其次，缺少第三方监督。政府应该积极发挥第三方监督组织的作用，尤其是作为直接受益者的社会公众，使其更具客观性和公正性。在购买中小学"课后一小时"服务中，政府监管基本缺失，从教育组织的选择到实施结果的评价均未参与其中。目前政府购买教育服务尚处于探索阶段，发展还很不完善，需要政府加强监管，让其制度化、规范化。

（3）资金投入不足。

在购买中小学"课后一小时"服务中，B 市教委在通知中规定：中小学"课后一小时"的费用由财政部按城区生均 400 元，远郊区县生均 500 元予以补贴。但是学校负责人反映经费不够用，大部分经费都给课外教育中介组织以及专业教师了，基本没有结余用于购买专业器材及修建专业教室，而且课外教育组织也经常出现发不出工资的现象，更别说额外花钱给兼职教师进行专业培训。经费的不足会使专业活动需要的器材得不到保证，也不能聘请更专业的课外教师，这使课程质量得不到保证。

2. 政府购买教育服务中的政府——责任主体

新公共管理理论兴起于 20 世纪 70 年代，旨在解决僵化、迟缓的行政管理模式，提高政府管理效率和质量，并在政府管理领域强调责任制、产出导向和绩效评估的商业管理模式。提供公共服务是政府的职责，政府购买服务是政府履行职责的方式之一。教育作为公共服务，政府具有不可推卸的责任，因此对于教育服务而言，政府不仅不能统包统揽，更不能撒手不管。

政府购买教育服务的重点不在于"购买"，而在于提供"服务"，政府购买的目的是提供优质教育服务。

（1）教育服务是公共服务。

教育服务是一种教育产品，它由教育部门和教育单位所提供。根据经济学关于产品的定义，可以将教育服务分为具有纯公共产品性质的教育服务，例如义务教育、特殊教育等非排他性教育服务；基本上具有公共产品性质的教育服务，例如具有一定排他性的高等学校、中专等；具有准公共产品性质的教育服务，指介于排他性和非排他性之间的教育服务，如子弟学校等；具有纯私人产品性质的教育服务，例如培训班、补习班之类的私人教育。[①]

由此可见，公共教育服务是由政府出资购买的、非排他性的公共产品性质的教育服务。公共服务的非排他性很容易造成人们坐享其成，即"搭便车"行为，因此需要政府颁布法律和相关制度进行约束，以此提高公共服务的供给效率。

（2）提供公共教育服务是政府的本职工作。

新公共管理理论认为，政府的主要责任和义务是为公民服务，核心工作就是把自己从管理组织转变成公共服务组织。政府肩负着公共服务的供给责任，要以民主的方式向公民提供以公共利益为主要目标的公共服务。政府对公共服务有不可推卸的责任，虽然新公共管理理论要求"引入竞争机制"，但并不意味着政府要以企业家精神为主要精神价值，政府的一切活动均以追求公民和公共服务的价值为中心。

公共服务的非排他性、非竞争性等特征决定了其必须由政府提供。例如，在义务教育阶段实施中小学"课后一小时"活动，其目的是促进学生全面发展，满足学生个性化需求，是实现素质教育的重要一环。德国和日本作为第二次世界大战中的战败国，之所以能够迅速崛起，正是由于教育造就了经济的再次腾飞。历史已向我们展现出教育的巨大力量，教育质量的好坏对国家的繁荣昌盛有着决定性的作用。因此，提供优质的教育服务是政府不可推卸的责任，同时要做好制度和法律建设，保障教育服务质量，避免"搭便车""公地灾难"等问题。[②]

（3）政府在购买服务中应当承担的责任。

首先，新公共管理理论认为政府的主要工作是"掌舵"，而不是"划桨"，政府应该从顶层设计出发，把精力集中在制度建设上，使政府从传统的"无限政府""管理政府"向"有限政府""服务政府"转变。政府购买教育服务实际上就是政府转变职能的一次伟大尝试，政府根据教育服务受众的需求，从社会上选择优质的教育资源并达成购买协议，将市场上的竞争机制引入基础教育领域。政府作为购买教育服务的主要

---

①　厉以宁. 关于教育产业化的几个问题［J］. 北京成人教育，1999（7）：6-9.

②　周翠萍. 政府购买教育服务的政策研究［M］. 上海：上海交通大学出版社，2013.

责任人，应该始终将"如何为学生提供最优质的教育服务"作为一切决策的出发点和落脚点。

其次，新公共管理理论认为评价政府工作应该按投入效果的好坏，而不是按投入款项的多少。因此，政府应该对所购买的教育服务建立明确的绩效标准和正确的绩效评估方法，包括明确界定政府各部门的公共事务及工作目标，建立各部门的考核指标及有效的监督手段。①

政府购买教育服务，从经济学上来说是学校"用别人的钱给自己买东西"，"用别人的钱"远比"用自己的钱"的责任心要差，而作为出资方，必须要进行监督才能保证钱花得值。总之，政府应该从顶层设计出发，完善法律体系，完善购买教育服务的各项管理规定和制度，引入第三方监督组织，既让政府从烦琐的事务中解脱出来，又能够全面把握购买服务的实施质量，为购买教育服务可持续、健康发展保驾护航。

（二）服务受众层面的问题及角色分析

1. 存在问题

（1）教育服务受众内部管理不完善。

政府购买教育服务对我国来说是个新兴事物，这种新兴事物必然会带来各种新情况和新问题。在购买教育服务中，大多数教育服务受众都存在以下两方面的问题：一方面内部管理缺乏制度化、规范化；另一方面，他们对购买服务的认识不足，存在价值抵触。

以中小学"课后一小时"为例，在学校内部管理上大致存在以下几方面的问题：一是档案材料不够完整，例如 D 区 34.2% 的学校资料欠缺较多，15.8% 的学校档案分类不清楚；二是活动时间不足，例如，D 区有 18.4% 的学校每次课外活动不足一小时；三是账目及票据管理不规范，例如，D 区 10.8% 的学校缺少关于辅导教师、课时费、劳务标准等支出明细，且 13.5% 的学校存在项目发票复印件存档不及时的现象；四是宣传工作重视不足，例如，D 区 15.6% 的学校对实施中小学"课后一小时"计划工作的宣传意识不足；五是缺少中小学"课后一小时"专职管理人员，大部分学校没有成立专项工作小组，管理具有随机性和临时性；六是增加校内教师工作量，学校规定班主任全程跟班，增加教师工作量，日常教学质量受到影响。

（2）对教育社会组织的管理不规范。

在政府购买教育服务中，政府、教育服务受众、教育社会组织三个主体之间的理想关系是地位平等。但是我国的教育供给长期由政府提供，这种政府独揽一切的管理方式使教育服务受众一直处于被动地位，长此以往使得他们权利意识丧失，因此在面对教育社会组织时"不想管、不敢管、管不了"。

例如在 B 市 D 区中小学"课后一小时"活动中，参与活动的教师总数为 2794 人，

---

① 江野军. 基于新公共管理理论的义务教育发展研究［D］. 天津：天津大学，2004.

其中外聘教师共有 1478 人，占比高达 52.9%。但是据 B 市 D 区专项督导小组调查发现，有 40.4% 的学校对外聘教师的管理与评价工作不细致、不规范。学校和教育社会组织之间的矛盾主要集中在对外聘教师的培训与考核上，一些学校领导认为外聘教师的培训和考核是教育社会组织的责任，但是教育社会组织认为这是学校的事情，责任归属不清导致外聘教师的培训与考核制度欠缺，直接影响活动的教学质量。

在中小学"课后一小时"活动中，兼职教师的教学质量和流动性不容忽视。据了解，教育社会组织的兼职教师很大一部分来自高校的在校大学生，有些大学生专业能力差、责任心不强，流动性还很大。一些兼职教师反映他们只会花 1~2 个小时准备教学内容，这对于一节 1.5 小时的课程来说是远远不够的。同时，调查发现，这些兼职教师的任课时间大多数是一个学期，最多也不超过一个学年，期间找人代课的情况也很常见。

（3）购买服务内容不科学。

教育服务受众在购买教育服务中的参与不足导致政府为其所购买的教育服务不能满足他们的意愿和诉求。以购买中小学"课后一小时"服务为例，兴趣活动的设置有很大的随意性和不连续性。中小学"课后一小时"的目的是促进学生全面发展，满足个性化需求，从而实现素质教育，其所开设的课程以艺术、体育及科技三大类的兴趣活动为主。据调查，艺术类活动约占总数的 45%，体育类活动约占总数的 38%，科技类活动约占总数的 17%。

在课程管理上，大部分学校规定如果选课人数达不到 10 人，则取消兴趣班。学生由于自己所喜爱的课程被取消而被迫并入其他兴趣班。这实际上违背了连续性的学习规律，同时也没有完全实现提供个性化教育的初衷。

兴趣爱好是一个长期的培养过程，但是中小学生的兴趣学习具有很大的随意性，因此间断性的课程设置并不符合学生学习规律。研究人员对参加中小学"课后一小时"活动的 15 名小学生进行访谈，当问及"为什么喜欢上这门课"时，大部分学生均提到授课教师"温柔""有耐心""好说话""关注自己"等。由此可见，学生选择一门课程很大程度上是基于对这门课的任课教师的喜爱。

（4）校际购买服务不均衡。

政府购买教育服务的初衷是通过引入社会组织增加教育资源，满足需求的同时促进教育公平。但是在购买服务实施过程中，校际购买服务不均衡会带来新的不公平。以 B 市中小学"课后一小时"服务为例，有的学校开设了 20 多门兴趣课，学生参与度很高，有的学校则表现得差强人意。某校长表示，该校的学生参与度不高，学校只开设了三门兴趣课，而这三门课程主要是面向低年级学生开设，因为高年级的学生一般都会参加托管班或培训班。该校长反映，学校自己的校本课程、特色课程已经能够满足学生的多元化需求，而且学校的老师、学生上了一天的正规课程后，都已经很疲惫了，并不愿意再多上一个小时，而且中小学"课后一小时"多是向社会教育组织购买的课程，这些教育社会组织的教学质量得不到保障，兼职教师也都是临时人员，教学连续性不强。

2. 政府购买教育服务中的教育服务受众——权利主体角色分析

教育服务受众是购买服务中的消费主体，也是权利主体，追求优质的教育服务是其最根本的利益诉求。中小学自主权包括办学自主权、教学自主权和学习自主权。办学自主权主要包括自主招生权、自主规划学校发展权、自主使用经费权、自主聘任教师等权利。教学自主权主要包括自主管理与评价学生权、学科研究权、教师进修培训权等。学习自主权主要包括自主选择学习内容权、自主选择学习方式及学习时间权等。[①] 在政府购买中小学"课后一小时"服务中涉及的学校自主权包括自主规划学校发展方向、自主选择中小学"课后一小时"开展的活动及课程、自主使用中小学"课后一小时"活动经费、自主选择与学校合作的社会组织、自主管理与评价学生权等权利。

（1）强调"职业化管理"。

在传统的科层制组织结构中，中央高度集权，往往是由上级发号施令，经过层层传达到下级执行，一线人员并没有自行解决问题的权利。这种体制难以适应不断变化的外部环境。新公共管理理论认为，分权或授权的组织结构相比集权组织具有更高的灵活性，面对新情况时能快速地作出反应，同时具有更高的效率性及创新性。

新公共管理理论认为要让管理者来管理。例如，在购买服务中，给予学校充分的自主权，使其具有"更高的士气、更强的责任感、更高的生产率"。学校作为一线教育单位，校长作为懂得管理的教育专家，最清楚自己学校的教育现状，也最明白自己需要什么样的教育服务。例如，在中小学"课后一小时"活动中，让学校能自主选择活动内容及形式，自由分配专项经费，以及自主选择与之合作的社会组织。

（2）引入私营部门的管理方式。

新公共管理理论认为，公共管理部门要运用私营部门的管理方式，强调人力资源管理、全面质量管理及成本效率分析。在激励方式上，应用全面的货币化激励代替传统的道德、精神、地位和货币等因素混合的激励方式；在高级雇员的雇用上，应实施有限任期的契约制代替传统的职位保障制。[②]

在传统的"二元主体"结构下，学校的管理模式相对单一，只需要学校服从政府的管理。向政府、学校和社会组织"三元主体"结构转变后，学校面对的不仅是政府组织，更是市场上的社会组织，能否管理好与社会组织的合作，将直接决定购买教育质量的优劣。因此，学校在与社会组织合作中，要改变传统的公共管理模式，同时要充分引入市场的管理方式对合作组织进行管理。采取优胜劣汰的市场法则，选取最优

① 阚仁建. 当前我国政校关系下中小学自主权研究 ［D］. 上海：华东师范大学，2012：13 – 18.
② 李鹏. 新公共管理及应用 ［M］. 北京：社会科学文献出版社，2004：157 – 163.

秀的合作伙伴，在绩效评估方面要结合效率成本效益、顾客满意度、投入产出比、服务质量等多方面对社会组织的服务效果进行评估。

（3）强调"顾客至上"。

在传统的行政管理中，政府包揽一切，主权意识的丧失导致个人、家庭和社会团体的积极性、主动性和创造性被抹杀。在这种管理模式下，消费者的真正需求被忽视，政府提供整齐划一的公共服务。这些服务对消费者来说需求程度低或者根本不需要，因而忽视了公共服务多样化的管理模式，扭曲了市场法则，使公共服务高投入低产出，浪费了社会资源。新公共管理理论认为，要在政府管理中引入市场机制、公民参与管理等措施，以公民（顾客）为中心，满足其不同的服务需求，让社会公众自由选择满意的服务。①

教育服务受众作为购买教育服务中的顾客，是购买权利的享有者和合法地位的拥有者。这种权力意识的缺乏源于政府长期对教育的统一管理。在与政府的关系中，教育服务受众处于被支配地位，没有充分的自主权，从而导致"服务受众在参与政府购买教育服务活动中的主体意识不强"。②

（三）教育社会组织层面的问题及角色分析

1. 存在问题

（1）教育社会组织发育"先天不足"。

教育社会组织是一个新兴组织，同时，教育服务市场是一个不完善的新兴市场。市场上的教育社会组织不具备一定的规模，因此在交换行为中的公平、公正难以得到保证。不仅如此，我国政府购买教育服务中的购买主体和承接主体存在主从关系。一方面一些教育社会组织是从政府部门中分离出去的，另一方面一些教育社会组织中的管理者大部分是政府部门的退休人员，这些天然优势让他们更容易拿到政府的项目。这种关系就像商业中的"关联交易"，虽然能够满足服务受众的基本要求，但是"其本身所有的咨询、调节、评估、监督、考评等服务功能并未完全体现出来"。例如，有学者在对上海市浦东新区幼儿园、小学、初中和高中基础教育各个学段的政府购买教育服务研究中发现，"大多数购买服务都属于非竞争性的购买，只有少部分采用了竞争性购买模式"，如表2－19所示。③

① 江野军. 基于新公共管理理论的义务教育发展研究 [D]. 天津：天津大学，2004.
② 毛明明，罗崇敏. 我国政府购买教育服务的主体关系困境及重构路径 [J]. 现代教育管理，2016（6）：1－9.
③ 周翠萍. 政府购买教育服务的政策研究 [M]. 上海：上海交通大学出版社，2013.

表2-19 上海市浦东新区政府购买教育服务的购买模式

购买类型	购买模式	案例
购买学校管理服务	独立关系非竞争模式	委托管理东沟中学
购买教育评估服务	从依赖关系非竞争模式走向独立关系非竞争模式	委托浦发教育评估中心对民办学校进行评估等
购买培训服务	独立关系非竞争模式	委托万善正教育工作室为农民工子女学校组织教研联合师资培训
购买项目研究等服务	依赖关系竞争模式	新区政府"教育内涵发展项目"的购买教育服务
购买学位	独立关系非竞争模式	政府向民办学校购买农民工子女的学位

因此，政府购买教育服务的市场是一个不完善且相对保守的市场，这些因素使得教育服务的提供方即教育社会组织发展缓慢，且自身竞争能力不强。

（2）教育服务受众对社会教育组织的"价值抵触"。

商业合作要建立在买卖双方互相信任的基础之上，但是从当前的政府购买教育服务特别是购买学校管理服务来看，在教育社会组织完全被教育服务受众认同之前被视为外来"入侵者"，虽然表面上是引入了社会组织，实际上还是学校在用老方法管理自己。这种怀疑不信任的合作态度最终会导致购买教育服务的预期目标和实际效果相背离。

2. 政府购买教育服务中的教育社会组织——服务主体角色

本研究中的教育社会组织具体包括教育社团、教育学会、教育基金会、民办学校、教育中介组织和营利性的校外教育培训组织。各类教育社会组织提供的服务虽不尽相同，但作为政府购买教育服务中的服务主体，从其作用上来看，既承接着教育行政组织让渡出来的部分职能，也通过向市场和社会放权促进政府职能转变。

（1）教育社会组织有助于转变政府职能。

在传统的行政管理中，政府被认为是克服市场失灵、弥补市场缺陷的唯一主体。但是政府这只"看得见的手"并没有像人们所期待的那样发挥效力，因此主张用市场的力量来改造政府的新公共管理理论应运而生。新公共管理理论呼吁在公共管理部门中引入公共企业的私有化、公共项目招标以及合同承包等市场机制。在政府购买教育服务中，教育社会组织有助于政府职能的转变。

首先，教育社会组织的存在为转变教育行政职能提供了保障。随着教育行政职能变革的深入，一部分原有职能被剥离，只有当社会中有能够承接这部分被剥离出来的组织时，教育行政职能变革才能顺利完成。

其次，在政府购买教育服务中，教育社会组织作为购买服务中的服务主体，承担着沟通、协调、监督和评价各个主体的作用。例如，教育社会组织中的教育社团、教育学会、教育基金会等组织的主要职责是从事社会性、事务性和公益性的社会工作，而这部分工作原本由政府承担。这在一定程度上降低了政府维持教育秩序的成本。

（2）教育社会组织需要良好的竞争环境。

我国教育社会组织起步晚、发展慢且规模小、数量少，同时面临着政府在选择服务承接主体时对具有公立性质的教育社会组织的倾斜，教育受众对教育社会组织存在"价值抵触"，这些市场不利条件，使得教育社会组织很难发展壮大。在产品交换中，教育中介组织作为产品交换方，如果市场上的数量过少，就很难保证交换行为的公平、公正，更难保证所购买的教育服务的质量。[1] 因此，教育社会组织要想在政府购买教育与服务中分得一杯羹，不仅要提升自身服务质量，还需要一个良好的竞争环境为其健康发展作支撑。

（四）政府购买教育服务的建议

在对政府购买教育服务现状以及问题分析的基础上，我们认为，要使社会公众享受到优质的教育服务，可从以下几方面着手。

1．政府方面：转变政府职能，完善政策体系

（1）转变政府职能，完善法律政策体系。

首先，转变政府职能，做"掌舵人"而非"划桨人"。通过政府购买教育服务，学校被授予了充分的自主权，打破政府包揽一切的传统，服务受众成为购买服务中的权利主体，责任意识有了提高。在加大财政投入的同时，有关部门要严格根据教育服务受众的需求来购买服务，防止所购买的教育服务与需求不匹配。其次，以健全的制度保证政府购买教育服务的可持续性投入。

完善政府购买教育服务的法律体系，为其可持续发展提供良好的制度环境。各地政府应明确教育社会组织参与购买服务的准入条件，不断完善购买清单、评估标准、招投标机制、购买方式、主体之间的责任分工、工作手册及合同文本，规范从服务购买到实施整个过程的标准化流程管理，为可持续发展的政府购买教育服务提供长效机制和政策依据。

（2）建立科学的绩效考核制度。

政府购买教育服务的绩效考核包括以下三个方面：

一是对购买主体（政府）的考核，包括政府资源效率、项目监管效率及社会效益三个指标。其中政府资源效率中最主要的是财政资金的效率，绩效预算是公共财政管理上的理想方式。绩效预算要求政府的每笔支出必须符合业绩指标、业绩预算和绩效考核三个要素的要求。绩效预算有助于克服政府购买服务中的官僚主义，从而建立一

---

① 雷淑贤. 我国政府购买学前教育服务的现状研究 [D]. 南京：南京师范大学，2013.

个务实、高效、廉洁的政府。

二是对教育服务的消费主体（服务受众）进行考核评价，可分为教育服务受众的覆盖率和满意度两个考核维度。

三是对服务承接主体（社会教育组织）的绩效考核，在对教育社会组织的考核中，可建立教育服务的质量、数量、成本、适宜性等方面的考核机制。政府是购买服务中的监督主体，对教育社会组织的绩效考核负主要责任，但同时应该引入社会公众和媒体监督，形成有效的第三方监督机制，防止出现新的设租、寻租和腐败行为。

（3）健全购买教育服务选择机制，保障教育社会组织健康发展。

严格管控购买的教育服务质量。政府作为购买服务的主体，有权利了解教育社会组织在生产和提供教育服务中是否达到了预期效果。当购买效果与目标偏离时，政府有权要求教育社会组织进行整改，如果造成购买成效低下或者其他后果时，政府可以终止合作。为提升教育服务质量，政府可对教育社会组织所提供的服务进行绩效考评并进行相应的信用记录。①

建立政府购买教育服务信息平台，公平、公正、公开地发布购买信息。在选择教育服务承接主体时，尽量运用公开招标的竞争机制，逐渐将具有官办性质的教育社会组织和民办社会组织纳入同等的选择体系。由此一来，一方面能降低对官办性质教育社会组织的依赖性，另一方面也能促进教育承接主体的健康发展。

（4）保障资金投入，规范财政管理。

政府对满足社会公众的教育需求有义不容辞的责任。但要确保购买到优质的教育资源，就必须要有充足的资金来源，一方面需要政府加大资金投入，另一方面也可以对社会企业给予一定的税收优惠，以鼓励社会资金投入公共教育。

随着政府购买教育服务投入的增加，中央及各地方政府应规范购买教育服务专项资金的管理，制定购买服务年度计划。同时，审计部门、财政部门等应加大对购买教育服务专项资金的检查力度，确保资金的安全使用和高效运行。

2. 教育服务受众方面：提升权力意识，健全学校管理体系

教育服务受众是政府购买教育服务的消费主体，是教育服务的享有者和法定的拥有者。针对在购买教育服务中教育服务受众权利意识薄弱、内部管理不规范、购买内容不科学等问题，我们建议如下：

（1）提升教育服务受众的权利意识。

教育服务受众应打破以往在购买教育服务中的被动地位，要以教育服务共同生产者的主体意识主动、积极地参与购买服务的各项事务。政府是购买服务的责任主体，是服务质量的主要监管者，但教育服务受众有权了解教育社会组织的资质，并参与教育社会组织的选择及生产和提供服务的过程。

---

① 毛明明，罗崇敏. 我国政府购买教育服务的主体关系困境及重构路径［J］. 现代教育管理，2016（6）：1-9.

例如，教育服务受众在政府制定购买教育服务相关法律法规的过程中，有权提出符合自身利益的合理建议，有权要求政府为其购买自身真正需要的教育服务，并积极向政府反馈所购买的教育服务的使用效果。当教育社会组织所提供的服务质量与购买目标不一致造成服务受众利益受损时，受众有权要求教育承接主体做出相应的调整；当教育社会组织违背自身职责造成重大责任事故时，受众有权要求政府终止与教育社会组织的合作并给予补偿。

（2）树立教育服务受众的责任意识。

教育服务受众在长期的政府关系中处于被动地位，这种被动地位使其缺乏责任意识，认为政府购买教育服务只是政府的事，与自己无关。因此，在政府购买教育服务实践活动中，教育服务受众不仅应当自觉遵守和执行政府发布的与购买活动相关的管理规定，约束自身行为。同时，作为购买服务中的消费主体，应加强对政府和教育社会组织的监督，保障购买服务的顺利开展。

（3）规范对教育社会组织的管理。

随着政府购买教育服务规模的扩大，购买服务供给模式由"二元主体"向"三元主体"转变，原有的学校管理机制不能应对教育社会组织的管理工作。因此，学校应安排专职人员负责购买教育服务的管理工作，包括选择购买内容、联络政府及教育社会组织、教育服务评审及管理等。聘任有经验的专业管理人员负责采购及管理任务不仅能够帮助学校快速选择，更有利于后期管理。同时，为保证服务质量，可对多次违反学校管理规定的教育社会组织实行约谈，约谈超过一定次数后可直接终止合作。

在对教育社会组织的管理中，要遵循市场规律。我国教育服务受众独立性不强，导致教育服务供给模式由"二元主体"向"三元主体"转变的过程中，长期依赖政府教育服务不能适时转变，还用老一套的管理风格来与教育社会组织合作，这必然会影响所购买的教育服务质量。教育服务受众作为消费主体，有权利要求教育社会组织提供优质的教育服务。例如，在购买中小学"课后一小时"服务中，针对兼职教师课堂管理技能缺失的情况，学校有权要求社会教育组织对兼职教师进行培训。

3. 教育社会组织方面：提升服务水平，构建良好的竞争环境

教育市场是购买教育服务的承接主体，完善的教育服务市场是优质教育的保障。

（1）增加教育社会组织数量。

生产、消费及交换是一个完善市场必备的三个要素。然而，我国政府购买教育服务是个新兴事物，教育社会组织的数量少、规模小，且多数具有政府依赖性，因此政府的可选择性较小，这在一定程度上也影响了服务供给的质量。政府购买教育服务若想健康长久地发展，必须要扩大社会教育组织的规模，建立良好的自由竞争环境，增大政府的可选择性，这样才能在优胜劣汰的环境中选择最优服务。

（2）提升教育社会组织自身竞争力。

重视教育服务质量。在政府购买教育服务的行为中，教育社会组织作为服务供给

方，处于被动地位，以中小学"课后一小时"服务为例，规模较小的 Y 教育机构基本没有话语权。因此，社会教育组织更应该扩大自身规模，形成规模效应，提升自己的竞争力。

加强人才队伍建设，提高组织的管理能力、教学能力及服务能力，特别是要提高加强教师队伍建设。如果教育社会组织想要持续地为学校提供课程服务，必须要有稳定的、专业的师资力量。在中小学"课后一小时"服务中，聘任了很多在校大学生担任兼职教师，在校大学生虽然能给学校带来新鲜气息，与学生成为朋友，但是要想长久发展必须得靠专业能力留住学生，留住学校。

（3）降低社会教育组织依赖性。

开放性、竞争性、自由性和平等性是市场经济固有的一般属性。自由和平等是市场经济的交易原则，市场经济要求每一个进入市场交易的人，必须有独立自由的人格和平等的政治法律地位。我国教育社会组织存在着独立性不强的"先天不足"，这使教育服务承接主体在购买活动中缺乏话语权，自身的发展也受到限制。因此，应打破教育社会组织特别是具有公立性质的教育社会组织依附于政府的现状，只有这样才能促进教育社会组织健康发育和发展，从而在购买教育服务中体现出其本身所特有的咨询、调节、评估、监督、考评等服务功能。

第八节　家校合作的新思路

一、家校合作现状分析

（一）家校合作的组织形式

1. 家委会现状

自 1985 年《中共中央关于教育体制改革的决定》颁布后，我国教育管理体制改革不断深入，2010 年教育规划纲要再次发力，提出要"促进管办评分离"。《国家中长期教育改革和发展规划纲要（2010—2020 年）》明确要求"建立中小学家长委员会"以推进现代学校制度建设。2010 年 7 月 13 日，全国教育工作会议上的《强国必强教　强国先强教》的报告中也指出："中小学还要建立家长委员会，不断完善学校科学民主决策和评价机制。"

某评论员指出："管办评分离，说到底，就是要尊重人民群众在教育中的主体地位，将人民群众对教育的决策权、管理权、监督权和评价权真正还给人民。在这里，人民群众参与教育评价的方式是多种多样的，既包括公民个人参与评价，也包括专业团体参与评价；既包括人民群众对政府的教育满意度评价，也包括人民群众对各级各类学校教育的评价。"[1] 家长群体对于学校的评价和监管拥有发言权，推动家长有效参与，才能真正汇集各方资源，形成育人合力。

家委会的全称是家长委员会，是由家长代表成立的组织，代表全体家长参与学校民主管理，支持并监督学校做好教育工作，是学校与学生、家长之间沟通的桥梁。家长委员会作为一个与学校教育机构相对独立、相互制约、相互促进的组织，有利于形成家校合力，为学生的健康成长创造有利的条件。

本节针对 C 市 F 区、C 区、H 区、D 区等城区的家委会建设和活动情况进行了问卷调查和访谈。从 2014 年 11 月到 2015 年 2 月针对学生家长，共发放纸质问卷 1500 份，有效回收问卷为 F 区 261 份、C 区 243 份、D 区 314 份、H 区 358 份；从 2014 年 12 月到 2015 年 1 月进行访谈，访谈对象来自 H 区某案例学校，针对领导访谈 2 人，针对家长群体访谈 20 人，针对教师群体访谈 20 人，针对学生群体访谈 20 人。

表 2-20　访谈对象样本特征

受访对象	数量	单位
家长群体 1	共 20 位家长（集体访谈）	C 市 H 区 CW 小学
家长群体 2	共 20 位家长（集体访谈）	C 市 C 区、F 区、H 区、D 区家长
教师群体 1	共 20 位教师（集体访谈）	C 市 H 区 CW 小学，F 区 YC 小学，C 区 BJZ 小学
教师 1	校长，43 岁	H 区 CW 小学
教师 2	主任，37 岁	H 区 CW 小学
教师 3	赵老师，46 岁	H 区 CW 小学
教师 4	王老师，30 岁	H 区 CX 小学
教师 5	张老师，28 岁	H 区 CW 小学
教师 6	马老师，33 岁	H 区 CW 小学
教师 7	张老师，30 岁	H 区 CW 小学
家长 1	大学毕业，现全职在家	H 区 CW 小学
家长 2	研究生学历，现就职于 A 银行	H 区 CX 小学
家长 3	本科，现就职于 B 银行	H 区 CW 小学
家长 4	本科，现全职在家	H 区 CW 小学
家长 5	本科，现全职在家	H 区 CW 小学
家长 6	本科，现为 IT 工作者	H 区 CW 小学
学生群体 1	在校 3~4 年级学生	H 区 CW 小学

① 张志勇. 管办评分离是建立现代教育治理体系的关键［J］. 人民教育，2014（3）：1.

在调查问卷中，针对家委会的建设情况有如下问题："您的孩子所在的学校有家委会吗？""您认为目前家委会活动的效果如何？"从调查问卷的回答中可以看出，目前家委会的建设情况和活动情况，如表 2-21 和表 2-22 所示。

表 2-21　家委会调查问卷统计结果

单位:%

调查内容	D 区	H 区	F 区	C 区
认为学校有家委会的家长比例	77.07	48.32	59.39	51.03

表 2-22　家委会活动效果统计结果

单位:%

调查内容	D 区	H 区	F 区	C 区
家委会活动效果很好	42.98	30.06	33.55	29.03
家委会活动效果一般	40.08	45.09	48.39	49.19
家委会活动意义不大	11.57	18.50	10.32	14.52
家委会活动没有意义	5.37	6.36	7.74	7.26

通过调查发现，虽然 D 区、H 区、F 区、C 区每个区的学校都建立了家委会，但是家长对家委会的了解程度不一样，D 区家长对家委会的了解比较多，有较高比例的受访家长群体知道家委会的存在。H 区家长了解家委会的比例则比较少。从家委会的活动效果来看，学校采取了多样的形式开展家委会的活动，但是各区家长对于活动效果的评价却不一样。

为了更好地了解家委会的活动情况，研究人员针对 H 区某学校的 20 名家长进行了访谈。从访谈中发现在同一所学校中，13 名家长知道学校存在家委会，7 名家长并不知道。但是在这 13 名家长中，只有 2 人知道并参与过学校家委会的活动，其他 11 名家长并不知道家委会存在的意义。

通过访谈和问卷调查，我们发现目前学校的家委会都是由各班班委会成员推选出，班委会经常可以参与或者组织班级活动，各班在班委会中推选出家长，在学校中担任家委会职务。当学校有一些改变或者决策需要家长参与的时候，家委会的这几名成员就有了举手表决权，代表家长群体对学校提出建议或者参与决策。

在对于家委会的建议和改进的意见上，17 位家长都提到了希望可以真正参与学校的决策中，对于学校日常事务性工作、课程理念、作息时间、教师评价等方面都可以提出建设性意见。两位家长对现在家委会的状况满意，但其中一位家长认为："现在所有的家委会都只是流于形式，把家长当作志愿者劳动力，对今后的家委会不抱有希望"。

2. 家长学校现状

随着社会和时代的进步，家长对教育意义的理解和认识更加深刻，在孩子的教育问题上所遇到的情况也更加复杂、多元化，这是每一位家长所共识的问题。很多家长在与班主任、学校主管领导的交流中都表现出对这一问题的困扰和担忧，也表露出很深的焦虑和渴望。

只有学校和家长的力量有机结合在一起，才能集中教育力量，在实现这一目标的过程中，要使每个成员获得安全感、自尊感、自信感和力量感①。家长群体作为学校发展的成员群体之一，有了归属感和精神寄托，才会对学校产生信任，这样学校和家长的关系可以更加紧密。因此，为了让学生、家长、学校都切实地参与进来，很多学校成立了家长学校。

在调查问卷中，针对家长学校的现状有如下问题："您的孩子所在的学校开设了家长学校吗？""家长学校多长时间活动一次呢？""家长学校对您有帮助吗？""您愿意共享自己成功教育孩子的经验吗？""家长学校经常采用哪种方式进行活动呢？"从问卷的数据分析中，可以明显地看到家长学校的现状，如表2-23所示。

表2-23 家长学校调查问卷统计结果

单位:%

调查内容		D区	H区	F区	C区
是否开设了家长学校	有家长学校	48.59	36.87	56.70	52.26
活动频率	每月活动一次	12.21	18.94	18.24	12.60
	每学期一次	34.88	31.82	45.95	48.82
	每学年一次	39.53	35.61	27.03	34.65
	从不活动	13.37	13.64	8.78	3.94
效果	很好	50.58	46.97	44.59	47.24
	一般	32.56	35.61	37.16	36.22
	意义不大	10.47	13.64	11.49	11.02
	没有意义	6.40	3.79	6.76	5.51
家长分享成功经验的意愿	非常愿意	43.60	41.67	54.73	48.03
	愿意	50.58	51.52	35.14	40.16
	一般	5.81	5.30	10.14	7.87
	不愿意	0	1.52	0	3.94
活动方式	请专家为家长关心的问题进行讲座	65.70	56.06	62.16	60.63
	家长们在一起进行交流	18.02	20.45	20.27	18.11
	学校定期为家长们推荐教育类文章	10.47	16.67	12.84	14.96
	学校会"一对一"帮助家长解决问题	5.81	6.82	4.73	6.30

① 傅树京. 教育管理学导论［M］. 北京：原子能出版社，2007：112.

根据统计结果可以看出，家长学校在 D 区、H 区、F 区、C 区这四个区县中的普及程度并不高，为数不多的家长学校也多数一学期只有一次活动，所以即使家长们在活动中有所收获，但是并没有从实质上解决家长教育孩子的问题，几乎所有家长都愿意分享自己的成功教育经验。

通过对一位校长的访谈（教师1），研究人员发现家长学校在组织和策划活动的时候首先要考虑家长的需求。校长介绍说："家长学校为了保证培训活动的有效性，要丰富培训内容和活动形式，但又不希望搞大杂烩式的活动，所以在每次活动前都需要征求了解家长的需求。"家长可挑选自己感兴趣的内容来参加活动，这样就能使家长在有限的时间里获得最有价值的东西，例如，如何提高学生有效学习的能力，如何管理孩子的情绪，如何与孩子进行沟通交流等，家长可以因需报名。因此，学校要开展需求调研活动，了解家长正在面临的问题和困惑，统计不同问题的需求量，根据需求开设培训或者互动活动，确保适用性。此外，还要考虑到培训的可行性，每次家长活动前要提前发布培训信息，发布包括主题、介绍和专家等电子海报，根据报名参与的人数确定地点、议程，人少安排小教室，人多安排大会场，如果规模太大就要到社会上去租用场地。为了使活动顺利开展，还对家长进行需求和资源的调研，如图 2 - 32 所示是一所学校让家长填写的回执。

回　　执

为使活动顺利开展，请您对以下几个问题进行思考并答复：

1. 你更希望参与的家庭教育课程是什么？请在需要的选项上画"√"。

（　　）如何使孩子形成良好的品行（性情）、习惯

（　　）身体（生理）发展；　　　　　　（　　）智力开发或学业成绩

（　　）如何更好地进行亲子沟通　　　　（　　）如何对待孩子的任性不听话

（　　）如何培养孩子的社会交往能力　　（　　）如何处理好家庭成员之间的育儿矛盾

（　　）如何构建和谐的家庭环境（家庭成员育儿关系的处理，如夫妻之间，与老人之间的关系）　　　　　　　　　　（　　）家庭系统对孩子的影响

其他（请在此填写）：＿＿＿＿＿＿＿＿＿＿＿

2. 您是否有此类资源愿与学校合作，请说明情况：＿＿＿＿＿＿

3. 您是否愿在家长学校中担任职务（公益），如有请在此留姓名、联系方式、拟任职务：

姓名：＿＿＿　手机：＿＿＿＿＿　职务：＿＿＿＿＿

班级：＿＿＿　学生姓名：＿＿＿＿＿　家长签字：＿＿＿＿

图 2 - 32　家长学校活动回执

家长学校的活动形式一般都是讲座、交流、阅读，并且大都由学校组织并确定每次家长活动的主题。以下是 H 区某学校针对四年级学生和家庭特点组织的家长学校活动，每个班的家长在收到通知后，要填写回执，如果这次讲座的内容正好也是自己想要解决的问题，那么家长就可以参与活动。

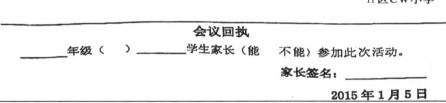

CW小学家长学校讲座通知

尊敬的家长同志：

您好！孩子的健康成长一直是大家关心的核心问题，掌握科学健康的教育方法，为孩子把好健康成长重要关口，关系孩子的幸福人生，也关系良好和谐的家庭氛围。为此，CW小学前期与大家就教育需求做了充分的调研沟通，将陆续结合需要开展培训活动，共同树立科学家庭教育观念，获得 科学教育方法。

此次讲座邀请全国知名专家芦咏莉教授主讲。芦咏莉女士为北京师范大学心理学院教授、国家基础教育课程改革教学专业工作项目组核心成员，曾担任38个国家级实验区的教师启动培训等多项国家级大型课题研究的研究与组织工作，曾多次应邀参加和策划中央电视台少儿频道、中国教育电视台和北京电视台相关的教育类、心理类专题节目。

此次讲座主题为"**如何培养良好习惯**"。这是从众多家长们关心问题中精选出来、关注率最高。因学校场地有限，现每班邀请4至5名家长参与。

除此之外，家长学校还将陆续开展"社会交往能力培养""亲子沟通技巧""智力开发或学业成绩提升""家庭系统对孩子成长的影响"等相继的活动，您可以根据自己情况选择参与不同方面的主题活动。

具体时间： 1月8日（周四）下午13：30
地　　点： CW小学本校一层金帆音乐厅
参会须知：
（1）一旦应邀，请您保证出席，请持下发的入场券经本校东校门入校。
（2）本次活动是家长讲座，请您做好相关记录，并把手机调到震动状态。
（3）学校场地有限，无停车位，建议您最好搭乘公共交通工具前往。
我们殷切地期待您的到来！

H区CW小学

会议回执

　　　　　年级（　）　　　　　学生家长（能　　不能）参加此次活动。

家长签名：　　　　　　

2015 年 1 月 5 日

图 2 - 33　某学校的家长学校活动回执

学校针对有需要的家长发放本次活动的入场券（如图 2 - 34），家长凭此来参与家长学校的活动。

图 2 - 34　某主题家长学校活动入场券

135

通过对参加过这次家长学校活动的家长调查发现，大部分家长在活动中有收获，并对活动的形式和专家讲座的内容高度认可。

由此可见，参与过家长学校活动的家长对于活动的效果还是比较满意的，但是从表 2－23 中的数据可以发现，家长学校的活动形式还是过于单一。研究人员通过对 20 位家长的访谈，其中有 13 位家长都觉得可以将活动内容设计得更加丰富多彩。（家长群体 1）

（二）家校合作的交流形式

家长和学校教师之间正常有效的沟通，是家长了解学校、了解孩子的一种方式。只有当家校交流通畅的时候，家校合作才能达到更好的效果。而家校沟通方式也有许多类型，电话联系、短信联系、开家长会、网上软件联系、到学校主动找老师，这是几种常见的家校合作交流方式。我们的调查问卷中，通过问题"您希望通过哪种方式进行家校交流"来了解家长们的真正需求，结果如表 2－24 所示。

表 2－24　家校交流方式调查结果

单位:%

交流方式	D 区	H 区	F 区	C 区
电话联系	22.61	25.98	19.92	27.57
短信联系	29.94	17.88	20.31	23.05
开家长会	18.15	25.14	44.06	37.45
网上软件联系	18.15	14.53	11.49	2.06
主动到校找老师了解情况	11.15	16.48	4.21	9.88

通过以上调查数据可以看出，D 区、H 区、F 区和 C 区各区的家长利用电话和老师联系的比例分别为 22.61%、25.98%、19.92%、27.57%，用短信联系的比例分别为 29.94%、17.88%、20.31%、23.05%，利用网上软件联系的比例分别为 18.15%、14.53%、11.49%、2.06%，在 H 区主动到校找老师了解情况的比例是四个城区中最高的，为 16.48%，但是这些数据明显低于用电话和短信交流的人数。这些数据表明，电话和短信这两种方式是家长和学校联系的主要方式。在 F 区依靠家长会来了解情况的比例为 44.06%，明显高于 D 区、H 区、C 区三个区的数量。

1.　面对面交流

在众多家校合作交流方式中，面对面交流指的是学校教师和家长直接见面沟通。有的时候家长利用放学接孩子的时候和教师交流，有的时候家长特意来到学校和教师交流，还有的时候家长利用家长会散会后的机会和教师交流。这些面对面的交流都可以很直接快速地了解到学生的在校表现，能够快速解决自己所关心的问题。

面对面交流能增加教师和家长的亲近感，因为这种交流方式可以看到对方的表情和肢体语言，可以及时捕捉到对方的细微变化，使人的思想行为保持很好的状态，更容易促成合作。

通过对20位家长的访谈（家长群体2），研究人员了解到20位家长都愿意面对面和教师交流，但是有3位略有担心，害怕在和教师面对面交流的时候，谈话的内容被周围的人听到。通过对20位班主任的访谈（教师群体1），研究人员发现班主任教师确实也都非常喜欢这种直接的交流方式，并提到在与家长交流的过程中，如果周围环境有其他人员，那么在提及学生缺点不足的时候会注意措辞和语气来保护家长的自尊心。

2. 非面对面交流形式

（1）电话联系。

用电话与教师交流的好处是给大家带来了方便，家长或者教师不一定需要亲自到现场，比如一些内容较少或者便于交流的内容可以用电话来解决。通过电话直接和教师交流，同样可以获得与面对面交流相同的效果，由于现在很多家长的工作很忙，放学也不能亲自接孩子，所以较难有机会和教师进行面对面的沟通，那么打电话这种方式就显得尤为重要了。而且打电话的时候，由于不会直接面对教师，所以双方也不会很尴尬。现在很多教师都会向家长公布自己的电话，在合适的时间给教师打一个电话是最简单、最有效的办法。但是电话沟通只能了解到对方的语气，看不到对方细微的动作，所以有时候会造成误会和冲突。

表2-25　电话交流效果调查结果

单位:%

效果	D 区	H 区	F 区	C 区
很好	72.97	66.48	66.05	59.26
一般	23.57	27.09	28.35	37.04
意义不大	3.82	4.19	1.15	2.88
没有意义	0.64	2.23	3.45	1.23

通过表2-25的数据统计可以发现，电话沟通交流有一定的效果，认为很好和一般的总数可以达到90%以上。但是通过对20位家长的访谈（家长群体2）发现，其中有17位家长喜欢这种方式，但是有2位家长曾经在电话沟通的过程中与学校之间发生激烈冲突，让事情变得更加糟糕，还有1位家长在与教师进行电话沟通的时候进行过录音。

针对电话这种家校交流方式，我们还对20位教师进行了访谈（教师群体1）。20位教师都使用过电话交流方式和家长及时沟通和反馈学生的情况，尤其是在处理一些紧急事情的时候，采用电话沟通方式及时便利。但是有8位教师提到，教师下班后是自己的生活时间，经常接到家长的电话，这些都是可以理解的，只是部分家长打电话的时间会让人觉得反感，比如在晚上十点以后老师都已经休息，还会接到家长的电话，并且电话中只是询问孩子平时的表现，不是特殊或者要紧的事情。

（2）短信联系。

表2-26 短信交流效果调查结果

单位:%

效果	D 区	H 区	F 区	C 区
很好	64.65	62.85	65.13	71.19
一般	32.48	31.56	29.50	27.16
意义不大	2.87	4.47	2.68	1.65
没有意义	0	1.12	2.68	0

利用短信交流能有效地传递文字信息，看文字比说话更有利于查看清楚，而且可以反复多次阅读，在发送或者回复短信的时候，教师或家长都有足够的时间思索斟酌措辞和语气，所以短信交流在日常家校联系中也必不可少。根据调查数据可以看出，有超过60%的家长认为短信交流可以取得很好的效果。但是短信需要输入文字，没有电话联系那样方便。我们在针对20位家长和20位教师的访谈中发现，电话和短信相比较，家长更喜欢电话的方式，认为"比较直接快捷"。20位教师也都认可电话的优点，但是20位教师又都每天使用短信群发的方式告知家长每天的作业和通知内容。受访的教师表示"当需要与个别家长沟通交流的时候会首先选择电话联系的方式，而当需要群体性告知或通知的时候会采用短信的方式"。

（3）网上软件联系。

通过学校网站、微信群、QQ群、邮箱等网络方式进行沟通交流，这里统称为网上软件联系。

随着科技的发展，网络时代给我们的生活带来了很大的变化。通过表2-27的调查数据可以看出，超过50%的家长认为利用网上软件和学校进行交流可以取得很好的效果，在家校交流中必然要用到这些网络软件。班级QQ群、微信群、班级博客、电子邮箱等是常用的方式，利用这些网络软件进行交流联系有其特有的优势。首先是方便快捷，相比最传统的面对面沟通方式，网络交流让家校双方的联系更加省时省力。其次是保密度高，相比面对面的交流方式，这种私信聊天的内容不易被其他人发现，保护了家长和孩子的隐私，避免了被周围人听到的尴尬气氛。再次是网络交流可以实现资源共享，教师通过网络可以将一些资源上传，供有需要的家长共享，方便下载和打印，也便于储存。最后，网络软件的功能中都有表情、声音，这样就比短信更加生动，可以通过添加表情来表达自己的情绪，从而破解尴尬的气氛，增加了家校之间的亲切感。

表 2 - 27　网上软件交流效果调查结果

单位:%

效果	D 区	H 区	F 区	C 区
很好	68.47	62.01	68.58	53.91
一般	27.39	27.65	27.97	41.98
意义不大	1.91	6.42	3.07	4.12
没有意义	2.23	3.91	0.38	0%

在网络时代中，每个学校都有自己的官网，公众通过网站可以了解到学校的基本信息、办学理念、班级情况、教师情况等。随着微信的普及，很多学校也都建立了微信公众号，每天都向用户及时发布学校的相关信息。

通过对两位校长（教师1和教师2）的访谈得知，该校所有班级都在使用网络软件进行班级信息的传递工作。"教师将班级活动和照片及时发布到网络平台上，方便家长了解孩子在校的表现""家长们将成功的教育经验或者有意义的学习资料发布到网络平台上"，方便家长互相学习交流；"有些教师和家长私信谈论学生的表现，有些时候教师和家长，家长和家长也在公开的网络平台中群聊"，发表自己的感受或者提出自己的意见。

由此可见，网络交流是现代学校中家校交流不可缺少的模式。

（三）家校合作活动

1. 家长参与学校课程

课程是学校教育最为重要的载体，要创造适合学生的教育，首先要提供适合学生学习的课程。国家、地方、学校三级课程管理调动了学校主动开发和建设课程的积极性。校本课程的建设以学生发展为本，设置学生终身受益的课程，促进学生持久健康的发展。由此可见，学校课程的设置和实施对学生的身心健康有着重要的作用，而学生的发展状况又是关系学生家长切身利益的大事，因此，家长作为学校课程的重要利益关系人，有理由通过参与学校课程的建设与管理进行自身的利益表达。促进学生的健康成长是家庭教育与学校教育的最终目的，因为家校双方在教育方向上一致，所以在教育内容和教育方法上可以相互协调互补。这既丰富了教育的方式，也有助于家长和学校之间形成密切的合作伙伴关系。因此，家长以校本课程建设的主体角色参与学校教育是学校与家长双方的利益需要。

随着知识经济社会的到来和信息网络的高速发展，社会文化的传播更加多元化，传统的学校教师并不能完全满足这一变化的需要，那么家长群体则有着更丰富的资源。由于教育背景、专业背景、成长背景、工作背景不同，每位家长都是一个资源的宝库，学校在课程设计与实施中应努力激发家长参与的兴趣，使家长群体融入学校课程中。

家长参与学校课程建设有重要的意义。首先，家长积极参与学校课程的建设可以使课程实施更有效。其次，家长参与课程建设拓展了家校合作的思路，丰富了家校合作的形式。再次，家长参与学校课程建设对教师自身素质也提出了新要求，教师必须增强自身的综合素质，并具备较强的沟通能力和协调能力，才能为家长参与课程活动提供有效的帮助和引导。

针对家长可以提供的课程资源，研究人员进行了问卷调查，其结果如表 2 - 28 所示。

表 2 - 28　家长提供资源的调查结果

单位:%

提供资源情况	D 区	H 区	F 区	C 区
没有资源，也不愿意参加	15. 61	16. 20	22. 61	18. 52
没有资源，但愿意参加志愿服务	52. 55	42. 46	71. 26	67. 08
根据自身特长（如科技、艺术、生活、军事等），可参与学校兴趣课程为孩子们讲解	12. 10	11. 17	4. 21	3. 29
可联系专业人士（如教育、心理、情绪、人际），对家长们关心的问题进行辅导讲座	13. 69	14. 80	1. 92	1. 23
其他	6. 05	15. 36	0. 38	9. 88

从调查结果可以发现，家长愿意参与的积极性非常高。在 H 区和 D 区接受问卷调查的家长中，有许多课程资源可以提供。但是在 F 区的调查结果显示"没有资源，但愿意参加志愿服务"的比例达到71.26%，这也和家长的受教育程度和工作背景有一定的关系。在问卷调查中，关于家长学历和职业情况的统计结果如表 2 - 29 和表 2 - 30所示。

表 2 - 29　家长学历状况调查结果

单位:%

学历	D 区	H 区	F 区	C 区
专科	28. 34	40. 50	74. 71	52. 26
本科	54. 46	41. 34	24. 90	44. 03
硕士	12. 42	12. 85	0	3. 29
博士	4. 78	5. 31	0. 38	0. 41

由表 2 - 29 可以看出，F 区接受调查的家长有 74.71% 是专科学历，只有 24.90% 的家长是本科学历，可见 F 区接受调查的家长群体的受教育程度明显低于 D 区和 H 区。

由表 2－30 可以看出，接受调查的 D 区家长群体中管理人员的比例高达 32.48%，H 区家长群体中职业分布较广的是管理人员，占到了调查群体中的 20.39%，而该职业在 F 区家长中仅占 5.75%，C 区占调查总数的 10.70%。由于家长从事的岗位不同，所以在为学校课程提供的资源是不一样的。F 区家长群体中大部分人的职业是自由职业和零售服务业，分别占调查人群的 32.95% 和 31.03%。

表 2－30　家长职业调查结果

单位:%

职业	D 区	H 区	F 区	C 区
医护人员	4.46	5.03	0	0.82
管理人员	32.48	20.39	5.75	10.70
营销人员	2.55	5.59	8.05	15.23
传媒业者	1.59	2.23	1.53	1.23
教育业者	14.33	5.03	1.53	3.70
零售/服务业者	4.46	10.06	31.03	35.80
科研人员	2.55	4.47	0	2.06
自由职业	8.92	10.61	32.95	16.05
IT 业者	1.91	2.79	0	1.65
司机	0	2.23	3.07	2.47
体力工作者	0	2.79	4.98	3.29
文艺业者	0.64	1.40	0.38	0.82
其他职业	26.11	27.37	10.73	6.17

通过对 H 区某学校 20 位家长的访谈发现，其中一位家长曾经参与过学生兴趣课的课程讲授，每周三来到学校讲授一个班级的兵器课程（家长群体 2）。通过对该校一位班主任教师的访谈得知，"每个班级中都有一两名家长愿意报名参与课程讲授，但是由于名额有限，都没有最终参与真正的课程"。通过对该校一位教学副校长的访谈得知，学校在考虑家长参与课程建设的时候要考虑很多因素，比如"家长的时间、课程的时间、家长的专业程度、家长是否可以掌握好课堂"等（教师 1）。

2. 家长参与学校活动

家长作为学校资源的一部分，对于学校的发展起着重要的作用。在当今教育治理格局下，家长们参与学校的活动可以让学校的管理更加透明和真实，在亲身经历活动的过程中让家长感受到自己是学校中不可缺少的重要组成部分，从而有了归属感，并且在家长参与感受学校活动的过程中，更好地了解学校的日常管理和教育理念，这样对于监管学校办学也有一定的作用，可以使教育环节更加公平。

家长参与学校的活动一般包括亲子运动会、种植活动、实践活动、春游活动、入队活动和家长开放日活动。我们针对 D 区、H 区、F 区、C 区各区一些学校的家长进行了有关家长参与学校活动的意愿和活动效果的问卷调查，统计结果如表 2 - 31 所示。

表 2 - 31　家长参与学校活动的调查问卷统计结果

单位:%

调查项目		D 区	H 区	F 区	C 区
参加学校活动的意愿	不愿意，觉得没有必要	1.91	10.89	4.60	3.29
	不愿意，但是在孩子的希望下还是会参加的	1.91	3.91	3.07	3.70
	愿意，但是没有时间	25.16	15.64	16.86	14.81
	非常愿意，只要有时间就一定会参与	71.02	69.55	75.48	78.19
学校邀请家长参加活动的频率	从来没有	17.52	17.32	21.84	19.34
	每月至少一次	13.38	15.08	4.98	7.41
	每学期至少一次	45.22	35.75	47.13	53.91
	每年至少一次	23.57	31.84	26.05	19.34

从表 2 - 31 中可以发现，大部分学生家长表示只要有时间就非常愿意参与学校活动。学校邀请家长参加学生活动的频率大都集中在每学期或每学年至少一次，这样的活动次数是有提升空间的。但是从统计结果中也可以发现，仍然有些学校从来都没有邀请家长参与过活动。

通过来自同一所学校的 20 名家长的访谈中（家长群体 1），发现了一个有趣的现象，有 18 人了解学校的活动要求，在与孩子的交流中知道有些活动需要家长的参与，但是有 2 人表示从来不知道家长还能参与学校的活动。

在针对 3 位班主任的访谈中得知，由于每个班级的宣传方式不同，导致家长信息接收的状态不同。"每次我只是和学生说需要家长参与，学生告诉家长，家长再短信找我报名"（教师 3），"我们班有 4 个固定参与的家长，她们都是全职主妇，有时间"（教师 4），"我给所有家长发家校通短信，从报名的里面选择，先给没有参加过活动的家长机会，如果还有名额就从参加过的家长中再继续选"（教师 7）。通过访谈可以看出，有的班级直接在需要家长参与的活动的时候内定了参与的家长名单，有的班级则是告知所有家长这个信息，还有的则让学生传达给家长这个活动信息。不同教师有不同的做法，导致了同一所学校的家长对同一个活动的认知有所差异。

以家长开放日活动为例。现在很多学校都会组织家长开放日活动，一般形式是分期让学生家长到学校来参观，并深入学生课堂聆听教师的讲课，了解学生一天在校的学习生活情况，知晓教师的讲课特色，增加学校办学的透明度。学校会很重视"家长开放日"的活动，借此机会充分向家长展示学校办学特色和师生风采，有效推动学校各项工作协调发展，进一步激发家长参与学校教育管理的积极性，实现家校沟通零距离。在活动中做到真诚互动交流，创建和谐育人氛围。"家长开放日"活动听课环节完成后，学校一般会及时组织召开家长座谈会或者填写问卷调查等，现场向家长征求意见和建议，开展家校互动交流活动。在这样的活动中，家长们有了被尊重的感觉，往往会踊跃发言，诚恳地对学校管理、教育教学等各项工作指出问题，与学校共同交流、探讨，积极建言献策。如表 2-32 所示是针对 D 区、H 区、F 区、C 区的家长群体进行的调查问卷统计结果。

表 2-32 家长开放日调查问卷统计结果

单位:%

家长开放日活动效果	D 区	H 区	F 区	C 区
有	46. 18	50	34. 48	47. 33
效果很好	66. 90	53. 07	45. 56	53. 04
效果一般	26. 21	29. 61	34. 44	40. 87
意义不大	4. 14	5. 59	5. 56	4. 35
没有意义	2. 76	11. 73	14. 44	1. 74

通过表 2-32 可以看出，并不是每所学校都能够组织"家长开放日"的活动，并且在 H 区和 F 区有超过 10% 的家长群体认为"家长开放日"这一活动并没有意义。

在通过对 H 区某所开展过"家长开放日"活动的教师访谈中发现，教师本身也并不赞成这项活动。有教师认为："能踏踏实实讲课其实挺好的，非得弄这些活动，哪有那么多时间和精力啊。"也有教师认为："为了准备这节课我试讲了 3 次，我不在班的时间里学生又闹腾了。"还有教师说："家长来了，看得很细致。家长看到别人家的孩子得了这么多红花，他家孩子得的少就心理不平衡了。"

通过访谈发现，为了给这一天的活动做好准备，教师前期要花费很大的精力试讲当天展示的课，并且要精心布置教室，这样下来，真正关注学生的时间就少了，对于学生良好习惯的培养并不好。

通过对一位学校领导的访谈发现，学校领导层还是愿意组织这样的活动，因为在活动中可以让家长真正走进学校，增加学校和家长交流的机会，可以消除很多因为不理解而产生的误会。

家校合作的组织形式、交流形式、活动形式都有其特有的优势，三种形式之间是相互联系、不可分割的整体。只有这些形式综合巧妙使用，才能收到很好的家校合作效果。离开任何一种合作形式，家校之间的合作都会变得单一微弱。

在家校合作组织形式中，家长可以作为学校的监督者对学校建言献策，以有效帮助学校在符合当今家长的需求下发展；学校也通过对家长群体组织活动，以帮助家长解决切实面临的问题，同时也可以统一家校思想。

通过家校合作交流形式，家长教师平等沟通，可以及时了解学生在学校中学习生活的状态，教师也可以及时知晓家长对于学校工作的态度。面对面地直接交流和电话联系、信息联系、网上软件几种交流方式之间也相互支持补充。由于地点远近的不同，如果不能面对面交流，可以采用电话或者短信的方式；如果要交流的内容很少，那么短信方式也很便利；如果交流的内容比较丰富，还可以采用电话的方式；如果家长想了解班级发生的事情，可以通过群聊这种方式和教师或者其他家长进行沟通；如果教师想及时发布班级动态或通知，既可以使用群发软件，也可以使用网上联系工具，当然在有视频、图片等形式的时候使用网上软件进行分享和沟通的效果是最好的。所以，几种交流方式同时并用才能使家校合作交流方式产生的效果更加显著。

家校合作活动形式，是家长通过走进学校、走进班级、走进活动了解学校建设和学生情况的重要途径。在这种环境下，学生的状态是自然流露的，教师的工作是完全透明的，学校的管理是完全开放的，家长在参与活动当中可以有效地发现孩子之间的差异，找到今后教育努力的方向，也在活动中可以品味学校的特色，从而发现学校的不足。

二、家校合作中存在的问题

（一）家校合作组织形式的问题

1. 家委会存在的问题

通过表 2-21 的数据可以发现，D 区、H 区、F 区、C 区四个区中，对家长的调查显示，H 区的家长认为有家委会的比例最低，是 48.32%。可是针对 H 区完成此调查问卷的三所学校的教师访谈发现，每位教师都介绍自己学校有家委会。这之间的差异究竟来自哪里？

通过对 H 区一所学校教师的访谈了解到一个案例。

案例：学校计划在下学期实施新的作息时间安排，经过学校行政会议的讨论，一致有意改变以往的放学时间，于是要将这件与学生家长息息相关的事情告知家委会。这时学校让每个年级选送一名支持学校工作的家长担任家委会的成员，这样 6 个年级一共产生 6 个家委会代表。在一天下午，召集了校家委会的成员，针对调整作息时间的方案在会上进行举手表决。所有家委会成员一致通过，最后这项决定得以实施。由此可见，该校家委会存在以下几个问题：

（1）担任家委会的人员并不广泛。

由案例可以发现，每所学校都应该有相当多的家长，但是每个年级只有一人在参与学校决策的时候担任家委会成员，显然参与率是很低的。学校的家委会并不是从家长中公开选举产生，所以会有部分家长不知道家委会的存在，这也恰恰解释了虽然学校有家委会，但是只有 48.32% 的家长知道这个事实。那么，究竟学校愿意选择什么样的家长担任家委会的成员呢？针对这个问题，研究人员对 3 位教师进行了访谈。

一位教师说："我会选择平时熟悉的家长参加家委会，并且家长是要愿意参加学校活动的，而不是因为想让自己的孩子获得什么好处而参加的。"另一位教师说："当然会选择听话的了，不然整天挑毛病找事，还不够给自己添麻烦的呢。"还有教师说："只要支持学校工作，都可以。有的家长见识广，想问题的时候确实比较周到，但是这种家长由于工作职位比较高，会有一种高高在上的感觉，对学校的要求也不完全认可。还有的家长很实在，没有太多好的想法，但是可以踏踏实实地为学校服务。"

通过这段访谈记录可以发现，并不是每位家长都能参与家委会的活动。针对不同的活动，学校会选择不同的家长参与，以此来达到家委会支持学校的作用，但是家委会应该还有监督评价的权利，而在此时则显得毫无力量。理想的家委会应有参与权，在某种程度上既防止学校对学生的专制管理，又减轻了学校管理的负担。家委会作为一个与学校教育机构相对独立、相互制约、相互促进的教育组织机构，有利于形成家庭、学校教育的合力，为学生的健康成长创造有利的条件。但从访谈记录中可以看出，在实际组织家委会时，学校为了方便管理，筛选了家委会的成员。

（2）家委会的活动只有利于部分家长的权益。

根据布迪厄的理论，社会资本是现代社会中可以用于换取社会地位的资源。在社会中地位越高，所占有的资本就越多。家委会可以与学校互动沟通，让家长群体更好地参与学校工作中，但这种模式也会让弱势家长的处境更加艰难。从表 2-28 中可以看出，对于"没有资源，但愿意参加志愿服务"的这部分家长，他们都非常愿意加入学校活动，但是由于工作或学识一般在社会中处于弱势地位而没有资源可以提供。因为在家长群体中，社会地位较好的家长依旧会延续他们在社会上的地位，拥有更多直接或间接的资源，这些资源可以控制或影响家委会的发展。所以，参与家委会的活动在一定程度上维护了精英家长在与学校对话合作中的利益，这样的家校合作更有利于精英家长参与。

这一点通过访谈教师 5 的记录就可以发现，教师们希望这样的精英家长参与家委会，但是又因为这部分家长对学校的理念等方面有着自己的看法，从而在沟通合作中给学校以压力。此外，由于这部分家长群体的资源网、关系网比较广，所以有时候直接对学校的发展建设有一定的话语权，学校在一定程度上会在意这部分家长群体对于学校的态度，并且为了学校的稳定和发展，学校会研究采纳这部分家长群体的意见。

（3）家委会流于形式。

通过上面的访谈记录还可以看出，家委会成员是经过学校筛选之后产生的，那么这样的家委会必定支持学校的工作，无论学校采取何种决策，在大会上，家长代表一定会投赞成票。这样的结果必定导致家委会监督学校工作的职责流于形式，没有真正起到家委会应有的作用。

2012 年发布的《教育部关于建立中小学幼儿园家长委员会的指导意见》规定：建

立家长委员会，要发挥学校主导作用，落实学校组织责任，纳入学校日常管理工作。这种学校主导与家长委员会双方互相参与的工作，使得家委会变成了学校的下属组织，不能真正起到沟通和监督作用。由于欠缺统一规范的民主程序，部分学校会为了突出自身的发展利益，而忽视家长委员会的提议，这将导致在建立家委会后家委会行使监督学校等权利时，不能有效发挥其应有的效果。

通过对一位校领导的访谈得知，该校"向所有家长公开了每个领导的办公电话，方便家长随时向学校反映情况或提出意见，直接让每位家长有反馈意见的渠道"，这是很好的举措，但是这种做法在一定程度上忽略了家委会的存在。家委会作为家长和学校之间的纽带，如果按正常合理的操作程序，家长的意见应该汇总到家委会代表处，然后由家委会代表负责和学校沟通协商。通过这一现象不难发现，其实家委会这个组织并没有明确的活动流程、职责、权利的分工，平日中也没有发挥到其应有的监管作用，只是在学校需要家委会作为后盾的时候家委会这个组织才会出现。

2. 家长学校存在的问题

根据表 2－23 对家长学校活动方式的问卷调查结果可以发现，家长学校的活动形式比较单一，以讲座为主，交流为辅。这种方式虽然在一定程度上可以让家长有所收获，却不能满足现代社会多元化的需求。针对同一个问题，并不是一次讲座就可以解决的，需要长期的跟踪与帮助，从表 2－23 中的家长学校活动频率来看，大部分设立了家长学校的学校，每学期活动仅有一次，这样的活动频率对于帮助家长切实解决问题的效果并不是很好。一次讲座可能只能使家长的思想有改变，提升了家长的教育理念，但是在实际操作中，家长还是会被现实的状况所牵绊，不能达到预想的教育效果。

一所学校里有着成百上千的学生，其身后家长的数量更是成倍增多，学校每天进行着对学生教育教学的工作，所以在组织家长学校这方面虽然有着很好的初衷，但是可能在实际工作中却由于时间或精力有限，影响了家长学校的活动次数。针对家长同样如此，每天家长都要投身于工作当中，能够抽出时间来到学校培训学习的机会少之又少。这些现实状况限制了家长学校的内容和形式。"我很想来参加，但是没有时间，如果能倒开班，我就一定会来"，"如果学校可以把培训内容录下来放到网上就好了"。通过谈话记录可以发现，家长更愿意在不耽误自身工作的前提下来参与活动，所以更喜欢网络形式的学习，点击自己所关心的问题收看视频和交流。

（二）家校合作交流形式的问题

不论是面对面的交流还是非面对面的交流，如果沟通顺畅，会让家长和学校的距离拉近，从而更容易形成教育合力。可是如果沟通出现了障碍，那么有可能造成严重的冲突。

研究人员在调研中见到了这样一则案例，网络交流群中的一次误会给学校的工作带来了一定的负面影响。

某年级家长们建立了年级 QQ 群，里面的家长通过群进行交流。有一次教师布置的作业是让学生把试卷中做错的题目抄题改错，而有一天群里某家长认为自己的孩子只是用另一种符号圈出答案，并不是答错，因此认为教师不应该让孩子抄题改错。在这个群里有上百名这个年级的家长，不了解情况的家长们也在这位家长的言论和情绪下一起对教师产生了不满，从而对学校产生了怀疑。事发后，班主任和学校领导及时对这件事情进行了处理，约见家长进行沟通，各自向对方阐明了教育理念，最后这件事情愉快地和解了。通过这件事情可以发现，交流方式有很多种，电话、短信、网络或者到校都可以直接找到老师，这位家长如果在不理解抄题改错的做法后，及时找到老师沟通反馈，应该当时就能化解开自己的疑惑。但是这位家长没有这样做，而是选择在QQ群中一吐为快，可是在QQ群交流讨论是所有群员都能够看到的。很多并不明白真实情况的家长，只是通过群中一方面的言论而评价学校教师的行为，这样未免不太全面。而且情绪会传染，一位家长如果对学校有着不理解，这种情绪如果在QQ群里释放，那么其他家长也会被这种情绪感染，从而联想到许多自己的事情，也随机交流讨论了出来。这样一来，舆论导向没有了正能量，对于学校的工作和家校合作而言有着很大的危害。所以，网络聊天虽然使生活更加便捷，但是如果使用不当也会产生不必要的麻烦。

（三）家校合作活动存在的问题

1. 家长参与课程的问题

从表2-28家长参与课程意愿的调查问卷统计结果不难发现，一半以上的家长都表示愿意参与，但是由于自身没有相应的课程资源，从而难以选择可以提供支援的服务。家长有了参与课程的兴趣，但是部分家长没有参与课程的能力。家长走进课堂，需要具备教育理论知识、了解学生心理、课堂把控能力、专业技术能力，多方面的因素影响了家长参与课程讲授的行动。由于工作经历的不同，部分家长在某些专业知识技能上，确实优于学校的教师，面对这样的情况，家长在参与课程讲授的时候由于没有课堂管理能力，常常需要单独配备学校的专业教师组织课堂纪律，这样也并没有因为引入了家长的资源而减少教师劳动。

研究人员对某所学校的学生进行的调查发现，学生很喜欢家长来上课，氛围轻松，而且课上家长在授课的时候还会带来许多实物模型和奖品。这些小奖品拉近了家长与学生间的距离，实物模型又增强了学生的课堂体验。但是由于家长们也有自身的工作和生活，并不能保证开课的一个学期中每次课都到校，也不能保证每节课都如此的精彩。当家长开设的课程因为家长安排不开时间而不能来上课的时候，这些课程又只能让在校的专业教师代课。但是，由于家长开设的课程往往专业性很强，并不是每位教师都能代替，所以给予代课教师很大的压力，同时由于教师专业知识的限制，这堂课的学习效率就很难达到。

2. 家长参与活动的问题

为了研究这个问题，研究人员特意寻找了一所擅长做学生家长活动的学校进行了解。在了解中得知，该校每次春游或秋游活动的时候，都会在每个班选择 3 名家长参与活动。这样每个班有班主任 1 名、科任教师 1 名、家长 3 名，然后将学生分为 5 组，由家长或教师带领学生进行分组活动。针对这样的活动，研究人员找到了该校的几位班主任进行了访谈，从谈话中发现教师对于家长参与学校活动大致有两种观点，受访的教师表示喜欢家长参与活动的方式，"这次活动我请了某同学的妈妈，正好可以让她看看自己儿子的表现，找找儿子和其他同学的差异"（教师 6）；"吃午饭的时候有个小朋友吐了，我们班的家长立马冲了上去，处理吐出来的东西都不让我插手，让我安心地去看好其他孩子"（教师 4）；"我们班某同学的妈妈真的好细致，在大巴车上把每个座位顶部的空调出风方向都调了一遍"（教师 5）。

从支持一方的访谈中不难看出，家长参与活动，可以帮助教师管理学生分担工作，还可以帮助教师出谋划策，由于每个人的经验背景不同，家长的思考角度可以让学生工作更加精细，这样也将会让更多的孩子受益。

但也有教师不太支持家长参与活动。"一开始，不太习惯家长来参与活动。以前没有家长来的时候，春游的活动开展得很好。现在有了家长的眼睛，还让我不知如何管理学生。学生犯错误的时候，到底是说还是不说？有些家长还添乱，有他们在的时候，学生连队伍都站不好。以前我们班的要求是在来回的车上不能说话、不离开座椅，但是有的家长在车上给学生拍照，弄得孩子什么姿势的都有，这样多不安全啊。"（教师 7）

通过短短的一小段谈话记录不难发现，家长参与活动其实可以帮助学校减轻管理学生的负担，应该受到教师们的欢迎，可是在实际参与活动的过程中却给教师带来了这种不好的印象。

通过对学生的访谈发现，几乎每个被访谈的学生都表示很喜欢家长和自己一起参加活动。所以，从学生的角度出发，家长参与活动是学校必不可少的一项举措。针对部分教师排斥家长参与的态度，也正是学校将要改变的地方。这需要从活动组织进行细化、家长和教师的职责分工、教师自身素质的提高多方面来转变。

三、家校合作存在问题的原因分析

（一）家长和学校的教育理念不同

现在家长对孩子的教育理念多元化，而学校整体的教育方针并不能满足家长多种多样的需求。下面从家长群体和教师群体两方面分析造成这种差异的原因。

1. 家长群体

从表 2－29 可以发现，对于家长学历的调查，H 区家长本科和硕士学历分别占调查总数的 41.34％和 12.85％。研究人员又针对 H 区接受调查问卷的三所不同生源状况的学校进行了分别的统计，在三所学校分别抽取一个班进行数据比对，发现在生源较好的小学家长本科学历占调查总人数的 87.24％，生源一般的小学家长本科学历占调查总人数的 57.97%，生源较少实力较弱的学校家长本科学历占调查总人数的 23.41%。这些数据显示，不同学校的家长的学历层次也大不相同，所以他们对于孩子的要求和目标也不一样。

由于家长群体特点的不同，造成了家长对于教育的认知存在着差异，在一定程度上影响了家校合作，给教师的工作造成了一定的困扰。在对孩子有什么期望的问题方面，研究人员访谈了某优质小学家长，家长们的期望各不相同："孩子每天都高兴就好"（家长 1）；"我之所以给孩子的小名起'茜茜'，就是希望她能够像茜茜公主一样，我总在放学后问茜茜今天有没有帮助小朋友，她说帮助别人讲题了，我就很为她高兴。我生她的时候已经 38 岁，当年就是为了事业稳定后，能给孩子一个好的物质基础"（家长 2）；"我们的奥数都是爸爸教的，我们没有去外面报过班"（家长 3）；"在国内念几年，我们打算把孩子送到国外去"（家长 4）；"我们不想过多地约束孩子，她喜欢就好，想去学什么我们家长就尽可能地提供，给她最好的物质，不要将来因为没见过世面而被男孩骗走。我也是西安交大毕业的，也是好学生，还不是一结婚就做了全职，所以我不想要求我家孩子学习有多么好"（家长 5）。

通过访谈发现，每位家长对自己的孩子都有着不同的要求和希望，而由于这些家长往往有着一定高度的社会地位和高学历背景，相比之下小学教师的社会地位并不如部分家长，所以家长会有并不认可教师的地方。又由于每位家长对自己的孩子都构建着不同的期望，而有些要求可能与学校的教育有一致性，有些则和学校的教育有冲突。有教师在实际工作中就遇到过以下事件：

瑞瑞是班中努力学习的孩子，但是学习成绩总是位于班级后面，在一次语文考试的成绩公布后，一天小梅老师接到了一条匿名短信，内容如下："尊敬的老师您好，我曾经参与过语文大纲的制定，试卷我看过了，组词有超纲的内容，一个有水平的老师是不能犯这种错误的！"小梅老师立即回拨电话，但是总被挂掉，于是小梅老师发短信解释道："所有组词内容在平时教学中都已作为补充词语让学生抄在书上，并且进行过巩固和练习，孩子应该是可以完成的。"通过将近半个学期的侦查，小梅老师终于知道了这条匿名短信来自瑞瑞的母亲。小梅老师多次和搭伴的数学教师交流瑞瑞这个问题，她们最终猜测可能是由于瑞瑞非常努力，但是付出和收获又不成正比，而且小梅老师的教龄只有 3 年，所以瑞瑞的妈妈将发泄点放在了学校方面。（教师 4）

通过这个案例可以发现，虽然学校总是想尽可能地让孩子能够多学点内容，大部分家长是支持的，但是会有少部分家长由于各种理由是反对这点的。而反对的家长都有着很正确的理由，他们受过很好的教育，有着很优质的资源，在各方面信息的获得甚至比学校的教师们还多还快，那么面对年轻的班主任小梅，家长从心理上就没有认可，所以当孩子出现了问题，就会推到小梅的身上。这名家长曾经参与过语文大纲的制定，那么我们如果把这位家长也归结到精英家长的群体中，就不难解释家委会活动有利于部分家长群体利益的现象了。这部分家长占有着更多的社会资源，在面对问题的时候有一定的话语权。如果家委会中的精英家长考虑家校合作的出发点是为了学校和全体学生的利益，那么这种合作将是非常有效果的。但是如果这类家长在考虑问题的时候想的只顾自己孩子的利益，那么这种合作有时候就会损害学校和其他学生的利益。

家长由于不同的教育和工作背景有着不同的思维模式和教育观点，在一定程度上对家校合作的开展产生障碍。也正是由于这些需求的不同，使得家长在平日中与教师面对面沟通或者非面对面沟通的家校合作交流形式中产生分歧，家长会给学校留下负面印象。所以产生了上文在家委会方式中出现的参与家委会人员不广泛的情况。因为学校需要家委会来活动的时候，会选择支持学校工作的家长参与，所以这部分曾经有过负面印象的家长是学校要在家委会活动中要避开的对象。

2. 教师群体

（1）教师工作态度不同。

当今中小学教师的综合素质良莠不齐，有些是师范专业出身；有些是研究生甚至博士生毕业，这类人群学过相关领域的知识，有着新的理念和深厚的知识底蕴；也有些是社会上考取了教师资格证之后进入教师队伍的，本科专业与师范毫不沾边。通过对 F 区一所小学的调查发现，该所学校的大队辅导员兼数学老师大学学的是行政管理，而在毕业后为了留在 B 市工作转成 B 市户口，才考取了教师资格证，从而成功在那所学校任职。适应能力快的人可以在工作中弥补前期经验不足，赶超了科班出身的工作同事，而有些则是看重了教师这个稳定的职业，认为只要完成了该做的事情，挣到每月的工资就可以了，而不愿意多付出，那么这类教师不会为了思考教育细节而进行改进。这正好解释了家校活动形式中部分教师不喜欢家长参与活动的现象。家长参与学校活动，在一定程度上会给教师的工作带来不便，但是如果教师们可以把这件事情当作提升自己工作能力和锻炼适应能力的机会，就会减少反感的情绪。

（2）教师工作方法不同。

不同的教师有着不同的特点，年轻教师接受新鲜理念的速度快，并且敢于在实践中运用理念进行班级教育教学工作，但是缺乏保护自我和与家长和谐交流的经验，而会在不经意间与家长产生不愉快。然而，许多老教师虽然看起来把班里的学生管理得听话乖巧，但是他们老一套的教育教学方法根深蒂固，有时候不能适应现在社会的需要，家长也会对此产生不满。正是由于教师的这类特点，产生了上文提及的 QQ 群事件。如果教师在平日中得到了家长的支持，能够及时发现矛盾并解决矛盾，那么这类事情是可以避免的。

（3）教师教学之外的活动过多。

许多教师虽然有着满腔的热情，但是由于每学期学校工作繁重，各学校经常对教师布置太多额外的工作，比如班会、展评课、读书汇报活动等，又比如论文的评比、学校每月进行的特色活动等，这些工作都耗费了教师们大量心力。而对于年轻教师更是要在完成这些工作的基础上，还要完成主任、组长、组内布置的其他任务，这都会花费教师大量的精力，让原本应该是踏踏实实的教育变了味道。由于教师的时间和精力是有限的，这些繁重的工作又占据了教师大量的时间和精力，所以减少了教师深入研究班里问题的时间，也减少了教师与家长们进行有效交流的时间。所以这也在一定程度上造成了类似 QQ 群事件。教师每天要面对很多琐碎的工作，可以和全体家长沟通教育理念的时间就相应地减少了，家长和教师因为教育理念的不同而产生了分歧。这种现象还造成了家委会流于形式的问题，由于教师和学校管理者每天要完成很多工作，所以希望家长们能够支持学校工作，这样可以使学校的工作更加有效率。因此在选择家委会成员的时候，也希望选取永远支持学校工作的家长。有自己不同想法的家长，往往会对学校提出意见或建议，学校还要特意派教师针对家长提出的意见或建议进行调查评估，然后撰写报告说明，最后再进行讨论改进或回复，这些无疑使学校增加了时间和人力成本。虽然学校也知道来自家长的提议，可以让学校越办越好，越办越符合家长和学生的需要，但是教育部门评价一所学校办学质量，更多看重的是学校的获奖、学校的活动、学校的教育教学工作，很少针对家长群体进行调查来评估。

（二）家长和学校的教育立场不同

立场是认识和处理问题时所处的地位和所抱的态度，站在不同的位置或者持有不同的态度，看待事物的观点是不一样的。前面提到的家校合作中出现的许多问题，一定程度也源于家长和学校的不同立场。

1. 家长群体的立场

随着信息全球化的到来，中国的家长接触并学习着西方的教育理念，其中有些家长可以做到取其精华、去其糟粕，根据自身的需要来选取适合自己孩子的教育理念和方法。但是也有的家长盲目崇拜，一味追求孩子的个性发展。现在越来越多的家长将孩子看成是和自己在人格上平等的个体，他们尊重孩子的选择权、突出孩子的个性、在意孩子的喜好。例如，B 市城区的小学生大多数都是家中的独生子女，父母生育孩子时年龄偏大，种种因素导致了家庭成员过分地关注和疼爱孩子。他们迫切想知道孩子的一切信息，包括孩子的在校学习情况、与同学相处情况、当孩子遇到问题时学校是如何解决的、学校在解决问题过程中是否公平等。所以家长会为了自己的孩子而参与学校活动，以此来了解学校的情况。全球信息化的特点还使得家长可以通过多种途径学习教育知识，网络上的丰富信息也更容易让家长了解教育行业中发生的各种事件。家长间通信的便利也可能引发与学校的矛盾，并快速升级扩大为公共事件。前面提到的家校合作交流形式中的 QQ 群事件，也是由于家长不理解一些教育理念而在家长之间宣传，导致其他家长也跟着误解而参与的事件。社会的发展也使家长在面对自己的孩子受到不公平对待的时候更加敢于通过行政和法律渠道进行维权。

对于家长而言，孩子就是他们的全部。他们会通过各种渠道观察、交流、参与，目的都是希望更多地了解孩子的在校情况。当孩子需要他们的时候，他们会为了自己的孩子而参加学校组织的活动。表 2 - 28 的调查问卷显示，有约一半的家长没有资源，但是愿意参加学校的活动。研究人员对其中 2 名家长进行的访谈如下："我本来是不想来的，可是孩子非要我来"（家长 6）；"来参加这个活动非常好，茜茜特别高兴。我还认识了几个小朋友，茜茜说她后面的乐乐以前总是踢他的椅子。这次我发现，这个小男孩真的很早熟，很多事情都知道的。乐乐的水瓶盖子拧不开，我告诉他阿姨可以帮你拧，但是你以后不要再踢我家茜茜的椅子了"（家长 1）。

通过访谈记录可以发现，这两位家长参与活动都是为了自己的孩子。一位是因为孩子的强烈要求，希望和家长一起来参加劳动，于是家长虽然从主观和客观上都不想参加，但是为了让孩子高兴，不影响孩子的心情，最终选择了来参与活动。另一位家长利用了活动中的机会帮助孩子解决了人际交往中的小问题。由此可以看出，家长参与家校合作的动力是自己的孩子。

研究人员通过对一位教师的访谈也发现，有的家长积极为学校服务，希望通过这种方式让教师们关注自己的孩子。

通过上述分析可以发现，家长思考问题的出发点是与孩子有关的一切学校事务。

2. 学校的立场

（1）教师从业资格。

教师这个职业具有多种角色和特点。教师是传道者，教师要通过对学生的教育传递社会传统美德和正确的价值观念，这对于学生的一生都有着极其重要的作用。教师是授业解惑者，教师是各行各业建设人才的培养者，教师要对知识进行梳理和加工，以便于用学生理解和掌握的方式传授给学生，这样学生才能在最短的时间内掌握这些知识，帮助学生在头脑中构建自己的知识结构体系，提高学生的知识技能和技巧。当学生遇到困难的时候，教师要启发学生的思维、提供思考方法、帮助学生解决问题。教师是管理者，教师在教育和教学方面都要对学生进行管理，课堂上教师不仅要组织教学活动，还要维持教学秩序来保证课堂学习的有效性。在教育中，教师更需要对学生的思想和行为进行管理。教师对教育教学活动的管理包括很多方面，比如设立目标、制定和贯彻规则制度、维持班级纪律、组织班级活动、协调人际关系等，并对教育教学活动进行控制、检查和评价。教师是示范者，学生一天在校的大部分时间和教师在一起，所以教师的一言一行都是学生学习和模仿的榜样，无论是教师的言论、行动，还是教师的表情和为人处世的态度，对学生都具有耳濡目染、潜移默化的作用。教师是学生的父母与朋友，小学生由于心理年龄的特点，倾向于把教师看作是父母的化身，依赖并信任教师，他们对教师的态度往往类似于对父母的态度。教师在课间和活动的时候，又是学生的朋友，当教师以朋友的角色出现的时候，会更了解学生的心理动态，并容易发现班中学生的性格特点，这样也拉近了学生和教师的距离，使教师更容易走进学生的内心世界，可以更好地指导学生的学习和生活。教师是研究者，教师的工作对象是充满生命力却又千差万别的鲜活个体，传授的内容是不断发展变化的科学知识和人文知识。教育过程又是一个复杂动态的变化过程，这就决定教师不能以千篇一律的态度对待自己的工作，而是要以一种发展的观点、研究的态度对待学生和教育工作，不断学习新知识和新理论，并且不断反思自己的实践，发现新的特点和问题，调整自我来适应不断变化的形势。

一名成功的教师还需要有学科专业知识、教育专业素养、比较强的语言表达能力、丰富的情感和感染力。正是职业特点和要求，使教师这个职业并不是每个人都可以轻松胜任的，这在一定程度上也制约了家长参与课程建设和讲授效果，这也是家长很难参与课程讲授的原因之一。

虽然家长群体可以走进课堂，但是在讲授方式、管理学生、授课效果等方面仍有不足，需要学校针对家长群体的这些不足进行弥补。

（2）学校工作。

学校教育是教育者根据一定的社会要求，有目的、有计划、有组织地通过学校对受教育者身心施加影响，促进他们朝着所期望的方向变化的活动。每所学校又都有其特有的教育理念，比如 B 城区中几所大家熟知的学校：B 小学的"快乐教育"，GM 小学的"我能行"，S 小学的"一切为了孩子，一切为了明天"，SY 二小的"以爱教育"。由这些可以发现每所学校对于学生培养都有自己的特色目标。学校教育着眼于在校所有学生的发展，在遇到问题的时候会为了绝大多数学生的利益考虑而作出决策。这势必使得少部分家长感到学校对自己孩子的不公平，从而在家长和学校的交流中引起矛盾。

学校工作还有其复杂性。学校的组织机构可分为行政性组织和非行政性组织，前者承担学校的具体管理职能，后者起保证、配合、监督和制约作用，这些都是有效的管理活动中不可缺少的组成部分。行政性组织有校长办公室、教导处、总务处、行政会议、教职工代表大会和校务委员会。非行政性组织有中国共产党的基层组织、教育工会基层组织、少年先锋队组织和各种研究性的群众组织。这些组织保障了学校的正常运转，同时这些组织也使得学校有规律地开展各项教育教学工作和活动。

由于学校每天都要面对许多繁杂的工作，因此学校在培训和组织家长开展家校合作时，经常采用讲座或者统一授课的形式。当充分了解了学校的管理情况和教师的工作情况后，不得不承认这种方式更便于学校开展工作，节约了人力和物力，也节省了时间和空间。但是这种统一的家校组织形式又难以满足家长们的个性需求，所以家校合作中不能只从学校的立场出发，应该通过改进办法了解家长们的需求和喜好，这样才能做到双赢，让家校合作更加长久稳定。

四、充分挖掘家长资源加强家校合作的策略

（一）转变学校和家长的观念，建立家校教育共同体组织

通过对家校合作问题的原因分析发现，虽然家长和学校有各自的观念和立场，但

可以肯定的是，无论是家长还是学校，都是为了学生的健康发展，这点是双方的共同目标。学校可以建立相关共同体组织，使家长可以通过加入这些组织直接参与学校的管理和决策，并有一定的权限和责任。组织中的家长委员们共同承担学校管理中的责任，形成学校与家长共同处理、解决学校问题的对等关系，共同承担学校职责的模式，这也符合当今教育治理的理念。现今家委会组织如果经过完善和改进，也可以成为共同体组织，这需要进一步制定家委会制度等。

1. 建立家校教育共同体组织的可行性

家校教育共同体组织，是学校和家长为了学生的发展而形成的组织。这个组织有四个要点。第一，家校教育共同体组织就是聚集在一起的教师和家长。第二，这些人有共同的目标。家校教育共同体的目标对象就是学生。第三，这些人相互依赖，需要按照特定的规则或规范彼此协作。家校共同体组织有明确的流程、分工、职责，共同为学生的利益而互相协作。第四，这些人需要特定的空间和条件开展活动。其中，目标或目的共同性和一致性是组织的本质。依据组织的基本概念，家校教育共同体的目标都是为了学生和孩子的发展，具有一致性，建立家校教育共同体具有可行性。

但是在实际家校合作中，建立教育共同体却有一定难度。教育共同体由谁负责？教育共同体的组织机构如何？教育共同体有哪些权利和义务？教育共同体组织如何监管？……许多现实问题是值得考虑的。所以，家校教育共同体的建立不能简单依靠学校和家长的努力，还需要有国家层面的支持，才能更好地实现。家校教育共同体是今后家校合作需要努力的方向。

2. 建立家校教育共同体可以解决家校合作中存在的一些问题

（1）家校教育共同体使家长和学校紧密联系在一起。

当成员认同组织的理念时，就容易形成强烈的团体归属感，凝聚力可以成为紧密联系个人与集体的纽带。凝聚力强的成员往往会利用更多的时间一起分享信息、进行互动交流，他们彼此体谅，互相有好感，人际关系和谐，成员之间很少发生冲突，即便有冲突，往往也能及时有效地解决问题。在面临压力时，成员之间也能彼此照应、互相支持。

正是由于组织中的成员有这样的特点，所以在家校教育共同体中，家长和学校会形成团结的氛围，共同为学生的发展出谋划策。家长和学校的目标使得双方紧密联系在一起，学校的荣誉同时也是家长的荣耀，家长的困难也是学校的担忧。在这种意识下，学校和家长双方都会为了同一个目标而努力奋斗。

（2）家校教育共同体可以有效转变家长的观点和立场。

凝聚力更多的是一种情感体验，而不仅仅是利益的得失。在这种情况下，家长在思考问题的时候就不仅仅站在自己孩子立场上思考，而更多地会从学校整体的利益来思考。这样会在一定程度上减少家长与家长之间、家长与学校之间的矛盾，类似前文中 QQ 群事件发生的概率将会降低，部分教师不喜欢家长参与学校活动的情绪会有所转变。

（3）家校教育共同体可以充分发掘家长群体的教育资源。

如果将由学校和家长建立的教育共同体看成为一个组织，那么组织可以为个体带来归属感和价值感，在教育共同体中的家长会竭尽全力地支持学校的发展建设，积极为学校出谋划策的同时，当学校需要家长帮助的时候，家长也会主动提供各种社会资源供学校发展利用。学校让家长参与日常事务的同时，也给家长带来了组织的归属感，当学校采用了家长建议或者家长资源的时候，家长又找到了价值感。在归属感和价值感的作用下，家长参与教育共同体的积极性又进一步提升了。

对于家长提供的资源，学校要及时采用，让家长感到自己在教育共同体这一组织中的价值。研究人员在与某学校领导访谈中发现，该学校在家长学校的活动中，曾经充分挖掘家长资源。在平日和家长的交流中，得知一名家长和某教育专家熟识，所以通过这名家长联系到了专家为二年级的家长进行了教育讲座。一年级一名家长的父亲是著名的少儿阅读推广人，此家长非常愿意将自己对教育孩子的见解和其他家长进行交流，于是学校特意为家长们的交流学习安排了时间和教室。这些活动都取得了很好的效果，使许多家长受益。同时也让提供资源的家长感到了被重视的感觉，这种提供资源、为学校发展建设出谋划策的做法也感染了更多的家长，很多家长也都纷纷表示愿意提供某方面的资源。

对于没有相关资源的家长，学校也要思考如何安排他们的工作，让这部分家长有存在感。研究人员在与某校主任的访谈中得知，该校成立了家长护卫队，每天放学路边车辆繁多，这些家长主动帮助指挥和疏导学校门口的车辆，让学生放学的路队可以更加安全。在家长的护送下，其他学生和家长都很感谢这支护卫队，同时也愿意加入类似的活动中。可见，这样的活动激发了家长们的参与热情。

（二）建立应对提议、投诉、表扬的平台

现代社会多元化的发展，学校和家庭在很多时候会因为各自的立场和观念不同而影响家校合作的开展，产生摩擦或者冲突。如果处理不当，这些摩擦会转化为更加尖锐的矛盾，阻碍正常教育教学的进行。因此，建立应对投诉、提议和表扬机制的平台，有助于增加交流机会，疏导双方不快的情绪，构建一个有效的家长反馈通道，有助于帮助化解家校合作中出现的问题。为了使这个组织中的决策和立场更加公平，这个应对机制中的成员要由家长群体和教师群体共同组成。这样的组织既有家长群体代表，可以表达家长的立场，也有教师群体代表，可以表达学校的立场，在双方的共同协作下制约并监督学校和家长双方的行为。

1. 及时化解矛盾

家长群体和学校思考问题的立场和出发点不尽相同，当双方存在不同意见或利益不一致的时候，会产生心理敌对和行为的对抗，这是一个从知觉到情绪，再到行为的心理演变过程。在这个过程中，个体或团体在各种条件下首先意识到他或他们的利益

正受到另一个个人或团体的影响，产生直觉层面的冲突感受。在家长和学校双方的接触交流中，有可能是学校对家长的行为或言语不满，也有可能家长有对于学校工作的不解、对教师产生敌对心理。如果这种情况并不严重，或者对方的所作所为并没有对自己的利益造成严重后果，那么冲突就停留在知觉层面上，不然，就会继续发展成情绪上的敌对，或者是行为上的对抗。这种敌对和对抗会进一步影响双方的知觉和情绪，使误解更加严重，增强了对抗的意识，带着对抗的情绪和行为继续交流，则会使学校和家长之间的交流更加困难，最终陷入恶性循环的局面。所以，双方要防微杜渐，尽快尽早地澄清双方的误会，解决问题是非常重要的。

平台中既有家长的参与也有学校的参与才有利于实现双赢取向。双赢取向认为学校和家长双方最终能够寻找到一种互惠、共赢的方式来解决分歧。由于家长和学校合作的目标都是为了孩子的发展，双方有着统一的利益，而且在家校合作多种模式中，家长和学校双方都获有足够的信息量，所以这种模式从理论上可以有效地发挥作用。研究人员在针对一所学校的调查中发现，当学校公开学校工作信息和领导电话后，家长有了和学校通话联系的渠道，家长对教师工作存在分歧的时候，可以直接和校领导对话来反映此问题。所以，家长和学校的矛盾反而降低了，家长也更愿意投入到学校的建设中，支持学校的发展。

这仅仅是公布了学校领导的电话带来的变化，如果可以建立由家长和教师双方组成的应对平台，从理论上而言，应该可以取得更好的效果。因为对于家长和学校来说，这个平台的构建像是第三方的介入，平台机构中的人员既不全代表教师的利益，也不全代表学校的利益，是一个比较公平的组织。第三方的介入，可以以最少的组织资源迅速解决矛盾，可以找到从长远看能够解决冲突的最佳方法，可以让家校双方都接受。

2. 及时表扬好的行为现象

激励是指持续激发人的动机的心理过程。通过激励，在某种内在需要或外部刺激下，被激励者会始终维持在一个兴奋状态中。有效的激励方法可以让家长积极长久地参与家校合作。尊重是马斯洛需求层次理论中的一部分。尊重需求是个体希望获得成就感以及他人对自身价值的承认与肯定。满足家长的尊重需求能使家长对自己充满信心，体会到自己在家校合作中的价值，从而对家校合作保持满腔热情。

通过对一所学校的访谈，研究人员发现该校为参与学校课程建设的家长颁发聘任证书，为参与学生春季实践活动的家长和投送阅读稿件的家长颁发奖状……这些小小的举动给了家长们继续努力的动力。

3. 针对家长的提议及时给予反馈

如果家校合作中建立了反馈提议的平台，让家长们有提意见的渠道和发泄不满的途径，那么可以增加家校合作的效果。

在对一位家长的访谈中发现，该学校在举行家长会后通常会下发给家长们调查问卷，家长可以在问卷中填写对学校的意见和建议。这一举措，使家长们有了主人翁的意识。但是在调查问卷回收后，学校没有针对调查问卷的内容给予家长反馈，家长并不知道自己提出的意见是否被学校考虑采纳，也不知自己认真思考填写的问卷究竟有什么作用。所以，家长经过了几次这样的家长调查问卷填写后，就开始简单回答，认为学校只是走个过场，不会真正考虑家长们的提议。

由此可见，学校调查的初衷是为了征询家长群体的意见，但是由于没有针对调查问卷的情况给予及时反馈，导致家长们参与热情减退。所以，学校要增进平台交流，了解家长们所思所想、所喜所忧，同时更要注意及时对家长进行交流反馈。这样可以使家长们在家校合作中找到被尊重感、归属感和价值感。

（三）切实加强教师队伍建设

1. 提升教师素质，使家长信服

通过表 2 – 29 对于家长群体学历的调查不难发现，现在家长有着丰富的学识。对于某所学校 40 名教师的调查发现，33 岁以上教师第一学历为大专，后经专升本均将学历提升至本科，22 ～ 32 岁教师第一学历都是本科，大部分毕业于专业师范院校小学专业。招聘进来的新进教师有 3 个初始学历为研究生，目前还有 4 名教师进行在职教育硕士的学习。这些对于教师群体学历的调查和表 2 – 29 中家长学历群体的比对可以看到，部分家长在学识上是优于教师群体的。越是生源和办学质量好的小学，家长群体的综合素质高于教师群体的状况越明显。为了使家长群体对于学校的工作和办学能力更加信服，学校需要提升教师的综合素质，通过努力提升自身的专业素质，提升学历、开阔视野、增加个人修养等方面来提升家长群体对教师的信服度。学校要提供多方面的平台丰富教师的学识，也应开设多方面的渠道培养教师的综合素质，并且针对不同年龄特点的教师应该有不同的培训侧重点。年轻教师基本是本科或者研究生学历，专业学习教育教学理论多年，但是缺乏和家长交流沟通的实践经验，针对这类群体的教师，学校应更多地在沟通技巧上进行培训，可以通过一些真实发生的案例的分析来帮助年轻教师成长，这样才可避免像前面提到过的 QQ 群事件，也可有效帮助案例中教师的困境。针对年长教师，他们大都有了多年的教育教学经验，但是对于新生事物和新的教育理念接受能力较弱，所以针对这类群体的教师可多在新的理念上给予培养。

通过这样有针对性的培训，可以提升教师的综合素质，让家长更加信服学校的工作，从而有助于家校合作的顺利开展。

2. 改变教师观念，促进家校合作

观念是人们对事情的主观与客观认识的系统化之集合体，人们会根据自身形成的观念进行各种活动。教师也会根据观念体系对教育教学活动进行决策、计划、反思和总结，从而不断丰富提高教育教学水平。由于当今社会网络资源的广泛利用，人们获得信息的渠道非常多，所以每位家长都是知识和信息的拥有者，传统的教师作为教育专家和知识专家的地位受到削弱。

教师应当认清当今教育现状，及时调整观念认识，这样才有助于教师群体做正确

157

的事情。家长信任教师，才能放心将孩子送到学校；家长信任教师，才能努力支持学校工作；家长信任教师，才能信任学校。

以往的学校使教师在家校关系中占主导地位，但是现在的教育环境需要改变这一传统观念。教师在合作中获得了自我改进的平台，找到了自我调整的方向，这种改进最终在学生成长中发生积极作用。一位教师接受研究人员的访谈时称："以前，我不喜欢家长参与春季实践活动。某同学的妈妈来的时候，还在车上带着学生大喊大叫，弄得司机都烦了。后来，为了防止这样的事情发生，我在活动开始前，就和来参加活动的家长说了几点要求。为了让学生有序站队，不能在学生站队的时候照相；为了让司机师傅有好的驾驶环境，不能在车上大声喧哗；为了孩子们的乘车安全，我们在车上不要照相，否则孩子会摆很多姿势，急刹车的时候容易发生危险……还有许多细节，都是以前在活动中发现的，及时总结了出来。提前和家长说好了这些注意事项，后来的效果还是不错的。而且，家长们在和学生一起活动的时候真是精力旺盛，为了孩子们跑前跑后，还一直组织孩子们要跟上队伍，这倒使我轻松了不少"（教师7）。

通过以上访谈不难发现，一开始教师确实有一些反感情绪，但是只要教师肯动脑筋、想办法，随着家校活动的深入开展，最终都可以使问题得到解决，而且在解决问题的过程中，既能让教师发现管理中的问题，同时也增强了教师的协调能力。

第三章　县域优质教育资源扩大政策执行分析

　　我国基础教育实行"以县为主"管理，我国义务教育均衡发展的教育公平价值取向实现的程度关键在于县域的优质教育资源扩大政策执行进展。在当今社会，各行各业如何运用互联网技术已经成为一个世界性的重要研究课题，"互联网＋教育"无疑是优质教育资源扩大的重要途径。同时，教育大计，教师为本，教师是教育政策执行最基础、最根本的力量。班主任是学校发展中的中坚力量，也是学校在教育政策执行中的骨干。新教师入职培训的导师组制把新教师的成长和优秀教师经验的共享集中于同一机制。新班主任校级培训集校情、校史、校园文化、班级管理、学生身心教育、师生关系等于一体，对于提高教育教学水平均具有不可忽视的作用。义务教育阶段师资交流政策则试图从县域层面通过师资流动把优秀教师的经验传播开来，是另一种形式的优质资源扩大。这些问题在优质教育资源扩大政策执行中起着举足轻重的作用，因此本章分别以县域为单位和案例，对这些问题进行调研分析，同时对某区义务教育优质资源扩大策略进行综合分析。

第一节　H 区中小学"互联网＋教育"问题和对策研究

　　"互联网＋"战略是通过互联网的平台，利用信息通信技术，把互联网和包括传统行业在内的各行各业结合起来，在新的领域创造一种新的生态。互联网已经成为一种生产力，赋予各行各业以新的力量。全国各行各业都在互联网上下功夫，企图通过互联网形成一种新的模式。例如，传统集市＋互联网有了淘宝，传统百货卖场＋互联网有了京东，传统银行＋互联网有了支付宝。

　　随着微博、微信、微电影、微视频、微店等的出现，我们已经进入微时代。当前，在云计算、大数据等一系列新技术、新理念的冲击下，教育信息化在全球范围内都取得了长足的发展，人们期盼着在教育界能有更新、更有效的教学模式应运而生。"互联网＋教育"必将引发新的教育模式及学习方式。"互联网＋教育"的本质就是利用互联网技术与互联网思维来思考与解决教育领域的问题，它改变了传统"教"与"学"的形态，给我们带来了全新体验。"互联网＋教育"衍生出了微课、慕课、云课堂、微视频、创客教育以及基于移动客户端的教学等具有划时代意义的教学模式。

那么，某市 H 区中小学（含幼儿园）教师对"互联网＋"是如何认识的呢？广大教师在"互联网＋教育"环境下的教学方式发生了哪些变革？在新形势下有效利用互联网开展了哪些教学活动和学习活动？研究人员对此于 2016 年 12 月进行了问卷调查研究，观看了六节学习方式变革的录像课，并对相关教师进行了访谈。调查对象包括 WS 中、JD 附中、B 实验学校、SY 实验学校、YY 学校等 107 名教师。其中女教师 92 名，男教师 17 名。30 岁以下教师占 27.10%，31～40 岁教师占38.32%，41～50 岁教师占 34.58%。幼儿园教师占 28.04%，小学教师占 13.08%，初中教师占 44.86%，高中教师占 14.02%。

一、H 区中小学教师对"互联网＋教育"的认识与应用现状

通过调查，研究人员发现 H 区中小学（含幼儿园）教师对"互联网＋教育"的认识与应用基本情况如下：

（一）对"互联网＋"及"互联网＋教育"的认识与理解

1. 对"互联网＋"的认识

如图 3－1 所示，有 45.79% 的教师认为"互联网＋"是一种技术手段，有23.36% 的教师认为是一种思维方式，有 30.85% 的教师认为是一种生活方式。

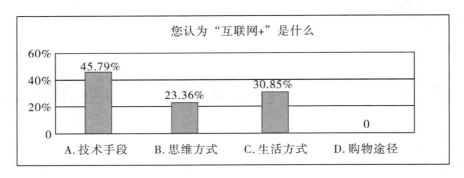

图 3－1　关于对"互联网＋"的认识

2. 对"互联网＋教育"的认识

如图 3－2 所示，有 69.16% 的教师认为"互联网＋教育"对教学方式有重要影响，有 29.91% 的教师认为只能辅助教师的教学工作，有 0.93% 的教师认为不会有太大作为。

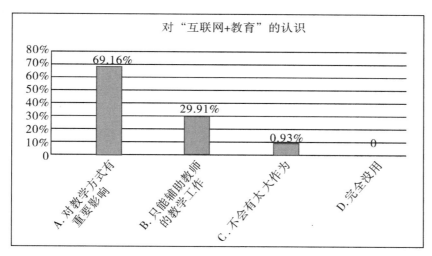

图 3 - 2　关于对"互联网＋教育"的认识（1）

　　在"互联网＋教育"这一新型教学方式与传统教学方式的比较上，有41.12%的教师认为"互联网＋教育"教学方式会取代传统教学方式，有58.88%的教师则认为不会，统计结果如图 3 - 3 所示。

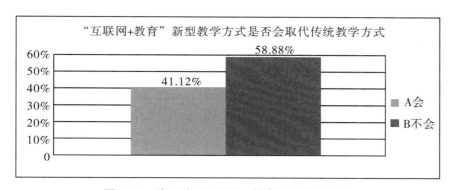

图 3 - 3　关于对"互联网＋教育"的认识（2）

　　"互联网＋教育"环境为教学提供了更多样化的选择，当研究人员问及"'互联网＋教育'在某些学科有些课型上会对学生产生积极影响"这一问题，有57.94%的教师非常同意，有39.26%的教师比较同意，有2.80%的教师不太同意，统计结果如图 3 - 4 所示。

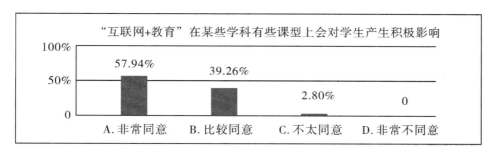

图 3 - 4　关于对"互联网＋教育"的认识（3）

关于"互联网＋教育"的缺点，有 56.07% 的教师认为信息庞杂，不利于学生做出选择和判断，有 36.45% 的教师认为学习者开始不适应网络教学方式，有 28.97% 的教师认为教师无法提供针对性辅导，有 70.09% 的教师认为学生容易缺乏自制力导致效果不佳，统计结果如图 3－5 所示。

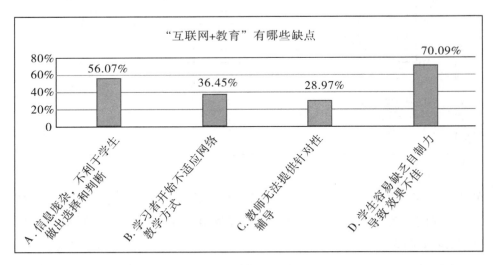

图 3－5　关于对"互联网＋教育"的认识（4）

对于"互联网＋教育"中互联网与教育两者谁占重心的问题，有 8.41% 的教师选择了互联网，有 91.59% 的教师选择了教育，统计结果如图 3－6 所示。

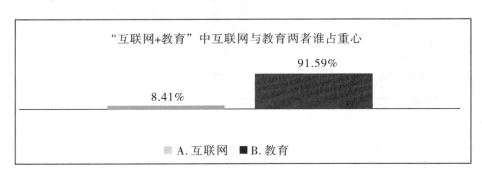

图 3－6　关于对"互联网＋教育"的认识（5）

（二）关于"互联网＋教育"的现状

1. 教师对"互联网＋教育"的使用情况

教师在教学中经常使用或将要使用手机进行教学的占 32.71%，使用微课教学的占 62.62%，运用翻转课堂教学的占 35.51%，使用平板电脑进行教学的占 29.91%，统计结果如图 3－7 所示。

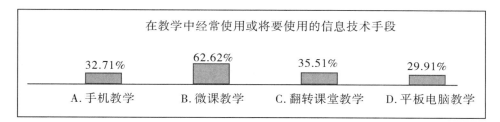

图 3 – 7　"互联网 + 教育"的现状（1）

2．教师在教学中经常使用微课、翻转课堂等新型教学方式的原因

关于教师在教学中经常使用微课、翻转课堂等新型教学方式的原因，有 70.09% 的教师认为方便、快捷，不受时空限制，有 64.49% 的教师认为方便资源共享和及时反馈，有 53.27% 的教师认为有良好的交互性，有 46.73% 的教师认为有利于开展个性化学习，统计结果如图 3 – 8 所示。

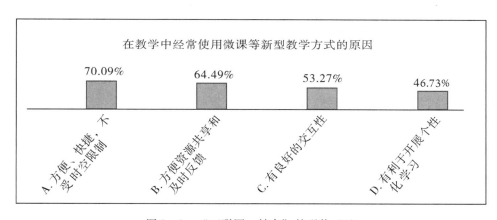

图 3 – 8　"互联网 + 教育"的现状（2）

3．对限制学生使用手机的认同

虽然手机搜索信息非常方便，但是学校还是应该限制学生对手机的使用。对此，有 55.14% 的教师非常同意，有 32.71% 的教师比较同意，有 11.21% 的教师不太同意，有 0.93% 的教师持非常不同意态度，统计结果如图 3 – 9 所示。

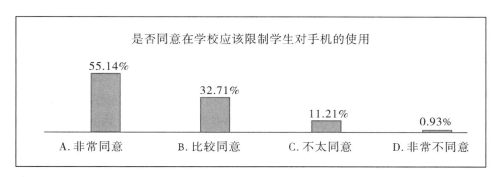

图 3 – 9　"互联网 + 教育"的现状（3）

4. 平板电脑等新技术的应用对学生深度思考的影响

在理科学习上，平板电脑等新技术的应用会对学生的深度思考产生不利影响，可能不如黑板画图那样直观方便。对此，有 20.56% 的教师非常同意，有 54.21% 的教师比较同意，有 24.30% 的教师不太同意，有 0.93% 的教师非常不同意，统计结果如图 3 - 10 所示。

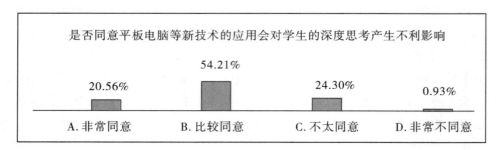

图 3 - 10　"互联网 + 教育"的现状（4）

（三）对"互联网 + 教育"发展的期待

1. 关于"互联网 + 教育"的发展前景

对于"互联网 + 教育"的发展前景这个问题，有 85.05% 的教师非常看好，认为是未来教学模式的一大发展趋势，有 14.02% 的教师认为一般，不会有太大作为，有 0.93% 的教师认为无所谓，统计结果如图 3 - 11 所示。

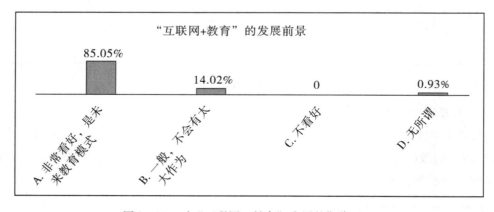

图 3 - 11　对"互联网 + 教育"发展的期待（1）

2. 关于"互联网 + 教育"的培训

对于"接受过或希望接受哪些关于'互联网 + 教育'的培训"这个问题，有 54.21% 的教师接受过或希望接受理念培训，有 50.47% 的教师接受过或希望接受技术培训，有 49.53% 的教师接受过或希望接受实操案例培训，有 40.19% 的教师接受过或希望接受这一领域的综合培训。

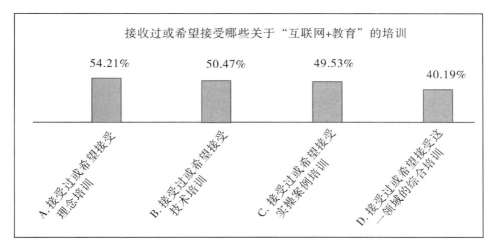

图 3 - 12　对 "互联网 + 教育" 发展的期待（2）

（四）关于 "互联网 + 教育" 应用的建议

关于 "互联网 + 教育" 应用的建议调查结果显示，教师们给出了如下建议：了解学生的实际；注意师生、生生的交互性；对学生加强媒体素养培训；及时培训，加大实操性培训，让更多的教师能够灵活使用；以互联网为载体，更好地提升教育教学质量，提高学生学习的自主性、能动性、实效性、创造性；注重教育；"互联网 + 教育" 新环境需要分学段、分学科，不能一概而论；构建适合学生的网络环境；扬长避短，结合学生特点，为我所用；不能替代课堂；需要绿色网络、健康网络支持；教师之间应该建立分享平台；监管、反馈的真实性需要技术手段；网络实名制；需要首先有足够的硬件支持，要有成熟可操作的技术软件，不要一呼而上，不要走极端；不迎合，需要时大胆使用，注重实际效果。

二、调查结果分析

（一）"互联网 +" 是一种思维方式

调查中有 23.36% 的教师认为 "互联网 +" 是一种思维方式。所谓互联网思维，就是在（移动）互联网、大数据、云计算等科技不断发展的背景下，对市场、用户、产品、企业价值链乃至对整个商业生态进行重新审视的思考方式。

最早提出互联网思维的是百度公司创始人李彦宏。在百度的一个大型活动上，他与传统产业的老板、企业家探讨发展问题时，首次提到 "互联网思维" 这个词。他说，企业家们今后要有互联网思维，可能所做的事情不是互联网，但思维方式要逐渐像互联网的方式去想问题。如今，这种观念逐步被越来越多的企业家，甚至企业以外的各行各业、各个领域的人所认可，但 "互联网思维" 这个词也演变出多个不同的解释。

互联网时代的思考方式并不局限在互联网产品和互联网企业。这里的互联网，不单指桌面互联网或者移动互联网，而是指泛互联网，因为未来的网络形态一定是跨越各种终端设备的。

此外，互联网思维给我们更大的启示是将两种以上不相关的事情联系在一起，形成一种新样态的学习资源与课程。例如，B 实验学校的《彼得的中山狼》就是"互联网＋"思维方式下的一种课程探索。

（二）"互联网＋教育" 对传统教学方式是一个极大的冲击

调查中有 41.12% 的教师认为"互联网＋教育"教学方式会取代传统教学方式，有58.88% 的教师则认为不会。这是一种比较理性的分析，但从传统课堂及教学方式的弊端上看，"互联网＋教育"对传统教学方式的确是一个极大的冲击。

一所学校，一名教师，一间教室，一块黑板，这是传统的课堂，这样的课堂模式弊端也越来越突出。

首先，是教学模式太过"死"。传统课堂的"教"，多是教师照本宣科地把知识传授给学生，但由于受教学计划的影响，教师讲课时总是围绕教案进行，整个教学过程一板一眼，什么时间讲课，什么时间提问，给学生多少时间回答问题等，都设计得丝丝入扣。缺少形式多样的提问，缺少热火朝天的讨论，缺少自由自在的交流，这样的课堂难免会让学生觉得枯燥乏味，兴趣渐衰。

其次，传统课堂太注重"应试"。教师对学生的评价更多的是掌握教师所教给的知识，会做题，考试能够取得好成绩；学校对教师的评价也基本上是看教师的教学成绩。传统的教学评价，过于注重结果的评价而忽视对过程的评价，造成的结果是：压抑了学生学习的自信与积极性，使学生不能清楚地认识自我，反思自我，学生自主学习、自主发展的能力与品质得不到应有的训练与培养，学生的个性健康发展受到了极大影响。

此外，传统课堂学生往往处于被动接受状态。课堂中学生学习方式比较单一、被动，学生的学习方式缺乏个体性，教师与学生之间、学生与学生之间经常处于一种紧张的状态，信息交流处在一种不尽畅通的状态，学生缺少自主探索、合作交流、独立获取知识的时空机会。

而基于"互联网＋教育"的新型课堂教学正好切中传统教育"痛点"，它解决了时间和空间上传统教育所不能解决的问题。教师不再使用"老一套"的教学方式。现在，有些学校教师的板书必须写在投影用的白板上，有些学校学生可以通过弹幕在 PPT上交流互动。随着微信的普及，许多学校也都推出"微信教学"课堂及 APP 客户端，且发展较为火爆。微课、慕课、翻转课堂、手机课堂，这就是"互联网＋教育"的结果。

"互联网＋教育"对传统教学方式是一个极大的冲击，在"互联网＋教育"中互联网与教育两者谁占重心的问题上，有 8.41% 的教师选择了互联网，有 91.59% 的教师选择了教育，说明现阶段互联网仍然一种辅助教学手段。

（三）"互联网＋教育"寄托着广大教师教学方式变革的希望

有人说，网络将世界联成一个"地球村"，将人与人之间的距离越缩越短。运用互联网学习的优势越来越明显，而互联网教育也将改变未来的教学与学习方式。

比起传统的教学方式只能在一个时间和地点来授课和学习，互联网的教学方式更灵活多变。例如，有70.09%的教师认为在教学中经常使用微课、翻转课堂等新型教学方式的原因是方便、快捷，不受时空限制，有64.49%的教师认为方便资源共享和及时反馈，有53.27%的教师认为有良好的交互性，有46.73%的教师认为利于开展个性化学习。使用互联网教学可以不受时间和空间的限制，只要有一台电脑或者一部手机，人们就可以随时随地利用空闲的时间来进行学习，这样时间的利用率会变得更高，交流和分享的空间也更自由广泛。

而对于学生们的学习来说，互联网教育使得将来学生的学习途径不断增多，学生选择学习的方式也会变得多种多样，并不仅仅来自老师的教学和课堂。

相关专家预测，互联网教育的将来会发展得越来越好，它会成为人们生活中一种常见的学习方式，人们利用网络，就可以足不出户，共享全球名校名师课程，实现时间碎片化管理，实现自助式学习，让教与学的效率更快更高。

有人认为，虽然互联网颠覆不了教育本质，但是互联网可以对教育进行补充、对教育的手段进行革新，到最后互联网变成教育的重要载体。

（四）"互联网＋教育"已在部分教师中做了大量实践性探索

在调查中研究人员发现，部分教师尝试使用平板电脑、手机等移动设备，组织学生进行自主、合作、探究的学习活动，开展网络环境下的教学，教师充分利用网络技术环境，引发学生学习兴趣，让学生自己解决学习过程中遇到的问题，进行相关过程性检测等学习内容，现代化技术手段的运用能够让学生在个性化的学习环境中训练能力，提高兴趣，充分激发了学生的主动意识和探究精神。

例如，在语文和地理等学科的传统教学模式中，学习的媒介主要是课本，这种教学模式在让学生较短时间内共同研究学习方面很受限制。在常规的课堂，学生的学习方式主要由教师提供统一的学习材料，集体授课，共同学习，对学生因个体差异而产生的不同学习需求关注不够。教师采用了平板电脑＋网络教学方式之后，体验到了以下几个益处：

一是学生可以充分利用移动终端中丰富的资源拓展知识面，用教师准备的学习资料包学习，对信息进行选择、获取、利用，分组研讨，提升了学生的自主学习能力，同时提升了学生的信息素养。

二是课堂氛围轻松，学生有一定的自主学习空间，大大提高了学习兴趣。与传统课堂群体式、同节奏的授课方式相比，学生自主选择式的学习更为人性化，学生自主性更强。

三是利用平台功能，教师可以更好地了解每一名学生的学习情况。同时，软件的相关功能可以帮助教师随时抽查每一名学生的完成过程并点评其完成情况。

四是从学科来看，学生互动环节能及时、实时反馈学生的学习情况，便于教师评价、指导，能更好地落实教学目标。同时，及时的分享与点评能增强课堂的互动性。

五是能及时记录学生的学习过程，了解其在学习过程中的问题和成绩。

又如，有的教师将平板电脑、多媒体交互设备、无线网络应用到物理课堂，能够拓展学习的空间，将实验室搬进教室。以测量电阻的实验为例，以前学生在学习了电流、电压、电阻相关知识后，再到实验室进行实际操作，发现电阻的规律，以便加深对知识的印象，但由于课程安排等因素的影响，学生不可能马上学以致用，容易造成遗忘，因此往往需要教师在学生做实验之前重复之前课堂上讲过的内容，造成了学习效率的低下，学生的学习兴趣不高。但有了信息化的设备之后，学生在学习了相关理论知识后，可以马上在平板电脑上模拟测电阻的实验，既安全又能方便教师记录学生对知识的掌握程度，以进行个性化指导，提高学习效率。

再如，在数学教学中，学生可以利用手机软件先自主学习，并通过其手机平台功能展示学生的学习成果。在学生分享学习成果后，教师可以进一步解决学生在自主探究学习过程中遇到的困难，发现学生的问题，帮助学生解决问题。教师可以利用该平台的智能化功能，推送针对学生个性化问题的练习，从而实现分层学习，提高学生的学习兴趣，变"让我学"为"我要学"。

三、主要问题及建议

（一）主要问题

1. 教师的观念需要进一步提升

从研究人员的调查结果可知，有45.79%的教师认为"互联网＋"是一种技术手段，有23.36%的教师认为是一种思维方式，有30.84%的教师认为是一种生活方式。这样的数据说明广大教师对"互联网＋"的认识更多地局限在"互联网"上，对"＋"的认识与理解还比较缺位。这样就会影响广大教师在教育教学实践中不能更多地从关联的角度设计问题、思考问题进而解决问题。

2. 部分教师的技术培训与应用还不到位

有28.97%的教师认为"互联网＋教育"的教学方式下教师无法对学生提供针对性辅导，其实这恰恰是"互联网＋教育"的一个优势所在，学生可以通过技术手段第一时间向教师反映自己的学习状态，这为教师有针对性地进行辅导提供了机会。由此可以说明，这部分教师还需要在技术上进行深入的培训。

3. 网络安全是教师们普遍担心的问题

有56.07%的教师认为互联网信息庞杂，不利于学生做出选择和判断，在访谈和调查问卷的开放题中，也有50%的教师提到"互联网＋教育"需要绿色网络、健康网络的支持。这是一个非常现实的问题，也是我们进行"互联网＋教育"必须得到保障的前提。

4. 如何让学生合理使用手机仍是一个难题

虽然手机搜索信息非常方便，但是学校还是应该限制学生对手机的使用。对此，有 55.14% 的教师非常同意，有 32.71% 的教师比较同意，有 11.21% 的教师不太同意，有 0.93% 的教师持非常不同意态度。可见，90% 的教师仍然对学生使用手机很纠结。

（二）几点建议

1. 开展有针对性的培训

在"互联网＋教育"的培训这个问题上，有 54.21% 的教师接受过或希望接受理念培训，有 50.47% 的教师接受过或希望接受技术培训，有 49.53% 的教师接受过或希望接受实操案例培训，有 40.19% 的教师接受过或希望接受这一领域的综合培训。可见，广大教师的培训需求是不一样的，这正是日后工作中特别要考虑的问题。

2. 提升教师的专业素养与综合素养

"互联网＋教育"让更多的学生可以不受时间和空间的限制来学习，许多学生在知道自己喜欢学什么以后，可以选择在线课堂学习自己喜欢的课程。这对一线教师是很大的冲击，所以，无论是在思想上，在授课方式上，还是在现代互联网的技术水平上，教师都要有一个整体的提升。我们可以预见未来教师成长的过程即是教师不断更新自己的知识结构，不断更新自己的思维模式，以及不断更新自己的教学工具的过程。

3. 加大网络安全的预防与监管力度

使用网络就必然会出现网络安全问题，我们呼吁国家坚持积极利用、科学发展、依法管理、确保安全的方针，加大依法管理网络的力度，加强网络安全领域的监管力度，制定促进行业发展的规范，加快完善互联网管理体制，保护公民个人隐私和信息安全，促进互联网行业的健康有序发展。同时，我们也要教育学生从自己做起，加强上网安全防范，加强计算机网络安全意识，培养良好的上网习惯，及时安装杀毒软件和防火墙软件，营造一个安全的网络环境。

4. 加强对学生的教育与引导

随着社会的不断进步、信息技术的快速发展，手机已经不仅仅是通信设备，而且是人们社会生活的重要组成部分，从某种角度上说已经成为人们生活的必需品。学生是社会成员的重要组成部分，很多学习可以通过手机来完成。纵使手机带来诸多问题，但一味地阻止、限制学生使用手机是不可能的事情，所以，教师、家长要学习大禹治水的精神，不断加强教育并引导学生如何适度使用手机。

第二节　P区城乡一体化学校新教师
入职培训的导师组制研究

　　导师制是我国中小学采用的培养新教师的一种普遍而又重要的培养方式。导师组制新教师入职培训模式（也称团队带教）是在导师制基础上建立起的一种培训中小学新教师的方式。下面以某市P区城乡一体化学校新教师入职培训为案例进行研究。研究人员通过对文献的检索查阅，对导师制和导师组制的相关研究进行了综述，并于2016年上半年采用问卷法和访谈法，对P区城乡一体化学校310名新教师和20名指导教师进行了调查，分析了导师组制培训模式的实施背景、实施对象、实施过程中的问题及其原因，并提出了完善P区导师组制新教师培训模式的建议。

一、城乡一体化学校导师组制新教师培训实施现状调查分析

（一）P区导师组制新教师培训实施概况

1．问卷调查对象样本特征

310名接受问卷调查的P区城乡一体化学校新教师的基本情况统计如表3－1所示。

表3－1　P区城乡一体化学校新教师基本情况统计表

题目	选项	百分比/%
性别	男	23
	女	77
是否班主任	是	51
	否	49
是否师范类	是	29
	否	71
任教学段	小学	59
	初中	17
	高中	24
学历	本科	50.50
	硕士研究生	49
	博士研究生	0.50

　　由上表可知，在P区城乡一体化学校中，男教师所占比例为23%，女教师所占比例为77%，女教师人数居多；班主任所占比例为51%，非班主任所占比例为49%，新

教师担任班主任的人数较多；非师范生所占比例为 71%，师范生所占比例为 29%，新教师中的非师范生人数较多；在小学任教的新教师比例为 59%，在初中任教的新教师比例为 17%，在高中任教的新教师比例为 24%，新教师的任教学段从小学到高中都有分布，任教学段分布跨度广；新教师中本科毕业生所占比例为 50.50%，研究生学历所占比例为 49%，博士生所占比例为 0.50%，新教师学历水平普遍较高。

新教师来源复杂，需求多样。P 区城乡一体化学校的年轻教师人数多，学历水平较高，综合素质较高，学习能力较强，思维活跃，亲和力强，为教育教学带来了青春的活力。而且，新教师中非师范毕业生比例较大，也存在着一定比例的教非所学现象，任教学段跨度大。经过调查，研究人员发现 P 区新教师的专业发展需求的形式丰富多样，因为新教师年龄相仿，但在个体、认知、认识水平等方面存在差异，所以在新教师群体中既有个性需求也有共性需求。新教师的这种个性和共性的需求体现在培训内容、方式方法、时间等方面。

2. P 区城乡一体化学校导师组制新教师培训的实施阶段

根据资料显示，截至 2015 年 12 月，P 区拥有市级学科带头人 24 名、市级骨干教师 123 名、区级学科带头人 254 名、区级骨干教师 1471 名。区域内相对丰富的骨干教师资源，可以满足新教师的培训需求。

新教师和本校骨干教师的供需不足，而区域内骨干教师相对丰富，为实施导师组制新教师培训提供了现实条件。为了解决这一问题，提高青年教师的教学能力，P 区决定发挥区域内骨干教师的引领作用，采取导师组制对新教师进行培训。培训按年度进行，为期一年，具体分成三个阶段。

第一阶段：调研、筹备阶段。每年 3 月至 7 月，由区教委领导、区教师进修学校组织培训者、教研员等相关工作人员到新教师所在校进行实地调研，展开座谈，深入了解学校和新教师的培训需求。由区进修学校培训部门总体负责，教研部门各学科教研员组织教研员、新教师所在校、培训者、新教师等研讨方案，根据研讨意见进一步修改方案，最终制定各学段学科相应的具体方案。培训部门负责新教师管理工作。

第二阶段：具体实施阶段。每年 8 月，进行十天左右的集中培训，将新教师按照学段学科分班，每班 25～35 人。集中培训的内容为师德专业理念、新课程理念学习、课标解读、班级管理等。9 月至次年 7 月，以新教师教育教学实践追踪指导为主，配合集中研讨。各个导师团队深入新教师所在校，结合新教师的教育教学实际，按照带教计划，对新教师进行具体指导。

第三阶段：评价阶段。每年 5 月至 6 月，由进修学校相关部门对导师组制新教师培训情况进行评价。主要分为两种形式，一是对培训过程中的相关材料进行收集整理；二是开展教学基本功比赛，开展新教师公开课展示，以此了解新教师的培训效果。同时，相关部门组织对导师的带教工作进行评价。

（二） 对导师组制新教师培训的内容、方式的看法

1. 关于 P 区城乡一体化学校导师组制新教师培训内容

培训内容是导师带教的核心，内容的制定是非常重要的因素。2012 年，教育部颁发了我国《中学教师专业标准（试行）》《小学教师专业标准（试行）》《幼儿园教师专业标准（试行）》，这是国家对合格教师的基本专业要求，是教师实施教育教学行为的基本规范，是引领教师专业发展的基本准则，是教师培养、准入、培训、考核等工作的重要依据。P 区导师组制新教师培训的内容按照以上标准，从专业理念与师德、专业知识和专业能力三个维度设计，并通过前测、调查、访谈等途径了解新教师个体需求，在综合新教师的共性需求、个体需求和国家要求的基础上，制定培训的内容。培训内容具体分为专业理念和师德、专业知识和专业能力等方面。

（1） 有关专业理念和师德方面的培训内容。

以上标准中提出师德为先、学生为本、能力为重的基本理念，新教师需要树立职业理想，提高思想素质，形成良好的师德。通过调查，研究人员了解到新教师对于专业理念和师德的需求度，如表 3－2 所示。

表 3－2　新教师在"专业理念和师德"方面培训的需求度统计表

单位：%

项目	不需要	有点需要	一般需要	比较需要	很需要
教师基本素养、敬业精神和责任心	0	2.3	33.5	19.4	44.8
教育政策法规及法律意识	0.6	1.0	31.9	22.9	43.5

由上表可见，新教师在"教师基本素养、敬业精神和责任心"项目选择"比较需要"和"很需要"的比例分别是 19.4% 和 44.8%，合计 64.2%。这说明新教师对"教师基本素养、敬业精神和责任心"的培训需求较高。新教师在"教育政策法规及法律意识"项目选择"比较需要"和"很需要"的比例分别是 22.9% 和 43.5%，合计 66.4%。这说明新教师对"教育政策法规及法律意识"的培训需求较高。通过观察，研究人员了解到新教师对于"教师基本素养、敬业精神和责任心""教育政策法规及法律意识"方面的培训还是比较需要的。如在访谈中，某新教师认为，"我是非师范专业，又是教非所学，虽然对于我来说一年级的知识难度不大，但是毕竟是一门全新的职业，我需要学习的东西太多，C 老师讲的《从神经教育学的角度看儿童发展》、D 老师讲的《一个乡村教师的幸福生活》（以上都是新教师培训课程）对我的震撼太大了，这是我以前从未了解的。"又如某新教师认为，"现代社会是法治社会，教师需要明确自己的权利和义务，在从教的同时，要依法执教，能够用法律法规保护自己，保护好学生"。可见，新教师对于专业理念和师德方面的培训需求较高。

P 区导师组制新教师培训采取多种培训形式，重视新教师师德和专业精神的培养。

如在以往的新教师培训中，对于师德、法律法规等内容的培训，往往采取公共课的形式进行，无论中学、小学甚至幼儿园阶段的新教师，统一集中培训，因此不能满足新教师的个体需求。而在 P 区导师组制新教师培训中，暑假期间开展了为期十天的集中培训，课程采取了选修课程的形式，分为"教育政策与法规""教师职业理想与追求、职业道德""专业成长与职业规划""育人理念与方法"等模块，要求新教师选择规定的课时数，同时将课程作业交给自己的指导教师，由指导教师评分并点评，由指导教师负责指导新教师在教育教学实践中的教师专业理念和师德，并最终收录在新教师手册中，作为对新教师的一项考核内容。

师德等内容的学习不再是以往培训初期的集中听讲座形式，而是贯穿在新教师第一年的整个教育教学实践中。同时，导师们以自身优秀的师德修养，时刻感染着新教师，对新教师有潜移默化的影响。如某新教师在访谈中表示，"也许是因为朝夕相处、潜移默化的原因，我从本校指导教师身上学到的东西最多，集中培训的时候我们也听过名师的故事、名师的先进事迹，但是身边的人往往最能触动自己，W 老师非常敬业，每天提前半小时来到学校，做各种准备工作，他常年的坚持让我很是敬佩"。又如某新教师在访谈中说，"教研员 Z 老师说的'从小事做起，从细节入手'，对我的影响很大。他教会我不能单纯看一次作业和一次考试的成绩来衡量学生究竟有没有进步。这句话看似简单，实则意义深刻，新课程中强调：日常教学中的评价以形成性评价为主，关注学生在学习过程中的表现和进步。我以前仅仅把它当作口号，或者说还不知道如何去践行这一理念。Z 老师帮助我把它内化到实际教学活动中。教学无小事，要认真对待每一名学生，认真对待每一节课"。

指导教师的带教活动促进了新教师对师德和专业理念的深入了解，使得新教师在入职初期就树立了成为优秀教师的理想，明确了关爱学生、尊重学生，以学生为主体，遵循学生身心发展特点和教育规律，促进学生全面发展的理念。

（2）有关专业知识和专业能力方面的培训内容。

教师的专业知识划分为四部分，分别是教育知识、学科知识、学科教学知识和通识性知识。因为在 P 区导师组制新教师培训过程中，"学科知识"和"学科教学知识"是分学科进行，调查不便，而"通识性知识"并未统一规定进行培训，因此，研究人员仅以"教育知识"作为调查对象进行考察。

中小学教师要掌握教育心理学的基本原理和方法，了解中小学生身心发展的一般规律与特点，掌握中小学教育的基本原理和主要方法。教育学、心理学知识可以帮助教师认识和应对复杂多样的教育教学现象，让教师能够创造性地从事教育教学工作，还能将学科知识转化为让学生易于接受和理解的知识，促进学生的学习。

通过调查，我们了解到新教师对于教育学、心理学以及中小学生身心发展特点的需求度如表 3 - 3 所示。

表3-3 新教师在"教育知识"方面的需求度统计表

单位:%

项目	不需要	有点需要	一般需要	比较需要	很需要
教育学理论专题	1.0	1.3	29.7	27.1	41.0
心理学理论专题	1.0	0.6	29.0	20.3	49.0
中小学生身心发展特点	1.0	0.6	27.7	17.4	53.2

由上表可知,新教师在"教育学理论专题"项目选择"比较需要"和"很需要"的比例分别是27.1%和41.0%,合计68.1%。这说明新教师需要有关教育学理论方面的培训内容。在"心理学理论专题"项目选择"比较需要"和"很需要"的新教师分别占20.3%和49.0%,合计69.3%。这说明新教师需要有关心理学理论方面的培训内容。在"中小学生身心发展特点"项目选择"比较需要"和"很需要"的新教师分别占17.4%和52.3%,合计69.7%。这说明新教师需要有关中小学生身心发展特点方面的培训内容。

通过观察发现,P区新教师普遍在学科专业知识上有明显的优势,但在学科知识具体应用、学科教学知识上还比较欠缺,初为人师、初次担任班主任,对如何教育、管理学生存在很多困惑的问题,需要导师的具体指导。如某新教师表示,"作为非师范生,本身没有学过教育学和心理学,实际上,我们的教学和管理中特别需要教育学和心理学的相关知识,就比如"小学生发展心理"和"如何激发小学生学习动机"两次讲座,对我的帮助很大,许多实例我都能在教学中借鉴。而且最让我没想到的是做讲座的专家,作为学科专家成员,还能来我们学校听新教师的课,了解我们的实际问题,对我的帮助太大了。培训做到了理论和实践相结合,这样很好地满足了我们的需求"。

通过观察和访谈,我们了解到导师们在指导新教师的过程中,也注意到新教师的这一特点,并采取了一些有针对性的指导,如指导教师在访谈中表示,"新教师虽然都是本科毕业,但专修师范专业(数学教育)的少,其他门类的居多,如学艺术的、学管理的、学服装的、学会计的等,没有受过专门的教育教学的培训,对知识的学习只知其表、不知其里,造成课堂教学知识的传授,只讲到是什么或怎么样,缺少为什么。所以很有必要对我们的教师进行数学专业知识的梳理和培训,结合具体知识点进行从知识到数学思想方法,从表面走向实质的指导"。

在P区导师组制新教师培训过程中,导师们重视对新教师的专业能力培养。在P区城乡一体化学校的新教师中,既有师范专业毕业生也有非师范专业毕业生,非师范专业毕业生没有学习过教育学和心理学知识,对中小学生的心理了解不多,有的新教师虽然是师范专业,入职前学习了教育心理等方面的知识,但是面对复杂多样的具体教学环境,还是会有很多教育、心理方面的困惑。在P区导师组制新教师培训中,导师们根据实际情况，对新教师展开了具有针对性的指导。如某新教师在访谈中表示，"我苦口婆心地说教后学生却毫不领情，让我叫苦连天，冥思苦想也没有办法，'放弃'还是'继续'的念头在我脑海中不断涌现。直到指导教师给了我《师生沟通的艺术》和《56号教室的奇迹》两本书，我试着运用书中的一些方法去关爱、尊重学生；与他们建立友谊；去关注他们做对了的事，以便及时肯定；积极聆听他们的想法。说来奇怪，尝试一段时间后，这些方法还奏效，学生们乖多了"。

一名优秀的教师，应熟知并能灵活运用教育学、心理学知识。在新教师中，有一定比例的非师范专业毕业生，他们入职前没有学过教育学、心理学知识，对中小学生的心理知之甚少，却有很多新教师担任班主任。新教师初次接触中、小学阶段的学生，对于学生心理、行为习惯并不了解，亟须指导教师的帮助和指导。如某新教师在访谈中提到，"尽管有经验的老师告诉我第一次去班里要绷着脸，不能有说有笑，不然学生会认为你是善良的、好欺负的老师，以后就没有好日子了。但是一进到班里，看到一张张稚嫩可爱、憨态可掬的面孔，我就绷不住了。上课中途，有一个小姑娘要求去厕所，态度十分诚恳，我担心她会尿裤子，就同意她去上厕所了。但没想到接着麻烦就大了，先是三五个学生，后来是大半个班陆续举手，都纷纷要求去厕所，我一下子慌了，不知如何招架。多亏别班的班主任及时救场，让学生都坐好，课间再去厕所。学生们一听到这位老师的话，都低下了头，赶紧乖乖地回到了座位上。我向这位老师投去了感激的目光。事后他为我分析了一年级学生的心理特点，如注意力集中时间短、自控力弱、容易受他人影响、从众心理强等等，让我恍然大悟"。

通过指导教师的带教活动，强化对教育教学知识的情境性理解，促进新教师和学生建立良好的师生关系，提高了有效管理和开展班级活动的能力，提升了新教师妥善处理突发事件的能力，提高了新教师对专业知识的灵活运用能力。

2. P区城乡一体化学校导师组制新教师培训的方式方法

（1）个别指导采用的方式方法多样。

《教育部关于深化中小学教师培训模式改革全面提升培训质量的指导意见》中提出：要转变培训方式，提升教师参训实效性。针对教师学习特点，强化基于教学现场、走进真实课堂的培训环节。[①] 根据成人学习理论，在培训中为了充分调动参训教师的主体参与性，培训者可以采取提问、分组讨论、经验交流、让学员示范操作、参与讲授、进行体验性操作、角色扮演、游戏等方法使参训教师参与到培训中来，避免单项传授的方式，要充分利用参训教师的已有经验。

在P区导师组制新教师培训中，新教师认为有利于自身快速成长和发展的方式调查结果如表3-4所示。

---

① 中华人民共和国教育部网站［EB/OL］. http：//www. moe. edu. cn/publicfiles/business/htmlfiles/moe/s7034/201305/151910. html.

表 3-4 有利于新教师快速成长和发展的方式统计表

项目		响应		个案百分比/%
		人数/人	百分比/%	
有利于新教师快速成长和发展的方式	理论讲授	66	7.3	21.3
	案例分析	181	20.0	58.4
	说评课	195	21.6	62.9
	研讨交流	105	11.6	33.9
	实践指导	167	18.5	53.9
	观摩录像课	117	12.9	37.7
	写反思，在实践中改进	73	8.1	23.5
总计		904	100.0	291.6

由上表可见，选择"说评课""案例分析""实践指导"的新教师分别占 21.6%、20.0%、18.5%，选择"观摩录像课""研讨交流"的比例为 12.9% 和 11.6%，选择"理论讲授"和"写反思，在实践中改进"的比例最少，占了 7.3% 和 8.1%。这说明最受新教师认可的培训方式是说课和评课。说课和评课是促进新教师快速成长的重要方式之一，案例分析和实践指导也受到新教师的青睐。基于真实课堂的案例分析和现场观摩，及时发现新教师在课堂教学情境中的具体问题并及时解决能有效提高新教师的教学管理能力。新教师对于促进自身快速成长的方法，呈现了多样的需求。

我们通过访谈和观察了解到，在 P 区导师组制新教师培训中，根据学科的不同，以及新教师的实际需求，培训方式方法比较多样。如某指导教师在访谈中表示，"在实践中，我们用得最多的应该是说课、评课和议课，几乎所有的学科组都在用。其次是案例分析和实践指导。根据教学实际针对性很强地指导，所以受到新教师的认可，新教师的进步也很快"。又如某新教师在访谈中表示，"导师指导我们的方式比较多样，有时候是理论讲授，有时候是案例分析，有时候是研讨交流，主要看这一阶段我们暴露的主要问题是什么，有时候是单独指导，有时候是集中培训"。P 区导师组制新教师培训在培训方式上，以成人学习理论为指导，尊重新教师的个体需求，各个学科组的新教师培训在培训方式上呈现多样化的特点。

研究人员对 P 区导师组制新教师培训中新教师认同的教学方法进行了调查，结果如表3-5所示。

表3-5 新教师认同的培训教学方法统计表

项目		响应		个案百分比
		人数/人	百分比/%	/%
新教师认同的 培训教学方法	讲授法、直观演示法	150	17.3	48.4
	讨论教学法	163	18.9	52.6
	问题教学法	229	26.5	73.9
	案例教学法	241	27.9	77.7
	角色扮演法	81	9.4	26.1
总计		864	100.0	278.7

由上表可见，选择"案例教学法"和"问题教学法"的新教师比例较多，分别占了27.9%和26.5%，其他选项"讨论教学法""讲授法、直观演示法"的选择比例次之，占了18.9%和17.3%，选择"角色扮演法"的比例最少，占了9.4%。这说明最受欢迎的方式是案例教学法和问题教学法。

研究人员在对P区导师组制新教师培训中的方法调查中发现，主要的方法为案例教学法、讲授法和问题教学法。如某新教师在访谈中提到，"根据不同的内容采用不同的办法，有时以讲授为主，有时候是分组讨论，有时候是案例法。老师让我们体验了什么是所谓的'教无定法'"。而且在P区导师组制新教师培训中，导师们充分考虑到新教师的实际情况和个性特征，如某导师在访谈中提到，"对于培训方法来说，新教师易于接受新事物，一般都不喜欢以讲授为主，觉得听和教学实际、工作无关的讲座是浪费时间。而且很多新教师都是班主任，整天忙得不可开交，希望用接地气的方式和方法，所以我们的培训大多短小精悍，在有限的时间内高效地解决问题"。

（2）集中辅导采用的方式方法多样。

在P区导师组制新教师培训中，因为人数众多，存在一定的集中培训。研究人员通过问卷对新教师认同的集中培训方式进行了调查，结果如表3-6所示。

表3-6 新教师认同的集中培训方式统计表

项目		响应		个案百分比
		人数/人	百分比/%	/%
新教师认同的 集中培训方式	专家讲座报告	146	13.6	47.1
	与专家研讨互动	81	7.6	26.1
	观摩名师课堂教学	114	10.6	36.8
	案例评析和参与式教学	154	14.4	49.7
	专题沙龙	84	7.9	27.1
	听同行经验介绍研讨	101	9.4	32.6
	实地参观考察	196	18.3	63.2
	专家指导下自学反思	50	4.7	16.1
	专家指导课例研究	144	13.5	46.5
总计		1070	100.0	345.2

由上表可见，选择"实地参观考察"的新教师人数比例较多，占了18.3%，其他选项"案例评析和参与式教学""专家讲座报告""专家指导课例研究"选择比例次之，占了14.4%、13.6%、13.5%，选择"专家指导下自学反思"的比例最少，占了4.7%。在集中培训中，最受欢迎的方式是实地参观考察。

研究人员通过观察了解到，很多学科组都有集中培训的时候，针对大家的共性问题，组织大家集中起来研讨解决，也很受新教师的欢迎。如某新教师在访谈中提到，"我们大概一个月班主任（学科专家负责人）就会组织集中培训，主要是听市里或者教科院的专家讲一讲教学中的问题，我们觉得很解渴，内容很充实，而且有和专家提问交流的时间。因为我们生物学科本来人数比较少（8人），所以和专家交流得比较充分"。

在人数众多的新教师培训中，集中培训具有效率高、占用时间短的优势，但是集中培训的人数需要控制，一般以15人左右为宜，而且集中培训的方法有待改进，研究人员通过访谈了解到，新教师更倾向于实地参观学习、案例评析和参与式培训。如某导师在访谈中提到，"很多人不喜欢集中培训，认为集中培训没有效果，台上的人讲一讲，台下的人听一听，回到学校后该怎么样还怎么样。相当于喝了一次心灵鸡汤，回到单位还是吃食堂的饭菜。实际上，我们不能忽视集中培训的优势，效率高，一次性解决大多数人的共性问题。但是任何事物都有正、反两面，集中培训也有缺点，针对性差，众口难调，难以满足个性需求。关键是看用什么形式进行集中培训，实地参观考察就是一种集中培训，大家没有不喜欢的，到人家的学校实地走一走，看一看，能够很大程度上开阔眼界"。

综上所述，集中培训有着显而易见的优势，在实施过程中要注意时机和方式。

3．P区城乡一体化学校导师组制新教师培训的时间

教师培训要尊重和满足教师个体的学习需要，培训机构和培训者要为新教师提供适合的学习环境和时间。为了保障新教师和导师的交流时间，按照区教委《P区教委三年以下青年教师培养方案》中的要求，导师组在固定的一段时间专门在新教师所在校对新教师进行集中听课、追踪和指导，这一政策保障了师徒双方的沟通效果。在培训时间上，研究人员从以下两个方面进行了调查。

（1）对新教师与导师交流频率的调查。

研究人员对新教师进行了"希望与导师交流的频率"和"实际上与导师交流的频率"的调查，结果如图3-13所示。

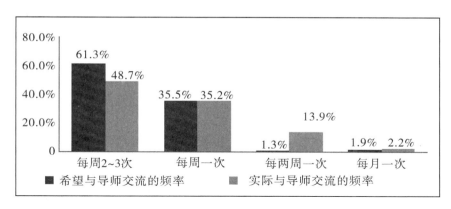

图 3 - 13　新教师希望和实际的与导师交流频率统计

由上图可见，新教师中希望每周 2 ~ 3 次交流频率的比例为 61.3%，实际的比例为 48.7%，希望每周一次的比例为 35.5%，实际的比例为 35.2%，希望每两周一次的比例为 1.3%，实际的比例为 13.9%，希望每月一次的比例为 1.9%，实际的比例为 2.2%。这说明在 P 区导师组制新教师培训过程中，新教师希望和实际的与导师的交流频次是基本一致的。

（2）对新教师与导师交流时间的调查。

研究人员对"新教师希望参加集中培训的时间"进行了调查，结果如表 3 - 7 所示。

表 3 - 7　新教师希望参加集中培训的时间统计表

		响应		个案百分比 /%
		人数/人	百分比/%	
新教师希望参加集中培训的时间	周末	181	42.1	59.9
	工作日	192	44.7	63.6
	寒暑假	57	13.2	18.9
总计		430	100.0	142.4

由表中数据可见，希望利用周末培训的新教师比例为 42.1%，希望利用工作日的新教师比例为 44.7%，希望利用寒暑假的新教师比例为 13.2%，说明新教师在培训时间上的个性需求比较多样。研究人员通过访谈了解到，有的新教师希望利用正常上班时间培训，利用周一到周五的工作时间，无须占用个人的休闲时间；有的教师希望在寒暑假进行培训，认为时间集中效果较好，而且不用耽误平时的工作和休息；有的教师则认为周末培训较好，培训后周一到周五可以马上应用到教学实践中。

研究人员通过观察和访谈了解到，P 区导师组制新教师培训具有一定的灵活性，有的学科组在培训过程中，能够尊重新教师的个性需求，让教师具有一定的参与权和选择权。比如，除去暑期的集中培训时间是固定的，不能做较大更改外，其他的各学科集中研讨的时间多由导师和新教师确定或由新教师集体协商决定。如某新教师在访谈中提到，"时间非常灵活，除了暑期集中培训的十天是确定的，其他的培训时间，导师都是和我们商议的，比如我们希望最好不要占用周末的时间，平时周一到周五很辛苦，周末需要休息。为此，导师特意和学校领导沟通，把原来占用周末的培训时间调整到周一到周五。"

（3）小结。

教师作为知识分子群体，具有较强的独立性和个性，需要采取多种多样的带教方式，依据不同教师的需求制定适合的内容。在 P 区导师组制新教师培训过程中，导师组充分尊重新教师的个性化需求，在满足实现新教师共性需求的条件下，尽量制定符合新教师个性需求的带教方案，满足新教师对培训方式、时间和内容的个性化需求。

（三）新教师培训中师徒关系的确立方式

1．P 区城乡一体化学校新教师培训中导师的选择和任命

导师是带教活动的重要主体之一，导师的选择是影响带教效果的重要因素。一般情况下，在带教活动开始之前，学校会按照一定的标准选择导师，采用一定正式或者非正式的程序来任命导师，这可以在一定程度上保障导师的带教质量。P 区导师组制新教师培训在导师的选择和任命中，有以下三个特点：

（1）制定了具体的选择标准。

P 区制定了选择导师的相关标准，并按照标准选择导师。导师团队由高校教师、教研员和骨干教师三类人员构成。每一类导师都有具体的选择标准。《P 区教委三年以下青年教师培养方案》中规定："区教委继续教育办公室聘请专家、教研员、各校市区级骨干教师、优秀班主任等组成学科指导教师团队，并颁发聘书。学科专家委托高校负责选聘，教研员和骨干教师由区教委继续教育办公室选聘。学科骨干专家组根据区教委继续教育办公室的要求、本学科新教师情况及学科特点制定对本学科新教师进行如何备课、如何上课等内容的具体培训方案并实施，完成对本学科新教师专业课的培训。"

（2）举行拜师仪式，签订了师徒协议。

各基层校都举行正式或者非正式的拜师仪式，签订拜师协议。在访谈中，我们了解到各学校推荐指导教师后，由进修学校进行汇总，为每一名教师颁发新教师指导教师聘书，学科教研员各自组织各学科指导教师进行具体辅导事宜。新教师拜师仪式一般由基层校举行，有的独立举行，有的和学校开学典礼、教师节庆祝或者教研活动等一并举行，都签订了师徒结对协议。

在问及"是否签订拜师协议"问题时，新教师所在校负责培训工作的某领导表示，"我们一般是在每年 9 月教师节的时候，和教师节活动一并为青年教师举行拜师仪式，我们叫青蓝工程，师徒双方正式签署协议。一般新教师到校后，有的 3 月、5 月就能够到学校实习，实际上那时候学校就已经给他们指定了师傅，到 9 月的时候，师徒双方

都比较熟悉了"。还有基层校负责新教师培训工作的某领导表示，"我校一般是专门举行拜师仪式，正式签署协议。通过这种形式，增强师徒双方的责任意识"。

（3）师徒的结对方式以指定为主。

在关于师徒的结对方式调查中，由如图3-14所示的数据可见，有92.6%的新教师是由学校或者区教委直接指定导师，有6.8%的新教师与导师之间是通过双向选择结为师徒，有0.6%的新教师是通过向导师自荐的方式。这说明绝大多数新教师是由学校或者区级直接指派导师，自己选择导师的方式很少。如在访谈中，在问及关于师徒结对方式的问题时，某新教师谈道："大部分新教师在拜师之前并不了解自己的师傅，只知道师傅是骨干教师，业务精湛，对于性格爱好什么的，都不了解。在集中培训的时候，我得知有指派师傅的事情，因为我刚到学校，还没有给我指派师傅，而培训的张老师和李老师正好是我们学校的，我就和李老师说，能不能当我的师傅。李老师同意了。回校后，我又和年级组长、主任表达了我想拜师的意思，学校也同意了。"

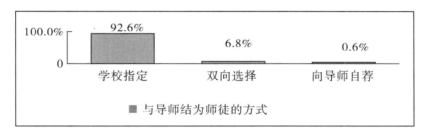

图3-14　新教师与导师的结对方式统计

2．P区城乡一体化学校新教师培训中对导师的培训方式

为了使带教的导师能够对新教师进行有效的指导，在带教之前和带教过程中，需要对导师们进行一定的培训，并且有针对性地给予各种帮助和支援。P区导师组制新教师培训在对导师的培训中，有以下两个特点：

（1）针对导师的培训。

《P区教委三年以下青年教师培养方案》中规定："区教委继续教育办公室负责对导师团队进行12~16课时的培训，主要内容为成人教育教学方法、有效沟通等。"在访谈中，某导师提到，"我们在正式带教前，接受了两个半天的培训，主要是关于如何和新教师沟通交往，还有关于新课程理念的。活动之前主持人还组织我们参加破冰活动，让诸位导师之间很快熟悉了起来，活动后还有研讨交流，感觉还是比较充实的。在带教过程中，针对导师就没有什么培训了。"

（2）导师定期的会晤制度。

《P区教委三年以下青年教师培养方案》中规定："各个学科组一学期必须有1~3次集中活动，对培训中的问题进行研讨，根据实际情况调整培训方案。"通过观察，研究人员了解到一些导师组除了按照上述要求外，还有定期的会晤制度，定期对导师进行培训，来保障导师之间的交流沟通。如某学科负责人兼导师在访谈中表示，"在保障1~3次集中活动的基础上，我们学科还增加了对新导师的培训，会定期组织研讨交流活动。因为有的老师是初次担任新教师的指导教师，非常年轻，但是非常优秀，所以我们会对这样的导师进行一些专门的培训，以增强他们的指导能力，更好地促进新教师的成长"。定期的集中研讨，让来自中小学的优秀教师、骨干教师或具有丰富经验的管理者，以及高校专家们有沟通的机会，共同研讨教学中的问题，促进了青年导师的成长。

3．P区城乡一体化学校新教师培训中师徒双方的职责

一般情况下，中小学都会制定教师培养协议，对新教师和导师之间的师徒结对行为做出规范。《P区教委三年以下青年教师培养方案》也规定了师徒双方的职责，要求新教师所在校为每名新教师指定师傅，认真履行师徒责任和义务，期末要做好对师傅和徒弟的考核工作。《P区教委三年以下青年教师培养方案》中规定："基层学校要为每名新教师指定一名骨干教师为师傅，开展师徒签约仪式，提出目标和要求，签订师徒结对协议书，要求骨干教师履行职责，做好'传、帮、带'工作。新教师要认真学习、虚心请教。"

通过观察和访谈，研究人员了解到P区新教师所在校都十分关注新教师的成长，重视新教师的培养工作，师徒双方基本上都签订有师徒协议，其中对于师徒双方的职责要求非常明确。如某校关于指导教师职责的规定：指导教师每周检查一次青年教师教案，课前具体指导；每周至少听一节青年教师的课，课后当面评课；每周至少开展一次业务性研讨活动等。

（四）P区城乡一体化学校导师组制新教师培训的评价

1．对学员的评价

在P区城乡一体化学校导师组制新教师的培训中，相关部门重视对学员的评价，重视将终结性评价和过程性评价相结合，体现在以下两点：

（1）采取柯氏四层次评估模型。

对学员的评价从反应层、学习层、行为层和结果层四个层次开展培训效果评估。

第一，反应层评估。主要通过观察、记录及统计的方法，了解新教师在培训过程中的学习状态，能否积极和教师互动。通过对出勤率的统计，以及每次培训后采取不记名问卷，了解新教师对培训的满意度。《P区教委三年以下青年教师培养方案》中规定："为保障培训质量和效果，每次培训结束后，新教师要对教师授课情况进行打分，认真填写《培训反馈表》，交给班主任存档。"

第二，学习层评估。通过测试、新教师作品展、基本功测评等方式，测试和分析新教师在经过培训后掌握了哪些知识和技能。根据观察和访谈，研究人员发现不同学科采取的测评方式不同，包括说课、研究课、板书设计、基本功比赛等。《P区教委三年以下青年教师培养方案》中规定："师训部和教研部门组织新教师教学基本功测试，

对新教师培训情况进行监控。"

第三，行为层评估。观察新教师在培训后的行为是否有变化。师训部组织课堂观摩、课例研究、同课异构等实践研修活动，了解新教师能否将理论知识、技能方法运用到教育教学实践中，通过采取访谈和问卷的方法调查，同时通过培训手册、培训作业等过程性材料，了解辅导教师对于新教师的评价。

第四，结果层评估。了解新教师所在校是否因为学员的培训而产生了变化。通过校本培训检查和新教师所在校领导、教师等了解新教师的变化。

（2）采取过程性和终结性评价相结合的评价方式。

研究人员对新教师实际上所接受的评价考核方式进行调查，结果如表 3 - 8 所示。

表 3 - 8　新教师参加的考核方式统计表

项目		响应		个案百分比/%
		人数/人	百分比/%	
新教师参加的考核方式	考试	37	6.8	11.9
	教学案例、说课	182	33.6	58.7
	基于培训表现的档案	216	39.9	69.7
	论文、培训心得	107	19.7	34.5
总计		542	100.0	174.8

由上表可见，选择"考试"的新教师比例为 6.8%，选择"教学案例、说课"的新教师比例为 33.6%，选择"基于培训表现的档案"的新教师比例为 39.9%，选择"论文、培训心得"的新教师比例为 19.7%。这说明了 P 区导师组制新教师培训中对新教师考评方式是比较多样的，既有过程性评价，也有终结性评价。

在 P 区导师组制新教师培训中，培训部门重视考评，将过程性评价和终结性评价结合起来，对新教师进行考评。如新教师所在校负责培训的某领导在访谈中提到，"在对学员的考核评价上，我们重视过程性考评，班主任和师训部的教师负责收集整理整个班的过程性材料，工作量也是很大的。法律法规是通过闭卷考试的方式考核，但许多教学技能不能通过考试的方式测评，只能是依靠基本功展示，例如，说课、微课、公开课等形式进行"。

2. 对导师的评价

研究人员通过观察和访谈了解到，在 P 区导师组制新教师培训中对于导师的评价是较为薄弱的，主要体现在以下两个方面：

（1）评价主体主要为进修学校和新教师。

①由进修学校进行的评价。根据《P 区教委三年以下青年教师培养方案》，在每年5 月到 6 月，由进修学校师训部对新教师培训指导教师和团队进行考核，对优秀的新教师培训指导教师和团队颁发优秀指导教师、优秀指导团队证书；一线教师中的优秀指

导教师可聘任为教师进修学校兼职教研员，可优先推荐为学科带头人；一线骨干教师的带教情况也会作为年度骨干教师评选的条件之一。

②由学员进行的评价。研究人员通过观察和访谈了解到，在 P 区导师组制新教师培训过程中，每次集中培训活动后，要由新教师对导师的授课培训活动进行评价，从导师的授课情况、教学目标、定期指导、带教计划、关注新教师的需求等方面进行评价，具体评价标准如表 3－9 所示。

表 3－9　新教师评价导师情况

教师姓名：　　　　　　学科：

序号	项目	等次				
		好	较好	一般	较差	差
1	导师教学准备充分，教学态度认真					
2	教学目标明确、具体，有较强的针对性					
3	教学方法灵活，调动新教师学习积极性					
4	课程资源和教学案例广泛丰富					
5	导师定期对新教师进行指导					
6	带教计划具体、完善					
7	导师关注新教师的需求和反馈					
培训收获（1~2 个方面）：						
培训不足（1~2 个方面）：						
培训希望（1~2 个方面）：						

由上表可见，对导师进行评价的主体是新教师，评价内容包括导师的教学准备、教学目标、教学方法、课程和案例资源、定期指导、带教计划等方面，考察新教师对导师授课情况评价的情况。

（2）没有统一的评价标准，由各学科组自己制定评价方案。

研究人员通过观察和访谈了解到，在 P 区导师组制新教师培训中，相关部门并未对所有导师组的评价做出统一的、标准的、具体的评价方案，仅有各个学科组自己制定了一些评价方案。例如，有的学科组针对组织任课教师集体备课、定期进行教学交流与研讨、阶段性的进展报告、学科自评项目的撰写等情况，组织相关人员进行了考评；有的学科组汇总整理了在培训过程中的材料（学员考勤、学员作品、学员评价表等），完成学科项目的自查、验收工作；还有的学科组因为种种原因，未完成对导师的带教工作考评。如某指导教师在访谈中说道："教务处要求项目负责人组织需求调研，填写项目申请书，落实各个环节的教学安排，监控培训质量，组织对学员的考核评价，以

教育强国战略研究系列书

及导师团队的自评等，但是规定得比较笼统，在操作层面，各个导师组根据自己的学科特点、人力、物力资源等条件制定方案，具体的评价方案不一样。"由于没有统一的评价标准，各个学科组自己制定评价方案，评价效果受到影响，不利于发挥导师的积极性和主动性。

3. 新教师对 P 区城乡一体化学校导师组制新教师培训制度的评价

研究人员对"新教师 P 区城乡一体化学校导师组制新教师培训制度的评价"分别从"新教师对导师和导师团队带教工作的满意度""不同教龄新教师的培训满意度"和"影响培训满意度的因素"三个方面展开了调查。

（1）新教师对导师和导师团队的带教工作满意度的对比调查。

我们将新教师对导师和导师团队的带教工作满意度进行了对比调查，结果如表3－10 和表3－11所示。

表 3－10　新教师对指导教师的带教工作满意度统计表

	项目	人数/人	百分比/%	有效百分比/%	累积百分比/%
有效	非常满意	209	67.4	67.4	67.4
	较满意	101	32.6	32.6	100.0
	合计	310	100.0	100.0	167.4

表 3－11　新教师对指导教师团队的带教工作满意度统计表

	项目	人数/人	百分比/%	有效百分比/%	累积百分比/%
有效	非常满意	184	59.3	59.3	59.3
	较满意	96	31.0	31.0	90.3
	一般	30	9.7	9.7	100.0
	合计	310	100.0	100.0	249.6

由以上两表的数据可见，新教师对指导教师的工作"非常满意"的比例为67.4%，选择"较满意"的比例为32.6%。可见，新教师对指导教师的满意度还是较高的。而新教师对指导教师团队的工作"非常满意"的比例为59.3%，选择"较满意"的比例为31.0%，选择"一般"的比例为9.7%。通过对比可知，新教师对于各自的指导教师满意度相对较高，对于导师组的满意度相对较低。

在访谈中，研究人员了解到，多数新教师对导师的工作比较满意。大多数导师无论工作还是师德专业素养等方面都十分优秀，在带教工作中热心、耐心地对新教师进行指导。而且，在 P 区导师组制团队带教工作中，一线骨干教师和新教师的交流指导时间是最多的，有的指导教师就是本校的老师，交往接触时间更多，给予新教师更加具体的指导，而教研员和高校专家主要是在固定的时间段对新教师进行集中指导，给予更多的是方向性的引领，接触时间较少，交往程度不如一线骨干教师，所以新教师对他们没有更深入的了解，也不好做评价。如在访谈中，某新教师表示："我的师傅（基层校指导教师）是我十分敬佩的人，他学识渊博、风趣幽默。当我因一时懈怠而偷懒时，他用'天道酬勤'激励我要勤奋；当我因为工作中的失败而气馁、头脑发晕的时候，他说'能攻心则反侧自消，自古知兵非好战；不审势即宽严皆误，后来治蜀要深思'促进我反思。我的师傅总有用不完的办法，每节课总有新的想法、新的设计。他在教学上对自己严格要求，对徒弟严慈并用。"再如某新教师在访谈中提到，"基层校的指导教师和我们一样，都是普通一线教师，彼此之间的共同话语更多一些，教研员和高校专家总感觉有一定的距离感，是专家来指导我们的工作，对于专家们是怎样工作的，我不太清楚，也没法评价"。可见，与导师的亲密程度影响了新教师对导师的评价。

（2）不同教龄新教师的培训满意度调查。

P 区从 2012 年开始实施导师组制新教师培训，截至 2015 年已有四年时间。在四年中，不同教龄的新教师对于当年实施的新教师培训满意度如表 3 - 12 所示。

表 3 - 12　参加工作时间和对团队带教满意度统计表

新教师对团队带教的满意度			
参加工作时间	非常满意/%	较满意/%	一般/%
2015 年	79.6	19.0	1.4
2014 年	47.1	45.8	7.1
2013 年	67.4	32.1	0.5
2012 年	33.0	58.1	8.8

由上表数据可见，2012—2015 年间，新教师对团队带教非常满意的分别为 33.0%、67.4%、47.1%、79.6%，不同教龄的新教师对团队带教的满意度总体上呈现波浪形上升趋势。这说明在 2012 年刚开始实施导师团队带教时，制度建设尚不完善，落实也不到位，造成满意度不高。随着近年来制度的不断完善，在具体实施过程中不断改进和调试，新教师对团队带教的满意度也在上升。

（3）影响培训满意度的因素调查。

研究人员进行了影响新教师对团队带教工作满意度的因素调查，结果如表 3 - 13 所示。

表 3 - 13　影响培训满意度的因素统计表

项目		响应		个案百分比 /%
		人数/人	百分比/%	
影响培训满意度的因素	课程和师资	309	52.4	99.7
	管理和服务	158	26.8	51.0
	食、宿等条件	123	20.8	39.7
总计		590	100.0	190.4

由上表数据可见，新教师在培训满意度影响因素调查中，选择"课程和师资"的比例为 52.4%，选择"管理和服务"的比例为 26.8%，选择"食、宿等条件"的比例为 20.8%，这说明课程设置和师资是影响新教师培训满意度的重要因素之一。除此之外，管理、服务、午餐和住宿条件等均是影响培训满意度的因素。通过访谈和观察，研究人员发现，在 P 区导师组制新教师培训过程中，新教师对管理方式、培训所需的办公用品、培训校园的设施等也提出了意见。如某新教师在访谈时提到，"暑期集中上课的时候，网络教室不够用，导致一些学科不得不改变原有计划，我们希望学校能够有网络教室和稳定的网络环境"。再如，某新教师在访谈中提到，"培训刚开始的时候，导师告诉我们，培训中有水墨画创作和多种材料的制作，我们都充满了憧憬，但是因为场地、经费和材料准备不充分等原因，原本的活动改成了欣赏电脑课件，效果大打折扣"。

除此之外，研究人员通过问卷调查和访谈了解到，导师团队建设水平是影响培训满意度的重要因素之一。如有的学科导师团队建设比较成功，导师之间合作充分，分工明确，促使青年教师较快成长。某新教师表示，"我刚刚参加培训的时候就被导师拉进学科的微信群，认识了很多其他学校的教师，也有许多和我一样的新教师。我们的团队氛围很浓，教研员鼓励我们交流合作，比如在绘本研究的课题中，有的教师负责寻找绘本资源，有的负责在网上图书馆查找资料，有的自愿担任记录员，做了很多默默无闻的工作，所以我们才取得较好的成绩，这和我们的团队是密不可分的"。相反，有的学科导师团队处于建设初级阶段，导师之间缺乏合作，或者合作较少，依旧是各行其是。某新教师表示，"我们的导师团队指导还是停留在各自为战的水平，教研员有教研员的一套思路，高校专家有高校专家的做法，至于本校的师傅，主要还是要我们帮助他一块儿处理一些学校的具体事务，我觉得各方面的合作不是很多"。

综上所述，在 P 区导师组制培训过程中，影响培训满意度的因素有很多，最重要的是师资水平、课程的设置以及导师团队成员的合作度，除此之外，培训资金是否到位、管理服务的质量水平、软件硬件环境建设水平等都是影响培训满意度的重要因素。

二、城乡一体化学校导师组制新教师培训的成效

（一）新教师专业能力提升显著

P区导师组制新教师培训的重点是对新教师专业能力的培养。教学工作是学校的核心工作，对刚刚参加工作的新教师来说，需要在较短的时间内证明自己，获得学生和家长的认同，才能逐渐胜任教学工作，获得信心，处理好其他问题。除此之外，班级管理、科研、合作、交往等能力对新教师来说也是非常重要的。教学、组织课堂和班级管理是复杂的、创造性的活动，带有教师个人的鲜明特色，这些都需要导师针对具体问题，在教学情境中有针对性地指导。下面将从教学能力、班级管理能力、科研能力、沟通和合作能力四个方面进行论述。

1. 教学能力方面

通过调查，研究人员了解到新教师对于"教学能力"的需求情况，如表 3 – 14 所示。

表 3 – 14　新教师在教学能力方面需求情况统计表

单位:%

项目	不需要	有点需要	一般需要	比较需要	很需要
整体把握教材的能力	0	0	0	12.3	87.7
教学重难点分析能力	0	0	0	8.1	91.9
学情分析能力	0	0	1.6	17.7	80.6
教学设计的知识与能力	0	0	0.6	14.2	85.2
课堂教学实施能力	0	0	0.6	18.1	81.3
教学反思能力	0	0	3.9	22.6	73.5

由上表可见，在"整体把握教材的能力"上，新教师选择"比较需要"的比例是12.3%，选择"很需要"的比例是87.7%；在"教学重难点分析能力"上，新教师选择"比较需要"的比例是8.1%，选择"很需要"的比例是91.9%；在"学情分析能力"上，新教师选择"一般需要"的比例是1.6%，选择"比较需要"的比例是17.7%，选择"很需要"的比例是80.6%；在"教学设计的知识与能力"上，新教师选择"一般需要"的比例是0.6%，选择"比较需要"的比例是14.2%，选择"很需要"的比例是85.2%；在"课堂教学实施能力"上，新教师选择"一般需要"的比例是0.6%，选择"比较需要"的比例是18.1%，选择"很需要"的比例是81.3%；在"教学反思能力"上，新教师选择"一般需要"的比例是3.9%，选择"比较需要"的比例是22.6%，选择"很需要"的比例是73.5%。这说明新教师在整体把握教材的能力、教学重难点分析能力、学情分析能力、教学设计的知识与能力、课堂教学实施能

力和教学反思能力上的需求度都比较高。在 P 区导师组制新教师培训中，导师组结合新教师的需求，重点对新教师的教学能力进行了指导，具体分析如下：

（1）导师组重视培养新教师整体把握教材的能力。

"整体把握教材"是让教师系统领会学科教材的编排体系与编辑意图，整体掌握教材知识体系结构，了解不同年龄学生的能力结构以及本学科培养学生学习能力的各种策略。整体把握教材的能力是新教师需要掌握的重要能力之一。研究人员通过访谈了解到，新教师在任教初期，往往教哪一年级就重视哪一年级的教材，对于其他年级的教材比较忽视，没有全局意识，这不利于新教师的专业发展。如某新教师在访谈中提到，"我的师傅对我要求十分严格，比如刚开始我只是教一年级，但是师傅却要求我和他一块儿去参加中年级、高年级的教材分析。通过教研员的讲解，我渐渐意识到教学不能够'头痛医头、脚痛医脚'，要有一个全面系统的把握"。

研究人员了解到，导师们一般具有重视全局的意识，在教育教学实践中，重视培养新教师整体把握教材的能力和意识。如某导师在访谈中说："许多新教师并不熟悉教材，更别提活用教材了。实际上，新教师对教材是比较依赖的，所以（导师们）在指导过程中会注意提醒新教师要有整体把握教材意识，不要'唯教材'，要把眼光放长远，关注整个学段的教材。"通过导师的带教活动，新教师在"整体把握教材"能力上有了较大的提高和进步。

（2）导师组重视培养新教师把握教学重难点的能力。

"重点"是学科或者教材内容中最基本、最重要的知识和技能。"难点"一般包含两层含义，一是学生难以理解和掌握的内容，二是学生容易出错或混淆的内容。通常情况下，如果是教学经验丰富的教师，可以通过提问、判作业、试卷分析等方法来分析学生学习的疑难点，并且根据学生的实际来确定教学重点和难点，而新教师往往在这方面比较欠缺。如某新教师在访谈中提到，"在课堂导入环节的设计方面，导师给了我很多帮助，很多时候我虽然明确知道在教学设计中教学难点是什么，但是在实际上课的时候，重点没有突出，难点没有攻破。师傅在策略和方法方面给了我很多指导意见"。

研究人员了解到，导师非常重视新教师的教学重难点分析能力，在指导过程中，耗费了很大的精力帮助新教师分析教学重点和难点。如某导师在访谈中表示，"课堂是鲜活的，教学效果的优劣往往取决于细微之处的不同策略，以及策略选择背后的理念支撑。新教师往往不缺乏理论知识和专业知识，而缺乏这些实战经验，理性认识和实际操作之间存在一定的落差"。通过导师的带教活动，新教师在"把握教学重难点"能力上有了一定的提高。

（3）导师组重视培养新教师学情分析的能力。

"学情"是指与学生学习相关的因素，是学生的学习态度、学习基础、学习习惯、学习能力、兴趣爱好、认知特点等各种因素的综合。学情分析是"以学定教"课改理念的具体落实，是教学设计的前提和基础，是精准实施课堂教学的关键因素。教师需要掌握学情分析的多种手段和方法，如问卷调查、过程观察、访谈等。但在调查中，研究人员发现新教师对学情分析理解还是比较简单的，对所掌握的学情分析的方式也比较机械，难以通过多种渠道获得学情。如某新教师在访谈中提到，"我师傅常说要了解学生，不能只靠课前的问卷调查，还要多和他们（学生）聊天，才能获得有用的信息。于是我尝试利用课间、做操、午休看班时间和学生闲聊，果然获得了许多有效信息，比方某某上课睡觉是因为家长习惯晚睡，孩子得不到好的休息，某某迟到是因为早上堵车，而不是因为他自己拖沓。我心中暗想，教师和学生闲聊，真的可以获得很多有用的信息"。

教师进行教学设计的重要前提是了解学生已有的知识、学生在学习过程中可能遇到的困难和通过教学学生能够达到何种水平。但据观察，P 区入职初期的新教师在设计教学过程中容易忽视学生，往往按照自己的想象来实施教学，重视完成自己预设的教学设计，忽视课堂实际生成。如某新教师在访谈中提到，"导师在教学上给予我的帮助最大。最开始，我的教学设计完全没有根据学生的实际来设定，只是想着能完成自己的教学表演，忽视了学生的接受程度，导师在这方面给了我很多建议，教我做到有的放矢，因材施教"。通过导师的带教活动，新教师掌握了更多的学情分析方法，在学情分析能力上有了较大的提高。

（4）导师组重视培养新教师教学设计的知识和能力。

教学设计能力是教师教学的核心能力，是影响教学质量高低的重要因素，具体包括制订恰当教学目标的技能，恰当组合教材内容的能力，分析学习者特征的技能，选择教学模式与教学方法的技能，预测课堂情形变化的技能，进行教学评价的技能。新课程理念鼓励教师进行创造性教学，不断提升自身的教学设计能力。

但据观察，P 区入职初期的新教师教学设计能力上，理论知识较多，缺乏实际应用的经验，需要指导教师的具体指导。如某新教师在访谈中谈到，"指导教师在教学方面的帮助最大。因为上学时就学过教学设计是一项综合能力，虽然学过种种理论、策略，但是在面对现实的时候才发现，梦想很丰满，现实很骨感，没有实践经验，没有面对学生就是纸上谈兵"。通过导师的带教活动，新教师掌握了更丰富的有关教学设计的知识，提高了教学设计的能力。

（5）导师组重视培养新教师课堂实施能力。

教学实施是实现教学目标的中心阶段，教学实施策略的选择既要符合教学内容、教学目标的要求和教学对象的特点，又要考虑在特定教学环境中的必要性和可能性，为其他专业的课堂教学提供规范。

通过观察发现，新教师大多缺乏课堂管理经验，所以在任职初期，新教师亟须掌握保持良好课堂秩序、维持课堂纪律的能力，这需要导师在具体教学情境中的具体指导。如某新教师在教学日记中提到的案例："我班上的小男孩宋某某总是不专心听讲，让我很纠结。今天是师傅听我的课，因为有听课的教师，他表现得还不错，但是坚持了 10 分钟后，就原形毕露，还干扰其他同学听讲。当时，我真不知道是应该停下来制止他，还是应该去纠正他。实际上，平时我去纠正他也是无效的。所以只好用眼神去制止他，也没什么效果，搞得一团糟。师傅及时来到了宋某某的身边，对他单独辅导，情况才被有效控制住。课后，师傅指出了我的问题，正是因为我对宋某某的无视，无效管理，导致了今天上课的洋相。我才开始意识到是我的问题。找准问题之后，我对教学进行了调整，给予宋某某更多的关注，现在教学秩序总算是稳定了。"

"不识庐山真面目，只缘身在此山中"，新教师处于教学情境中，往往难以意识到自己存在的问题，指导教师站在旁观者的角度，更容易发现新教师的问题，从而给予针对性的指导，导师带教促进了新教师教学活动组织能力的提高。

在课堂教学中，意外情况的发生会打断正常的课堂教学节奏，吸引学生的注意力，需要教师用智慧的方式来应对。合理处理课堂偶发事件是教师需要掌握的一项重要技能，新教师在这方面经验不够丰富，而导师们丰富的经验，为新教师提供了有力支持。如某新教师在访谈中提到，"有一次 Z 老师来听我的课，我准备得比较充分，上课过程中也比较顺利，但是中途从窗外飞进来一只蜜蜂，我们班是一年级的小学生，见此情景注意力全被蜜蜂吸引了，这个说蜜蜂会咬人的，那个说飞过来了、飞过来了，我大声指示学生，让学生安静，但根本控制不了局面，既担心课上不好，又担心蜜蜂蜇到孩子们，急坏了。这时候 Z 老师说：'孩子们！小蜜蜂是来我们班做客的，对来拜访的客人，我们要有礼貌，不要吓到它，让我们为它轻轻地唱一支歌吧。'没想到孩子们听了之后竟然安静了下来，一块儿唱了一首刚学的英文歌。Z 老师这种处理突发问题的机智，让我终生难忘！"

导师带教促进了新教师课堂管理能力的提高，新教师可以从导师那里学到如何处理突发事件、如何制定课堂规范、如何处理学生的课堂纪律等方法和能力，这样才能保障课堂教学能够有序有效地开展。

（6）导师组重视培养新教师教学反思的能力。

教学日志或日记是促进教师提升反思能力的有效手段之一。新教师通过记录教学行为，不断总结反思教学过程，能够有效提升新教师的自我发展能力，是完善教学艺术，实现教师自我价值的重要途径。

通过观察，研究人员发现许多新教师认为自己做好卫生、安全、纪律、教学、评比、活动、处理突发事件、接待家长等工作就足够了，对于教学反思不够重视。如某新教师在教学案例中写道："工作的第一年，我第一次当班主任，每天早上七时半到校、下午五时能离开学校就算是幸福了。一天一天忙忙碌碌，班级各种问题扑面而来，每天晚上回到家都疲惫不堪。这和我原本想象的教师职业一点也不一样，工作上开始倦怠。指导教师注意到我的情绪状态，特意和我谈心聊天，分析我在教学和班主任工作中的问题，让我发现自己每天都在重复一些无效的工作，不懂去思考。就像拉磨的驴子一样，一味地蛮干，让自己疲惫不堪，也让学生苦不堪言。老师向我推荐了魏老师的书籍和光盘，看了过后有种拨开云雾见青天的感觉，原来教师也可以做得很快乐。如今，我已经是第三年站在教学岗位，在班主任岗位，也取得了一定的成绩。我的教学反思也积累了厚厚的几大本，这些经验对于我的教师职业生涯来说，是一笔宝贵的财富。"

实际上，在 P 区导师组制新教师培训中，导师们重视和鼓励新教师撰写成长日志、教育博客和教学反思，记录自己的成长轨迹，哪怕一天记录一点点，一节课记录一点点，并且鼓励新教师进行教学反思，培养新教师对整个教学过程回顾分析和审视的能力。通过导师的指导和引领，有效促进了新教师教学反思能力的发展和提升。

2. 班级管理能力方面

国家政策法规对新教师担任班主任提出了要求。教育部《中小学班主任工作规定》中指出，"班主任是中小学的重要岗位，从事班主任工作是中小学教师的重要职责，教师初次担任班主任应接受岗前培训，符合选聘条件后学校方可聘用"。教育部要求各级教育行政部门和学校要将中小学班主任培训纳入教师教育计划，有组织地开展岗前和岗位培训。某市中小学班主任工作管理规章中指出，"初任班主任上岗前或上岗后半年时间内需要接受不少于 30 学时的班主任基本技能培训，保证每两周平均不少于一个小时的培训时间，以个案研究和解决实际问题为主，切实提高班主任的实践能力"。

（1）新教师存在对班级管理的培训需求。

新教师存在参加班主任培训的需求，研究人员对新教师"班级管理"培训的需求情况进行了调查，结果如表 3 – 15 所示。

表 3 – 15　新教师在班级管理方面需求统计表

项目		响应		个案百分比/%
		人数/人	百分比/%	
班级管理	培养学生良好的学习习惯	228	24.2	73.5
	家长沟通	214	22.7	69.0
	培养班干部	137	14.6	44.2
	特殊儿童的教育	209	22.2	67.4
	班级活动	153	16.3	49.4
总计		941	100.0	303.5

由上表可见，在"培养学生良好的学习习惯"选项中，个案百分比占 73.5%，无论是否担任班主任，新教师对于"培养学生良好的学习习惯"的需求都是比较高的。其次是"家长沟通"，个案百分比占 69.0%，"特殊儿童的教育"的个案百分比占 67.4%，"班级活动"的个案百分比占 49.4%，"培养班干部"的个案百分比占 44.2%。这说明新教师对有关班级管理方面培训的需求较高。

通过调查了解到，P区城乡一体化学校的突出特点就是"新"，表现在一年级新班级多、新教师多、初次担任班主任的新教师多。如何帮助学生形成良好的学习习惯、进行家长沟通、开展丰富多彩的班级活动等问题，成为许多新教师，尤其是初次担任班主任工作的新教师亟须指导教师深入指导的重要问题，如某新教师在访谈中提到，"不会当班主任是我面临的突出问题。说实话，我自己是独生子女，现在要带领 35 个孩子，根本不知道从何处开始"。

（2）导师组重视对新教师班级管理能力的培训。

通过访谈和观察可知，在 P 区导师组制新教师培训中，导师们重视对新教师班级管理能力的培养，体现在以下两点：

第一，制定关于新班主任的具体培训方案。新班主任的培训一般由新教师所在校的导师负责，从班级管理实践出发，从常规培养到班级活动组织，逐一落实，发现问题及时处理。下面内容节选自某校的《新班主任培训方案》：

第 1~2 周：落实学生一日常规培养

①清晨入校。向门口值周生问好，虚心接受值周生检查。

②每节课前的三分钟准备。预备铃声响起后，及时回到座位，整理好上课需要的书本文具。

③每节课的课间要求。按照学校的要求，参加课间活动，不在楼道中追跑打闹，不大声喧哗。

④课间操要求。课间操除请假学生外，一律到操场出操，站队时做到快静齐，课间操穿校服。

⑤午休要求。回家的同学第四节课后，带到学校门口，交到家长手中。在校休息的同学，站好队，到餐厅用餐。值日生负责擦桌子、扫地。12：40~1：20 不能在校园内随意走动。

⑥课外活动时间，遵守各活动教室的具体要求……

第二，对新教师进行具体指导，发挥示范和引领的作用。P 区导师组制新教师培训中，导师组尤其是一线的骨干教师，重视对新教师班级管理的培养。新教师在制定课堂规则、处理学生的课堂纪律等问题上缺乏经验。如新教师所在校德育处某领导在访谈中表示，"导师可以从多个方面对新教师进行指导。以往的培训往往重视理论，导师没有时间，也没有精力走进我们的校园，光靠我们学校新教师的师傅，很难做到面面俱到。团队带教方式实施后，导师组团入驻我们学校，导师有一个相对集中的时间和新教师工作学习在一起，交往的时间增加，发现的问题也就增多，这样新教师的成长更快。像我们学校许多新教师是首次担任班主任，班级管理中的许多细节问题需要强调。如校规中'课间活动时，不要大声喧哗'这一项，我们的新教师就这样告诉一年级的学生，课间不要喧哗，却没有考虑到孩子的年龄因素，很多孩子并不明白'喧哗'这一词的意思，但新教师并没有察觉，造成落实不到位。导师入校后就发现了这样的细节问题"。通过导师们的示范指导和引领，使得新教师在管理学生、处理班级事务方面的能力有了较大的提升。

3. 科研能力方面

（1）新教师有参与教科研的培训需求。

中小学教育科研是指为了改进中小学教育工作围绕某一主题而进行的有目的、有计划、系统的钻研和探究活动。《中学教师专业标准（试行）》《小学教师专业标准（试行）》中对中小学教师提出了明确要求："主动收集分析相关信息，不断进行反思，改进教育教学工作。针对教育教学工作中的现实需要与问题，进行探索和研究。"

通过调查，研究人员了解了新教师对于"科研方面"的需求度，如表 3-16 所示：

表 3-16 新教师在科研方面的培训需求统计表

项目		响应		个案百分比 /%
		人数/人	百分比/%	
新教师在科研方面的培训需求	如何选题	158	23.6	52.3
	教科研方法	194	29.0	64.2
	撰写研究报告	226	33.8	74.8
	结果用于实践	91	13.6	30.1
总计		669	100.0	221.4

由上表可见，新教师在"撰写研究报告"的个案百分比最高为 74.8%，其次是对"教科研方法"的比例为 64.2%，"如何选题"的比例为 52.3%。这说明新教师需要关于教科研方面的培训，新教师对于参与教科研的态度是"希望参加，但不得方法"。许多新教师虽然在师范院校学习过教育科研方法，但还有相当数量的非师范专业毕业生，而且新教师普遍缺乏教育教学经验，对于如何在具体教学管理实践中做教育科研，尚需导师的引领。

（2）导师组重视对新教师教育科研的引领。

通过观察了解到，在 P 区导师组制新教师培训中，部分导师重视对新教师教育科研能力的培养。如很多学科组导师都要求新教师参与课题研究，进行论文写作，撰写教学反思、教学案例等。课题研究是新教师参与教育科研，提高课堂教学水平的有效途径之一。很多新教师在导师的引领下参与课题研究中。如某新教师在访谈中提到，"教研员在教育科研方面对于我们的帮助最大。因为需要评职称，教研员一开始就告诉我们要和她一起做课题。小学英语学科在'阅读'与'写作'这两个专题研究方面已经进行了两三年，前期的实践与研究给了我们丰富的资源。一年以来，教研员引导我们做带有小学特色的阅读教学模式与写作训练课题，不但提高了我们的执教能力，而且在教学成绩上取得了成效。在青年教师基本功大赛中，我获得了较好的名次，而且有两篇论文获奖"。

此外，新教师需要指导教师结合具体教育教学实践的指导。新教师中有一定的非师范专业毕业生没有参与过教育科学研究，有的虽然是师范生，但仅有一些理论基础，缺乏选题、研究方法、论文撰写的实际经验。如某新教师在访谈中提到，"我觉得科研对我来说十分遥远，如果指导教师不督促的话，我也不会写论文，如果要写，最起码也是在自认为站稳脚跟之后，其实也就是给自己懒得写找一个托词，这是其一；其二，就是即使要写也不知道从何入手，用什么样的方法进行研究。指导教师要求我们一带班就开始做微课题，这对我们起到了很好的带领作用。就像一年级学生刚入学，就要培养良好的学习习惯是一个道理"。总之，P区导师组制新教师培训中，部分导师组重视对新教师教育科研能力的培养，并且起到了一定的示范引领作用。

4. 沟通和合作能力方面

（1）新教师有提升沟通和合作能力的培训需求。

《中学教师专业标准（试行）》《小学教师专业标准（试行）》中要求中小学教师应具备"与同事合作交流，分享经验和资源，共同发展，与家长进行有效沟通合作，共同促进中学生发展"的能力。教师存在年龄、个性和知识水平方面的差异，加强沟通与合作，可以增长教育经验，促进学生全面发展，提高教育教学的效果。

通过调查了解到新教师对于"沟通合作能力"的需求度，调查结果如表3-17所示。

表3-17　新教师对沟通合作能力的培训需求统计表

单位:%

项目	不需要	有点需要	一般需要	比较需要	很需要
与同事合作的能力	0	2.6	23.5	20.3	53.5
与领导的沟通能力	0	2.6	24.5	20.0	52.9
与同事的沟通能力	0	1.9	29.7	20.3	48.1
与学生的沟通能力	0	0.6	11.7	31.9	55.8
与家长的沟通能力	0	0	14.5	23.2	62.3

由上表可见，在新教师沟通合作能力的培训方面，在"与同事合作的能力"上选择"比较需要"和"很需要"的比例为20.3%和53.5%；在"与领导的沟通能力"上选择"比较需要"和"很需要"的比例为20.0%和52.9%；在"与同事的沟通能力"上选择"比较需要"和"很需要"的比例为20.3%和48.1%；在"与学生的沟通能力"上选择"比较需要"和"很需要"的比例为31.9%和55.8%；在"与家长的沟通能力"上选择"比较需要"和"很需要"的比例为23.2%和62.3%。这说明新

教师在与同事合作，与领导、同事、学生和家长的沟通能力方面的培训需求均较高。

研究人员通过观察和访谈了解到，新教师在任教的初期，面临很多压力，需要导师给予关心和认可，更需要导师在角色认同、同事交往、家长沟通等人际关系相关方面的指导。如某新教师在访谈中提到，"因为自己是独生子女，从小到大考虑问题都以自我为中心，在工作中也会带着这种思维方式。在和其他同事，包括学校的其他教师交往的时候，我有时候也会言语疏漏，有些事情我认为受到了不公平待遇，想不通，甚至会发脾气，钻牛角尖"。再如，某新教师说，"如何和家长对话，让我很头痛，总觉得家长不信任我，因为年纪较轻，可能存在一些思维定式，这方面真的很需要和有经验的教师好好探讨"。可见，新教师需要指导教师在沟通合作方面给予具体的指导。

（2）导师组重视对新教师沟通和合作能力的培养。

研究人员通过访谈和观察了解到，在 P 区导师组制新教师培训过程中，部分导师和新教师沟通交流较密切，导师通过心理支撑，帮助新教师减缓心理压力。如某新教师在访谈中提到，"我的指导教师不仅在业务上给予我很多帮助，而且教会了我和别人相处。导师总是提醒我，不要任性，不要以自我为中心，让我逐渐意识到我现在是一名教师，还是 32 名小学生的班主任，要像他们的大姐姐一样去关心爱护他们，不能由着自己的性子做事情。导师在为人处世方面教会我很多道理，就连我的爸爸妈妈都说我工作以后变得懂事了，能够理解别人了"。

此外，P 区城乡一体化学校大多位于城乡接合部地区，人民群众对于优质教育资源的需求较高，很多新教师在如何与家长沟通方面存在疑惑，并存在较大心理压力。如某新教师在访谈中提到，"因为我是第一次当初中学生的班主任，自己还没有结婚也没有小孩，很难体会家长的一些想法，比如和家长沟通只考虑向家长如实反馈孩子的情况，没有考虑家长的心理承受能力。很多问题不清楚，不会处理。导师给了我很多帮助。记得第一次开家长见面会，我的心理压力很大，非常担心，越担心就感觉越做不好。还好导师鼓励我不要着急，帮我罗列提纲，一一解决问题。在她的帮助下，我的第一次家长会很成功，为以后的工作开展打下了好的基础"。导师们给予了针对性的指导和帮助，提高了新教师和家长沟通的能力，为今后工作的顺利开展打下了良好的基础。

在 P 区导师组制新教师培训中，有的导师组重视对新教师沟通能力的培养，尤其是帮助新教师与学生、与学生家长建立起良好关系，促进了新教师尽快适应新的工作环境。

5. 导师组指导新教师的重点

在 P 区导师组制新教师培训实施过程中，导师指导的内容涉及教学、课堂管理、班级管理、教科研、沟通能力等很多方面。在这些方面中，是否存在指导的重点，还是平均分配？研究人员对新教师进行了"从导师处获得最多的帮助"的调查，调查结果如表 3-18 所示。

表 3 - 18　从导师处获得最多的帮助统计表

项目		响应		个案百分比/%
		人数/人	百分比/%	
从导师处获得最多的帮助	课堂管理与教学	304	41.9	98.1
	班级管理	182	25.1	58.7
	与家长沟通	111	15.3	35.8
	适应新环境	128	17.7	41.3
总计		725	100.0	233.9

由上表可见，在参与调查的新教师中选择"课堂管理与教学"的比例为41.9%，选择"班级管理"的比例为25.1%，选择"与家长沟通"的比例为15.3%，选择"适应新环境"的比例为17.7%。这说明新教师从导师处获得的帮助和指导主要是关于教学与课堂管理方面的内容。如导师在访谈中提到，"导师给予新教师的帮助是不同方面的，不同导师有不同的侧重点，如基层校的骨干教师可能主要从带班、常规等具体的方面指导，进修学校和高校的教师主要是集中在教学、试卷分析、教材分析等上，有的教师有丰富的一线工作经验，在带班上也会向新教师传授一些经验。但是重点肯定都是围绕教育教学实践展开的，教学还是重点"。

综上所述，在P区导师组制新教师培训过程中，培训的内容涉及教学与课堂管理、班级管理、教科研、沟通能力等很多方面，但是大部分导师重点强调对新教师教育教学方面的能力培养，重视教育教学工作，部分导师组也会重视新教师其他方面能力的培养。

（二）导师组制新教师培训的优势

1. 调动区内骨干教师资源，缓解本校师徒的比例失调问题

导师和新教师比例失调，聘请骨干教师组建指导团队，解决了导师数量不足的问题。P区城乡一体化学校多为新建校，其显著特点是青年教师多，而骨干教师相对较少，根据相关资料调查，有的学校新教师数量占到总人数的40%～60%。以往的传统的"一对一"师徒结对，需要大量的指导教师，而本校的骨干教师数量相对不足，可以担任指导教师的师资更是匮乏，根本无法实现导师和新教师的"一对一"师徒结对。作为区级培训机构的教师进修学校，师资力量同样有限。

P区拥有庞大的骨干教师队伍，而且区域内骨干教师分布不均衡，城镇虽然所辖范围较小，但是骨干教师数量较多，农村校数量虽然多，但是骨干教师数量较少。从全区骨干教师、教师进修学校和高校中选聘导师，组建导师团队，有效地解决了师资力量不足的问题。

2. 团队指导灵活性强，有利于满足教师个性化需求

参训教师是培训的主体，应该掌握培训的主动权，选择培训的内容、培训的方法、

评价的方式等。相关调查显示，我国的教师培训中，有85%的参训教师是服从组织安排参加培训的，教师对培训的内容、培训方法、评价方式等方面的选择权也是有限的。① 根据成人学习理论，在培训中要充分调动参训教师的主体参与性。教师是成人，成人学习有自己的特点。例如，成人有丰富的个人经验，经验需要被激活并被整合到新的学习活动中；自我导向，有明确的学习目的；注重问题解决，不喜欢抽象、高深、与教学无关的理论知识。②

导师组制新教师培训具有内容丰富，指导方式、指导时间灵活等特点，可以满足新教师的个性化需求。新教师群体对于培训的需求是多样和复杂的，表现在以下几个方面：一是指导内容。新教师在入职初期有教学方面和情感方面的两大问题，涉及教学、管理、科研、与领导同事关系、与家长沟通等众多内容。二是指导时间。新教师教学任务比较繁重，有的新教师担任班主任，无法离开班级外出参加培训。新教师单独参加培训的时间非常有限，需要灵活的培训时间。三是指导方式方法。新教师的教学实践性知识较匮乏，希望尽快站稳脚跟，得到领导、同事、学生、家长的认同和接纳，因此需要导师给予大量的、针对复杂的教育教学实践的指导，需要导师深入教学一线，针对新教师真实的工作情境提供有针对性的指导。如某新教师在访谈中提到，"最让我满意的是针对性强，我不是师范生，虽然是本专业，但是像教材分析、教学重难点等，关于学校的一切都是陌生的。在参加培训的时候会担心自己跟不上进度，实际上我们的培训是分组进行，导师对每个人的问题进行了具体分析，会单独补课，这样就好得多"。再如某新教师也表示，"指导方式方法多样，三位老师有着不同思考，从不同的角度、不同的方面，对我们进行辅导，比如我本校的师傅重视我平时的常态教学，许多具体的问题抠（纠正）得很细，帮我改掉了很多坏毛病；教研员重视教材分析，能从一个纵向的角度辅导我们；而教育学院的指导教师强调科研这一块，这是我最忽略的地方，是一个短板，如果没有指导教师提醒，只会忙于应付日常教学工作"。

在 P 区导师组制新教师培训中，各个学科组制定了总体的培训计划和方案，在培训过程中，导师们根据每名新教师的个性特点、教育背景和个体发展目标等，进一步制定具体的适合每名新教师的指导方案，在指导的内容、方式和时间上都比较多样，在一定程度上满足了新教师的个性化需求。

3. 关注教育教学实践，有利于新教师实践性知识的获得

根据教师发展阶段理论，新教师处于学者们所说的生存关注期，面临角色转变、适应新环境等问题。这一阶段的新教师，刚从大学校园来到工作的校园这个新的工作环境，缺乏实践性知识。而实践性知识的形成和发展，可以助力新教师解决教学管理

---

① 李方，钟祖荣. 教师专业标准与发展机制：教师专业化国际研究译文集［C］. 北京：北京出版社，2004.
② 陈向明. 从教师"专业发展"到教师"专业学习"［J］. 教育发展研究，2013（8）：1－7.

中的问题，帮助新教师顺利度过这一时期。研究表明，"隐藏于专家型教师知识结构之中的缄默知识可以通过'师傅带徒弟'的'学徒制'形式加以传递和获得"，实施现代学徒制，是新教师形成和发展实践性知识的有效途径之一。[①] 在 P 区导师组制新教师培训中，导师们针对新教师的教育教学实际进行指导，有助于新教师形成和发展实践性知识。例如下面的案例：

究竟怎样判作业？

第一次看作业的时候，我信心十足，心想不就是 30 本作业吗，很容易的。一开始还很认真，按照 F 老师的样子，把错字一个个画出来，按照书写的工整程度评判等级。到后来就有点烦了，看得也不认真了，最后几本就敷衍了事。

当我把作业本抱给 F 老师后，就准备叫班长拿走发给学生。谁知 F 老师说："别急，让我先看看。"我心里还有点儿不舒服，至于吗，小题大做，这点事儿我还做不好？太小看我了。谁想到 F 老师翻看了一下，就抽出了几个有问题的作业本让我看，其中就有我敷衍了事的几本作业，F 老师说："你看，这里，还有这里判错了，这里的错字没有画出来。而且你肯定没有注意到，这几名学生的作业，虽然写得并不是最好的，但是这几名学生和他们以前的作业相比，是有进步的，要特别判成'优'，不能单纯看本次作业来给成绩，还要考虑他有没有进步。学生是十分敏感的，如果今天他的努力、他的进步，没有被老师看到，被老师忽视，那么，也许明天他就不愿意再努力了！这点儿我们一定要注意。"啊！原来不是简单地根据字迹的整洁潦草来判作业，我的标准太单一了！我暗暗吃了一惊，对 F 老师猛增敬佩之情！以前我总是觉得她比较传统，观念老旧，不会多角度评价学生，而自己依仗是专业出身，懂很多的教育理论，还看不上她的一些做法，如此看来自己真是太幼稚可笑了！

——引自某新教师的教学日志

"不能单纯看本次作业来给成绩，还要考虑他有没有进步"，这句话看似简单，实则意义深刻。F 老师把新课程理念"日常教学中的评价以形成性评价为主，关注学生在学习过程中的表现和进步"内化到了自己的实际教学活动中，而新教师仅仅只是从表面理解新课标中的要求，还不知道如何去践行这一理念。通过指导教师具体细致的指导，缄默知识的传递得以实现，从而促进了新教师的专业成长。

4. 团队引领，促进教师间合作，促进师徒共同发展

通过组建指导教师团队，实施团队带教，可以有效促进教师间的合作，促进师徒共同发展，体现在以下三点：

第一，组建团队，有利于导师发挥各自特长。每一名导师都有自己的专长，有的

[①]　肖林，于波. 教师实践性知识：新教师入职的关键［J］. 教育导刊，2015（4）：76－79.

擅长理论引领，有的擅长实践指导，有的具有丰富的一线教育教学经验，导师组建成团队，通过团队引导，使徒弟教师能在博采众长的过程中获得专业成长。有些国家的新教师入职指导计划就采取以导师制为核心的指导小组方式，指导小组中包括校长或分管教学的副校长、学区中心办公室教学专业人员或从大学教育学院聘请的教授等，指导小组每月到学校听课，直接帮助新教师将先进的教育教学理论应用于课堂教学实践，以改进教学。①

第二，组建导师团队，沟通更加多元。"一对一"的师徒制度，是一种固定搭配模式，主要是信息的单向流通，容易产生简单的模仿和崇拜。而"多对一"的师徒制度，培训模式由单线变为网络，从二元到多元化，多渠道、多背景的人员通过沟通交流，促进合作和发展。如果仅有一名导师指导新教师，那么指导新教师的时间和精力就很有限，指导的内容有限，指导能力和效率会受到影响，如果同一学科，有多名指导教师参与，指导的内容就更加全面，时间上也更加充裕。

第三，促进师徒共同发展。在许多学校的师徒结对中，都是要求新教师尽快地提高教学的技能、方法和技巧，忽视了教学相长和徒弟的创造性，更是完全不理会师傅的成长的需求。② 有专家指出："教师专业发展不是教师把自己孤立起来，教师可能要充分发掘、利用各种有利于自我专业发展的资源。依此来看，要打破相互隔离，在了解教师专业发展的一般路径之后，敢于承认自己在专业发展过程中所存在的问题，寻求与同事的合作与帮助。"③

在 P 区导师组制新教师培训中，指导教师本身在教学实践中也会存在许多教育问题，需要同伴互助，共同学习。团队带教的一个优势就是促进同事之间的合作，新教师多是本科或者研究生毕业，他们在理论和研究上有着优势，而团队中不少导师具有丰富的一线教学经验，在做课题的过程中，师傅和徒弟各取所长，互相帮助，共同进步。如某导师在访谈中表示，"我非常愿意从头开始带新教师，就像从一年级开始带学生一样，有什么问题从一开始就能发现，而且从头带起感情基础也好，谁（培训者）不希望自己的队伍好呢！团队指导给我们提供了这样的一个方式。今年我们是三名老师一个组，有的是该专业出身，有的是硕士研究生，教学设计思路清晰，层次鲜明，语言表达准确生动，是学生们喜爱的教师，有的虽然是非专业出身，但是思维活跃，点子多，肯学习，进步快。每名新教师都不一样，所以我们会根据他们的特点，在一起共同研讨培训的方案，选择不同的培训内容。这的确比较累，但是效果明显比以前大范围集中要好得多，发现问题及时，我相信一两年后就会看到很好的成效"。

教师不仅仅是培训的对象，更是学习的主体，还是一种重要的丰富的宝贵资源。

---

① 陈宜挺. 对中小学教师"师徒结对"的效能思考 [J]. 教育科学论坛，2011（4）：59 - 60.
② 叶金梅. 新教师"师徒结对"培养模式的缺憾与对策 [J]. 丽水学院学报，2014（4）：122 - 124.
③ 叶澜等. 教师角色与教师发展新探 [M]. 北京：教育科学出版社，2001：320.

教师们在知识结构、智慧水平、思维方式等方面都有差异，每位教师在真实、鲜活、具体的教学实践中积累的各种丰富经验，是教师合作的动力和源泉。P区导师组制新教师培训在一定程度上发挥了团队的优势，促进了指导教师和新教师的专业成长。

三、P区城乡一体化学校导师组制新教师培训中的问题分析

"制度"由一定的标准及相应的规则、规范构成，每种制度都以一套标准规范适用于范围内的所有活动。制度的目的是使活动标准化、规范化。指导教师带教活动存在一定的规律，从建立与完善制度的角度对师徒制进行分析，包含导师的任命与培训、师徒结对确定关系、制定一般和个别带教计划、进行带教、对带教活动的定期监督评价及总结性评价等环节，如图3-15所示。事实上，师徒制在建立过程中往往存在环节缺失或者环节不到位的问题。[①]

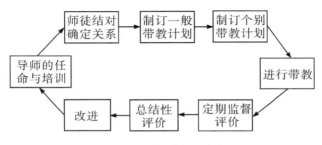

图3-15　师徒制建立及完善过程

（一）师徒关系确定过程中的问题分析

1. 存在降低标准选任导师的现象

一些学校存在降低标准选任导师的现象。P区教委对遴选导师有明确具体的要求，大多数学校都会遵照执行。但在实际操作中，因为教学任务重、师资匮乏等原因，能够供选择的指导教师人数不够，有些学校存在降低指导教师的选拔标准而破格使用的现象。如新教师所在校负责培训的某领导表示，"区里的要求是必须选用校级骨干教师以上的优秀教师，实际上我们会根据具体学科的不同，在人员上有不同的安排。比如英语学科的骨干教师（人数）较多，会采取自愿报名的方式选拔，教研组综合考虑师傅和徒弟的配合度，能够双向选择。但有的学科，如小学科学，只有一名骨干老师，还是借调的，正式关系都没有过来，所以就只能义不容辞承担起培养新教师的任务；还有的老师可能并不是校级骨干教师，但是自身表现非常优秀，经验丰富，学校也会考虑破格任用"。

此外，薄弱学科也缺乏骨干教师担任指导教师。有的学科的导师组人员构成并不完善，有的学科三种类型（基层校骨干教师、教研员、高校专家）的导师人员配备完

① 池春燕. 教师专业发展背景下的师徒制研究［D］. 上海：华东师范大学，2007.

善，能够做到导师和新教师比例是"多对一"或者"三对一"。一些薄弱学科，如小学科学、计算机等，有的缺乏教研员，有的缺乏本校骨干教师，导师和新教师的比例是"一对多"，不能较好地满足新教师的需求。如某导师在访谈中表示，"我们是小学科，教研员就1人，高校的指导教师有2人，每年不论新教师有几人，我们的人员就只有这么多。2013年有10名新教师，2014年有4名，2015年只有1名。10名新教师的时候，我们的人手忙不过来，而今年只有1名，我们没有为他一人单独开设新教师培训，而是与教研活动合并进行，主要是靠带新教师的师傅负责新教师"。

综上所述，受客观条件的制约，某些学科的师资匮乏，存在降低标准聘用导师的现象，而且现有的导师队伍结构亟须优化，导师的整体水平有待提高。

2. 针对导师的培训零散，缺乏系统性

导师构成复杂，指导水平层次不一。P区导师团队由高校专家、教研员和骨干教师三部分人员构成。一般来讲，高校的导师属于学术型导师，他们具有较高的理论素养与较强的科研能力，指导经验相对丰富，能够更好地担当导师和培训者的角色。而来自中小学的骨干教师，他们有非常丰富的一线教学经验，但却缺乏指导新教师的经验，许多一线的指导教师表示需要参加指导青年教师方面的培训才能更有效地指导青年教师。如某导师在访谈中提到，"记得校长刚让我当指导教师的时候，我比较困惑，感觉压力很大，因为带新教师不同于带学生，要讲求不同的方式方法，新教师虽然年龄较小，但却是我的同事，而且自尊心很强，决不能打击他们的自信心，要多鼓励。我们之间也有年龄差异、有代沟，但是要指出问题，不然指导就流于形式，所以这个度很难把握，毕竟我没有系统地学过青年心理学，也不是教研员、培训者，不懂培训，不会培训。还好我们也接受了关于导师的一些培训，让我们在指导新教师的时候不会那么心虚，效果还行，也让我有了自信"。

发达国家比较重视对带教者的培训和支援。在日本，指导教师会收到由教育委员会发给的指导手册，会举行专门的会议提高指导教师的技能，促进他们对培训作用的理解；在英国，为了胜任指导工作，大部分教育部门为指导教师开展培训，包括为指导教师介绍入职培训的要求和标准，在听课、反馈和评估技巧上提供建议；美国则建立了带教者支援系统，利用网站为带教者及带教者培训提供大量的帮助和免费咨询。[①]

在P区导师组制新教师培训中，有针对导师的岗前培训，但是缺乏上岗后的培训。每年导师被正式任命后，培训部门会组织一次短期（约24课时）的导师集中培训，主要对象是教研员和担任校指导教师的校、区级骨干教师，培训内容是针对培训中的具体组织操作问题，还有一些通识性知识的讲座，如课程改革理念、成人教学方法等。但是教师教学实践是丰富和复杂的，指导教师在指导过程中承受着较大的压力，也面临着许多困惑和难题，短暂的培训远远不能满足指导教师的需求。如某导师在访谈中

① 城红艳，董英. 新教师的专业发展［M］. 上海：华东师范大学出版社，2011：153－154.

表示，"在带教前，大家一起在进修学校上了三个半天的课，主要是关于课程改革以及课程改革理念、成人教学方法、培训方式的一些指导和培训，以专家讲座为主。但是，培训的效果一般，时间长了，很多内容也忘了。在指导新教师的实际过程中会遇到一些问题，到时就不知道该怎么办了"。再如某导师表示，"我们有一次关于如何当好指导教师的集中培训，但是实际上在指导新教师的时候还是老办法，比如如何备课、判作业、写评语等，还是会按照我原有的思维、原有的方式去教他们，我能感觉到有时真的力不从心，虽然想改进，但不太明确该从何做起"。再比如某导师表示，"这学期我们组差不多每两周一次集中活动，和教育学院教师、学科负责人、教研员一起研讨带新教师过程中的问题，根据实际遇到的问题，大家调整下一步的方案。及时调整方案是以前的培训没有的，我觉得这点比较好"。

综上所述，在 P 区导师组制新教师培训过程中，缺乏对导师的系统岗前培训，尤其是基层校的骨干教师在指导青年教师的过程中，缺乏有效的手段，且现有培训是零散、分散的，需要组织系统、及时的培训，对导师提供支持和帮助。

3．行政指令指定师徒，较难实行双选

在 P 区的导师组制新教师培训中，师徒双方大多通过行政命令结为师徒关系，师徒双方没有选择的权利。在正式结为师徒之前，新教师和导师并不互相了解，正式拜师结对后，还需要时间相互了解。实际上，以行政命令将师徒双方组合在一起，不利于师徒双方的交往。新教师没有机会选择指导教师，而是被动接受。这种没有征求双方意愿的配对，有可能将价值观、个性、兴趣等差异太大的教师强制性地捆绑在一起，使师徒双方难以信任对方，难以实现师徒间的平等交流和融洽相处。[①]

在 P 区城乡一体化学校，因为本校的导师数量较少，有较大比例的导师来自外校，更增大了新教师和导师相互之间的了解难度，也给新教师造成了一定的心理压力。某新教师表示，"我的师傅是外校的老师，第一次见面是在暑假集中培训的时候，然后就是 9 月份以来每周一次或者两周一次的听课、教研活动，开始很紧张，担心在老师面前暴露太多的缺点，后来随着见面机会的增多，也就逐渐放松了"。可见，在 P 区导师组制新教师培训中，没有更多考虑新教师的意愿，没有让新教师根据自己的意愿自由选择导师，不利于师徒间和谐关系的建立，不利于调动新教师和指导教师的积极性与主动性。

如果能够在正式师徒结对前采取一些方式增强师徒双方的匹配度，就能既体现对师徒双方的尊重，也有利于师徒双方的认可。

（二）培训内容确定中的问题分析

通过观察和访谈可以发现，P 区导师组制新教师培训的内容大都集中在帮助新教师顺利地掌握教学技能，上好每一堂课，而对新教师的心理辅导、人际沟通、科研指导

---

① 朱碧云，赵敏. 中小学初任教师导师制的瓶颈及其突破机制研究［J］. 教学与管理，2014（10）：4－7.

等虽有涉及，但还是缺乏更多具体内容和详细指导，具体表现在如下四点：

1. 部分导师组制定的新教师培训内容针对性弱

通过观察和访谈可以发现，在 P 区的导师组制新教师培训中，部分导师组制定的新教师培训内容针对性弱，不能满足新教师的需求。体现在以下三点：一是部分学科组没有单独为新教师制定培训内容，或者制定的内容并非为新教师量身定制。虽然 P 区导师组制新教师培训的实施重点是帮助新教师提高教育教学能力，但有些学科组并未贯彻落实。如某导师在访谈中表示，"2015 年小学科学的新教师只有一名，因此没有为他一人单独开设新教师培训，仅在教研活动过程中靠基层校指导教师负责培训新教师。在这样的学科组中，新教师所接受的培训内容基本上比较笼统，或者和本学期的教研活动、校本培训活动糅合在一起，没有单独进行"。二是初中、高中教师面临考试升学压力，小学教师升学压力相对较小，导致小学阶段的新教师培训方案制定针对性强，初中、高中偏重试卷分析、考试分析、学科技能等方面，针对性较弱。三是有的学科组本身师资力量较强，教研员综合素质、专业能力、组织能力较强，对新教师的培训内容定制比较合理，但是有的学科组则比较弱。

2. 没有单独组织新班主任培训

在 P 区导师组制新教师培训中，有关班级管理方面的指导主要由基层学校的骨干教师负责，而区级层面和高校的专家均未组织统一、系统的新班主任培训和指导，对新班主任的培训，处于零散、自由的状态。如新教师所在校德育处的某领导在访谈中谈道，"指导教师团队走进我们的校园，不仅仅是指导我们的新教师，其实对其他教师包括新教师的师傅（导师组中的基层校骨干教师）也有指导作用，因为我们的师傅其实也十分年轻，也需要教研员和专家的引领"。再如某指导教师在访谈中表示，"在教学和班级管理方面，我只是比新教师多几年经验而已，我也需要向教研员、专家多多学习，希望专家多多引领，单凭我们（基层校教师）很难把这件事情做好，学业有先后，术业有专攻，我们毕竟不是这方面的专家"。可见，在 P 区现有的导师组制新教师培训中，新教师和新教师所在校需要区级层面组织针对新班主任的培训，基层校的骨干教师一般都具有较丰富的班级管理实践经验，但尚未上升到理论高度，需要接受教研员和专家的理论引领。

3. 新教师参与教研程度较低

在 P 区导师组制新教师培训中，新教师参与教育科研程度较低，部分导师缺乏对新教师教育教学研究的有效引领，原因有二。一是现有导师组的指导教师水平参差不齐，指导能力有限。P 区导师组团队中既有基层校的骨干教师，也有教研员和高校专家，有些指导教师善于进行教育科研指导，有些善于教育教学管理方面的指导。二是新教师本身对教育科研认识不够充分，认为教育科研是工作外的一项负担，因为忙于工作无暇顾及论文写作和课题研究。如某新教师在访谈中提到，科研对他来说感觉十分遥远，如果导师不督促是不会写论文的，既有自己懒得写的原因，也有不知道从何入手、用何方法进行研究的原因。

实际上，教师进行科学研究的重点应落在教师在课堂教学中急需解决的实际问题上，实现有效教学，提升教学质量，促进学生能力发展，促进教师专业发展。而且在参加课题研究，写总结反思、教学案例的过程中，新教师会对自己的教学经历进行梳理和反思，进一步明确自身的优势和不足，这有利于新教师的发展。但是许多新教师并没有认识到这一层面，尚需指导教师加强引领和指导。

4. 在指导内容上重视教学指导，忽视其他方面

在 P 区导师组制新教师培训中，在培训内容的制定方面存在重视对新教师的教学指导，忽视其他方面指导的现象。如在访谈中，某导师说道："在指导的内容方面，还是偏重新教师的教学工作，毕竟教学和课堂管理是学校的中心工作，对于其他方面（导师们）心有余而力不足，更多地需要新教师自己来领悟。"某新教师也表示，"导师经常说到，你们现在都是上任一年的新教师，但是三五年后，你们中间会有佼佼者脱颖而出，也会有一般般的教师，有的甚至不能适应教师的工作，很大的原因是自己不够努力或者适应能力不够，师父领进门，修行在个人，导师只能在教学上给予你们指导，但在为人处世、人际关系等方面更多需要自己领悟"。

在 P 区导师组制新教师培训中，师徒双方签订的《师徒协议》中重视教学方面的内容，而对于新教师在人际关系处理上，或者心理调适上，没有具体规定，或者只有非常笼统的规定。大部分导师都十分重视对新教师的教学指导，容易忽略新教师的心理特点，尤其是缺乏对新教师角色转换的指导以及心理健康方面的调适和引领。

我国的师徒制一直以来都很强调对课堂教学的聚焦，师徒制的整个运作基本上是围绕课堂教学而展开，师徒就课堂教学进行交流与探讨是最重要也是占最大比例的带教活动内容，师傅对徒弟的教学指导也是较为具体而全面的。[①] 实际上，对于刚从高校毕业进入中小学的初任教师而言，除了完成不熟悉的教育教学任务外，还要面对自身角色、环境、社交圈、生活状态等方面的转变。[②] 因此，有必要对新教师进行心理上的支持和鼓励，帮助新教师更快地适应新环境，尽快适应教育教学工作，同时有利于强化新教师的专业成长动机，提高其学习的主动性。

（三）培训方式方法和时间中的问题分析

不同的新教师进入不同的学校情境中，其所遭遇的问题可能是千差万别的，其专业发展的需求也是多种多样的，因而新教师专业发展的方式也要兼顾多元。[③] 新教师群体对于培训的需求是多样和复杂的，参训教师是培训的主体，应该掌握培训的主动权。调查显示，我国的教师培训中，有 85% 的参训教师是服从组织安排参加培训的，教师

---

① 池春燕. 教师专业发展背景下的师徒制研究［D］. 上海：华东师范大学，2007.
② 朱碧云，赵敏. 中小学初任教师导师制的瓶颈及其突破机制研究［J］. 教学与管理，2014（10）：4−7.
③ 宋萑. 新教师专业发展：从师徒带教走向专业学习社群［J］. 外国教育研究，2012（4）：77−84.

对培训的内容、培训方法、评价方式等方面的选择权是有限的。[①] 在 P 区导师组制新教师培训中，新教师在培训的方式、方法、时间等方面的需求呈现多样性的特点，应该充分重视和开发多种培训方式方法，尊重新教师的培训选择权。

1. 现有方式方法有限

P 区城乡一体化学校的新教师大多是二十多岁的年轻人，精力充沛，思维活跃，喜欢用一些更快捷的沟通方式和指导教师进行交流，如网络视频、微信、QQ 等手段，沙龙、世界咖啡[②]等轻松活跃的方式，认为导师的指导方式方法需要改变。如访谈时，某新教师提到，"如果打分数的话，我想应该是 95 分。5 分是关于指导的方式方法，我觉得有些问题发微信就能解决，但是导师不经常在线，导师实在是很忙，但一定要面谈的话，我总觉得时间上有点紧张"。又如某新教师说道："我参加了一次英语学科的沙龙活动，气氛热烈，大家畅所欲言，无拘无束。相比之下，我们组的培训气氛太沉闷了，大家怕露怯，都不敢畅所欲言。"

根据新教师的特点，应充分利用发达的现代信息技术如网络、远程教学等作为辅导手段。在 P 区导师组制新教师培训中，已经有学科自己研发网上备课系统，让师徒交流变得更加便捷。如进修学校负责新教师培训的某领导表示，"作为区级培训机构，我们非常重视新教师培训，并且希望我们更好地搭建这样一个平台。2014 年，我们的高中生物和信息中心合作，研发了网上备课系统，教师们反映很好。每一名教师可以趁有时间，上传备课稿件、课件，其他教师可以随时看到，分享自己的意见。有时间上线就可以看到大家的意见，这对教师们，尤其是新教师来说，意义非常重大"。可见，在 P 区导师组制新教师培训中，现有方式方法有限，需要根据新教师的个性化需求，拓展更多样的方式和方法。

2. 双方交流时间不协调

首先，要保障师徒交流的固定时间。因为许多导师和新教师在不同的学校，而且导师基本上是兼职指导教师工作，有时候和新教师所在校在培训时间上有冲突，需要学校双方的协调，没有约定固定的交流指导时间，就难以保障指导的质量。如某指导教师在访谈中表示，"新教师和导师的培训指导时间往往存在冲突，我们学科组是从进修学校的层面规定了每周二为教研日，单周则用于新教师培训，这是固定的时间，这项规定有效保障了培训的时间"。

其次，导师的工作量较大，虽然担任了指导教师，但是日常的工作量没有减少，导致精力不足，影响指导效果。如某导师说道："本学期的工作实在是安排很满，带班、课题、评比、教研，再安排新教师的指导，而且是外校，的确有点儿吃不消。如果学校再不理解，整天往外跑，不能好好带班，处境将十分艰难。"

---

① 李方，钟祖荣. 教师专业标准与发展机制：教师专业化国际研究译文集［C］. 北京：北京出版社，2004.
② 余新. 教师培训师专业修炼［M］. 北京：教育科学出版社，2012：177.

最后，要尊重新教师的选择权，保障弹性的指导时间。既然是针对新教师的培训，新教师是接受培训的主体，应该享有一定的选择权。事实上，新教师在教学工作的第一年非常忙碌，在指导时间上应当有一定的弹性，应充分尊重新教师的选择权，在适当的时间进行指导。适当减少新教师的工作量，保障参加培训的时间。如某新教师表示，"我希望能增多一些自主选择的培训时间，如暑期的集中培训，可以分为两个时间段，七月下旬或者八月下旬。这样的小小改变，就能给我们（新教师）带来很大的便利，可以调整自己的时间，以更加充沛的精神面貌参加培训"。

（四）导师组制新教师培训评价中的问题分析

P区导师组制新教师培训既要重视对新教师的考评，同时也要兼顾对导师和导师团队的考评。从2012年至2015年，考评工作已不断完善，但仍然在评价主体、评价方式等方面存在问题，需要进一步完善。

1. 片面强调比赛成绩，影响新教师积极性

P区导师组制新教师培训从反应层、学习层、行为层和结果层四个层次开展培训效果评估。虽然平时也注意在培训过程中对新教师学习状态的评价，但是对新教师培训成果的最终评价，在很大程度上还是取决于参赛成绩，如基本功比赛、公开课评比等竞赛类活动。而比赛获奖的名额毕竟有限，难免对其他未获奖或者名次不佳的新教师造成心理压力和伤害。如在访谈中，某新教师说道："三年内我参加青年教师微课大赛，只获得三等奖，三等奖就是参与奖。我觉得非常对不起导师，因为他为我耗费了大量的时间和精力，但是我的名次不佳，自己也觉得真是技不如人，好多新教师都是专业出身，起点就高，能力强悟性高，我自己只是一个陪衬品。"又如某新教师说道："虽然有的人在比赛时获得了好成绩，但是成绩是多重因素造成的，有临场发挥的原因，有个人素质的原因，还有导师指导的原因，不能只凭借一次的比赛断言一名新教师的水平如何。"

可见，新教师并不认可以一次竞赛获奖情况来判定其培训成绩，希望得到更加全面多样的过程性评价。现有的对初任教师的评价基本上以"汇报课"的形式进行，这种表面的教学效果并不能真实反映新教师的发展潜力，再加上其他不可控的知识基础、学历背景因素，在短期内不同教师的发展程度不尽相同，这种评价方式有可能挫伤新教师的积极性。[1] 可见，对于新教师的评价，不能过分偏重竞赛、比赛、评比等活动结果，否则会影响新教师的积极性和主动性，不利于新教师的长远发展。

2. 现有的评价主体不能较好地履行评价职责

（1）作为评价主体的新教师对导师评价不重视、不了解。

在P区导师组制新教师培训中，部分新教师主要关心自己的培训情况，如能不能顺利完成培训、取得培训合格证书，而对于"对导师的评价"并不重视，在以下两方

---

① 朱碧云，赵敏. 中小学初任教师导师制的瓶颈及其突破机制研究［J］. 教学与管理，2014（10）：4 – 7.

面的调查中都有所体现。

首先，研究人员对"学校对导师监督情况"进行了调查，在"新教师是否知晓相关部门对导师工作有监督评价"的调查中，结果如表 3 - 19 所示。

表 3 - 19　新教师是否知晓相关部门对导师工作有监督评价的统计表

项目		频率	百分比/%	有效百分比/%
有效	有监督评价	204	65.8	65.8
	没有监督评价	18	5.8	5.8
	不清楚	88	28.4	28.4
	合计	310	100.0	100.0

由上表可见，新教师选择"有监督评价"的比例为 65.8%，选择"没有监督评价"的比例为 5.8%，选择"不清楚"的比例为 28.4%。这说明一部分新教师对于"相关部门导师的工作是否存在监督评价"的情况了解不够充分。有些新教师认为，新教师培训就是要对新教师进行考核，而对于导师的带教工作有无考核，并不关心，从来没有思考过。

其次，研究人员对"新教师是否知晓学校制定了导师的职责"进行了调查，希望了解新教师是否知晓导师的职责，结果如表 3 - 20 所示。

表 3 - 20　新教师是否知晓学校制定了导师的职责统计表

项目		频率	百分比/%	有效百分比/%
有效	有制定	201	64.8	64.8
	没有制定	17	5.5	5.5
	不清楚	92	29.7	29.7
	合计	310	100.0	100.0

由上表可见，新教师选择"有制定"的比例为 64.8%，选择"没有制定"的比例为 5.5%，选择"不清楚"的比例为 29.7%。这说明一部分新教师知道学校制定了导师的职责，对导师的职责也比较清楚，这与各校举行拜师仪式和签订《师徒协议》是有关的，而一部分新教师对于"学校是否制定了导师职责"的情况是不了解的。这说明虽然签署了《师徒协议》，但实际上，教委和培训机构包括新教师所在学校都重视对新教师的考核评价，而对于导师履行职责的情况监督相对薄弱。如在访谈中，进修学校负责培训工作的某领导谈到，"在对学员的导师的评价上，我们尊重每一名导师的工作，很多导师都是各校的精英，本身是基层学校一线的教师，承担着大量的教学、教研、考试等工作，还要额外担任新教师的指导教师，非常辛苦。我们对导师的考评并

没有独立进行，而是进修学校统筹牵头，由各校结合导师的实际工作进行考评，评价结果纳入导师当年的绩效"。

（2）基层学校作为评价主体，难以深入了解导师的指导工作。

在实际中，有很多导师是担任校外的指导教师，对于指导效果如何，指导教师所在校很难或者并不了解新教师在学校的表现，导致对导师的考评存在一定的难度。许多基层学校只能笼统地评价，如以指导教师听了多少次课，指导了多少次，新教师的公开课、论文获奖等情况为指标，导致评价出现"走形式"的情况，影响了评价的效果，不利于导师积极性的发挥。

通过观察和访谈发现，在 P 区导师组制新教师培训中，没有成立独立的考核评价小组，对于新教师的评价，一般由进修学校协调基层学校实施具体评价，对于导师组的评价则由高校、进修学校相关部门实施，同时存在多个部门对新教师和导师的带教工作进行评价的情况，责任、权利比较混乱，评价的标准也不统一。如在访谈中，进修学校某领导表示，"现有的评价体系尚不完善，存在多方实施评价的现象。教委在每年的督导中，有专门的一项是针对新教师培训情况的检查；师训部每年在校本培训中，也要检查新教师的培训情况；各学校自己也会对新教师进行考评。其中存在检查重合的现象，需要教委和进修学校进一步协调。"

没有专门的评价小组对整个导师团队的带教情况进行评价，一方面造成了资源的浪费，另一方面严重影响了评价的真实性和可信度。

3. 激励手段缺乏

在 P 区导师组制新教师培训中，评价的主体较为单一，现有的激励手段十分有限。实际上，导师们对于现有的评价和激励手段存在争议。首先，导师们对评价方案存在争议。如在访谈中，某导师说道："虽然说在参加五年一次的骨干评审时，要考察指导新教师的情况，但是分值比重较低，培养了三位优秀的青年教师，不如自己写一篇一等奖论文，而且指导工作干好干坏一个样，都是领取 200 元奖励，我感到很不公平。"其次，导师们认为物质奖励微薄，且分配不公。在物质奖励方面，区进修学校每年给予所聘任的骨干教师 100～300 元的奖励，报酬比较微薄。如在访谈中，某导师说道："每年给予基层校的指导教师的报酬太少了，指导教师大多是兼职，很多时候就是靠着良心和乐于助人的精神来指导新教师，同时还要处理自己的本职工作，每年我们都为聘请指导教师犯愁。"最后，指导教师工作难，虽然易得到所在校的认可，但是导师的指导工作主要是指导外校新教师，难以得到导师所在校的认可。如在访谈中，某导师也说道："担任导师就是付出多得到少，许多人都不愿意当。报酬少就不说了，关键是得不到学校领导的认可，你指导的是外校的新教师，对自己的学校并没有好处。我们处于一种比较尴尬的境地。"

总之，在 P 区现有的评价机制中，无论是对新教师还是对导师，评价的主体都比较单一。缺乏有效的激励手段，较大程度上影响了导师的工作积极性。

四、完善 P 区城乡一体化学校新教师培训中导师组制度的措施

（一）完善管理制度

制度体系的建设与完善是新教师培训质量的重要保障，决定着新教师的发展水平，影响着新教师的参训积极性，也决定了教师队伍建设的质量。完善新教师培训的制度体系，有助于提高新教师参与培训的主动性，极大地强化激励的有效性，能够促进新教师的专业发展。

第一，制定项目负责制度。将整个新教师培训作为独立项目进行管理，实行项目负责制度。作为项目第一责任人，可以统筹协调本学科内部的导师调整，对本学科新教师培训进行总体设计和指挥，制定明确的市、区、校三级导师的权利和责任，进一步明确带教双方的任务和职责。

第二，建立相应的管理制度。进一步规范明确导师团队带教的实施细则和管理制度。如规范导师的选择和任用、明确带教协议的内容、明确双方职责、确保导师团队带教所需要经费、适当减轻师徒双方的日常工作量、确定固定的时间用于双方面对面的指导等。提供充足的物质资源，提供充足的专业书刊、教学设备与材料，保证新教师能够顺利实施教学活动。建设网络教室，发挥网络资源的辅助作用，使观摩学习、观赏优质课、微格评课成为可促进新教师更好发展的重要途径。确保充足的带教时间，保证导师有充足的时间对新教师的教育教学活动进行观察和指导，导师团队和新教师定期参加讨论、研究等活动。适当减轻师徒双方的工作量，使双方在时间的选择上更加灵活，从而保障导师团队带教的质量。

第三，加强对实施过程的监督。教师的培训效果具有特殊性，体现在以下三点：一是教师培训效果在时间上具有长期的滞后性；二是培训效果在内容上具有复杂多样性；三是教师培训效果在表现形式上具有多方主体性。在培训的周期内，无论是过程性评价还是终结性评价，都较难将培训效果完全展示出来，需要把定量分析和定性分析结合起来。[①] 因此，应加强对实施过程的监督和评价。首先，应成立单独的考核评价小组，负责对新教师培训的总体评价工作。其次，考评小组要定期对新教师入职培训的实施情况进行监督和检查，实施发展性的教师评价。了解实施的具体情况，并根据具体情况随时更改计划，使得带教方案具有针对性。调动新教师工作的积极性，激励青年教师的成长。最后，考评小组要实施有效的评价方法。在带教的过程中，可以运用现场评估的方法，及时收集有关培训进展方面的信息，比如实施中存在的问题、师徒双方的需求、带教内容和带教方式的及时调整等。[②]

第四，建立合理的评价机制和激励制度。制定合理的评价制度，运用恰当的激励

---

① 余新. 教师培训是专业修炼 [M]. 北京：教育科学出版社，2012：248
② 刘晓艳. 师徒制对新任教师影响的叙事研究 [D]. 济南：山东师范大学，2012.

手段，促进师徒带教的成效。首先，定期对支持新教师培训工作的学校和优秀导师进行表彰，对于长期尽力对新教师培训给予有效支持和帮助的学校，教育行政部门应当给予表彰，定期评选优秀指导教师，突出鼓励和示范的作用。其次，提高对指导教师的报酬，按照指导教师的指导工作量、指导成效等方面，划分等级，体现出对优秀指导教师工作的尊重。导师组教师来自不同的学校，和新教师不同校，需要频繁往返新教师所在校，应给予一定的交通补助。担任指导教师的工作是兼职，应给予指导教师一定的合理的津贴和劳务补助，以提高指导教师的工作积极性。最后，实施以人为本的管理理念，实施宽严适度的管理措施，给指导教师有一定的自由时间，提升职业成就感，形成不断超越自我的动力，搭建展现自我价值的平台。

（二）加强导师组的协作

集体的齐心合力有益于每个成员的积极向上，团结协作的良好氛围有助于每个成员的相互激励。团队成员协同合作和各尽其责，有助于成员的共同发展进步。导师组成员由高校专家、区县进修学校教研员和基层学校骨干教师构成，需要加强导师组成员的相互协作，加强沟通协作，发挥团队优势。

第一，重视导师的选择。导师需要具备指导新教师的技能，严格的导师选拔和指导制度才能保证新教师的入职培训效果。一些国家对指导教师的选拔十分严格，指导教师必须具备扎实的学科知识、良好的教育教学能力和课程规划能力，还需要有效的人际沟通的技巧，能为初任教师提供系统的教学指导，并且愿意为新教师提供教育教学咨询服务等。[①] 如果一些指导教师缺乏指导的技能，就会对指导的质量造成影响，所以相关部门应该慎重选择指导教师。首先，导师需要较高的专业素养，具备丰富的基础教育经验，扎实的教育教学基本功，能对新教师进行示范，还要具备一定的科研能力。其次，导师需要具备良好的个性品质，如尊重信任新教师、对指导工作耐心负责、富有团队合作精神等。最后，尊重导师个人的意愿，有的教师因为身体不适、家庭负担和工作压力等原因不愿意担任导师，需要考虑导师个人意愿。

第二，重视对导师的培训。导师承担着对新教师的指导工作，可以通过培训提高导师的素质。优秀的教师不一定都能够胜任导师的工作，导师需要具备一定的观察和反馈能力。一般的教师通过传递知识，帮助学生理解和掌握知识，学生经过长期的教育培养阶段体现出变化和发展。而导师不仅需要传递知识，还要教会新教师如何教学，需要导师们具备学科专家、教育专家和培训专家的素质，能够理解和把握教育教学规律，能够认识和掌握成人学习规律，掌握教师专业发展规律。

实际上，许多国家都对新教师的导师提供一定的支持和培训。例如，选拔出来的导师必须接受专门的指导培训方可上岗，培训内容包括了解新教师的需要和特点，人

---

① 李华. 初任教师入职教育研究［D］. 上海：上海师范大学，2008.

际关系与沟通，教学创新，教学观察与反馈，教学档案与反思等。[①] 我国通过与大学和科研院所合作，为导师开设专项课程，这些课程旨在帮助导师明确他们在帮助新教师成长上的责任和作用，发展听课、咨询与指导的方式、方法，同时帮助他们提高理论素养。[②]

第三，加强培训机构和新教师所在校的协同管理。导师组制的导师有专职和兼职之分，兼职导师基本上来自基层校优秀骨干教师和进修学校的教研员，专职导师来自高校。合作的主体具有不同的文化背景、工作机制，要实现三者之间的有效合作，必须要建立规范的组织管理制度。首先，需要健全的组织机构。明确各自的权利、义务及各项规章制度，设立合作组织机构，为以后合作的正常进行提供组织上的保障。其次，需要签订具体的合作运行细则，包括目标、内容、方式、评价标准、经费来源等，这些细则的制定，为以后合作顺利进行提供了制度保障。最后，要加强考评，加强对导师的评价，建设高素质、专业化的导师队伍。

（三）培养新教师的专业发展意识

第一，树立新教师正确的职业观，提升自主发展的意识。个体发展的动力主要来自两个方面，一是个体内在的发展动力，二是外界环境的刺激与要求。内在发展和外在环境作为新教师专业成长的双驱动，决定着新教师未来专业发展的持续性，有助于激起教师的专业发展需求。[③] 指导教师要重视新教师的群体特征和个性特点，在培训的过程中，既要重视新教师的共性问题，也要重视新教师的个性需求，帮助新教师树立正确的职业观，分析自己的优势和不足，制定符合自身特点的发展目标，并将目标分解为具体的短期目标，引领新教师达成目标。

第二，完善新教师的知识系统，提高新教师的专业能力。专业知识作为教师持续发展的理论基础，能够为教师顺利开展教学活动提供理论支撑。依据教育部颁发的《中学教师专业标准（试行）》和《小学教师专业标准（试行）》中的规定，教师的专业知识主要包括教育知识、学科知识、学科教学知识和通识性知识。

P区城乡一体化学校的新教师存在一定比例的非师范生，他们对于专业知识、学科教学知识的学习比较关注，却容易忽视教育知识、通识性知识及其他方面知识的学习。因此，需要引导新教师不断扩宽自己的知识面，不断完善自身的专业知识，从而提高自身的综合素质。

第三，给予新教师自我发展的空间和时间。通过访谈和调查发现，很多新教师对工作的第一年评价是"繁忙"，事务性工作多，班级管理和教学工作也重，很难有空闲时间进行读书思考。一些国家的入职指导计划中都明确提出通过减少教师的教学任务、

---

① 李华. 初任教师入职教育研究 [D]. 上海：上海师范大学，2008.
② 陈宜挺. 对中小学教师"师徒结对"的效能思考 [J]. 教育科学论坛，2011（4）：59–60.
③ 张萌. 幼儿园新任教师专业发展需求的现状研究 [D]. 长春：东北师范大学，2015.

每日的课时数量和备课工作来保证新教师和教学导师的培训时间，以便使新教师能够有更多的机会来学习、讨论、试验、反思。[①] 因此，教育行政部门和学校需要酌情减少新教师的工作量，保障新教师享有一定的时间和空间用于自我发展。

（四）充分利用网络资源，建立专门的培训平台

建立专门的培训平台，为新教师服务。首先，导师们可以根据自己的特长开设选修课，满足新教师的多种需求。其次，设立新教师论坛，帮助新教师答疑解惑。新教师论坛的设立有利于新教师之间、新教师与导师之间的交流、互动，从单线交流变成多线交流。教师可以对自己在教学活动、家长工作、班级管理中遇到的问题和解决措施等进行交流，并及时得到其他教师的评价，得到导师的指导意见。最后，导师们还可以通过新教师论坛来搜集新教师的各种信息，帮助新教师更好地适应工作岗位，促进新教师的专业发展。

（五）发挥城乡一体化学校的优质教育资源，带动区域教师发展

P 区城乡一体化学校在"一个法人，一体化管理"政策原则框架下，资源输入校对输出校的教育理念、课程资源、文化建设等实现了全方位的复制和创新。在近几年的建设过程中，优质资源融通共享逐步实现。这些优质的资源为 P 区教师提供了学习的机会。外校教师进入城乡一体化学校指导新教师的教育教学，同时也领略到名校的教育理念、文化建设、课程资源，师徒双方通过思想交流，实现了共同成长、智慧融合，从而实现区域教育的均衡发展。

第三节　D 区义务教育阶段新班主任校级培训需求与对策研究

班主任是学校教师队伍的重要组成部分，是班级工作的组织者、班集体建设的指导者、中小学生健康成长的引领者，是学校思想道德教育的骨干，是学校与家长和社区的沟通桥梁，是实施素质教育的重要力量。

现实中大部分新教师因为缺乏相关理论知识学习及相关实践经验，往往有不会当班主任的问题，这需要系统有效的专业培训。而目前中小学虽普遍进行班主任培训，但培训内容往往是工作沟通或应对问题式的培训，缺乏整体的课程设计，培训机制还不完善。本节立足义务教育阶段中小学实际，进行了新班主任校级培训现状及需求的调研和分析，研究人员把研究的问题主要聚焦在新班主任校本培训的内容、方式及培训效果等方面，同时也关注到新班主任的基本情况及工作现状，通过梳理文献资料，

---

① 谭菲. 美国中小学初任教师入职教育研究［D］. 重庆：西南大学，2012.

进行问卷调查，收集资料数据和访谈结果，调查研究新班主任工作的状态、必备能力、现有校本培训内容、方式、效果、对校本培训的需求等，探讨如何加强校级培训的针对性和实效性，并提出了加强新班主任校本培训的对策和建议。

本节研究的目的是，通过查阅文献和调查分析，了解义务教育阶段新班主任在工作中的问题，明确他们在校级培训中的实际需求（以 D 区部分学校为例）和学校对其岗位要求，为学校对新班主任进行校本培训提供内容、形式等方面的对策及建议。

下面以 D 区义务教育阶段部分新班主任为研究对象，将新班主任界定为班主任工作年限在三年以内的班主任。研究人员在明确、细化义务教育阶段班主任的组织需求和岗位需求的基础上，参考已有成熟问卷，修订了新班主任校级培训需求的调查问卷。问卷共分三部分，分别为基本资料、工作现状和培训现状。研究人员 2015 年在 H 区中小学新班主任中进行了 75 份问卷调查（其中初中 45 份，小学 30 份），作为校级培训人员需求分析的主要依据。

一、政策文件对班主任的要求

教育部《中小学班主任工作规定》中明确规定了中小学班主任的工作职责与任务。

第八条　全面了解班级内每一个学生，深入分析学生思想、心理、学习、生活状况。关心爱护全体学生，平等对待每一个学生，尊重学生人格。采取多种方式与学生沟通，有针对性地进行思想道德教育，促进学生德智体美全面发展。

第九条　认真做好班级的日常管理工作，维护班级良好秩序，培养学生的规则意识、责任意识和集体荣誉感，营造民主和谐、团结互助、健康向上的集体氛围。指导班委会和团队工作。

第十条　组织、指导开展班会、团队会（日）、文体娱乐、社会实践、春（秋）游等形式多样的班级活动，注重调动学生的积极性和主动性，并做好安全防护工作。

第十一条　组织做好学生的综合素质评价工作，指导学生认真记载成长记录，实事求是地评定学生操行，向学校提出奖惩建议。

第十二条　经常与任课教师和其他教职员工沟通，主动与学生家长、学生所在社区联系，努力形成教育合力。

——《中小学班主任工作规定》

以上五条均为文件规定中小学班主任需要承担的工作任务，即组织需求。

二、对新班主任校本培训需求的分析

对调查对象基本情况的调查显示，在性别比例上，女性班主任偏多，女性班主任比例高达 81%。从任教的学科来看，大多数班主任担任了语文、数学、英语学科的教学，这些学科的教师教学任务相对较重，其中语文约占 40%，数学约占 30%，英语约占 20%，合计约占 90%。从周课时来看，绝大多数班主任的教学任务比较重，每周

7～12节课时的最多，占比为42%；其次周课时为13～18节，占比16%；每周1～6节的只占比5%。

（一）班主任工作现状分析

在对班主任工作的喜爱度方面，有59%的班主任表示"很喜欢"，有29%的班主任表示"比较喜欢"，没有人"不喜欢"，表示"一般"的占9%。

在对班主任工作的重要程度方面，接近90%的班主任认为"重要"，认为"比较重要的"的占8%，认为"一般"的占2%，没有人认为"不太重要"或者"不重要"。

在对班主任工作压力的认识方面，有30%的班主任认为"压力大"，有55%的班主任认为"压力比较大"，认为"一般"的占10%，只有极个别认为"压力不太大"或者"压力不大"。

在担任班主任期间的成就感方面，有74.7%的班主任认为"成就感强"，有8.0%的班主任认为"失败感强"，有8.0%的班主任认为"无成就也无失败感"，有9.3%的班主任表示"说不清"。

在对班级学生教育有效性方面，有58.7%的班主任认为"比较有效"，有30.7%的班主任认为"有效"，有10.7%的班主任认为"一般"，认为"不太有效"或者"无效"的为0。

在对所教学生的思想了解程度方面，有64.0%的班主任"比较了解"所教学生的思想，有24.0%的班主任"了解"所教学生的思想，有10.7%的班主任"说不清"是否了解学生的思想，认为"不太了解"的占1.3%，没有人认为"不了解"。

在对家长沟通的看法方面，结果如表3-21所示。

表3-21 对家长沟通的看法

项目	重要性等级指数	选择人数比例/%
难沟通，家长不理解	0.10	16.2
沟通取决于家长素质	0.32	52.7
沟通取决于班主任技巧	0.29	47.3
只要把握好家长心理，较易沟通	0.30	48.6
其他	0.10	16.2

注：重要性等级指数的数值越大，代表等级越高，该因素也更为重要。

在和家长沟通的问题上，认为沟通取决于家长素质的占52.7%，认为只要把握好家长心理，较易沟通的占48.6%，认为沟通取决于班主任技巧的占47.3%，选择沟通难和其他的比例相对较低。

关于班主任所遇到的突发事件的情况调查，结果如表3-22所示。

表 3 – 22　班主任遇到的突发事件统计表

项目	频次等级指数	选择人数比例/%
学生打架斗殴	0.22	52.9
学生离家出走	0.08	19.1
学生和任课教师发生矛盾	0.19	45.6
学生在校突发疾病	0.15	36.8
学生在校意外伤害事故	0.15	35.3
学生和家长矛盾	0.13	32.4
基本没有遇到突发事件	0.09	22.1

注：频次等级指数的数值越大，代表等级越高，该因素出现的频次越多。

在班主任工作中遇到的突发事件中，学生打架斗殴所占比例最高，达到 52.9%，学生和任课教师发生矛盾占 45.6%，学生在校突发疾病占 36.8%，学生在校意外伤害事故占 35.3%，学生和家长矛盾占 32.4%，学生离家出走占 19.1%，基本没有遇到突发事件占 22.1%。

在处理突发事件的方法方面，选择学校与全体班主任讨论、进行经验总结的占 52.6%，选择学校小范围处理、大范围总结的占 36%，选择学校与有关教师商量、其他人不了解的占 10.5%。

在教研方面，班主任把经验整理成文的数量，有 32.9% 的班主任每学期一篇，每学期两篇以上和偶尔写一两篇的占 22.4%，每学年一篇和没有写过所占的比例为 10.5%。

综上所述，班主任工作现状有如下特点：

（1）大多数新班主任喜欢从事班主任工作，认为班主任工作对于学校工作和学生的成长很有帮助、很重要，同时感到从事班主任工作压力比较大。

（2）绝大多数新班主任认为自己比较了解所教学生的思想，对学生的教育比较有效，70% 以上的新班主任感到从事班主任工作中取得的成就感颇多。

（3）在班主任工作中，如何与家长沟通，家校形成合力共同促进学生和学校发展，是班主任必备的技能之一。调查结果显示，近一半的新班主任认为与家长沟通的技巧很重要。

（4）作为班主任，在日常的工作中难免会遇到各种突发事件，新班主任没遇到突发事件的非常少。每所学校对突发事件处理的方式也不尽相同，对于新班主任来讲，具备一定的处理突发事件的应变能力很重要。

（5）及时将处理日常工作中遇到的问题所获得的经验固化下来，对于班主任成长有着重要的帮助作用。而在日常工作中，新班主任基本不能及时地、经常性地梳理、总结自己的经验。

（二）班主任培训现状分析

关于学校是否开展培训方面的调查，有 96.1% 的班主任回答"是"，有 2.7% 的班主任回答"否"。

在新班主任校本培训方式方面的调查，结果如表 3 - 23 所示。

表 3 - 23　新班主任校本培训方式

项目	频次等级指数	选择人数比例/%
班主任师徒结对	0.16	96.0
自学研讨	0.09	54.7
班级管理知识及工作技能专题讲座	0.13	73.3
心理知识辅导讲座	0.07	38.7
案例研究	0.09	50.7
班主任沙龙	0.10	57.3
学校组织的集体短期外出培训考察	0.04	22.7
主题班会研讨课	0.10	56.0
观摩与交流活动	0.08	46.7
反思性教育研究	0.03	17.3
学校发展目标及新课程标准学习	0.03	17.3
法制教育讲座	0.05	26.7
班主任校际交流	0.05	29.3

注：频次等级指数的数值越大，代表等级越高，该因素出现的频次越多。

在班主任培训开展的方式中，班主任师徒结对、自学研讨、班级管理知识及工作技能专题讲座、案例研究、班主任沙龙、主题班会研讨课等方式选择的比例较高。心理知识辅导讲座、学校组织的集体短期外出培训考察、观摩与交流活动、反思性教育研究、学校发展目标及新课程标准学习、法制教育讲座、班主任校际交流等方式选择的比例较低。

在班主任校本培训的时间安排方面，时间确定、有系统性、定期开展的占 47.4%，定期和不定期相结合的占 36.8%，时间上不确定、无系统性的占 14.5%。

在校本培训的考评方式方面，有 47.4% 的学校采取有考评指标、相关部门专门考评，有 30.3% 的学校采取以学期小结的形式考评，有 21.1% 的学校无相应的考评。

综上所述，班主任培训现状有如下特点：

（1）各所学校均非常重视班主任培训工作，根据调查反馈，有96.1%的学校均开展过校本培训，而且培训的方式形式多样。

（2）在培训的时间安排上，一半以上的学校缺乏系统性。

（3）一半以上的学校缺乏对校本培训效果的健全、有效的考核方式，有21.1%的学校甚至无相应的考评。

（三）班主任培训需求

从表3-24可以看出，认为人际交往能力"很重要"和"比较重要"的共占86.9%，认为管理班级的能力"很重要"和"比较重要"的共占90.8%，认为应急事件的处理能力"很重要"和"比较重要"的共占89.5%，认为心理辅导的能力"很重要"和"比较重要"的共占85.5%，在组织活动能力、语言表达能力、创新能力、学习及研究能力、情绪调控能力、信息技术使用能力等方面，认为"很重要"和"比较重要"的也均超过或者接近85%。可见，这些能力在绝大多数班主任的心目中都很重要。

表3-24　班主任各种能力培训的重要性统计

项目	很重要	比较重要	一般	不太重要	不重要
人际交往能力	49（64.5%）	17（22.4%）	5（6.6%）	2（2.6%）	0（0%）
管理班级的能力	50（65.8%）	19（25.0%）	2（2.6%）	2（2.6%）	0（0%）
应急事件的处理能力	55（72.4%）	13（17.1%）	4（5.3%）	2（2.6%）	0（0%）
心理辅导的能力	50（65.8%）	15（19.7%）	7（9.2%）	2（2.6%）	0（0%）
组织活动能力	52（68.4%）	16（21.1%）	5（6.6%）	1（1.3%）	0（0%）
语言表达能力	44（57.9%）	19（25.0%）	8（10.5%）	3（3.9%）	0（0%）
创新能力	38（50.0%）	27（35.5%）	10（13.2%）	0（0%）	0（0%）
学习及研究能力	45（59.2%）	20（26.3%）	8（10.5%）	2（2.6%）	0（0%）
情绪调控能力	49（64.5%）	18（23.7%）	5（6.6%）	2（2.6%）	0（0%）
信息技术使用能力	37（48.7%）	28（36.8%）	5（6.6%）	2（2.6%）	1（0%）

从表3-25可以看出，认为所列的各个项目"很重要"和"比较重要"的也都超过或者接近80%。

表 3 - 25　班主任各种培训内容的重要性统计表

项目	重要	比较重要	一般	不太重要	不重要
班级管理理论知识的指导	45（59.2%）	21（27.6%）	7（9.2%）	0（0%）	0（0%）
如何制定班级工作计划	40（52.6%）	22（28.9%）	9（11.8%）	0（0%）	0（0%）
如何选班干部	43（56.6%）	24（31.6%）	5（6.6%）	1（1.3%）	0（0%）
如何与家长沟通	51（67.1%）	19（25.0%）	4（5.3%）	0（0%）	0（0%）
如何处理偶发事件	54（71.1%）	15（19.7%）	5（6.6%）	0（0%）	0（0%）
如何组织学生活动	48（63.2%）	19（25.0%）	6（7.9%）	0（0%）	0（0%）
如何评定学生操行	40（52.6%）	24（31.6%）	9（11.8%）	0（0%）	0（0%）
如何进行班级日常工作的管理	47（61.8%）	18（23.7%）	7（9.2%）	0（0%）	0（0%）
其他：					

从表 3 - 26 可以看出，认为每种级别和方式的培训"很重要"和"比较重要"的班主任比例也都超出了 80%。

表 3 - 26　班主任各级培训的重要性统计表

项目	重要	比较重要	一般	不太重要	不重要
市、区级培训班的培训	43（56.6%）	19（25.0%）	10（13.2%）	1（1.3%）	0（0%）
学校里的班主任培训	46（60.5%）	24（31.6%）	2（2.6%）	0（0%）	0（0%）
班主任工作中经验的积累	59（77.6%）	14（18.4%）	1（1.3%）	0（0%）	0（0%）
向周围有经验的班主任学习	60（78.9%）	13（17.1%）	1（1.3%）	0（0%）	0（0%）
从书本中学习	43（56.6）	24（31.6%）	5（6.6%）	1（1.4%）	0（0%）
自己学生时代的班主任给自己的影响	33（43.4%）	29（38.2%）	10（13.2%）	1（1.3%）	1（1.3%）
其他：					

注："向周围有经验的班主任学习"重要性程度最高，其实是班主任工作中经验的积累。

从表 3 - 27 可以看出，在各种培训形式的收获度方面，超过 90% 的班主任认为"收获大"和"收获较大"的有"班主任师徒结对"，超过 80% 的班主任认为"收获大"和"收获较大"的有"班级管理知识及工作技能专题讲座""案例研究""观摩与交流活动""反思性教育研究""学校发展目标及新课程标准学习"，超过 70% 的班主任认为"收获大"和"收获较大"的有"自学研讨""心理知识辅导讲座""班主任沙龙""学校组织的集体短期外出培训考察""主题班会研讨课""法制教育讲座""班主任校际交流"等。

表 3-27　班主任各种培训形式的收获度统计表

题目	收获大	收获较大	一般	收获不太大	收获不大
班主任师徒结对	50（65.8%）	23（30.3%）	1（1.3%）	0（0%）	0（0%）
自学研讨	36（47.4%）	21（27.6%）	15（19.7%）	0（0%）	0（0%）
班级管理知识及工作技能专题讲座	41（53.9%）	21（27.6%）	8（10.5%）	2（2.6%）	0（0%）
心理知识辅导讲座	31（40.8%）	28（36.8%）	12（15.8%）	1（1.3%）	0（0%）
案例研究	41（53.9%）	22（28.9%）	6（7.9%）	3（3.9%）	0（0%）
班主任沙龙	33（43.4%）	25（32.9%）	9（11.8%）	2（2.6%）	0（0%）
学校组织的集体短期外出培训考察	33（43.4%）	22（28.9%）	7（9.2%）	5（6.6%）	1（1.3%）
主题班会研讨课	35（46.1%）	25（32.9%）	10（13.2%）	1（1.3%）	0（0%）
观摩与交流活动	37（48.7%）	28（36.8%）	7（9.2%）	1（1.3%）	0（0%）
反思性教育研究	37（48.7%）	28（36.8%）	6（7.9%）	1（1.3%）	0（0%）
学校发展目标及新课程标准学习	33（43.4%）	28（36.8%）	8（10.5%）	1（1.3%）	0（0%）
法制教育讲座	28（36.8%）	26（34.2%）	16（21.1%）	2（28%）	0（0%）
班主任校际交流	34（44.7%）	22（28.9%）	10（13.2%）	2（2.6%）	1（1.3%）
其他：					

新班主任校本培训常见形式及其特点如表 3-28 所示。

表 3-28　新班主任校本培训常见形式及其特点

序号	培训形式	特　　点
1	班主任师徒结对	师徒之间的教与学明确，经验的传递直接，指导及时、实际，能减少新班主任自己摸索的时间，学习效果明显
2	专题讲座	可以根据学校工作的安排，灵活操作，不需要很长的时间，请某方面的专家、名师或校领导主讲；可侧重班主任工作中的某个方面进行校本培训
3	班主任沙龙	形式灵活，可以让班主任在比较轻松的氛围中充分交流，既可以就工作中的某一问题展开，也可以就班主任工作中的个性化问题小范围交流
4	主题班会研讨课	为班主任提供展示和学习的机会，有利于发挥主题班会的教育功能，强调"做中学"和"学着做"，并不断创新

（续表）

序号	培训形式	特　　点
5	自学研讨	在自己先行学习研究的基础上与同伴讨论，有利于培养班主任的学习和研究意识，提升班主任分析问题、解决问题的能力
6	案例研究	可以培养班主任分析、解决实际问题的能力，同时也有利于班主任自觉地对工作中发生的真实教育事例或管理故事进行分析、总结或反思，从而收获实践智慧，提升班级管理水平
7	班主任校际交流	有针对性地观摩交流，可以从不同学校得到新的启发，巩固自己的知识和技能。尤其是到与自己原本工作环境相异且发展水平较高的学校参观，往往会给参观者留下强烈的印象，增强其感性认识，从而为其改进自身的工作提供参照
8	班主任基本功大赛（展示）	形式灵活，给年轻人提供展示的平台，提高竞争意识，锻炼能力，有活力，有利于对班主任队伍的培养
9	头脑风暴	是实现思想碰撞、激发创造性思维的最行之有效的方法，新班主任大都非常年轻，思维活跃，有激情，比较适合这种方法
10	角色扮演	很适合新班主任培训，能让其较快熟悉自己的工作环境，了解工作流程，掌握必需的工作技能，尽快适应实际工作的要求

由上可见，培训需求有如下特点：

（1）从班主任需要的工作能力的重要性来看，因为调查是针对工作三年以内的青年教师进行的，青年教师的工作时间短，工作经验不是很丰富，所以对于各种工作能力的培训均很重要，相比较而言，新班主任更需要通过培训提高应急事件的处理能力、组织活动能力、管理班级能力、心理辅导能力、人际交往能力和情绪调控能力等。

（2）从对班主任培训内容的需求来看，新班主任更需要关于如何处理偶发事件、如何与家长沟通、如何组织学生活动、如何进行班级日常工作的管理等方面的内容。

（3）从培训形式来看，新班主任更喜欢向周围有经验的班主任学习，希望能从实际工作中积累经验。

三、新班主任校本培训需求的研究结果

第一，中青年班主任普遍工作压力大。从管理学角度来看，压力就是动力，有了压力就有发展的方向，能促进青年教师更多地关注工作，更快地提高班主任工作能力，提升班主任专业素养，但压力过大有时也会阻碍个人更好地发展。从调查中发现，将近55%的青年教师在从事班主任工作中明显感觉工作压力大。工作压力来自几个方面：一是青年教师工作时间短，没有更多的工作经验，遇到问题不知道该如何处理；二是参加班主任的培训少，从事班主任工作的能力欠缺。

第二，系统培训短缺。在调研中发现，由于多数班主任较少接受系统的班主任专业培训，在班集体建设和管理上虽然充满责任心和热心，但仅仅以自己或是借鉴别人的经验管理班级，在班级建设工作方面会缺乏前瞻性。工作起来只能一次解决一个问题，就问题解决问题，而不能关联地、系统地看待问题，甚至进入被动局面。在本次调查中发现，一半以上的学校均未对班主任尤其新班主任进行系统的培训。

第三，培训考评方式不足。学校开展班主任培训后，应对培训的效果进行考核和反馈。这样一方面可以反映参加培训教师的收获，另一方面也可以从参加培训教师的反馈中了解培训内容安排是否具有实效性。但从调研问卷可以看出，没有考核评价和利用期末小结方式作为评价方式的学校占了50%，因此无法真正反馈培训效果。

第四，新班主任教师对培训的要求、内容、形式等方面需求较大。

从整个培训需求的情况来看，因为调查的对象都是青年教师，从事班主任工作都在三年以内，班主任工作的时间短，经验积累不足，所以对于校级培训的需求比较迫切。同时，通过调查分析，可以看出新班主任在培训内容和形式上有一定的倾向性，这些可以为各校开展校级新班主任培训提供依据。

四、针对新班主任需求加强校本培训的对策及建议

根据以上分析可以发现，各学校基本都在开展班主任校本培训，被调查的新班主任中92.1％的人认为班主任校本培训对于班主任专业水平提升起着重要作用或认为起着比较重要的作用，可见，班主任校本培训得到了学校和班主任的认可。但通过开放性问题的访谈也能看到，目前各学校班主任校本培训的针对性和系统性还不强，因为学校资源等因素的限制，校本培训还不能完全做到分层培训，这是造成新班主任认为培训针对性和系统性不强的重要原因之一。因此，改进对新班主任的校本培训工作，推进新班主任队伍专业化建设，促进教师及学校可持续发展是非常必要的。

（一）加强校本培训管理，完善校本培训机制

1. 调研机制

社会在发展，时代在变化。我们面对的学生和教育状况也在不断变化，因而班主任工作也时时面临新的挑战和新的需求。与此同时，投入班主任工作的新班主任自身也带有鲜明的时代特色。面对这种种变化，培训的理念、内容、形式等诸多方面也必须随之改变。想要班主任培训适应这种变化的要求，取得实效，就必须形成班主任培训的调研机制。通过调研深入班主任工作的第一线，掌握新班主任队伍现状，了解他们的需求和班主任工作存在的问题，使培训更具针对性。

2. 互动机制

班主任培训中的互动机制是指在培训过程中，通过多种手段实现培训群体间的多重互动，不再只是培训者对学员的单向度传送，而是形成多元互动的网络，充分利用各方资源。互动机制的形成也需要几个重要的条件：

第一，建构学员间的共同或类似的价值观念，即"为了学生的发展"，从而使他们的思想能够形成一股合力，促使其在培训过程中或培训之后能够持续地相互影响。

第二，建设互动平台。互动机制的形成需要一种形式和依托，除了培训中师生的互动环节外，网络互动平台的建设越来越受到重视。而随着社会的发展，网络互动平台现代信息的发展使人与人之间的交往获得了极大的延伸，人们可以通过网络实现多方远程互动。班主任培训也应借助于网络的力量，建设网络互动平台，比如建立培训专门的网页和空间、QQ群、微信群等。

第三，形成学员之间积极的互依性。互动平台的建设是形成互动机制的物质基础，而最为关键的是在这个过程中，培训者和被培训者能够积极地投入交流，因此，形成学员间心理上的积极的互依就显得尤为重要。

新班主任大都比较年轻，参加工作时间不长，对工作的热情较高，年龄相仿，价值观念相对较一致，同时他们对于"互联网＋"时代的新生事物大都比较热衷，这些都为互动机制的建立提供了很好的条件。

3. 考核机制

从研究结论中可以看出，调研学校中一半的学校都没有有效地针对班主任培训的考核机制，这也是造成班主任培训缺乏针对性的原因之一。通过考核来检验班主任校本培训的实效性以及课程设置的针对性，还是很有必要的。在考核机制上，可以参考"四级评价模型"，即反应（一级）、学习（二级）、行为（三级）、结果（四级）来进行培训效果评估。

4. 激励机制

激励机制是培训机制中的动力机制。激励机制一旦形成，它就会内在地作用于培训系统本身，并进一步影响着培训的生存和发展。构建激励机制可以从内在激励和外在激励两个角度入手。

首先，激发班主任对校本培训的内在兴趣。这就需要学校了解学员的个人实际、发展规划、基本能力和全面素质等，同时向学员阐明开展培训的具体目标、培训所倡导的价值体系、培训所使用的考核标准和纪律规范等；而班主任也要对自己进行客观评价，如把爱好特长、个人发展需求等恰如其分地表达出来，从而使培训能够切实满足班主任的内在需要。

其次，加强外在激励。班主任培训不仅涉及班主任的个人发展，更关乎学生的成长，因此不能把接受培训视为教师的个人行为，更应从制度、经费以及个人发展上给予保障，也可以有一些阶段性的表彰和奖励。奖励不一定是物质上的奖励，但可以在一定程度上激发班主任参加培训的积极性。

（二）开发系列课程，提供有针对性的主题培训

新班主任培训的内容，我们认为应该从组织需求、岗位需求和人员需求三方面进行研究。目前的班主任校本培训，针对组织需求和岗位需求的比较多，而针对人员需求也就是针对新班主任需求的还远远不够。因此我们建议，在对新班主任进行培训时，在课程设置上应该注意以下问题：

一是构建更加科学的培训课程体系，使培训更加注重计划性、系统性和周期性。在调查问卷的开放问题中，研究人员设置了目前班主任校本培训的不足问题，在被调查者给出的答案中，提到"不够系统"的有6人，提到"时间安排不够合理"的有5人。针对以上问题，学校应逐渐建立和完善校本培训课程体系，为班主任增效减负。

二是针对问卷所反映出的目前新班主任中女性偏多、主科教师偏多、教学和班主任工作双重压力都很大的特点，学校在进行班主任校本培训时，要力求简洁高效，要真正对班主任有所帮助，要增加必要的对班主任进行心理减压的内容，在培训中增强班主任的职业幸福感，引导青年班主任专业良性发展。

三是内容设置更加针对新班主任的需求。从调查问卷中"新班主任欠缺或迫切需要提高的能力""希望通过培训解决的问题"以及"目前在班主任工作中的困惑"等问题的综合分析来看，研究人员建议在新班主任校本培训内容方面要加强以下内容的培训：突发事件的处理技巧及能力，与家长沟通的技巧与能力，班级活动的组织能力，对学生进行心理辅导的能力，班级日常管理的能力，学困生的教育转化方法，班主任自我时间管理的策略。

（三）调整培训方式，加强行动研究

对新班主任的培训方式，应该注意以下原则：

1. 传统与创新相结合

从上述调查情况来看，各学校采用师徒结对和专题讲座等传统的方式比较普遍，也很能被新班主任接受，效果也明显，但还需要不断创新。如"师徒结对"中，如何更好地发挥导师的引领作用需要在继承的基础上努力创新。

2. 培训与研究相结合

新课程背景下，各校应尝试建构"研训一体"的培训模式。"研"，即以教育科研为核心的问题研究、行为反思、意识提高，着眼于班主任的自主发展。"训"，即以培训、传递等方式为主的普及、技能训练，着眼于班主任的内外兼修。"研训结合"能促使新班主任走上专业化发展的道路。

3. 校内与校外相结合

学校内部的资源和培训能力是有限的，班主任的校本培训可以依托校内、校外资源结合来开展。如在培训过程中，专家的讲座和经验介绍还是必不可少的，有助于提升班主任的理论水平，在新班主任入职阶段，这种方式应给予比较高的引领。

根据对于班主任校本培训效果的调查，当研究人员问及班主任所参加的校本培训中何种形式收获最大时，其中，获得收获最大的按选择比例排序依次是班主任师徒结对、专题讲座、观摩与交流活动、反思性教育研究、自学研讨、主题班会研讨课、班

主任校际交流、外出考察、班主任沙龙等，并且认可度均较高，因此各校可以根据培训内容及需求选择不同方式或对不同方式进行组合和创新。

第四节　YS 地区义务教育师资交流的政策研究

实施义务教育师资交流制度是均衡配置优质资源的有效途径之一。义务教育师资交流轮岗政策已从"倡导"进入"强制"推进阶段，但是义务教育师资交流轮岗政策的实施阻力重重。

下面以 X 市 YS 地区中小学干部教师交流政策为着力点，以制度变迁理论和教育生态理论为基础，运用文献法、问卷调查和访谈法，较系统地研究了 X 市 YS 地区师资交流政策要点及其特征和存在的问题及其成因，最后就优化该地区师资交流提出了政策建议。

通过对 YS 地区义务教育师资交流政策文本的梳理分析，研究人员结合政策实施方式和实地调研，发现 YS 地区义务教育师资交流问题主要表现为三个方面：一是政策目标重均衡轻效度；二是政策执行重强制轻弹性；三是政策结果重形式轻实质。通过分析问卷调查及访谈结果，研究人员总结出影响 YS 地区中小学师资交流的体制、运行及思想认识三方面因素的成因。

最后，研究人员从四个方面提出政策建议：加强政策顶层设计，理清区域治理格局；注重人本思想渗透，构建多元交流模式；突出价值导向引领，健全激励保障机制；强化政策过程管理，完善评价督导体系。

一、YS 地区义务教育师资交流政策分析

（一）X 市义务教育师资交流政策分析

1. 政策演变

X 市师资交流政策按照时间顺序大致可分为三个阶段：第一阶段是在 2005—2010 年，以《X 市城镇教师支援农村教育暂行办法》的出台为标志，X 市大力开展城镇教师支援农村教育工作，逐步形成学区内优质教师资源共享的教师内涵式交流；第二阶段是在 2011—2015 年，以 X 市编办、市委教育工委、市教委和市人力社保局联合下发《关于进一步推进义务教育优质学校干部教师向普通学校流动的意见》为标志，X 市着力促进义务教育师资交流，扶植薄弱校；[①] 第三阶段是在 2016 年 3 月后，以 X 市人民政府办公厅关于印发《X 市乡村教师支持计划（2015—2020 年）实施办法》为标志，

---

① 崔亚超. 关于义务教育流动问题的研究［D］. 北京：首都师范大学，2013.

X市实施乡村教师支持计划，围绕"下得去、留得住、教得好"的目标，今后五年将陆续推出8项主要措施细化工作程序，力求标本兼治，达成政策目标，努力造就一支素质优良、结构合理、甘于奉献的乡村教师队伍。

2. 各阶段政策要点比较

从三个阶段不同的政策条文可以看出，三个阶段的师资交流政策要点不尽相同，后一阶段是对前一阶段的补充，政策规定越来越详细，支持力度越来越大。

在流动方式上，第一阶段采用全职支教和兼职支教两种形式；第二阶段在本区县公办义务教育学段学校间进行；第三阶段是扩展乡村教师补充渠道，推动城镇优秀教师向乡村学校流动。

在选派人员要求上，第一阶段选派城镇中小学校中具有中级及以上职称教师和具有相当职称的少量管理人员和教研人员。全职交流师资优先安排具有中级职称的城镇教师参加，兼职交流师资重点安排具有高级职称的城镇教师、市级学科带头人和骨干教师参加。第二阶段选派X市特级教师和区县级及以上学科教学带头人和骨干教师。师资交流采用学校间就近选派、个人自愿和组织推荐相结合的办法进行。第三阶段采用挂职交流、跨校竞聘、学区化管理、学校联盟、城乡一体化管理、对口支援、乡镇中心学校教师走教等途径和方式，重点引导优秀校长和骨干教师向乡村学校合理流动，并逐步实现制度化和常态化。

在支教内容上，第一阶段，全职工作时限为一学年，主要承担授课任务、指导或参加相应学科教学研究；兼职实行480课时工作量制，达到规定课时视为完成一学年的支教工作，主要承担学科教研活动、指导年轻教师及讲授示范课，同时参加学科教学、校本培训和教科研活动。第二阶段，形式多样，政策文本没有规定。第三阶段，实施"乡村教师素质提升计划"，大力提升乡村教师能力素质。在2020年前，对全市教师校长进行360学时的培训。完善分层、分类、分岗培训机制；大力提升乡村教师能力素质；提高乡村教师思想政治素质和师德水平；提高其在教育教学中应用信息技术的能力。此外，采取"菜单式"的服务方式，根据乡村教师的实际需求进行分级分类培训；鼓励乡村教师在职学习深造等。

在待遇保障上，第一阶段，教师享受除派出学校原工资福利待遇的同时，还有三项保障措施：一是荣誉方面，参与交流师资可以取得X市城镇教师支援农村教育证书和徽章；二是职务（职称）晋升方面，优先参加高级专业技术职务评聘；三是推优方面，表现突出者优先进行先进、特级教师及学科教学带头人和骨干教师评选，参加X市优秀教师、先进教育工作者、特级教师、市级学科教学带头人和骨干教师评选。第二阶段，在享受第一阶段待遇的基础上，新增教师在晋升高一级教师职务时原则上要有交流经历；交流到农村学校、边远农村学校、深山区学校的干部教师享受工作津贴。第三阶段，在原有基础上，拓展了乡村教师补充渠道，创新了乡村教师编制管理，提高了乡村教师生活方面待遇，职称（职务）评聘向乡村学校倾斜，建立了乡村教师荣誉制度。

在工作要求上，第一阶段要求各区县教委要高度重视城镇教师支援农村教育工作。对组织管理不力、工作任务不落实的单位，取消其评选市级先进的资格。不服从、不认真履行教师职责、在支教工作考核中成绩不合格的教师，不能晋升职称，情节严重的要给予纪律处分。第二阶段工作要求，一是认真做好宣传工作；二是积极、稳妥地推进工作；三是安排好交流教师的工作和生活；四是严格履行工作程序，要坚持以人为本，防止简单化和形式主义倾向。第三阶段工作要求，一是加强组织领导，二是加强经费保障，三是加强监督检查。

3. 政策反思

X市在启动校长教师交流试点工作的基础上，逐步把校长教师交流作为均衡教育资源的举措之一。通过对部分参与交流的优质学校和农村薄弱学校的教育行政部门人事主管及校长的访谈，研究人员发现X市在师资交流问题上还存在几个问题：

第一，干部教师交流与现行编制标准、岗位聘任和绩效工作存在矛盾。某小学校长反映："以我们学校为例，现在小学高级也就是中学一级岗位已满，若是带着人事关系来交流，那就意味着交流来的教师无岗可聘，只能聘到低一级岗位，无法兑现工资待遇，这怎样对得起交流过来的优秀师资？"

第二，X市城区个别学校由于多方面原因，把综合素质和工作业绩一般的师资交流出去，并未实现优秀人力资源的实质性流通，却造成优质资源更加集中。某中学校长明确表示，"我们完全支持交流政策，但是政策在实施过程中可否分情况而定，也就是分类施策，别总是一刀切，一来可以充分调动广大干部教师的积极性；二来也让教委和学校有个缓冲的余地，避免因为人事争议，导致政策难以推进；三来'在其位谋其政'，作为校长，我们要延续学校的品牌，要传承学校的精神，要吸引名师进入而提升生源质量，所有的努力都迫使我们难以持续每年交流出优秀教师"。

第三，交流时间不长，交流师资还没适应接收单位就要离开，在调动教师积极性方面没有达到预期目标。此外，有的干部教师离家较远，在交流出去后，更因为在照顾子女、老人上分心而影响教育教学效果。某初中参与交流过的教师表示，"交流时间是值得认真考虑的因素，以我为例，刚刚适应新岗位节奏和环境，刚刚熟悉学生的知识水平，交流时间就到了，往往心理上有种落不了地的感觉"。

第四，X市师资交流制度监督评价机制不够完善，特别是对交流出去的干部教师的教育教学缺乏跟踪评价和奖惩措施。某小学教师直言："干得再好，也没有奖励，及时评价更没有，更别提有没有监督和评价，就好像大家都在一个锅里吃饭，吃多吃少、吃与不吃都一样。"

X市义务教育名校林立，但也存在大量办学条件、师资相对薄弱的学校。X市师资交流政策是深化教育领域综合改革的一部分，也是触及干部教师较为关心的热点和难点问题。虽然师资交流政策在文本制定、实施过程及政策实效上有一定的问题，但是教委作为提供义务教育基本公共服务的主体，最终都要满足师生的需求和遵循学生的发展规律。义务教育均衡发展是一个方向，不仅是一项既定不变的方针，更是一个逐步推进、不断摸索、不断总结提升的过程。完善师资交流政策，只有进行时，没有完成时，形成公平普惠、优质均衡教育体系任重而道远。

（二）YS 地区义务教育均衡发展概况及师资交流政策分析

1. YS 地区义务教育均衡发展概况

（1）义务教育发展态势。

YS 地区有教委所属全额拨款事业单位 27 个，其中含义务教育阶段四所初中、五所小学。YS 地区自 1991 年至今实施"五四学制"，推行九年一贯五四分段招生制度。

一直以来，YS 地区政府坚持教育优先发展战略，彰显了教育在经济和社会发展中的先导性、全局性、基础性的作用。以"优先发展高标准、高质量的基础教育"为目标，不断加大教育投入，依法实现了教育经费的"三个增长"，推动了地区教育事业的持续、健康、快速发展。

各校学生来源、师资水平、办学条件、教学质量相对均衡，较好地保障了教育教学的系统性和连续性，促进了师生的可持续发展。多年来，YS 地区教委坚持以"打造精品，构建和谐，办 YS 地区人民满意教育"为目标，义务教育保持了持续、快速、健康发展的良好势头。

"十二五"时期，YS 地区义务教育资源配置进一步优化，实现了学校布局合理化、办学条件标准化、学校管理规范化，保证受教育机会均等。在九年一贯、对口直升、绿色衔接的发展模式引领下，中小学入学率达到 100%，不存在入学难、"择校热"的现象，保持了义务教育的均衡发展。可以说，YS 地区义务教育已迈入"高位均衡发展"阶段。在这个阶段，教育资源的硬件配置已经不是资源配置的重点，但优秀师资配置并未达到均衡理想的状态。

（2）干部队伍发展态势。

YS 地区教委目前有科级及以上干部 109 人，其中副处级干部 1 人（不含教委机关），正科级干部 57 人（不含教委机关），副科级干部 38 人（不含教委机关）。义务教育学段校长 9 人，副校长 7 人。

YS 地区在干部队伍建设中做到了选任考评双注重。一是坚持干部选拔任用标准，采取民主推荐、组织考察、党委研究、讨论决定、上级组织部门任命的形式，使领导干部队伍选拔任用机制逐渐成熟完善。二是注重学校领导干部考核激励机制，运用量化指标对干部的德、能、勤、绩、廉进行全面的分析测量。同时，以开展"优秀校长""优秀党务工作者"等评选活动、召开干部座谈会、召开校长办学思想研讨会、举办名校长工作室等多种奖励形式，最大程度调动干部的积极性。三是加大干部培训培养力度，稳步推进干部队伍建设，形成了风清气正的干部作风。在教育部出台《义务教育学校校长专业标准》后，第一时间制定了实施方案，同时还依托教委级、区级、市级三级培训提高校长的专业水平。

YS 地区教委立足于领导干部研讨班，从 2011 年至今共举办研讨班 10 次，培训人数达 1070 人次。从教育理念、先进实例、管理方法等方面入手，通过专家解读、经验交流、面对面讨论等方式，开拓校长教育视野，推动校长深入思考，规范校长科学管理，先后有 4 位书记获得 X 市先进党务工作者；5 位校长获得 F 区先进校长；20 位校长获得 YS 地区先进校长；30 多人次论文在市级、区级获奖，全面加速了地区校长的专业化进程。制定了后备干部和青年干部培养计划及实施方案，对后备干部实行理论学习、辩论赛、名校跟班学习、师徒结对等形式，让后备干部脱颖而出，目前后备干部中已有 17 人走上学校领导岗位。

（3）教师队伍发展态势。

YS 地区在校生近万人，在职教职工 1100 人左右，其中在岗在编教师系列专业技术职称 982 人（义务教育 572 人），退休教职工 900 人左右，在教师队伍管理方面注重以下三个方面。

一是重师德。YS 地区教委始终把加强师德建设摆在突出位置，制定了加强师德师风建设活动的实施方案，进一步完善了教师职业道德考核、监督、奖惩机制，通过每两年开展一次的"师德建设先进单位"和"师德之星"评选活动；通过"廉洁文化进校园"活动，对教师廉洁自律、立德树人意识进行巩固；通过"道德讲堂"活动，对教师学为人师、行为世范意识进行引导；通过组织 X 市师德先进个人评选活动，对教师"学高为师、身正为范"意识进行强化，涌现出一些 X 市师德先进个人等典型。

二是抓管理。YS 地区教委严格执行教师准入标准，积极研究落实教师资格证书定期等级制度，每年新招聘的大学生及研究生应具有教师资格；严格编制和岗位管理，遵照"按需设岗、竞聘上岗、按岗聘用、合同管理"的原则，完善以"合同管理"为基础的用人制度，教师职务（职称）评审与岗位聘用实现了有机结合；制订了《关于加强中小学、幼儿园教师交流的实施办法》，鼓励教师由超编学校向缺编学校流动，自 2011 年以来共有 132 名教师参与交流，逐步形成了区域内优秀教师的资源共享；每两年举办一次的教师节表彰大会，对评选出的优秀班主任、优秀校长（含书记）、优秀教师进行隆重表彰，并充分利用《现代教育报》《YS 地区油化报》及 YS 地区电视台，大力宣传，营造尊师重教的良好氛围。

三是强队伍。一方面，教师培训实现全覆盖。2011 年以来 YS 地区共开展中小学教师全员培训、骨干教师培训、英语教师口语培训等 9 个项目，培训学时 616 小时，参训人数 2886 人次，同时参加市级培训项目 3 个，共培训教师 212 人次；开设学科培训课程 174 个，其中专业必修课 123 个，培训学时 4560 小时，专业选修课程 51 个，培训学时 1440 小时，实现了教师培训的全方位覆盖。此外，先后选派 40 余名教师到境外培训，扩展国际视野。另一方面，骨干教师队伍不断发展。通过"研培结合，以研促培"

为主的培养模式，建立骨干教师带徒制度、学科带头人跨校带徒制度，充分发挥骨干教师的专业引领和指导作用；严格对骨干教师的考核，努力形成地区学科带头人、骨干教师能上能下的动态管理机制。目前，参加市级骨干教师名师培养工程 2 人，国培计划 9 人，每年推荐 10 名学科带头人和骨干教师参加在职攻读首师大教育硕士专业学位研究生考试，参加市农村中小学教师研修工作站 25 人。

（4）年龄结构。

YS 地区义务教育干部教师队伍年龄结构：34 岁及以下年龄段干部教师占义务教育干部教师总数的 23.95%；35 ~ 44 岁年龄段干部教师占义务教育干部教师总数的 34.97%；45 ~ 54 岁年龄段干部教师占义务教育干部教师总数的 36.54%；55 岁及以上年龄段干部教师占义务教育阶段干部教师总数的 4.55%。如图 3 - 16 所示。

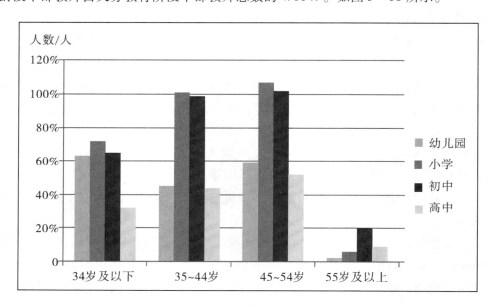

图 3 - 16　YS 地区干部教师的年龄结构图

（5）学历情况。

YS 地区义务教育干部教师队伍学历情况：研究生学历干部教师占义务教育阶段干部教师总数的 1.22%；本科学历干部教师占义务教育阶段干部教师总数的 86.71%；专科学历干部教师占义务教育阶段干部教师总数的 7.87%；专科以下学历干部教师占义务教育阶段干部教师总数的 1.75%。

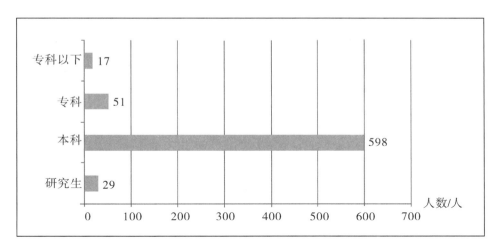

图 3 - 17　YS 地区干部教师的学历结构图

2．YS 地区师资交流政策文本分析

为了进一步加强 YS 地区教师队伍建设，优化人力资源配置，促进 YS 地区教育公平和均衡发展，不断提高教育质量，努力办好让人民满意的教育，根据《X 市关于进一步推进义务教育优质学校干部教师向普通学校流动的意见》和 YS 地区办事处《YS 地区教师队伍建设三年规划》的文件精神，结合 YS 地区义务教育发展情况，YS 地区制定了义务教育干部教师交流政策《YS 地区中、小学干部教师交流实施办法》，要点如下：

（1）基本原则。

YS 地区师资交流工作以缩小区域内校际教育发展差距、促进区域教育均衡发展、全面提高教育教学质量为宗旨，与学校的岗位设置、人员编制、学科建设和教师培训相结合，遵循"政策引导、区域统筹、合理流动、促进均衡"的原则，人事隶属关系不变。

各中小学根据本单位实际，于每年的 6 月上旬将需求岗位上报教委，教委汇总、统筹后，于每年 7 月初公布本学年教委交流岗位。

（2）交流范围。

校级领导干部交流采用组织调动的方式进行。

中小学教师交流，原则上在 YS 地区教委所属的幼儿园、小学和中学教育阶段学校进行，逐步推进跨学段的教师交流。

（3）交流对象。

本地区干部交流的对象为副校级以上领导干部。

教师交流的对象为男 50 周岁、女 45 周岁以下，身体健康，在学校任教满 6 年以上的在编在岗的校级及以上学科教学带头人、骨干教师或业务能力较强的中青年教师。

（4）交流程序。

交流程序分为以下 5 个步骤：

①各单位要根据本单位实际，认真制定交流实施办法。教委结合各单位编制情况、学科结构、学科教学带头人和骨干教师比例以及教师的职称结构等将交流计划下达到学校。

②学校要根据教委的整体安排和下达的交流计划，做好教师交流方案。具体包括召开动员大会，组织教师认真学习相关文件精神、教师交流政策，做好宣传动员工作；组织报名；学校确定交流教师人选；填写 YS 地区中小学教师交流申报表；学校将交流教师名单和申报表上报 YS 地区教委。

③YS 地区教委对学校确定的交流教师名单进行备案，并办理有关手续。

④交流教师派出学校和接收学校要做好交流教师的欢送和欢迎工作。

⑤接收交流教师的学校定期做好交流教师的考核工作，将交流教师考核鉴定报 YS 地区教委，并存入交流教师本人档案。

（5）政策实施方式。

政策实施主要体现在如下四个方面：

①统筹兼顾，补弱扶强。根据 YS 地区师资整体情况，因地制宜，开展跨校教学援助活动，推行紧缺学科教师"无校籍"管理，对地理、英语、体育、音乐、美术、科学等紧缺学科校级及以上学科教学带头人、骨干教师，挂靠原工作单位实行跨校巡回教学。

②名师引领，资源共享。积极发挥学科教学带头人、骨干教师引领和辐射作用。YS 地区教研中心将根据各学段重难点，推出菜单式需求专题或单元，由 X 市骨干及地区骨干认领专题或单元，录制成优质课堂教学视频课，向各校教师推广，使教师"备课有素材，授课有榜样，教学有章法"，教师可以把从教学视频中获得的启示，运用于自己的教学实践，结合本班实际，发挥自身优势，设计出更为合理、更富有个性的课堂教学方案。

③跨校教研，深度研究。伴随着新课程改革，"校本教研"已经成为教育教学研究的一种新的主要教研模式，承载着学校发展与教师专业化成长的重要职责。但基于一所学校的校本教研，由于受到认识水平、眼界视野、研究能力、地域差异等原因的影响，使研究效果受到制约，校本教研难以深入开展。跨校教研主要由教研员经过调研确定教研主题，由骨干教师主讲、全地区相关教师参加研讨，其目标是通过交流与对话，提升老师的理性思考，增长教育智慧，提高研究与实践的能力；通过交流与碰撞，产生智慧的火花，激发创造的灵感，在交流、协作中实现互补、共赢。

④学段衔接，持续发展。小幼衔接、中小衔接、初高衔接是系统工程，是构建 YS 地区中小学生成长的"绿色通道"，YS 地区教委组织不同学段教师进行交流，帮助教师了解各阶段教育教学差异，增进不同年段教师之间教学信息与经验的相互了解，促

进中小、初高有效衔接。如 XC 幼儿园和 XC 小学的小幼衔接，DF 小学和 DF 中学的中小衔接，QJ 中学和 YH 附中的初高衔接等。调研数据显示，大部分教师认为县（区）域内校长教师交流轮岗政策是促进义务教育学校均衡发展的根本措施。

（6）师资交流政策的特点。

第一，原则规定师资交流的对象与范围。一是对交流对象的年龄进行限定。本地区干部交流的对象为副校级以上领导干部；教师交流的对象为男 50 周岁、女 45 周岁以下，身体健康。二是对交流对象的执教年限进行了限定。交流的对象必须是在学校任教满 6 年以上的在编在岗校级及以上学科教学带头人、骨干教师或业务能力较强的中青年教师。

基于以上的政策要求，研究人员通过问卷调查 YS 地区教师对实施政策的态度，选项分为"赞成""比较赞成""无所谓""不赞成"和"很不赞成"。统计结果如图 3 - 18 所示，有 26.7% 的教师比较赞成师资交流政策的实施；有 36.0% 的教师赞成师资交流政策的实施；有 28.6% 的教师认为师资交流政策实施与否，自己并不关注（无所谓）；但有 6.2% 的教师不赞成实施师资交流政策；甚至有 2.5% 的教师很不赞成。也就是说，有大部分（62.7%）教师认可（赞成和比较赞成）师资交流政策。

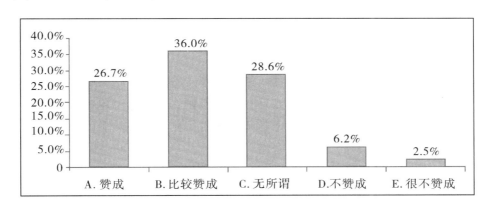

图 3 - 18　干部教师对师资交流政策运行情况反馈

第二，以人为本开展交流工作。对不纳入或暂时不纳入交流的对象进行了限定，如正在怀孕和哺乳期的女教师，不安排交流。通过调查问卷显示，大部分教师认为所在区域在制定教师交流政策过程中征求了学校和教师的建议。

分析 YS 地区师资交流政策要点，研究人员通过问卷调查 YS 地区教师对实施政策是否征求了学校和教师建议，选项分为"是"和"否"两项。由统计结果发现，有 61.0% 的教师认为教委在实施师资交流政策时征求了学校和教师的建议；但是仍然有 39.0% 的教师认为教委在实施师资交流政策时没有征求学校和教师的建议。从问卷结果显示，近三分之二的教师认为实施师资交流政策征求了学校和教师的意见，即 YS 地区教委在实施师资交流政策前后注重渗透"以人为本"理念开展工作。

第三，严格确定每年参与交流的比例和时长。师资交流过频繁容易打乱学校的正常教学秩序，而交流人数太少又达不到均衡配置师资、整体提升区域内教育教学质量的效果。为了保证交流效果，又不影响参与交流学校教师队伍的总体稳定，YS地区教委对每年参加轮岗交流的校长教师规模和比例做出了具体规定。根据实施办法相关精神，每年交流比例为区级及以上学科教学带头人、骨干教师总数的10%～20%，交流时间不少于一学年。

第四，政策配套保障师资交流改革。为了保障师资交流政策的有效实施，YS地区教委还出台了相关的配套政策。

①编制和人事管理方面的保障政策。结合《YS地区教育委员会关于学科教学带头人、骨干教师管理与考核的补充办法》（Y教政〔2008〕22号）文件精神，市级学科教学带头人、骨干教师和区级学科带头人要积极参加教师交流活动，此项工作已纳入骨干教师考核内容。

②工资福利、住房方面的激励保障政策。一是设立教师交流津贴。采用对口帮扶交流形式的交流教师仍作为原单位的在编在岗教师，其工资、津补贴等仍由原单位支付，待遇不变，被帮扶单位向交流教师按月发放交流津贴。二是给予充分的专项经费支持，为名校长（园长）、名师工作室补充工作经费，专款专用，扩大优秀人才资源的辐射作用。三是通过建设单身公寓楼和经济适用房，逐步改善教师住宿、家庭生活等条件。同时坚持每年一次的教师健康体检制度，定期开展女职工体检工作，依法维护教师合法权益。

③校长选拔、名优教师评选、教师职称评聘方面的激励和制约政策。一是对认真完成交流任务的教师，经考核合格，在参加特级教师、市级以上模范、优秀教师、先进工作者、市级学科教学带头人和骨干教师评选时，在同等条件下可优先考虑。二是对认真完成交流任务的教师，经考核合格，在晋升高一级教师职务时，在同等条件下可优先考虑。三是对没有特殊原因不服从交流安排的教师，三年内不得参加特级教师、模范教师、优秀教师及学科教学带头人、骨干教师等评审，年度考核不得定为"优秀"等次。基于以上政策的实施，大部分教师没有对交流政策产生抵触情绪。

结合师资交流政策要点，研究人员调查了教育行政部门和学校实施师资交流政策是否有抵触情绪，选项分为"是"和"否"两项。从统计结果可以看出，有60.4%的教师对教育行政部门和学校实施的师资交流政策没有抵触情绪；但是仍然有39.6%的教师存在为难情绪，抵制此项政策实施。从问卷结果显示，近三分之二的教师认可YS地区的师资交流政策实施，正是因为YS地区教委在实施师资交流政策时注重配套细则的出台，强化了激励保障措施，才使得教师对政策落地没有抵触。

3. YS地区师资交流政策效果

（1）教育工作满意度高于市平均水平。

研究人员主要从政府职责、学校管理、师资队伍、教育效果四个方面调查YS地区教育工作的满意度，共计43项指标。

调查对象是 YS 地区学生家庭成员，要求学生就读学校与住所同在 YS 地区，含在 YS 地区居住一年以上的外来人口学生家庭。其基本情况为 YS 地区抽样家庭绝大多数（95%）是 X 市户口，外省市户口占（5%）；非农户占 100%，农户占 0.0%。

调查采用问卷调查、随机抽样和入户调查的方法。

从表 3-29 可以发现，从全地区整体情况看，YS 地区教育工作满意度除 2011 年低于市均值 0.9 分外，2012—2014 年 YS 地区家长对本地区教育工作的满意度综合得分为 83.4 分、88.0 分及 86.6 分，处于"比较满意"到"满意"之间，偏于"比较满意"，高于市平均水平。

表 3-29   YS 地区教育工作满意度综合得分统计表

年度	得分/分	市均值/分	最大值/分	最小值/分
2014	86.6	84.4	89.8	81.3
2013	88.0	84.3	88.2	81.5
2012	83.4	82.7	88.6	79.2
2011	80.4	81.3	86.7	78.4

注：表格数据来源为《X 市 YS 地区教育满意度调查报告》（2014）。

由表 3-30 可见，从四个维度满意度得分情况综合分析，YS 地区教育工作在"政府职责""学校管理""师资队伍""教育效果"四个维度的满意度均达到了"比较满意"水平，且均在 80 分以上，其中"教育效果"的满意度最高（88.3 分），其次为"师资队伍"的满意度（87.6 分）。

表 3-30   YS 地区教育工作满意度（四个维度）综合得分统计表

维度	年度区得分	2014 年		
	2014	市均值	最大值	最小值
政府职能	85.7	79.4	87.6	72.9
学校管理	85.7	85.5	89.8	82.1
师资队伍	87.6	85.6	89.7	83.5
教育效果	88.3	87.6	92.4	84.3

注：表格数据来源为《X 市 YS 地区教育满意度调查报告》（2014）。

（2）师资均衡配置水平得以提高。

一是高一层次学历教师配置的均衡度得到进一步提高。在教师交流时，从干部教师的自身学历背景及所学专业为出发点，相应的学段内对不同学历、不同学科的干部教师进行岗位调整。某初中校长认为，"促进了学校教师资源的合理配置，推进了学校的均衡发展"。二是中、高级职称教师配置的均衡度得到进一步提高。根据本单位核定动态编制，结合交流师资所在单位职称结构，合理对事业单位岗位进行设置，进一步保证各学校职称的均衡配置。三是骨干教师配置的均衡度得到进一步提高。学科教学带头人和骨干教师的配置均衡度影响着人力资源的合理配置。某初中校长明确表示，"一所学校的学科教学带头人、骨干教师多，明显被贴上优质学校的标签，只有学科教学带头人和骨干教师实现真正意义的交流，才能落实优质教育资源的扩大和供给，从而进一步促进义务教育的优质均衡发展"。

（3）学校共同发展意识得以增强。

一是师资交流政策的实施打破了学校相对封闭的办学模式。二是加强了学校之间办学理念和办学模式的沟通与交流。此外，进一步增强了干部教师的竞争意识和紧迫意识。某校长表示，"师资交流的目的是促进教育公平，均衡教育资源，调动教师的积极性，切实缩小校际差距，促进学校共同发展。师资交流过程中也反映派出学校和接收学校在学校管理、教育教学等方面的一些差距，促使学校取长补短，努力探索办学新模式，促进地区教育的共同发展"。大部分教师在访谈中认为师资交流的目的在于缩小各校之间教育水平差异，促进强势校与薄弱校之间的均衡发展，提高教师队伍活力。师资交流能使得教师与学校取长补短，查漏补缺，促进教师学习成长，提高教学质量，促进义务教育的均衡发展。

（4）一体化发展新途径得以提炼。

一体化发展体现在多方面，在教育领域师资交流政策能够进一步促进学校管理科学化、教师发展专业化、人事考核一体化、编制使用系统化的突破，促进了教师、校长的交流向制度化、常态化发展，具体为管理扁平化、信息网络化等。某初中校长建议，"应尽快实现师资交流的制度化、常态化管理"。

二、YS 地区义务教育师资交流的主要问题

一项教育政策的文本制定应基本涵盖了教育政策三要素——政策目标、政策对象、政策措施。《YS 地区中小学干部教师交流实施办法》可取之处在于目标明确、原则规范、对象清晰、措施可行，但是在实施中也存在一些问题。在调研中，通过与教委主管人事领导、中小学校长和教师进行问卷调查和访谈，通过以下七个方面对当下师资交流轮岗问题进行了调查和访谈，即教师交流轮岗资格（3 道题），教师交流轮岗态度（7 道题），教师交流轮岗意愿（3 道题），教师交流轮岗效果（5 道题），教师交流轮岗政策（4 道题），教师交流轮岗行为及影响因素（4 道题），教师交流轮岗问题和建议（5 道题），研究人员归纳总结了以下的数据结果和访谈结果。

（一）政策目标重均衡轻效度

政策在行文过程中以较大篇幅规定了实施交流政策的基本原则、交流范围、交流对象、交流程序及实施方式等内容，却将交流师资考核任务和激励保障等措施交由接收单位具体加以执行。政策程序中教委的主要职责是组织实施、下达师资交流人数指

标及个别师资特殊情况的津贴保障，对参与交流的师资的教学效果和生活状态没有后期的配套细则出台和跟踪指导。由此可以看出，政策目标达到了表面"均衡"的目的，却缺失了实际"效度"的考量。另外，政策目标制定中没有充分考虑派出学校和接收学校在编制与岗位之间的匹配性的问题，有可能造成政策结果和实效的双重背离。某初中校长明确表示，"在交流中缺少制度的跟进和监督，导致交流的教师内心浮动，无心教学，不安于现有单位工作，无法调动教师积极性，影响教育教学效果和质量"。

（二）政策执行重强制轻弹性

《YS地区中小学干部教师交流实施办法》规定了对没有特殊原因不服从交流安排的教师，三年内不得参加特级教师、模范教师、优秀教师及学科教学带头人、骨干教师等评审，年度考核不得定为"优秀"。这种强制性政策很容易增加参与交流的干部教师的心理负担，对师资交流政策的实施效果带来负面影响，给交流师资的任教及管理工作增添阻力。虽然政策文本中规定干部教师自愿参与交流，但是实际操作中教委还是以强制方式下达交流指标，导致教委与学校、教师之间的冲突，造成政策执行低效。另外，由于缺乏专业人员与组织对干部教师交流政策上的指导和监督，造成教委和学校在实施政策中"官僚化"的产生，势必导致执行交流政策中教委和学校工作的非专业化。而纵观其他国家的轮岗交流，则更多体现出弹性和人本关怀特点，更多的是支撑、保障或服务性质的条款。

研究人员就干部教师参与交流的意愿进行了问卷调查：如果选派被调查对象去参与交流，其交流意向是什么水平的学校？选项分为"办学水平相近的学校""办学水平更高的学校""办学水平较低的学校"和"无所谓"四项。从如图3-19所示的统计结果可以看出，排在第一位的交流意向是"办学水平更高的学校"，有64.6%的干部教师选择；排在第二位的是"办学水平相近的学校"，有17.7%的干部教师选择；排在第三位的是去办学水平什么到程度都可以的学校，自己无所谓；排在最后一位的是选择"办学水平较低的学校"，只有4.3%师资选择。结果显示，大部分教师希望能去办学水平更高的学校去交流，极少愿意去办学水平低的学校。而教育行政部门在交流师资选择什么样的办学水平学校并没有预留空间，基本是官方的落实指标，并没有考虑到交流师资本身的意愿。

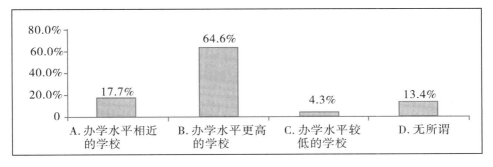

图3-19 教师交流轮岗意愿描述统计图

由于政策在执行过程中强制性的制度设计，导致中小学师资在交流意愿上出现了明显的分歧。通过对政策实施的问题分析，研究人员设计了从交流师资本身意愿出发的问题："是否愿意参加师资交流"，选项分为"愿意""比较愿意""无所谓""不愿意"和"很不愿意"五项。从如图 3－20 所示的统计结果可以看出，虽然大部分教师认可师资交流政策，但是"不愿意"（"不愿意"和"很不愿意"）参加的占 36.7%，与"愿意"（"愿意"和"比较愿意"）参加的人数（36.7%）持平。

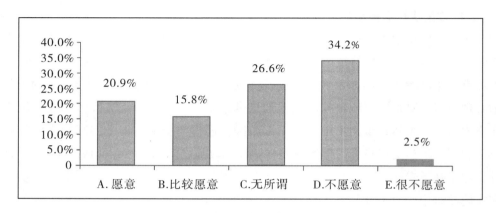

图 3－20　教师交流轮岗意愿描述统计图

（三）政策结果重形式轻实质

师资交流"重均衡"的政策目标的确立、政策的强制倾向的执行以及各主体之间的利益博弈，参与交流的师资在实际领会政策意图时会出现明显偏差，执行过程中也就面临着各种曲解，这在很大程度上减弱了交流师资的任教教育教学效果及管理价值。在政策制定不完善的情况下，师资交流政策的顺利实施和有序推进需进行深入的研究和探索。某小学校长明确表示，"师资交流政策执行若只停留在表层，或者说是形式上的均衡，即便干部教师常态流动起来，但却缺失了政策本身的价值和深意"。由于师资交流政策流于形式，各中小学就算执行也是迫于政府压力，空耗人力资源而难有实效。正如某所中学校长所说，"口号喊得再响，也是口号；交流做得再实，前提得有人愿意去做"。某所小学校长则表示，"师资交流政策是解决师资问题的有效措施，但是目前阶段效果一般，基层落实政策的积极性不高"。

研究人员就干部教师参与交流的时间长短与交流结果之间是否会存在影响进行了问卷调查，选项分"是"和"否"两项。从统计结果可以看出，大部分（66.2%）的教师认为时间短达不到师资交流政策的结果，而只有 33.8% 的干部教师认为时间短不会影响政策结果及其目的。

三、YS 地区义务教育师资交流现存问题的原因分析

师资交流体制机制是在明确管理机构权责的基础上，最大限度地调动师资的主观

能动性，使其能够形成机制与各主体的协同关系，旨在进一步完善师资交流体系及其运行实施方式。YS 地区义务教育师资交流政策已经历时五年多，在这个过程中有成功的案例，也有挫折和无奈，究其深层次原因，主要体现在以下三个方面。

（一）体制问题的原因分析

1. 岗位设置以校为单位核定的障碍

现行事业单位岗位设置管理需由本行政区域内的教育行政部门进行管理，人力资源和社会保障部门把关复核的工作模式。岗位设置之所以层层审核和把关，是因为此项工作直接与教师专业技术职务、薪酬待遇挂钩，关系教师的切身利益。根据现行岗位设置管理的相关文件精神，义务教育学校岗位总量原则上按照核定的中小学编制（动态编制）总量进行核定，并且以校为单位，明确了中学、小学、直属单位初级、中级、高级职称相对应的十二级至五级岗位比例，以及结合比例设定的具体岗位数量。各单位按照教育行政部门初核，人力社保部门复核，根据岗位设置原则，各中小学、直属单位在本单位内进行竞聘工作。由于中、高级岗位设置数量较少，常态下，中小学中、高级岗位职数都是聘满的，没有空岗。在这种情况下，如果要交流师资，就会出现无岗可聘的尴尬局面，更重要的是交流出的师资无法兑现原所在单位的岗位工资。

2. 职称评审和岗位设置没有完全分开造成的障碍

编制部门审核职称评审，人力社保部门审核岗位设置。X 市职称评审基本是按照职称比例文件进行操作，所用比例基本在五年内不会有变动，职称比例文件中涉及的单位比例需在五年内统筹使用。但是岗位设置也有严格的比例标准，在初级、中级、高级三档基础上，每个档位还分三级，岗位设置才是干部教师拿到相应职称待遇的保证。但是从教委实际操作层面来讲，基本上是参与职称评审人数远大于岗位设置各岗位总量。从干部教师维护自身利益的角度，凡是拿到职称证书的干部教师，不乏急于聘到相应级别岗位，以求兑现工资。X 市各区县教育行政部门在职称指标下达时尤为慎重，既要立足长远，又要考虑当下，更要兼顾干部教师的切身利益。因此，教师系列专业技术职务评聘分开工作任重而道远。

3. 系统内借调、交流和调动程序复杂造成的障碍

考虑到维护正常的教学秩序，X 市各区县包括 YS 地区校长教师交流轮岗，工作主要集中在暑假进行，学期末各项工作任务繁重且学校间符合交流的师资的学历背景、学科结构、岗位等级等情况相对复杂。按照现行的编制标准和人事管理模式，教委所属各事业单位由教委人事部门根据相关文件要求，核定中小学教师动态编制数和岗位数，师资交流必须在本单位现有编制数和实际岗位数内进行调配，教育系统内实施教师调配在人员流动前，需经编制部门和人力社保部门审批通过。其带来可能的影响，一是因为审批时间和审批进度都不可控，无法保证交流师资在暑期后开学前到位，影响学校教学秩序；二是各中小学因为受动态编制数、职称评审结构比例及岗位各等级间比例结构的限制，优秀师资合理配置很难做到余缺互补。

4．现行编制标准造成的障碍

根据《关于印发 X 市全日制中学、小学、职业高中学校校内机构设置及教职工编制标准试行意见的通知》（X 编办发〔2000〕2 号）等相关文件精神，高中教师语文学科 2 个班，其他学科标准周课时 10～14 节，初中教师标准周课时 12～16 节，小学教师标准周课时 16～22 节。现行编制标准的主要问题表现在：

（1）与学校师资需求不一致。

目前，编制部门均以生源多少来核定学校动态编制数，缺少师资流动配备机动编制。这使得在单班和跨年级教学以及班主任超负荷工作为普遍现象的前提下，超工作量的干部教师大有人在。课程改革实施以来，小学、初中、高中均增加了一些新学科或对原有学科教学进行了改革，如科学、社会、通用技术等学科，造成新学科师资不足。

（2）与课程计划落实方向不一致。

国家推行基础教育课程改革，施行国家课程、地方课程和校本课程。这使得现行编制标准与实际工作量的差距日趋明显。地方课程和校本课程的开设，让部分教师任课课时超过了标准周课时数。基于课程改革的大背景，现行编制标准已经不能满足所要求的师资需求。同时，现在各部门督导都强调开足开齐课程，使学校学科师资匹配不均或部分学科师资相对短缺的现象突显。

（3）与人力资源合理配置不一致。

高水平的干部教师需要一定时间的培养与锻炼。每年教育系统各单位都有人员退休，学校也有教师因病、因事请假，在现有教师满工作量的情况下，教学工作安排困难，从而直接影响教育教学质量。如果按照现行编制标准，每年以动态的学生数来核定教师编制数，加上规定交流的时长为一学年，即便实现严进宽出的教师进入退出机制，也是权宜之计，难以储备人才，面临断层困境。

（4）与学校个性化服务不一致。

一是义务教育阶段受社会关注度非常高。学生的身体、心理健康，人身安全，个性化发展都受到社会的关注，由此给学校带来了较大的影响，让学校更加注重专职校医、心理教师、保卫人员的设置。同时，学校配备的实验员、图书管理员、教务、后勤等工作人员也都纳入了编制序列。二是学生素质教育和个性化发展所需求的设施和管理辅助人员也在增加。三是新课程倡导尊重学生的个性和选择，倡导开设多样化的课程供学生选择，并开展丰富的社团活动、综合实践活动。教育更关注对学生成长变化的评价，综合素质评价管理人员需要专人负责。四是学籍电子化增加了模块成绩认定及学分统计等工作，也需要教务处增加管理人员。上述人员占用的都是学校教职工整体编制，导致教学人员相对紧缺。

（二）运行问题的原因分析

1. 各主体权责不明确

（1）教育行政部门统筹缺位。

教育行政部门在师资交流中处于统筹的主体地位，政策制定应具有前瞻性，政策的实施应具有延续性，政策的结果应具有普惠性。师资交流政策应根据市、区两级政策要求，因地制宜、统筹兼顾地执行，而在现实操作层面却不尽如人意。一方面，市、区两级政府和教育行政部门对校长教师交流轮岗政策没有明朗的态度，其结果是各区县教委不知何去何从；另一方面，教育行政部门经常倡导要"以人为本"，要扩大"学校办学自主权"，但是实施中却把相应责任落到各个相关学校，如此一来，交流主体是否"优质"无法把控。

（2）中小学校参与主体越位。

中小学校作为师资交流政策的重要参与及执行主体，应充分发挥其积极性和主动性去配合教育行政部门安排师资交流，同时履行其自身交流的职责。但是在实施过程中，中小学校在由谁去参与交流方面显然越位。因此，校长通常把本不该交流出去的教师交流出去，如考核不合格、安排工作不服从的干部教师，其实质是惩罚性交流。此外，校长受到各方面利益的制约，如社会评价、家长评价及生源情况等方面的影响，一般不会把优质师资交流出去。以这样的实施标准来推动师资交流，势必会导致交流政策目标难以实现。

（3）师资交流人员虚位。

一方面由于中小学校主体越位导致在交流对象的选定上出现惩罚性交流，从而出现消极怠工和混日子等行为，这种执行效果必然导致政策目标难以实现；另一方面，由于交流对象由学校选派，受到推优、岗位晋级、编制等名额限制，使得交流保障机制无法落地，出现师资交流无人可派、无法做通工作，更不用谈自愿交流轮岗。

2. 绩效工资制度改革在调动师资积极性方面收效甚微

根据《国务院办公厅转发人力资源和社会保障部、财政部、教育部关于义务教育学校实施绩效工资的指导意见的通知》（国办发〔2008〕133号）及《X市人民政府办公厅转发市人力社保局关于义务教育学校实施绩效工资意见的通知》（X政办发〔2009〕97号）相关文件精神，从2009年1月1日起，YS地区教委所属义务教育阶段学校开始实行绩效工资，旨在保证义务教育教师平均工资水平不低于当地公务员平均工资水平。实施中存在以下四个问题：

（1）区县间绩效总量不平衡，教师工资收入存在差距。

根据相关要求，规范后的义务教育教师津贴、补贴平均水平，由区县人民政府人事、财政部门按照教师平均工资水平不低于当地公务员平均工资水平的原则确定。由于各区县经济发展不一致，财力状况不同，区域之间出现不平衡，尤其表现在城区和郊区的区别。绩效工资实施后，区县之间教师工资收入不均，存在差距。由此可能导致区域之间教师的流动，不利于教师队伍稳定，更不利于城乡教育均衡发展。

（2）各比例分配很难实现"多劳多得""优劳优酬"。

根据相关要求，绩效工资旨在打破"大锅饭"，体现"多劳多得""奖优罚劣"，激发教师的工作积极性。但从现行绩效工资实施过程来看，绩效工资分为基础性绩效工资和奖励性绩效工资，基础性绩效工资反映教职工满足基本生活补贴、教龄长短、班主任津贴，以及落实"一岗一薪"的教师工资，占绩效工资总量的70%；奖励性绩效工资由学校确定分配方式和办法，比例仅占绩效工资总量的30%，涉及考核奖、超课时（工作量）津贴、教育教学成果奖励、名优教师奖励及其他项目。因此，从比例分配看，现行绩效工资分配比例很难体现"多劳多得"和"奖优罚劣"。

（3）干部教师工作对于绩效评价的考量标准模糊。

绩效工资制度是根据工作实际绩效高低来确定工资分配的一种制度形式。工资的多少由绩效高低决定。但实际运行中存在很大的难度。绩效考核标准的合理性、可执行性难以把握。如若绩效考核评价本身存在问题，那么绩效工资分配的优势就无从谈起。

（4）干部教师教育教学思想发生变化。

过去实行的教师工资制度，带有很强的平均主义取向，所以，工资对教师工作积极性调动所发挥的作用与影响并不是很大，在这个过程中起主导作用的是教师职业道德因素。在实际工作过程中，教师之所以能够投入更多的精力和情感主要是源于其对教育事业的热爱、责任感以及甘于奉献的职业精神。绩效工资制度实施以后，教师工资差距增大，让教师产生了一种认识，即不同教师的工资差别大则表示工资低的教师本身工作存在问题，这样就在教师群体中出现工作裂隙；而且，用于调动教师工作积极性的道德机制将会受到经济利益调节机制的冲击，这样就未免会使教师工作的目的与动机带有一定的"功利主义"色彩。

3．激励保障机制不健全

（1）津贴、补贴不均衡。

干部教师既是"社会人"也是"经济人"，在教育教学过程中付出同样的体力和精力，能否得到同等的标准一致的薪资待遇，已然成为影响干部教师是否参与交流的基本要素。根据问卷和访谈结果可知，虽然教委在福利和补助上有统一规定，但是仍存在校际隐性的津贴、补贴上的差别。教育政策实施过程中，津贴、补贴在一定程度上可以调动干部教师的积极性，进而提高政策目标的达成度及实效。教师的福利待遇不能及时跟进，会直接影响交流政策的实施效果。

（2）监督评价没跟进。

在师资交流政策文本中并没有明确规定师资交流的监督机制，并且对交流政策实施的评估工作也没有跟上，造成了教师交流随意现象的出现。由于完整的监督机制和评价机制可以有效地规范教师的交流行为，通过监督和评价结果对教师进行客观的评价和合理的奖惩，可以增强教师的责任心和激发教师的积极性，从而推动交流政策的有效实施。如果缺乏监督和评价机制，交流行为就失去了约束力和行为标准，政策实施中就可能出现"寻租"和腐败现象，而且教师得不到奖励，也不会遭到惩罚，交流后在教学上"不作为"的现象也会逐渐滋生。

（三）思想认识问题的原因分析

1．"校本位"观念根深蒂固

一是教师的观念转变难。受一些传统的就业观念的影响，教师长期在一所学校任教，对学校有强烈的归属感，尤其身处"名校"的干部教师，有着引以为傲的优越感，且子女就学、家庭住房均在学校附近，最担心生活节奏被打乱。据调查数据统计显示，大部分教师认为家人是影响是否愿意交流的主要原因。

二是校长的观念转变难。从调研的情况来看，校长们对于参与校长轮岗工作的态度比较积极，但是大部分 YS 地区中小学校长对于师资交流工作的顾虑较大，他们担心学校的骨干教师交流走了后，学校的教学质量会下降，学校品牌会丧失，办学特色会难以维持，一些名校的校长明确表示，如果一定要交流，学校会考虑将一些能力和表现一般的教师交流出去，这对于师资交流政策目标的实现无疑增添了障碍。

2．教育信念匮乏

一是宣传不到位导致政策理解偏差。制度在实施过程中因执行主体规避风险被偷梁换柱，换上与原有制度表面一致，但在精神与本质上却完全背离的内容。因此，师资交流工作要科学、有序、合理及顺利实施，广大干部教师对政策的知晓度、理解程度及学校的深度解读程度是非常关键的一个环节。干部教师对于政策本身及配套细则不了解、不知情、不慎独，就会产生政策理解上的偏差，甚至是误解。对师资交流相关政策不了解，对政策目标的大教育观不明晰会直接影响政策实施的实效性，交流主体本身也会产生抵触心理。

二是对教育宗旨和交流意义认识不足。调查问卷显示，在教育信念上，干部教师仅仅停留在"职业型"和"专业型"的层次；在交流过程中，仅考虑了工资、福利、津贴、补贴及自身专业发展，而对师资交流政策的意义认识不足，教师追求个人利益而不顾教育政策的行为在慢慢滋长。

如图 3－21 所示，在进行交流轮岗时，干部教师最关心的是保障机制的常态建立、保障措施的有序实施。排在第一位的是提供专项经费用于交流校长教师的生活补贴和交通补贴，占调查对象总数的43.1%；第二位是家庭负担，占调查对象总数的30.4%；第三位是不适应新的工作环境，占调查对象总数的18.1%。可见，出去交流的教师最担心的是交通问题与家庭负担问题。

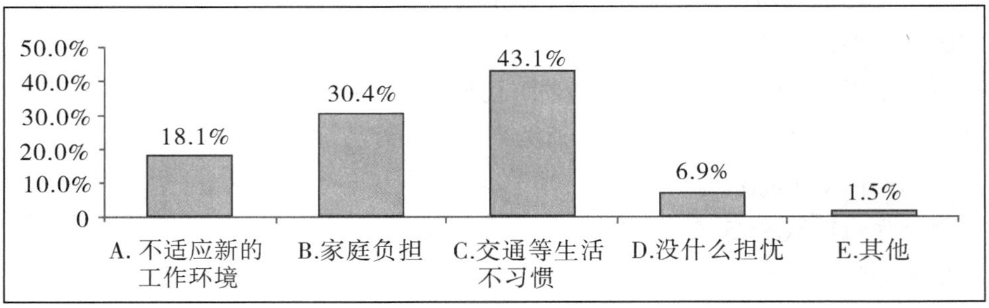

图 3 - 21　教师交流轮岗行为影响因素整体情况描述

四、YS 地区义务教育师资交流的政策思考与建议

（一）加强政策顶层设计，理清区域治理格局

政策是前提，强调制度保障，核心是依法办校，依法治教。师资的均衡配置是义务教育均衡发展的重要前提。X 市从"加强初中建设工程"到"推进集团化、学区化办学"，均强调扩大优质教育资源的辐射作用。为此，教育行政部门在合法或合理的基础上，通过政策设计，可以减缓师资流动的负面效应。鉴于此，应着力于区县内部交流的政策设计。

1. 完善科学决策环节

政府是基本教育公共服务供给的主导者，决定着政策目标的达成度、目标与过程的吻合度等，同时也间接影响或决定着资源的供给水平和服务质量的高低。从 2011 年至 2015 年，如何提升义务教育发展水平和质量，如何提高基础教育服务社会民生的能力，成为摆在 YS 地区教委改革发展所面临的一个重大问题。YS 地区教委经过四年的改革达成共识，在九年一贯、对口直升、绿色衔接的发展模式引领下，确定义务教育优质均衡发展方向，努力构建教育新生态。

一是规范科学决策流程。决策采用"调研—制定—论证—试行—修订—出台文件"流程进行，要通过调查问卷、访谈等多种形式，深入相关委办局、学校管理者、教师等群体，广泛征求意见建议，对于政策本身、政策操作、政策效应摸清底数，查找问题，找出对策。对于相关政策及配套细则的出台要广纳良策，并通过"走出去"和"请进来"等方式进行科学论证。二是依据《YS 地区教育事业"十三五"规划》，配套出台了《YS 地区教师队伍三年行动计划（2016—2018）》《YS 地区教育系统人事制度改革实验方案（试行）》《YS 地区教育事业任务分解清单》，为干部教师的科学流动提供了制度保障。三是建立部门联席制度，定期召开联席会议，统筹协调解决有关政策实施中的问题。

基于以上的基本前提及调研相关数据，师资交流政策在制定中要体现三个部分，一是明确流动教师的职责，使之明确、具体、可操作；二是应当选择具备一定质量的教师群体作为流动对象，同时应当保护并调动流动教师的积极性；三是制定相关的配套措施，保证政策的良好推行。

2. 坚持统筹协调发展

YS 地区在发展均衡教育方面进行了诸多有益的探索，在义务教育的均衡发展上，已初见成效。但不可否认这些改革措施都是独立的，缺乏综合性的、连续性的效果，因而在现实中，校际均衡性尤其是软件均衡还是存在差距，必须依靠统筹协调发展思路，形成更加坚实的政策导向。

要"实现区域基本公共服务普惠化"，"十三五"时期是 X 市教育改革的重要时期，同时也是 YS 地区教育发展的机遇期。

YS 地区教委以均衡配置资源为重点，以提高教育质量为核心，以体制机制改革为动力，贯穿"大稳定、扩优质、促交流"主线，结合 YS 地区实际情况，全面考虑 YS 地区整体师资队伍，坚持统筹规划，打破校际壁垒，通过加大校际人员调剂和交流，解决部分学科师资短缺问题，完善师资定期交流机制；分步实施，建立教育资源供给的统一战线，师资交流工作以缩小区域内校际教育发展差距、促进区域教育均衡发展、全面提高教育教学质量为宗旨，与学校的岗位设置、人员编制、学科建设和教师培训相结合，遵循"政策引导、区域统筹、合理流动、促进均衡"的原则，人事隶属关系依阶段性进展而变。积极推动中小学干部教师在校际、区域之间合理流动，鼓励干部教师由超编学校向缺编学校流动，促进教育人才资源的合理配置，办好每一所学校，促进每一名教师专业发展，促进每一名学生健康成长和全面发展，努力办好人民满意的优质教育，促使教育公平从机会均衡向实际获得的均衡迈出实质性的一步。

3. 建立区管校用制度

"区管校用"是相对于"校管校用"而言，"区管校用"是一项新的教师人事管理制度。这里所说的"区管校用"是指交流师资全部归教育主管部门统一管理，"是教育部门的人"。交流师资"区管校用"模式下，教师的关系在特定的学校，同时也都在教育部门，方便教育主管部门对各学科师资进行统筹分配和管理。

根据 X 市《关于推进义务教育优质均衡发展的意见》要求，在师资管理方面，聚焦师资流动，积极推进"区管校用"的改革，促进校长教师合理流动，强化区县教委对于师资的统筹管理。YS 地区教委结合教育系统五年来师资交流的政策实施情况、问题分析，实施"全区定编、托管用编、集中核岗、分校竞岗"的编制岗位管理方案，进一步完善岗位需求公开、推进过程公开、服务热线公开、交流名单公开的教师流动"四个公开"原则和编制标准统一、岗位比例统一、招考聘用统一、工资待遇统一、考核评优统一、退休服务统一的教师流动"六个统一"管理体系，努力破解师资交流瓶颈，实现优质教师资源的区域内共享。

（二）注重人本思想渗透，构建多元交流模式

纵观国内外交流模式运行，为优化政策执行环节，按照不同的侧重点进行划分，具体如下：以组织轮岗交流的主体来划分，可分为义务教育学校校长交流和教师交流；以交流工作的方式来划分，可分为教育行政部门指导交流、学校推荐交流以及个人申请交流；以组织形式来划分，可分为计划指标式交流、支持帮扶式交流、走校式交流、学区化组团式交流和人走关系动式交流。YS 地区教委应结合地区实际情况，把"以人为本"的理念贯穿始终，突出分类施策，分阶段实施、多渠道并进，积极探索区域内师资交流工作，促进师资交流取得实效。

第一阶段，结合竞争上岗进行交流——计划指标式。

通过校长轮岗和岗位竞争，加强学校管理者队伍的流动。积极推进教育人事制度改革，推行校长聘任制，通过民主推荐、公开选拔和解决副科待遇等方式，让一批作风扎实、年富力强的教师走上领导岗位，形成能者上、庸者下的动态用人管理机制，将校长交流与公开竞聘相结合，造就一支素质优良、结构合理、充满活力的中小学校长队伍。教师采取学校间就近选派，教委根据接受学校提出的岗位需求进行选派指标下达，选派交流教师。

第二阶段，采取个人自愿和组织推荐相结合的办法进行交流——支持帮扶式。

干部和教师交流采取个人自愿和组织推荐相结合的办法进行。个人自愿提出申请，经本单位批准进行交流，未提出申请交流意向的，YS 地区教委根据各单位人员编制和紧缺学科等情况，由学校和教委统筹安排进行交流。

第三阶段，结合布局结构调整进行交流——学区组团联动式。

学区组团联动式是教育管理的一种实现形式。YS 地区教委将促成行政导向的联盟组织向专业共同体转变，以促进共同体成员的互惠发展。同时，充分发挥 YS 地区学校布局优势，巩固就近、对口、直升入学政策，建立学区组团机制，打通学区内小幼、中小、初高中衔接瓶颈，建立以绿色无缝衔接为基础、以和谐高效生态课堂为核心、以绿色评价为保障的生态化教育体系，开辟学生健康成长绿色通道。实施"校（园）本自主、互动合作"衔接机制，构建学区校（园）际联动模式，以统筹促均衡，以均衡促发展，给学生提供一个公平的受教育的机会，给全体教师提供相互学习、公平发展的机会，为绿色生态教育提供保障。

第四阶段，结合人事编制管理进行交流——人走关系动式。

YS 地区教委根据编制岗位管理方案，将进一步完善岗位需求"四个公开"原则和教师流动"六个统一"管理体系。每年秋季学期，根据编制方案及学校学科需求，对学校之间进行交流调整，坚持以人为本的理念，调配时充分考虑教职工的实际困难，体现教师流动的人性化管理，对稳定教师队伍起到了积极的作用。据调查显示，超过一半的教师认为带着人事关系的教师交流有利于接受学校的管理，能够增强交流教师的归属感。

（三）突出价值导向引领，健全激励保障机制

1. 优化政策实施环境

（1）加强政策目标的宣传引导。

价值是核心，强调精神保障，核心是用心办学。干部、教师交流工作思想性、政策性强，社会影响大，中小学应高度重视此项工作，周密部署，精心组织，统筹管理，科学操作；要认真做好宣传教育工作，使广大干部教师在理解、支持的基础上，积极参与交流；要严格履行工作程序，坚持"民主、公开、透明"的原则，学校方面不得以任何理由拒绝执行交流规定，不得借交流之名打击报复教师；要坚持以人为本，防止简单化和形式主义的倾向，本着为交流教师负责的精神，扎扎实实把工作做细、做实、做好，确保教师交流工作顺利进行，确保交流工作取得实效。

（2）保持政策的稳定性和连续性。

一是政策的认同感。政策的稳定性和连续性直接关系政府的公信力，如果对政府的信任出现危机，师资交流政策是根本无法实施下去的。二是管理扁平化。在进行师资交流的同时，注重扁平化管理，把干部、教师交流工作作为考核学校的重要内容。安排好交流教师的工作与生活，努力帮助他们解决工作、学习和生活中的困难，使他们能及早适应新单位的工作和环境，全身心投入教育教学工作，为促进 YS 地区教育优质均衡发展做出积极贡献。

（3）建立流动师资成长档案。

在给予流动教师一定经济补贴的同时，相关部门要建立流动师资成长档案库，在考核合格的基础上，在师资"发展机会"方面给予优先照顾。在师资流动期间，可以享受优越的进修条件；对于贡献比较大的流动师资，可为其子女的教育提供更多照顾等。同时定期检查干部、教师交流工作落实情况，总结经验，树立先进典型，表彰和宣传一批在教师交流工作中涌现出来的先进集体和个人，使干部教师的心理预期得到满足。

（4）均衡学校管理水平和生源水平。

按照校长专业化和教师成长专业化要求，规范校长选拔任用制度和定期交流轮岗制度，推进各学段学校管理水平均衡发展。义务教育以"小升初"入学划片和电脑派位相结合的方式进行，促进区域内生源水平相对均衡能够对学校的办学水平产生较大影响。

2. 保障干部教师交流的相关权益

健全激励保障机制是核心，强调精神保障，实质是用心办学、教学。基于此，在保障干部教师权益上，交流政策应实行以保障机制为基础，激励机制为动力，约束机制为手段的一体化运行机制。

一是不断健全义务教育师资交流长效机制，如交流师资选拔机制、激励机制、培训机制等。在管理输出、教师输出、课程资源共享、品牌输出操作中实行制度化及常态化管理。

二是综合运用经济待遇、培养使用、晋职晋级、评先评优等优惠政策杠杆，激励和引导在政治上求进步、专业上求发展、待遇上求提高的校长和教师积极主动参与交流。应避免简单运用行政措施强制交流，防止出现人事争议。

三是通过科学合理的轮岗交流制度和保障政策，尽量减轻校长和教师的后顾之忧。充分激发校长教师教书育人的荣誉感和责任感，切实消除校长教师的职业倦怠，不断激发校长教师的工作热情和创新能力，促进义务教育实现高质量的均衡发展。

四是待遇统一保障，专项补助支持。首先，要保障区域内干部教师待遇的一致性。干部教师工资福利、养老保险由区县统筹、财政统发，目前 YS 地区已经实施并且落地有声。其次，设立专项工作津贴。对于跨学区、跨片交流的干部教师，在考核为合格及以上者，发放工作津贴。再次，福利待遇进一步保障。YS 地区中小学基本都有食堂，而且地区政府对于早、午餐有专项经费支持；每年进行教职工免费体检；交通补助有标准等。

五是加强信息公开，建立征询制度。畅通教师申诉渠道，维护交流师资的合法权益。

（四）强化政策过程管理，完善评价督导体系

1. 做实"阳光"管理

一是确保公平，实行阳光操作，做到提前谋划，提前通知。中小学应采取分层次交流，按比例交流，年龄较大的校长和教师可不交流，因病、因孕或教学周期未完成的可暂缓交流等措施。二是根据教委的工作部署，各中小学应召开全体教师会或教代会，认真组织全体教职工学习 YS 地区中小学师资交流政策，促进广大干部教师了解和理解交流的意义和必要性，提高各中小学干部教师参与交流的积极性和自觉性。三是分层级签订《YS 地区中小学师资交流协议书》，层层签订、层层落实，消除了干部教师对于政策的疑虑，为师资的交流营造良好的氛围。四是建立交流师资心理疏导机制，充分关注干部教师的心理状态，发挥各校心理教师的作用，必要时进行心理干预。五是建立以管理层面民主性的纵向沟通与协调及搭建信息化平台的交流师资的横向沟通。

2. 完善"体系"建设

一是督导体系建设。将中小学教师交流工作的检查评估纳入教育督导体系，定期检查、评估，并由 YS 地区教委领导班子成员包学区，监督各中小学校干部教师交流工作的有序推进。二是管理体系建设。建立完善对参与交流的校长和教师的考核和管理机制及后续跟踪机制，加强对参与交流的校长和教师的跟踪管理、考核评估、聘任制管理，探索建立严进宽出的退出机制，对于无正当理由不按要求进行交流的个人，应建立相关的约束制度；对于交流期间表现不好、效果不佳的校长和教师给予相应的纪律处分和制度约束。三是评价体系建设。加强对参与交流学校教育教学质量的监控，防止出现因为交流影响学校教学质量的情况发生，确保从整体上提升县域内义务教育教学质量。

第五节 F区义务教育优质资源扩大策略研究

一、F区扩大优质教育资源的政策分析

近几年F区扩大优质教育资源的政策措施可分为三个阶段：2011年之前以标准化为重点的均衡发展阶段，2011—2013年以扩大优质教育资源为重点的均衡发展阶段，2014年至今以市区统筹为重点的优质均衡发展阶段。划分理由是2011年之前，特别是"十一五"期间，Y市和各区县教育发展强调的是"标准化"和"均衡化"；到2011年，"十二五"规划起始年，在软硬件资源的布局和配备达到基本均衡、学校办学条件基本达标的基础上，开始侧重于教育的"优质发展"，进一步强调"创新发展"和"内涵发展"；2014年，随着中共中央《关于全面深化改革若干重大问题的决定》的出台，Y市加大市级统筹，推出基础教育综合改革举措，在促进教育均衡发展的基础上更加强调"优质"，F区则进一步深化优质教育资源扩大，特别是到"十三五"初期，更是旗帜鲜明地确定了教育发展的目标——建设高水平、有特色的F区教育。

（一）以标准化建设为重点的均衡发展阶段

1. 重点文件

区委区政府关于贯彻落实Y市教育发展战略基本实现教育现代化的实施意见（YF发〔2004〕32号）中提出，"推进教育布局结构调整"，"加强办学条件标准化建设"，强调"对规模过小、生源不足、办学条件不达标的初中、小学进行调整合并，实现适度规模办学"，"到2008年，全区中小学办学条件主要项目达到新颁标准，逐步实现学校办学条件标准化"，"2004年底前，通过教育布局结构调整，为Y市十八中和F区二中创办市级示范高中校提供条件"，"确保我区2004年9月以后审批列入建设规划的教育设施符合规定标准，满足教育现代化发展需要"。

2007年的《区教工委、区教委关于推进义务教育均衡发展实施意见》，明确具体发展目标："义务教育阶段学校布局基本合理；全区中小学专用教室建设、教学设备设施、音体美器材和图书资料等项目达到基本均衡；农村学校、城镇地区相对薄弱学校教育质量显著改善；教师素质整体提升、骨干教师分布合理；学生德智体美等综合素质全面发展，特别是身体、心理健康素质明显提高"，采取"调整规划布局结构、落实经费保障机制、缩小办学条件差距、加强师资队伍建设、保障弱势群体就学、全面提高教育质量、完善督导评估机制、加大宣传工作力度"等8个方面政策。

2. 文件执行情况

以区委区政府关于贯彻落实Y市教育发展战略基本实现教育现代化的实施意见发

布到 2008 年，F 区中小学办学条件主要项目达到新颁标准。2010 年前完成了区域内办学条件不达标学校的整合。市十二中、市十八中建设完成。经 Y 市教委认定，市十二中、市十八中和 F 区二中成为市级示范高中学校。2004 年 9 月以后审批列入建设规划的教育设施基本符合规定标准，但因该项工作涉及市级文件规定较为模糊、参与部门较多、办学主体前期不能介入建设过程、开发商重个人利益等原因，对一些新接收的教育配套设施，还要后期进行改建和装修，教育行政部门再次投入建设资金较大。

《区教工委、区教委关于推进义务教育均衡发展实施意见》（2007 年）的优势是成立了组织机构，为推进义务教育均衡发展提供了组织保障。但该文件存在一个问题，就是关于具体目标的设定表述较为模糊，"基本合理""基本均衡""显著改善""明显提高"，缺乏定量描述。目标不够明确，导致后期无法准确评估。该文件发布后，在"优先在义务教育学校试行教师带薪脱产培训""积极推进区域间、校际校长、骨干教师交流制度""建立督导评估制度，健全实施情况的跟踪、监测和定期公布机制"等几个方面，没有制定实施方案和进一步跟踪推进。有的工作只开展一年，没有形成机制，比如校长、骨干教师交流机制，就迟迟没有建立起来。

（二）以优质均衡发展为重点的均衡发展阶段

1．重点文件

2011 年发布了《F 区"十二五"时期教育事业发展规划》，提出按照"扩大规模、优化结构、提升品质、办出特色"的思路，并做了细致的任务分工，制定了《F 区"十二五"教育事业发展规划实施方案》，再一次明确"加强名校集团化办学模式研究，扩大优质高中规模"等工作。

随后发布《关于印发 F 区加快推进义务教育均衡发展实施方案的通知》（F 政发〔2011〕39 号），对各相关委办局的任务进行了明确。文件提出"引进 RD 附中。完成 Y 市十二中 KF 校区建设。完成 Y 市四中、HC 小学分校建设。NY 地区建设一所规模中学"等任务，并提出"建立城镇校与农村校、示范校优质校与困难校农村校'手拉手''结对子'等机制，探索区域教育资源优质均衡发展新模式，积极探索名校办分校、集团化办学等方式"。

2012 年在教委层面发布实施了《名校集团化发展调研工作推进方案》，以期对集团化办学实践的深入研究，达到进一步扩大优质教育资源的目的，推动教育健康、快速发展。

2．文件执行情况

"十二五"发展规划的实施过程严格按照区政府、区发改委的有关要求和进度推进，并进行了中期和后期评估，重大项目均已完成。由于受到区域城市化建设进程推进时间调整和土地征用问题的影响，在中期评估时对"在西部建设优质学校"项目目标进行微调，到"十二五"结束时，通过引进 ZM 附属中学在 WZ 地区办学，完成项目目标。在"十二五"规划中重点实施的十项重点工程和五项改革试验，特别是"布局调整工程""义务教育均衡发展工程""教育集群发展改革试验"全部完成。在"十二五"期间确立了"一带两点多集"的教育发展格局，完成构建F区教育发展新地图。调整基础教育设施规划，新增规划用地120公顷。加强教育资源新建、接收、整合力度，接收教育配套设施12处，新建整合优质资源校19所。实施"内升外引、优质发展"战略，新建成12个优质学校教育集团，引进教科研机构、高校和名校等优质资源，合作办学22所（校区38处）。调整义务教育阶段入学工作，2015年实现以集群或集群组为单位的片区入学，儿童少年可以在片区内选择单校划片对口入学或多校划片派位入学方式，充分释放出优质教育资源，满足多样化入学需求。

《关于印发F区加快推进义务教育均衡发展实施方案的通知》（F政发〔2011〕39号）同样存在2007年《区教工委、区教委关于推进义务教育均衡发展实施意见》中的问题，一些目标设定模糊。例如，"进一步优化"，"进一步提高"，这样的目标不可量化、不可评估。但对于2007年政策推进中的一些问题进行了纠正，提出"完善支教机制，选聘优秀大学毕业生到农村校、困难校支教"，"从优质校、示范校选派干部到困难校、农村校任职，优化困难校、农村校领导干部结构"，"全面提高骨干教师占专业教师比例和工作水平"，实现了区域教师交流常态化，农村和河西地区骨干教师比例从2010年的8.4%提高到2015年的16%[①]。除两所学校建设工作因土地和规划等问题延期，基本完成目标。

《名校集团化发展调研工作推进方案》（2012年）强调结合办学实践，通过科研梳理集团化办学的思路、方法、路径，采取复制、模仿或创新的方式，逐步建立集团化办学机制，使每一个教育集团都能够用自己的方式，有效推进优质教育资源扩大[②]。研究工作依托SS大学、F区教科院共同研究。到目前建设完成市十二中、F区五小等16个教育集团，覆盖67处校址。

（三）以市区统筹为重点的优质均衡发展阶段

1. 重点文件

2014年，随着义务教育均衡发展的进一步推进，围绕深化基础教育综合改革，Y市在促进教育均衡发展的基础上更加强调"优质"。Y市统筹各区县通过绘制Y市教育新地图，向社会展示教育行政部门扩大优质教育资源的决心和实际举措。为了能更好地实施这一政策，F区向市教委上报了《关于整合扩大优质教育资源的请示》，申请相关经费，明确2014年将扩大7处优质教育资源[③]。

---

① 国家教育督导检查组对Y市16个区县义务教育均衡发展督导检查反馈意见（2016）肯定了F区在促进干部教师交流方面，实施"蒲公英工程"、骨干教师支教带教、"牵手工程"等促进教师交流常态化的努力．

② 国家教育督导检查组对Y市16个区县义务教育均衡发展督导检查反馈意见（2016）肯定了F区教育集群发展在深化教育综合改革、实现优质教育资源实质性扩大、促进义务教育均衡发展、构建首都义务教育新地图方面做出的积极探索和实践．

③ F区教委关于整合扩大优质教育资源的请示（2014）．

2015 年，Y 市统筹、指导各区县通过学区制、集团或集群办学、合作办学、政府购买服务等多种模式，扩大和重组优质教育资源。F 区教委发布并实施了《扩大优质教育资源软件建设资金支持暂行办法》，明确了支持对象——新增优质教育资源，包括引进优质资源校和本区优质资源校、本区优质教育集团，为它们的持续发展做好服务和资金保障工作。经费主要用于队伍建设、课程建设和聘用人员，并分别明确了支持额度和时限，自各合作学校或分校开办之日起，中学、幼儿园支持 3 年，小学支持 6 年①。

2016 年 9 月，F 区在全市率先召开全区教育工作会议，《F 区"十三五"时期教育事业发展规划》作为全区第一个专项规划正式发布。会上颁布了《F 区委区政府关于提升教育质量努力建设高水平有特色的 F 区教育的若干意见》（YF 发〔2016〕15 号）。两个文件针对扩大优质教育资源提出的目标非常具体、明确："引导优质教育资源向相对不足区域布局，优质中小学学位占比达到 80%"，"深化教育集群集团改革，扩大优质资源覆盖和辐射范围，建设教育集团 24 个"，"促进学校内涵发展，逐步缩小地域、集群、校际办学水平差距"，"发挥市区级高中示范校的示范辐射作用，重点支持 10 所左右办学特色校发展"，"重视干部教师专业化发展，促进优秀师资交流轮岗、均衡分布。市级以上优秀教师比例不低于专任教师总数的 2%。培养 10 名左右在全市乃至全国有影响力的知名校长，骨干校长达 10%"。"十三五"规划还提出，根据 F 区中东部学校集中、西南部相对不足的特点，在优质教育资源匮乏的地区新建一批优质学校，推动区域教育资源优质均衡分布。同时，加强中小学校建设，完成市十二中东校区、RD 附中 F 区学校、BD 附小 F 区学校等 21 所学校建设，在满足群众基本教育需求的基础上做大做强优质学校。

2．文件执行情况

2014 年，市教委下拨了专项经费支持 F 区优质教育资源扩大项目。在人员密集、户籍人口多、优质教育资源少、学位紧张、择校现象较为严重的区域，采取三种措施发挥优质资源的辐射带动作用：一是由市级示范高中校创办或托管小学 2 所；二是优质小学整合相对薄弱校 3 所；三是优质初中创办分校 1 所，实施九年一贯制学校管理。通过上述举措，有一万余名中小学生享受到优质教育，较上年增长近 2000 人。

2015 年，F 区《扩大优质教育资源软件建设资金支持暂行办法》（2015 年）解决了新建校、集团化办学、引进学校发展过程中资金、教师短缺等困难，支持优质教育资源持续发展，受到优质学校的认可。

"十三五"规划和 F 区委、区政府《关于提升教育质量努力建设高水平有特色的 F 区教育的若干意见》（YF 发〔2016〕15 号）文件发布后，全区上下统筹安排部署。从

---

① F 区教育委员会关于印发 F 区教育系统扩大优质教育资源软件建设资金支持暂行办法的通知（F 教发〔2015〕32 号）．

政府到教育行政部门到学校，统一加大了宣传力度，同时从区委区政府层面和教育行政部门层面分别进行了任务分解，将任务逐一落实到相关委办局，教委的实施方案细化为 25 个方面、52 项任务，明确了责任领导和责任部门，各项任务也逐步深入调研、制定具体实施办法，为政策后期的实施打下了良好的基础。

二、F 区扩大优质教育资源政策执行的现状

为了客观呈现 F 区近几年在扩大优质教育资源方面的现状，以及采取的各项措施所产生的实际效果，2015 年 10 月至 2016 年 5 月，研究人员对区域内 27 所公办中小学的校长、教师 440 人进行了问卷调查，同时对 FZ、DG 等教育集群中的校长、F 区五小、市十八中、F 区二幼等教育集团校（园）长、教育行政部门的工作人员 20 余人进行了访谈。通过问卷调查和访谈，研究人员收集调查对象对扩大优质教育资源的政策措施、执行效果、存在的问题与建议，以此为基础，对 F 区扩大优质教育资源政策执行中的优势和问题进行了分析。

本调查共发出调查问卷 440 份，回收 440 份，其中有效问卷 422 份，回收有效率为 95.91%。其中，中学教师问卷 150 份，有效问卷 137 份，有效率为 91.33%；小学教师问卷 290 份，有效问卷 285 份，有效率为 98.28%。被调查教师的主要特征如表 3－31 所示。

表 3－31　调查样本特征

特征	类别	人数/人	百分比/%
性别	男	91	21.56
	女	331	78.44
年龄	20～29 岁	92	21.80
	30～39 岁	142	33.65
	40～49 岁	164	38.86
	50 岁及以上	24	5.69
工龄	1～10 年	131	31.04
	11～20 年	128	30.33
	21～30 年	139	32.94
	31 年及以上	24	5.69
职称	初级	139	32.94
	中级	163	38.63
	高级	120	28.44

（续表）

特征	类别	人数/人	百分比/%
职务	校长副校长	28	6.64
	中层干部	49	11.61
	一般教师	341	80.81
	教辅、后勤人员	4	0.95
所教学段	小学	285	67.54
	初中	96	22.75
	高中	41	9.72
其他	集团集群核心校	82	19.43
	集团成员校	152	36.02
	优质教育资源校	130	30.81
	一般学校	58	13.74

从调查样本来看，被调查教师中，根据年龄、工龄、职称等特征，工作和任教时间较长的中高级职称教师占67%，干部和教师的比例符合中小学校管理人员和一线教师比例，优质教育资源校和一般学校、集团集群核心校和集团成员校均有一定比例，调查样本从不同层面和角度对教育教学工作、学校管理、区域教育情况进行了解，此次调查的教师观点具有可信度和代表性。

调查问卷从"完全不符合""不太符合""不确定""基本符合""完全符合"5个维度进行统计分析，因"基本符合"和"完全符合"数据相对集中，因此下面所称"绝大多数"和"大部分"如无特殊说明，均为"基本符合"和"完全符合"的合并数据。

（一）政策执行过程的重点和经验

调查问卷是在一部分访谈的基础上进行设计的。关于调查问卷"优质教育资源的必要因素"是针对政策制定和执行的重点，"哪些扩大优质教育资源的方式更有实效"则是针对政策制定和执行的实效性，"哪些方式更适合本区优质教育资源扩大、办学效益更加明显"是指政策制定和执行的针对性，"哪些举措确保优质教育资源持续扩大"是针对优质教育资源的可持续发展，"对目前扩大优质教育资源的评价"则针对F区已产生的效果、经验和存在问题的提炼梳理。

1. 扩大优质教育资源政策执行的重点

在扩大优质教育资源的过程中，被教育业内和社会各界关注的重点就是政策执行重点。访谈和调查问卷的数据显示，硬件中高端先进的设备设施、优美的校园环境，软件中优秀的校长和教师队伍、先进的办学理念、管理模式、良好的课程体系、优质的生源以及教育行政部门和社会的满意度等，受到的关注度较高。

（1）加大投入更新教育设备设施。

在调查问卷关于"优质教育资源中必不可少的硬件资源"的选项中，选择"高端先进的教育教学设备设施""优美的校园环境"和"具有一定办学规模"的教师分别占到90.16%、93.91%和89%。这说明大部分教师认可优美校园、办学规模、先进的教学设备设施是优质教育资源必要的硬件资源。

在访谈中，一些教师表示，"没有干净、漂亮的校园，没有比较好的设备，别说家长不愿意把孩子送进来，就是老师的心气都不高，学校也招不来老师，再有内涵也难以让人信服"。某校长认为，"虽然装修得漂亮的学校不一定就是优质学校，优质学校也不一定非得是高大上的模样，但是，在教育发展到即将实现教育现代化的阶段时，一定的办学规模、先进的设备设施、优美的校园环境是优质学校最基础的必要条件"。还有一位校长表示，"虽说是酒香不怕巷子深，但是现在酒香也要加大投入、加大装修、加大宣传，不然没有漂亮的装修、没有好的外表，仅抓好学校文化建设，也不行啊！"教育行政部门某负责装备的工作人员表示，"如果学校的设备设施按照《办学条件标准》达到基本标准，我们也算是完成了工作任务，但仅仅是基本达标、基本均衡，并不能达到优质水平。但是资金毕竟是有限的，因此，在保基本均衡的基础上，首先得保证优质学校的设备设施高水平建设。一个区怎么也得有几所好学校在那里撑着，之后其他学校才能一个一个来。让学校都漂亮起来，我们也有成就感"。校长和教师们认为，提高硬件水平和打造优质教育资源之间的关系是非常紧密的，对于加大教育投入、改变学校办学条件和校园周边环境的期望值很高。

（2）加强干部、教师队伍建设。

问卷中超过87%和94%的教师认为，"校长有一定声望"及"优秀的干部、教师团队"是优质教育资源中必需的软件资源，还有77.05%的教师选择了"优质生源是优质教育资源中必需的软件资源"。这说明大部分教师认为优质的干部教师资源、优质的生源是优质教育资源必备的软件资源。

在问卷调查和访谈中，有很多人提到：加强优质教育资源建设，首要的就是要加强教师队伍建设，提高教师的专业素养。负责干训、师训的干部们表示，教师队伍的水平决定着一个区域教育质量的水平。教师的素养决定教育的成败，教师的视野影响学生的发展。要扩大优质资源，首要的就是必须抓好干训、师训，提升人的综合素质。

某负责师训的教师表示，"'十二五'期间，我们实施了'牵手工程''银龄计划'和骨干教师高级研修等项目，还组织教师到外国高校培训，教师的业务水平在整体上还是有所提升的"。某负责干训的教师总结几年的干训成绩时表示，"我们与SS大学建立了学历提升培训基地，持续组织传统干部培训项目，与B大学合作开办教育创新与领导力提升培训班，与Q大学合作开办创新教育管理培训班，培训干部100多人。对获得研究生学历、硕士学位的干部给予70%~90%的学费资助，目前已有50多人取得或正在攻读硕士学位"。有一些校长认为，加强教师培训，最重要的是更新一线教师教育教学理念。现在课程教学改革、中高考改革推进得这么快，"走班"教学要全面展开，但是一些教师的观念还比较传统，在课堂教学、教育管理学生、减负等问题上还坚持旧的观点，他们是在一线直接执行教育改革政策的，如果他们抱有老观念，教学改革是难以实现的。一些教师也表示，加强校长和学校干部的培训也非常重要。"干部不领水牛掉井"，一个好校长就是一所好学校，校长缺乏领导艺术、管理办法、课程领导力，学校发展的方向和动力都会受到影响，那学校的老师们再强也不行。

另外，接受访谈的一些中学校长、教师认为，优质的生源对学校的整体建设是有促进作用的，学校涵养好生源，好生源打造名校品牌，这是个互相促进的过程。某中学教师说："好学校其实就是好家长、好学生的集合。虽然不唯成绩论，但是不能否认，一所孩子们都是600分以上的学校，和大多数学生在400分左右的学校是绝对有差异的，特别是在中学。"某校长表示，"好学生、好老师、好校长、好学校都是相辅相成、互相促进、共同发展的"。

（3）加强学校文化建设，促进学校内涵发展。

有特点、有内涵的学校文化是优质教育资源的核心。在"优质、有内涵的学校文化""完整的课程体系和满足学生发展的校本课程与社团活动""先进的教学理念""高效的管理制度"这四项中，均有超过61%的教师选择了"完全符合"，分别占62.53%、62.50%、62.44%、61.18%。选择"完全符合"和"基本符合"的占到90%以上。但是，在"优质、有内涵的学校文化"和"高效的管理制度"这两项内容上，选择"完全不符合"和"不太符合"有4.53%和3.28%的教师，而其他两项内容选择"完全不符合"和"不太符合"仅在2.5%以下。通过这些数据可以看出，大多数教师的观念是一致的，认为优秀的学校文化、完整的课程体系、丰富的社团活动、先进的教学理念、高效的管理制度是优质教育资源的重要组成部分。但是，还有一小部分教师对学校文化建设和管理制度建设对于优质教育资源建设的重要作用还不太理解。

某负责装备的工作人员表示，"学校文化可不是我们配备点高大上的设备，配上平板电脑、3D打印机，或者装修一下门面、墙壁，画点墙画，学校就有文化了。就像小姑娘一样，这都是脸上抹的、身上戴的，有没有文化关键要看肚子里有没有真东西！"有一些校长表示，学校文化要从建章立制开始，然后到学校文化传承的梳理、提升、重组，再到课程体系的建设，配合的教师队伍建设、学生培养的核心，这些都是学校文化的关键，重要的是在内核。某学校干部说："办学理念是不是先进、学校有没有文化，可不是光校长有先进的教育理念就行的，要全体干部教师形成共识。在管理模式上，在对待学生和家长的态度上，在每一节课上，教师说的每一句话、每一个举动、甚至每一个眼神，包括孩子们，都能折射出学校文化的精髓。要全校都形成一股劲儿，请外力帮着一起弄，从硬性的制度到创新的理念，逐渐发生改变。"

可以看出，大多数教师认同高效的管理制度、先进的教学理念、完整的课程体系和满足学生发展的校本课程与社团活动以及优质、有内涵的学校文化，是优质教育资源中不可或缺的。但是通过进一步分析发现，还有一部分教师对科学高效的管理制度和有内涵的学校文化能促使一所学校成为优质学校这个作用不太认可，或者说是忽视。因此，部分学校的办学文化不能和学校的制度建设、课程建设、队伍建设、学生培养有机整合，难以提升学校文化内涵，同时也难以进一步落实。

（4）政府与社会对学校的评价。

绝大多数的教师认为，政府部门和社会对学校的评价良好以及名校的"牌子"都是优质资源不可或缺的因素。一个"名校"的牌子也就代表了学校满意度高、评价好。有86.62%的人和90.28%的调查对象认为政府评价和社会评价非常重要，认为一个好的牌子相对来说也很重要的人占到80.75%。

某校长感慨道："一所学校办得好不好，不是政府说了算，教委说了也不一定算，现在是家长说了算。在就近入学中，有单校划片和多校划片。当单校划片的孩子不选择这所学校，而选择在片区内摇号的时候，作为一名校长，我心里不是滋味。选择权在家长、在孩子，人家宁可凭运气费劲地摇号，也不愿意选择最近的学校。"还有校长说："虽然我们学校非本市户口的孩子多，但是，住在附近的Y市的孩子依旧选我这儿，就是觉得我这离家近、口碑好！我们心里也挺高兴的。家长都愿意当志愿者，特别支持我们的工作，每天早晚和教师们一起守护孩子入校、离校时的安全。有时候开家长课堂，都坐得满满的，包括周末开的讲座也都人特别齐，那是因为家长都认可。学校有点什么活动，家长都主动帮忙，班主任发个通知，家长们都积极配合，家校之间也没有什么矛盾，特别和谐。"好的口碑、好的品牌、群众满意度高不仅能吸引更多的优质资源聚集，有效促进优质教育资源的发展，更能促使优质资源进一步壮大。

2. 扩大优质教育资源政策执行的经验

通过调查，发现并总结出一些适合区域发展、具有实效性和支持优质资源可持续发展的方法和经验，以帮助F区今后更好地扩大优质教育资源。

（1）针对性较强的举措。

在"哪种扩大优质教育资源方式更加符合本区特点"的调查中，选择"本区名校办分校"的数量最多，达到21.24%；其次是"引进教育科研机构办附属实验学校"，为20.05%；选择"引进外区名校办分校"（19.09%）、"引进高校办附属"（19.81%）和"加大投入支持本区一般学校"（19.81%）的人数均少于前两个选择，而且选择比例相近。

在反向问题"不符合区域特点的扩大优质教育资源方式"的调查中，选择比例较大的是"引进高校办附属"及"加大投入和支持本区一般学校"，分别占38.96%和23.64%。而对比正向问题的选择比例，两个选项均为最低，倾向性是完全一致的。选择"本区名校办分校"的比例最低，为10.13%；"引进教育科研机构办附属实验学校"为12.21%；"引进外区名校办分校"为15.06%，与正向问题倾向性一致。

某校长说："在外区办好了不能说明在咱们区一定能办好。每个区都有自己的文化和地域特点，咱们区特点是非本市户口学生多，办一所国际小学，能像在大使馆聚集的地区那样办得好吗？连一个外国人都见不到，一所小学怎么办好国际特色？"还有些校长表示，"H 区、X 区都有好学校，都能很好地融合吗？"再有，总是引进，还有没有自己的特色了？"某一般学校的校长说："还得有点效益意识，少花钱多办事。不是我不愿意成为好学校，但要把我这里进行翻天覆地的变化，教委真要下大力气花大钱，建设、装备、学校文化、干部教师，可不是一朝一夕就能解决的。学校发展是个慢工夫，内涵建设更不能一蹴而就，短时间内还是引进整合见效快。"

通过正反两道题排序可见，选择的倾向性是一致的。对于"本区名校办分校"，大多数教师是支持的。一些校长和教师表示，肯定是希望本区生长起来的优质学校能够发挥更大的优势。毕竟长时间的积淀，适合这一方水土，大家对这样的学校有认同感。本区名校办分校，管理风格、人脉资源、文化底蕴都相近。相对于让区外优质校整合，更倾向和区内优质校整合，在心理和感情上更易接受。这和区域情结也有一些关系。

多数教师也比较认可"引进教育科研机构办附属实验学校"这一举措。甚至可以说，从主观上大家还是希望本区优质学校扩大规模，但从客观上来讲，本区优质学校不多，也已经办了一些分校，教师们也担心区内的优质资源校有没有继续整合、扩大的能力，能不能承担更大的责任，进一步扩大的过程中会不会拖垮原有的优质资源校。但是对于"引进教育科研机构办附属实验学校"举措，教育业内对于教育科研机构在专业领域的权威性、教科研资源的优势还是比较认可的，是比较符合区域教育发展特点、有效扩大优质教育资源的方式。对于"引进外区名校办分校""引进高校办附属"和"加大投入支持本区一般学校"，相对于前两个选项，大家认为针对性不强，存在观望态度，或者是不太认可。

（2）具有实效性的举措。

在 11 项具有实效性的措施中，按照选择比例从高到低排序是"加强教师培训，提高专业化水平"（91.10%），"加大对学校的经费投入，改善办学条件"（89.93%），"加强区域集群建设，统筹共享各类优质资源"（89.91%），"与高校合作提升新建校、薄弱校学校文化内涵"（87.82%），"将名校骨干教师交流到新建校、薄弱校"（87.29%），"选派优秀校长管理新建校、薄弱校"（83.14%），"调整招生政策，改变生源状况"（82.20%），"名校托管新建校、薄弱校，纳入教育集团统一管理，由不同法人管理"（73.41%），"引入民办课程资源，加强公办薄弱学校课程建设"（73.22%），"名校校长一长执多校"，"管理新建校、薄弱校"（70.05%），"更新薄弱校校名，挂牌成为名校的分校"（61.43%）。

通过调查了解到，85%以上的教师关注并且认为有实效的措施，一是加强教师培训，二是加大经费投入，三是加强集群建设，四是与高校合作提升学校文化内涵，五是加强骨干教师交流等。可以看出，更多的人关注教师自身专业发展和交流、经费投入、资源共享，以及借助高校资源扩大优质资源。

某校长说："区内某个农村小学的文化建设是在'十一五'期间，请大学的一个团队帮着做梳理提升的，发展到现在，从学校外貌、教师发展、学生培养，到课程体系建设，甚至课间操活动、一个信封上的 LOGO，都渗透着学校文化的核心。一所农村小学有了自己的课程体系，如果没有大学的支持，真是难以想象会比我们这些中学都强。所以，在学校内涵提升方面，特别需要得到外脑外力的支持。"一些教师表示，区"十二五"以来最有创举的事就是教育集群，应该通过这种方式或者平台，促进优质资源的共通、共享，无论是设备设施，还是优秀老师、优质课程。如果经费有限，学校就互相帮助，集群内的学校"手拉手"共同发展，节省资金的同时还能更快捷地实现优质资源扩大。一位引进的骨干教师表示，区委花了钱和精力引进骨干教师并不是为了仅仅在一个小小的讲台上教两个班的课，而是为了让这些骨干教师发挥更大的作用，公开课、带教年轻教师，为扩大优质教育资源做些贡献，也让骨干教师有更多的成就感。

对于采取"挂牌"、更新校名和"一长执多校"等选择比例较低的资源扩大方式，受访教师们也不认可。某教师说："我住在外区，家门口有一所普通中学，原来校风不好，门口老聚着某些抽烟的、互相搂着的中学生。扩大优质教育资源时，把这所学校纳入一所名校麾下，成为集团中的一所学校。学校也加强建设，样子有变化，也许内涵也有变化，但是周边的老百姓短时间内还是没法认可这所学校成为优质学校。因此，关键是真的变了样，不仅仅是外表的变化，而且是内涵得变。"一名仅有一处办学校址的优质学校校长表示，"如果真让我管那么多校区，无论是一个独立法人还是多个独立法人，都感觉没这么多精力！规模越大，分配的精力越多，关注的点多了就不能专心了。此外，管理团队那么多人，虽然有制度、有机制，但是不能保证大家都完全理解你的意图，朝一个方向使劲。没办成新的优质学校，还有可能把现有的牌子砸了"。一名分校的执行校长说："一长执多校也不是不行，但需要机制来保障。大校长也要花费更大的精力，还要一个明确的分权。作为执行校长也要拿捏态度，不能逾越校长，但也不能只执行，有些事也要站在校长、站在整个集团的角度思考问题和做事情，感觉有时候挺难的。"

（3）促进优质教育资源可持续扩大的举措。

根据前期个别访谈内容，研究人员对被多数校长关注并认为是促进持续扩大的有效措施进行了归纳整理，问卷中的 9 个选项都是扩大优质教育资源可持续性的举措，因此选中的比例都在 87% 以上。而做这个调查的目的在于能够得到对这些措施的排序，了解哪些是促进可持续发展措施中最值得关注的，以便为后期工作中更精准、更有侧重地实施推进提供参考。

在促进优质教育资源可持续扩大的举措选项中，选择比例最高的前 5 项是"加大干部教师培训力度，建立合理流动机制"（94.13%），"科学合理并持续加大经费和项目支持"（93.68%），"建设有特色的课程体系和校本课程"（93.43%），"引入优质项目，增加学生培养方式"（92.97%），"加强集团和集群的经费监管，提高资金使用效益"（89.25%）。选择比例相对较低的有"调整招生政策，促进优质资源校生源建设"（88.79%），"加大宣传力度"（88.55%），"定期评价，加强对优质教育资源办学效益的监督"（87.79%），选择比例最低的"加强集团集群经验交流"也达到87.35%。

在访谈中，某校长指出，"问卷所列这些项目都是能促进优质教育资源持续扩大的措施。其中我最关注的是对我们特色项目能够给予持续的经费支持，还有就是教师队伍建设。我们这个特色项目，教委已支持两年。我们招聘了一名专业教师配合这个项目，如果项目不能继续支持，这名老师也可能会离开。"教研部门某负责课程的教师表示，"优质学校要想持续发展下去，要抓好学校文化建设这个核心，而最核心的就是课程建设。要构建学校课程体系，做好国家课程的校本化实施，没有这些，只是改个名、换个校长、引进一两位名师也没什么用"。关于生源建设，某一贯制学校的校长提出，"在'小升初'政策上，能不能给我们一贯制学校一些倾斜政策？我们在小学培养起来的学生，升中学就分出去了，我们一贯制的贯通培养就没有效果了。原来的经费和精力都白费了，孩子到了别的学校是否还有这样的特色培养？新招进来的学生，我们又要从头开始，三年又毕业了，资源不能有效地利用。在科技、艺术、体育等特色方面，我们希望能想一些办法，让一贯制真正贯通起来，在特色发展和生源培养上持续发展"。

为了真正实现扩大优质教育资源，制定和采取的政策、措施的针对性、实效性与可持续性，三者必须兼顾、缺一不可，既要有针对性，要紧密结合区域实际，突出重点、有的放矢；同时要有实效性，能够针对突出问题，找准切入点，确保优质教育资源扩大的实际效果；还要有可持续性，要统筹、持续推进，确保人民群众不断从优质教育资源扩大的行动中获得实惠。

（二）取得的初步效果

研究人员对于 F 区扩大优质教育资源政策执行的初步效果进行了问卷调查，问卷涉及的 9 项措施中前 4 项为正向题目，后 5 项为反向题目。高于 70% 的选项为前 4 项，分别为"教育集群建设促进了区域内优质资源的共享与扩大"（82.20%），"区教育行政部门制定的实施方案科学合理"（78.90%），"名校集团化办学的优质教育扩大效果明显"（77.10%），"优质教育资源扩大效果明显，社会满意度高"（70.02%）。低于70% 的选项为后 5 项，分别为"学校就翻了一个牌儿，没有实质改变"（34.66%），"引进的名校办分校，在短时间内效益并不明显，甚至并没有达到扩大优质的效果"（46.96%），"只靠引进名校办分校，忽略了发挥本区优质教育资源优势"（52.24%），"在扩大优质教育资源上，集团化办学的优势大于教育集群建设"（55.58%），"区域内的名校集团化办学发展不均衡"（56.07%）。由此得出比例与题目的倾向性一致。调查数据和访谈表明，F 区扩大优质教育资源的政策执行整体来说还是有成效的，采取的方式也是恰当的。

1. 扩大优质教育资源政策制定和执行较好

有70.02%的教师认为优质教育资源扩大效果明显、社会满意度高。有78.9%的教师对区域扩大优质教育资源制定的政策、实施方案还是较为认可的。一些校长表示，"十二五"以来F区内升外引、扩大优质教育资源的一些措施很实际，而且有一些效果。最起码在义务教育均衡全国评估认定的结果就可以看出，全区是在均衡的基础上有目的地打造优质，特别是在农村地区、在人口密集地区、在高知人才聚集地区都有体现。

有52.24%的教师认为忽略了发挥本区优质教育资源优势，有46.96%的教师认为引进名校短时间内效益并不明显。对于引进名校、"挂牌"等举措，部分教师认为没有达到扩大优质教育资源的实际效果，还不如加大自己学校的建设，对一些有点特色的学校加大扶持力度，帮助学校尽快建立起自己的风格。对于"学校就翻了一个牌儿，没有实质改变"这个问题，选择否定的有34.66%，选择肯定的有38.87%，还有26.46%的选择了"不确定"。从这个数据可以看出，还有相当一部分教师对优质教育资源扩大实施的效果心存疑虑，持观望态度。

2. 扩大优质教育资源选取的方式适当

（1）利用集群、集团实现优质共享。

分别有82.2%、77.1%的教师选择了教育集群建设和名校集团化办学两项，认为在区域内优质资源的共享与扩大方面起到了积极的促进作用。他们表示，教育集团集群的方式在地域上扩大了优质教育资源的跨度，增加了覆盖面，从东到西在每个集群中都有优质学校，有很多还是优质学校建立的教育集团。有些教师认为，在扩大优质教育资源方面，集团化办学的优势大于教育集群建设。某校长指出，"教育集群就是以均衡为主要目的，实现一定区域内资源共享的方式。集群建设越好，说明这个区域越均衡，学校间自治能力越强，越让政府省心。集团一定是优质学校才能办，集团的扩大才是优质资源的真正扩大。但是集团的扩大过程有一点非常关键，就是不能稀释。如果优质稀释了，那还不如做强集群，以保持各自的特色"。

（2）引进多种项目支持学校特色发展。

某校长表示，"引进外面的名校不如把高校的名师、外教、民办学校的优质课程，还有学生培养项目引进来。Y市教委2014年以来实施的'高参小'项目，就是利用高校和社会力量办学机构的资源和优势，参与小学体育、艺术教育，迅速提升了普通学校的办学品质和水平，社会对学校的满意度也很快提高了。家长不用花大价钱，就让孩子在家门口见到艺术大师，学习跳舞和唱歌。我们这还有好多本市户口学生，家长都特高兴，多晚接孩子都愿意。目前就愁一个问题，教室资源不够。跳舞教室的标准高，我现在再招生就没有更大的空间让孩子们跳舞了"。教育行政部门负责"高参小"项目实施的工作人员指出，"在实施'高参小'项目的两年来，对促进我们区义务教育阶段的体育和艺术教育，促进教育均衡发展发挥了很好的作用，让一般学校的普通学生在艺术、体育素养提升方面受益匪浅"。还有一位主管教学的学校干部强调，"教委引进民办学校的课程，特别是英语课程做得不错。我们学校英语教学水平一般，教师教学质量、孩子学习、家长配合各方面都存在问题。这次政府购买的民办机构的英语课程管理项目，对我们学校英语教学是一个很大的提升，弥补了我校英语教师不足的问题，解决了家长不太配合学校帮孩子学英语的问题"。

（三）F区教育集群发展概况

"十二五"期间，F区开展教育集群发展改革试验，探索从个体性发展向群体性、区域性发展，也是一种充分调动不同教育主体主动性、能动性、协作性，实现多个教育主体联动发展的区域教育发展新模式。F区教育集群改革试验的发展目标是通过三至五年，创建FZ、DG等教育集群，初步构建东、中、西优质教育集群，实现区域基础教育优质均衡发展。一是通过构建多元化学习共同体，创建社区、校外、学校协同管理，建立教育集群资源共享自我管理运行机制，推进区域教育管理体制创新；二是通过集群特色主题研究，构建集群组织的行为规范，以校本研究为主体，促进学校内涵发展，实现集群特色和学校特色共同发展；三是通过教育需求调研，在对学前、中小学、职业学生发展现状诊断分析的基础上，围绕学生发展核心，探索各阶段教育衔接、特色课程、学生个性发展等新型教育发展模式。通过实施5大发展工程，即实验基地建设工程、教育资源共享工程、干部教师队伍建设工程、学校特色发展工程、学生综合素质发展工程，逐步构建起完善的学前教育、义务教育、高中教育、职业教育、校外教育及社区教育等区域纵向教育、教学管理机制、教师发展机制、学生评价机制、区域特色课程体系等教育实验成果。F区教育集群发展改革试验的实施一方面统筹教育资源，充分发挥教育集群中社区、家庭、学校、校外教育等教育资源，实现资源共享，同时促进个体发展；另一方面不断深化素质教育改革，逐步满足人民对教育发展的需求，促进教育质量提高，特别是实现学生可持续发展。通过实践研究和探索，逐步构建起区域教育纵向管理的新机制。

作为一种新型的区域教育发展模式，F区教育集群建设由浅入深、不断升级，出现了三种形态共存的局面。从最初"抱团取暖"式、以资源共享为主要功能的初级区域教育共同体，发展到以课程为中心的区域生态教育共同体。随着党的十八届三中全会深化教育综合改革要求的提出，F区教育集群又开始了以打通各学段学生出口、改变区域教育结构为主要任务的现代化区域教育共同体建设，由低级到高级不断发展、不断走向成熟。教育集群是源于自下而上的教育主体意识的萌发，以政府部门主导推进，立足于区域实际，以多元化的特色教育满足学生个性化需要的区域教育共同体，完全是本土化行为。教育集群作为一种区域教育发展模式，有效整合资源，解决区域教育发展面临的共同问题，成果得到了学生、家长、社会和教育主管部门的认可。FZ教育集群足球教育的指导专家、某足球名师表示，"这样的教育与我之前看到的教育不一样，如果能得到推广，教育的春天就来了！"

教育集群的建设在推广上比较容易，能较好地推动区域教育优质均衡发展。中国教育学会副会长、义务教育均衡发展国检专家、原上海市教委巡视员认为，"F区肯定要把集群的亮点突出。集群在Y市均衡发展中有它的创意和特色，把优质教育做成了一个内生的自创过程。当然，集群学校中要有领头的，还有其他的学校。其他的学校不是等着人家的共享优质资源，原来的教育系统、原来的学校系统跟其他学校成为一个集群，就是参加了一个创造优质资源的过程，这条很重要。不然，如果把所谓的优质和非优质都看成一个固定的、凝固的东西，优质教育永远就这么一点点。只有形成一个集群，各个成员共同行动，形成一个开创、共创优质教育的过程，这样才能实现共创共赢。集群其实是把内在的积极性、内生的动力源调动起来了，这是非常重要的"。

（1）开展教育集群试验的原因和目的。F区辖区面积305.53平方千米，全区呈东西狭长形，东西相距35千米，南北最宽处14千米，横跨二环到六环。随着城市化的推进，区域内有城市化区域、城乡接合部、待建区域、农村地区，教育发展差距明显，优质资源总量不足且相对集中。基于这些问题，F区在"十二五"时期，开始进行教育集群化发展改革试验。试验的初衷一方面要统筹教育资源，充分整合教育集群中社区、家庭、学校、校外教育等资源，实现资源共享，同时促进个体发展。另一方面不断深化教育改革，促进教育质量的提高，特别是实现一定区域内学生的可持续发展，逐步满足个人对终身教育的需求，同时通过实践探索和研究，逐步构建起区域教育纵向管理机制。

（2）教育集群改革试验取得的经验和存在的问题。自2010年正式实施教育集群改革试验以来，F区建立了"政府主导、学校协同、资源共享、特色衔接、共同发展"的教育集群机制，围绕学生素质发展这个核心，开展资源共享、学段衔接和集群特色研究工作，促进地区教育实现优质特色发展。作为F区政府主导的一项新型区域教育发展模式，FZ教育集群和DG教育集群成立6年来，已初具规模。目前，NZ教育集群、LG教育集群、FZ教育集群、CX教育集群等也在建设中。

教育集群改革试验开展以来取得了一些经验。一是推进了集群龙头学校的优质发展；二是促进了集群干部、教师、学生的群体发展；三是整合了社会、区域优质资源，实现资源共享；四是以主题活动、特色课程建设促进学生一体化发展。LG教育集群某校长说："教育集群就好比特色餐饮一条街，火了小龙虾，也火了一般的小吃店。还有美容美发一条街、汽配城、家装市场等，教育集群聚集学校发展，并不是谁挤压了谁、谁占了风头，而是在一个相对封闭的教育生态中，共生共长，互相竞争，共同发展，资源共享，规模特色发展，对所有学校都有利。"

与此同时，教育集群建设还存在一些问题，比如，区域集群管理模式与各集群内部治理模式还需进一步明确，集群共同体建设、成员职责和义务、管理机制还需健全，各集群的特色发展还需完善，集群内各学段发展特色与集群学生一体化发展还需融合。

（四）F 区集团化办学概况

1. 基本情况

F 区既有经济发达的城区，也有相对落后的农村地区。未来，还将是城中心人口疏解的重要区域，同时又是新建房地产集聚、吸引人口购房安家的区域，既有老旧住宅小区、回迁房、经济适用房、保障房小区，也有新开发的高档住宅区。不能因为区域发展状况不平衡，而让发展缓慢地区的孩子不能享受优质教育，因此 F 区教委积极构建"穿越区域、优质辐射、名校带动、协同合作、整体发展"的集团化办学机制，不断扩大优质教育资源覆盖面，让全区各个地域的老百姓都能够享有优质、适合的教育。"十二五"期间，在稳步推进 Y 市十二中、F 区五小、F 区一小、Y 市十八中、F 区一幼、YH 教育集团（民办）等优质校（园）集团化办学的基础上，达成了与市教科院、市教育学院加入集团化办学的协议，以及采用 Y 市十八中托管一所民办小学的方式，丰富了集团化办学改革实践的形式。目前全区已形成教育集团 16 个（含 1 个民办教育集团），34 个法人单位、67 处校址覆盖辖区 52.65% 的地区（如表 3-32 所示）。

表 3-32　F 区教育集团现状一览表

序号	教育集团名称	学段	校址（个数）	法人单位（个数）	法人（个数）	"十三五"拟新增学校或校区数	备注
1	市十二中教育集团	义务＋高中教育	5	4	3	3	有一所在外区办学
2	市十八中教育集团	义务＋高中教育	5	4	3	1	有一所民办小学
3	F 区二中教育集团	义务＋高中教育	3	2	1	1	
4	市十中教育集团	完全中学	3	1	1	3	
5	F 区五小教育集团	小学	6	2	2	3	
6	F 区一小教育集团	小学	4	2	2	2	
7	FG 小学教育集团	小学	3	1	1	1	
8	F 区八中教育集团	义务教育	3	2	2		
9	DC 学校教育集团	义务＋高中教育	3	1	1		
10	ZD 学校教育集团	义务教育	3	1	1	1	
11	F 区一幼教育集团	学前教育	5	1	1	2	
12	F 区二幼教育集团	学前教育	3	2	2	2	
13	F 区三幼教育集团	学前教育	3	1	1		

（续表）

序号	教育集团名称	学段	校址（个数）	法人单位（个数）	法人（个数）	"十三五"拟新增学校或校区数	备注
14	F区职教中心教育集团	学前＋职业＋成人	9	1	1	1	有一所民办幼儿园
15	YH教育集团	K12＋终身教育	5	5	5		民办教育
16	市教科院F教育集团	学前＋义务教育	4	4	4	1	

2. F区教育集团呈现管理多样化特点

F区的集团化办学更多是在名校办分校的基础上，通过自下而上的实践，逐渐发展并进一步深化的。目前取得成效的教育集团在发展之初并未明确提出"集团"概念，而是在行政主导下，以名校为主体，通过名校自身贯通发展或者带动弱校、新校的方式，采取整合、协同合作实现优质带动、优势互补和整体发展的目标。F区教育集团内的管理方式呈现多样化。在法人管理形式上，既有同一法人管理，又有不同法人管理，还有两类兼有的方式；在办学性质上，既有纯公办，又有公、民办混合；在托管方式上，既有名校管理，还有教育研究部门管理；在治理模式上，既有校长负责制，又有学校理事会；在学段上，既有同一学段，又有跨学段。

3. F区教育集团建设取得的成效

F区集团化办学对基础教育优质均衡发展起到了明显的促进作用，学校的硬件条件显著改善，同时通过集团化发展、师资派驻和交流、课程教学资源共享、新教育教学理念引入、教育管理方法借鉴、学生贯通培养等，参与集团化办学的非优质校办学质量明显提高。

一是优质资源得到扩大。新建学校、相对薄弱学校加入名校教育集团后，社会声誉明显改善，师生荣誉感、精神风貌、家长满意度等方面都出现明显的好转。集团核心校彰显出了学校传统文化、办学特色、管理制度、教师发展、学生培养等方面的优势，对其他成员校质量的提高起到示范、指导作用，切实扩大了优质教育资源。

二是教育资源实现共享。在同一学段的教育集团能做到教师招聘、培训、考核统一标准，新教师招聘指标在集团内部统筹使用。集团内部可以共享软硬件资源，特别是通过信息化建设共享教育教学资源。另外，提高教师业务能力的校际互动活动较多且丰富，在一定程度上实现了资源共享。

三是文化建设统一而各有特色。多数教育集团有统一的教育教学质量评估体系，能够打通课程，教师备课、学生活动统一设计安排。教育集团的名校（园）传统文化、管理制度、校区特色与集团文化有机统一，能够做到求同存异、和而不同。

4. F区教育集团建设中存在的问题

F区集团化办学存在整体水平不高、不平衡的问题，尤其缺乏相关制度的建设，以及教育行政部门对教育集团释放权力。具体分析有以下三点：

一是规范化程度有待加强。教育集团大多有集团章程、制度化的集团活动方案，以及定期召开集团会议，但是总体上松散型、多法人的教育集团组织机构建设情况仍存在问题。有些教育集团建立了干部轮岗、教师交流制度和相应的交流激励机制，但交流人数和频次相对不高，成效不够显著。目前还未健全和完善教育行政部门对集团质量评估的机制和标准。

二是办学自主权还需扩大。相对于政府来说，教育集团在人事和财务管理上还缺乏自主权。在集团发展、生源建设、教师招聘、师资建设、课程体系建设、服务社会等方面，教育集团缺乏整体设计和统筹协调，在现代学校制度建设、与社会深度融合、持续扩大优质教育资源方面还有欠缺。

三是资源的互联互通还需加大。集团内校际学生活动频率相对较少，且以全体活动为主，专题性、特色类活动较少。多数集团在校际选课方面还没有实质性进展，集团内核心的教育资源（课程）对学生未能做到共享，共享教育资源的通道还有待加强。

三、F区扩大优质教育资源政策执行中的问题及其原因分析

F区近几年制定并实施的一系列扩大优质教育资源的政策，重点围绕提高学校办学条件、深化学校内涵发展，在一定程度上优化了学校布局，改善了学校办学状况，扩大了优质教育资源的覆盖面。截至2015年年底，F区通过加强教育集群和集团建设、引进外区名校办分校、引进教科研机构托管及高校办附属学校等方式，有效促进优质资源向办学薄弱地区的延伸和覆盖，全区义务教育阶段共有优质学校56所，校址91处，优质资源学位占比为56%，相比"十二五"初期，提高了近11%，2015年学校工作满意度比2011年提高了6%。

虽然取得了一些实际效果，但在政策文本转化为现实中，由于政策自身、经费投入、实际操作及社会稳定等因素影响了优质教育资源扩大的效果。一些校长认为，区政府和区教委出台的一些文件挺好，但在实施过程中，并没有听见什么"响动"，或者没有坚持下去，或者侧重点没有和学校的需求贴合，或者因为各种困难没有实施。一些教师和家长也觉得这几年的扩大优质教育资源，就是给一般学校翻个牌、刷个色，并没有实质变化。在访谈中，校长、教师和教育行政部门工作人员对实际执行过程中存在的问题也进行了各自的分析。

（一）统筹管理问题

"政策执行足以决定公共政策的成功与失败，如果期望政策成功，就必须建立完美的执行。"[1] 这表明政策执行的重要性，政策执行对于政策的实际结果有着决定性的影

---

[1] 李允杰，丘昌泰. 政策执行与评估［M］. 北京：北京大学出版社，2008：131.

响。在扩大优质教育资源政策的执行中，F区还存在一些问题。

1. 缺乏整体设计和统筹推进

政策执行是由许多人、许多环节共同完成的。因此，要想政策得到有效执行，必须首先统一思想认识，在区域层面统筹策划、部署、推进是非常必要的。F区对于区域教育特色、优质资源的特色和发展欠缺整体策划，对先进的教育理念、办学经验缺乏理论与实践层面的梳理和提升，另外在宣传层面缺乏统筹策划和持续宣传。某校长表示，"这些文件有的都没见过，更不知道教委是如何做的！"政策目标的共识与理解是政策执行中相当重要的条件，如果大家对该目标的认识相互冲突，执行者的认识也不够清晰，则执行起来就有很大困难。[①] 政策执行过程包括政策宣传、政策分解、物质准备、组织准备、政策实验、全面实施等环节，其中，起始环节中一项重要的活动就是政策宣传。没有一个统一的共识，很难将政策顺利推行下去。一名教育行政部门工作人员表示，"咱们区扩大优质教育资源的宣传缺乏整体思路和专业策划。从网上能够搜到的信息都是零散的，缺乏整合。《身边的好学校》的宣传是市教委整体策划的，但是咱们区似乎没有好好利用起来。经过宣传，教委的人认为我们身边都是好学校，但是作为F区其他领域的人，作为F区的老百姓，并不一定会认同"。教研部门的某老师说："就我了解，F区一所小学的班主任在给家长宣传'小升初'政策的时候说，'您带孩子回户口所在地上初中吧，我们这没有好学校。'F区教育系统内部的人都对自己的学校缺乏自信、不认可自己，宣传外区的学校比F区的好，那在外人看来，F区一定没有好学校了。本身就缺乏自信，宣传和意识上又没有形成一股劲，力量打散了，还怎么能让外人觉得咱们好？教委在这项工作中还是缺乏整体设计和推进。"

2. 欠缺目标设定和有效的任务分解

策略目标是一个能够兼顾本身特性与外在环境变迁的目标，它是对组织竞争力的提升极有帮助的"罗盘"。因此，策略目标不能成为讲求对仗工整、辞藻华丽而毫无策略意涵的文字游戏。[②] 纵观F区几年来有关政策文件中确定的目标，除"十二五"规划、"十三五"规划和F区委、区政府《关于提升教育质量努力建设高水平有特色的F区教育的若干意见》（YF发〔2016〕15号）对扩大优质教育资源的目标进行明确描述，比如"优质中小学学位占比达到80%，基本满足就近入好学的需求"，"优化配置教育集群内学校资源，逐步实现在教育集群内完成义务教育"，"打造在全市乃至全国有影响力的知名校长10名，培养10名有学术影响力的知名教师"等，此前的一些文件大多目标侧重在标准化建设，且表述较为含糊。教育行政部门的某工作人员表示，"扩大优质教育资源的政策确实有不少，但什么叫扩大优质教育资源，到什么程度就算优质扩大了，文件中对这些目标说得有点虚，也没有相关的数据描述，定量的描述更

---

① 李允杰，丘昌泰. 政策执行与评估［M］. 北京：北京大学出版社，2008：132.

② 李允杰，丘昌泰. 政策执行与评估［M］. 北京：北京大学出版社，2008：117.

少，不知道做到什么程度才算好"。

政策分解是实现政策目标的必经路径。为了确保政策执行的效果，达到确定的目标，需要对政策进行任务分解。对总体目标进行分解，制定政策执行的时间表、"路线图"，明确工作任务指向和责任人，有利于明确政策目标，提高执行效率。在F区优质教育资源扩大这项政策执行初期，教育行政部门对任务目标、牵头部门、各自职责、完成时限各项缺乏全面而细致的规定。教育行政部门的某工作人员表示，"政策制定出来后，并不是都进行任务分解，有的做了分解，也明确了职责部门和负责人，但是因为缺乏定量的指标来解释、衡量和督查。也有一些分解的责任，但是这些工作任务怎么做、做到什么程度并没有明确规定"。

3. 缺乏监督检查

有效的监督检查、责任追究是影响政策执行效果重要的因素。如果缺少对政策的跟踪分析，对执行政策的实际效果、存在问题缺少调研，特别是缺少对教育行政工作经验教训的总结分析，就不能协助决策和执行及时调整应对措施。一名负责科研工作的教师表示，"扩大优质教育资源的政策细看也不少，但是缺乏一个整体的梳理和分析。到底符合我们区的政策有哪些特点，推进的重点集中在哪些问题，效果怎样？新制定的政策有什么延续性？这些都缺乏一个专业的部门去研究分析。没有这种专门的研究，决策部门就没有一个明确方向，就不能制定出符合实际的政策，就会使既定目标有所偏差"。另外，这名教师也谈到，"政府都有督查室，对重大任务和工作项目进行督促检查，对出现的问题及时提醒，督促完成。但我们关于扩大优质教育资源的工作任务有没有进行督查？对推进过程中出现的问题是如何处理的？是不是有责任追究的制度？有没有发挥实际的作用？"某督导工作人员表示，"在扩大优质教育资源的过程中，前期有政策却没有细致的分解，中期也缺乏沟通、调整，到后期督导时没有中间实施过程的材料，而且一些工作都是硬往文件上'靠'，所有的材料都是零碎的，不能够给人一个整体的印象。给人感觉，工作是做了，但是为什么做，路径是什么，要达到什么效果，都不清楚"。

（二）教育经费问题

1. 教育经费投入不足

教育的发展受经济发展的影响是非常显著的，教育投入不足将不能更好地支持优质教育资源的持续发展。在Y市城六区中，F区与其他区在教育投入上相比，差距较为明显（如表3-33所示）。2015年，公共财政预算安排的教育经费合计在城六区中，F区倒数第二，是S区的2倍，多20个亿，但学校数和师生总数却分别是S区的2.16倍和2.85倍。相比D区，F区中小学校数仅多17所、师生总数多1270余人，总体来说是相似的，但是教育经费合计却比D区少16.6个亿，相当于D区教育经费合计的71.10%。生均财政预算安排的教育经费，F区在城六区中排名第六，排名前五的各区生均财政预算差值最大的仅为2751元，而F区与前一位、排名第五的H区的差距达到了 1.26 万元，比排名第一的 X 区更是少了 1.85 万元。

表 3 - 33　2015 年城六区教育经费统计表

项目 区县	公共财政预算安排的教育经费					教育经费支出			在职教职工人数	学生数	生均财政预算		生均预算内基本财力/元	生均教育经费支出/元	生均教育事业费支出/元	生均公用经费支出/元
	教育事业费/万元	基本建设经费/万元	教育费附加/万元	其他公共财政预算安排的教育经费/万元	公共财政预算安排的教育经费合计/万元	教育经费支出/万元	其中：教育事业费支出/万元	其中：教育事业费公用经费支出/万元			教育经费金额/元	教育经费排序				
F	326403	15201	52318	14287	408209	395744	331325	86380	11826	106625	38285	六	36945	37115	31074	8101
D	378233	3808	55480	136698	574219	630748	396961	142526	14565	105154	54607	三	41608	59983	37750	13554
X	322920	20334	97127	254699	695080	702972	308361	80296	15621	122417	56780	一	35974	57424	25189	6559
C	720930		125313	131745	977988	896884	614810	296822	20275	182434	53608	四	46386	49162	33700	16270
H	755366	76680	106382	122233	1060661	980431	672826	303558	17365	208559	50857	五	44996	47010	32261	14555
S	140755		33508	34680	208943	223002	123769	50384	4669	36886	56646	二	47244	60457	33554	13659
合计	2644607	116023	470128	694342	3925100	3829781	2448052	959966	84321	762085	51505	/	42394	50254	32123	12597

注：数据来自 Y 市教育事业统计资料（2015—2016 学年度）。

区教育行政部门的财务管理人员表示，"F 区教育投入大多依靠市发改委、市教委等市级投入。区级教育投入虽然一直以来依法保障了教育的'三个增长'，但由于历史欠账太多，与其他城区相比，区级财政经费相对不足，教育投入属于'保基本'状态"。他非常担忧地表示，"在进入深化综合改革的过程中，教育要想实现快速发展，必须更精准地加大投入，而区财政还无法达到支持我们'谋发展'的水平。特别是目前区财政有限的教育投入还是主要集中在硬件建设，软件建设方面如教师培训、学校文化建设、课程建设等投入严重不足，缺乏支撑教育优质发展和持续健康发展的动力"。

2. 经费使用效益不高

某校长表示，"经费不足我们理解，那是区里的事情。但是有限的经费希望能找个好法子使用，现在是教委每年每所学校都给点，这样每所学校都不解渴，而且也看不出好来，希望能精准有效地投入"。教育行政部门的某审计人员说："教育经费的使用效益不高，支出不规范的现象也同时存在。比如，有的学校未做详细调研、不重视项目预算，盲目上马项目；有的不严格执行项目预算、随意增加项目；有一些是技术层面的问题，但也有一些存在法律意识淡薄的问题。"除此之外，有部分校长也反映，在科学设计项目、充分做预算、规范使用经费等方面，学校存在不少问题，如不会做项目、不知道如何更好地发挥资金使用效益，有时大量资金拨下来也不知道怎样合规、有效地使用，这都需要教育行政部门加大培训和指导。

（三）优质品牌建设问题

品牌建设（Brand Construction）是指对品牌进行的设计、宣传、维护，包括品牌定位、发展规划、品牌形象、持续扩张等。借用企业发展的提法，"品牌"是一种无形资产，具有凝聚力与扩张力，是持续发展的动力。某公司首席执行官曾说，"我们所有的工厂和设施可能明天会被全部烧光，但是你永远无法动摇公司的品牌价值；所有这些实际上来源于我们品牌特许的良好商誉和公司内的集体智慧"。由此可见，品牌是企业的灵魂，是企业存续的价值支柱。《国务院办公厅关于发挥品牌引领作用推动供需结构升级的意见》（国办发〔2016〕44号）中提出，品牌是企业乃至国家竞争力的综合体现，代表着供给结构和需求结构的升级方向。优质教育资源也是一种品牌，是一个区域教育竞争力的体现，是一个区域品质的体现，需要持续建设才能实现优质资源的进一步扩大。对于学校来说，品牌建设就是加强内涵发展、提升学校文化水平、增强持续扩张的能力。

1. 学校文化建设缺乏系统设计与提升

部分学校文化建设缺乏顶层设计，仅在关键字上做文章，如快乐、精致、精美、和谐等，但对区域特点、学校历史传承、社区文化缺乏深入、系统的思考和梳理；在教育理念、办学目标、课程体系、队伍建设等方面欠缺整体设计和内涵挖掘，缺乏有机结合；学校文化与社区文化缺乏融合；学校文化特点不够凸显；可持续发展的后劲不足。某教研部门的干部表示，"我们的问题在于还没有梳理和提炼出自己的特色，学校文化建设与课程体系还不能有机结合，学校课程体系与国家课程校本化的实施不能有机结合，所以使得学校文化缺乏理论提升、缺乏灵魂、缺乏内在联系，特别散。"某校长表示，"学校文化是学校的魂，我们也想提炼，但是对于在教育一线的我们，的确是有难度的，有时请文化公司给学校做简单装修，往往只能在表面上有所改善。再深一步，我们还可以对学校的发展历史和地区文化进行简单梳理，但很难提炼出精髓，更不要说将这个精髓贯穿学校建设、教师队伍发展、学生培养、课程构建了"。某校长谈到校本课程时说："我们开设了一门主题是'茶文化'的课，包括初步认识茶、品种、产地、品茶、茶道，但后面就没有再深入了。如果有专家帮助梳理和设计，应该还有更多的内容可以延伸，还能与地区文化特点结合。"

2. 优质资源的持续扩张能力有欠缺

在机制建设上，区内优质资源的扩张还有些死板，成员校"有进无出"，优质资源孵化成长的同时，缺乏对优质资源的"松绑"，致使优质资源"母体"规模过大、拖累过多，疲惫不堪，造血能力也逐渐减弱。F区某集团校长一直很苦恼，"如果我们集团中的某个校区有成熟的办学经验、成熟的执行校长、成熟的管理和教学团队，为什么就不能让这个校区离开母体单独飞翔呢？如果成熟一个推出一个，我们这些优质学校还有能力再接收一所一般学校，继续培养和孵化，这样不是可以更好更多地扩大优质教育资源吗?"

对于引进名校来说,"本土化"问题至关重要。引进校长的教育理念、管理方法与本地干部教师能否融合、优质资源的"牌子"与短期内优秀师资力量不足之间的问题、教育品牌缓慢成长的过程与社会过高的期望值之间的矛盾,都影响着引进优质资源继续良性发展。某学校干部表示,学校的校长是前年由教委引进的,但是他的教育教学理念、管理学校的方式还是外地那一套,与本土文化难以融合。而一名从外区被引进的名校长也表示,在原来地区,资金、装备、人事、招生、评奖都不是问题,但来了新区就都成了问题,以这样的方式和节奏,他没信心能把这所学校办成优质学校。

(四) 教师队伍建设问题

1. 优质师资数量不足、分布不均衡

师资队伍整体素质、骨干教师的数量、分布和示范引领作用对于优质教育的持续发展起着重要作用。本区域的特级教师、市级骨干教师数量不足,优秀教师比例偏低(如表3-34所示),在Y市城六区排名第四,而且由于地域东西狭长、西部大部分地区为农村地区,优秀教师主要集中在城区和中东部地区。在市级骨干教师评选之外,区域内加大了区级骨干教师的评选,还在同等条件下对西部地区进行倾斜,在此基础上,中部地区的骨干教师占比仍旧比西部地区高0.65%,分布还不够均衡。

表3-34　2015年城六区优秀教师情况一览表

排名	城六区	特级教师数量/人	市级学科带头人数量/人	市级骨干数量/人	优秀教师数量合计/人	占专任教师比例/%
四	F区	60	26	157	243	1.90
一	D区	65	37	169	271	2.67
二	X区	76	44	196	316	2.46
五	C区	94	56	281	431	1.83
三	H区	167	64	288	519	2.36
六	S区	13	12	55	80	1.73

优秀教师交流轮岗机制还不健全,有待完善。一些校长指出,由于优质学校的待遇优厚、教师专业发展平台高,有些优秀教师在发展较为成熟后就向优质学校流动,但很少有从优质学校向一般学校的流动,而且教委也缺乏明确的交流轮岗要求,虽然下发过"手拉手""导师带教""蒲公英计划"等文件,但是只管一两年,没有形成工作机制。此外,骨干教师的示范、引领、辐射作用还没有充分发挥。部分教师反映,大部分骨干教师支教的过程是非常认真的,效果很好,但是也不乏个别教师缺乏示范引领的能力、缺乏指导带教的方法、缺乏负责任的态度,以至于交流和示范效果不佳。

2. 教师培训缺乏针对性和实效性

教师培训的实效性还有欠缺。由于工学矛盾，理论与实践脱节，培训时间短，课程的针对性差、不符合教师需求，缺乏对培训效果的跟踪与反馈等原因，使部分教师参加培训的主动性不够。一些教师反映，教师继续教育的内容枯燥无味，还特别耗时间，参加意愿不高，仅是为了拿学分不得不去。一名教师进修部门的工作人员表示，"为了适应教学课程改革，我们要不断更新教师的教育教学理念，提高教师运用信息技术的能力，提高教师把握课堂、掌握学生心理的技巧。但我们还欠缺一些全员式的教育教学理论和信息技术整合等培训"。一些教师反映，针对不同层次的教师特点，比如新教师、骨干教师、教师通识等，缺乏分层分类的培训。

四、对策与建议

为了使 F 区扩大优质教育资源的政策实施更有实效性，通过访谈校长、教师、教育行政部门工作人员、教科研部门工作人员，针对面临的问题，研究人员提出如下的对策与建议。

（一）加大政府统筹协调力度

1. 强化政府服务管理

（1）完善统筹管理机制。

建立区域教育发展统筹工作机制。政府是以科层方式组织起来的行政管理结构，被赋予了合法性的强制能力，以这样的方式建立起来并实施权威①。在优质教育资源扩大的过程中，政府和教育行政部门的行动能力主要体现在管理能力与服务能力两个方面，与政府权力、政府职能相互依存。因此，提升政府行动能力、统筹协调力度在优质资源扩大的过程中成为必然的选择。所以，相关部门要成立教育发展工作领导小组，负责统筹协调教育发展任务，落实教育优先发展战略。领导小组由区委书记、区长任组长，领导小组办公室设在区教育行政部门，负责领导小组日常事务工作。另外，相关部门要完善教育重大改革任务会商机制，协调各职能部门、街道办事处、乡镇政府研讨推进制约区域教育发展的重点难点问题，将教育发展的主要指标纳入政府综合评价和绩效考核体系。教育行政部门的一名工作人员表示，"教委在规划布局调整、小区配套接收、经费投入、人事编制等工作时需要发改、规划、建设、人社、财政等各个部门的支持与配合，但仅靠教委去协调这些重大事件很难，而且在城市化推进过程中，农村土地征收的问题还涉及乡镇政府和村，更是难以操作。因此，特别需要区政府层面有一个机构，统筹协调、商议推进教育发展中的重点和难题"。

① W. 理查德·斯科特. 制度与组织：思想观念与物质利益［M］. 姚伟，等译. 北京：中国人民大学出版社，2010：107－108.

（2）优化教育资源配置。

合理调整规划布局，完善《F区基础教育设施专项规划》。结合办学标准增大远期教育规划用地规模，将教育用地、产业用地、绿地等有机整合使用，有效解决教育设施不足及规模较小的现状。某教育行政部门的工作人员表示，"我们区的学校大多是'小土豆'，没有规模，只能因势利导地做'小精品'，如果能够在区域整体规划上，优先规划整合教育用地，做出具有法制性和强制性的规划，就不会发生'抢地'了"。

继续实施"内升外引"，强化内涵发展，办好每一所学校，支持群众认可度高的优质学校办分校，提升区内名校竞争力。根据常住人口分布情况，合理规划教育集团布局，实现优质教育资源区域全覆盖，发挥引进学校在办学理念、师资培训、课程建设、教科研等方面优势，不断提升办学品质，促进其适应区域发展，发挥优势带动作用。一些校长表示，扩大优质教育资源是一件长久的工作，不是引进几所学校就完了。既要引进，尽快改善区内优质学校少的现状，但同时更要发挥区内优质学校的示范辐射作用，加强每一所学校的建设，提升每所学校的办学水平。毕竟引进的学校还面临水土不服的问题，亟待本土化，亟待和区内学校融合发展。我们说让每名学生都精彩，其实也应该让每所学校都精彩。

重点围绕教育发展，科学配置教育教学设备设施。应根据教育集群内学校资源现状，优化配置教育集群内各类资源，统筹建设重点实验室、专业教室、教育实践基地等教育资源，面向集群成员全面开放，实现集群内师资资源、课程资源、硬件资源的有效供给，满足教育集群特色化发展需求。有专家表示，"当前教育资源配置要紧扣人才培养这个中心，引导学校遵循教育规律和人才成长规律，将科学的教育观贯穿于人才培养的各个环节，促进受教育者的全面发展"[①]。某负责装备的教师认为，"在完成义务教育均衡国家级评估认定之后，我们的工作从'雪中送炭'的保均衡，要发展到结合不同学校的特色，给予学校装备配备，有针对性地做好'锦上添花'的工作！"某校长谈到，"我们学校的办学特色就是信息化与学科有效整合，希望有足够的经费支持我们的特色发展。我们需要的信息化设备标准高，被我们淘汰的设备还能周转给其他标准不需要那么高的学校和部门继续使用，以提高使用效益"。

（3）加大投入力度，优化支出结构。

加大教育经费投入力度，优化教育经费支出结构。新增项目经费主要用于教育教学改革、教师培训、学校文化建设等软件项目，比例不低于50%，并要逐年提高。相关部门要充分调动学校办学积极性，增强学校统筹能力，提高经费使用效益，加大资金下沉力度，按照事权和财权相匹配的原则，统一标准，将部分资金直接安排到学校。一名教育行政部门的工作人员表示，"教育经费虽然保证了'三个增长'，但是其中大部分经费主要还是用于'人吃马喂'，用于教育发展、建设，特别是用于

① 钟秉林.中国教育领域主要矛盾发生转化：优质资源严重短缺［J］.辽宁教育，2012（7）：93.

教育教学改革、干部教师培训、学校文化建设中的软件项目较少。还有一些拨付方式也不太适应现在教育发展的形势，特别是不适应我区教育集群、教育集团建设的这种新管理方式"。一些校长表示，一方面预算不知道批了还是没批，另一方面审批下来的经费很晚才下拨，等拨下来又马上监督我们的使用进度，有的时候时间的紧迫使得工作质量受到一定影响。

2. 加大品牌建设力度

（1）加强学校文化建设。

完善学校文化建设专家指导机制，指导学校从物质、制度、精神和行为等层面入手，构建完备的学校文化体系。加大经费投入，鼓励、支持学校开展教育教学改革；围绕区域发展特色，引导学校挖掘区内不同地域文化特色，体现学校文化风格，把学校作为传承区域文化的载体；根据学校发展状况，邀请高校和教科研机构支持，分步推进学校文化建设，着力打造特色校。一名教育行政部门的工作人员指出，"其实我们有很多学校都很有历史，也很有股精气神，但是缺乏专家指导下的提炼。我们的校长老师能够体会出学校的味道，但是没有专家团队的指导，摸不准、抓不住学校的魂"。某校长表示，"我们学校有赖于北京师范大学对我们进行的文化梳理，通过三年时间的打磨，我们现在的发展与原来相比以几何级倍数增长"。

（2）营造良好的发展环境。

坚持正确导向，充分利用多种媒体，采取多种形式，加大宣传力度。统筹策划扩大优质教育资源宣传方案，合理引导社会预期。一名教育行政部门的工作人员表示，"我们的宣传应该进行整体策划，让每个部门都参与。无论是业务、综合管理还是党务工作，都应该统一成一种步调。每个科室部门的活动如果是一个一个地去宣传，拍一两个片子，做一个小新闻，都是碎片化的，很难有大的效应和宣传效果"。

及时向学生、家长和社会各界宣传、解读教育改革政策和措施，增加人民群众的参与机会和对政策的认同感，使更多的人能够理解政策目标，并且为政策目标的实现而努力，为政策的有效执行形成良好的政策环境，营造教育改革良好舆论环境、氛围。某校长表示，"应该引导媒体加强正面宣传，促进社会对教育的理解，营造尊师重教的氛围，传递正能量，并形成一种社会的导向。Y市电视台做过一个公益广告，讲述一个中专毕业学生在和谐号动车组工作，以他的视角叙述爷爷、爸爸的工作都是火车司机，他中考到一所中专学校学习轨道交通专业，毕业后继承了父辈的职业，成就了自己的理想，也为Y市轨道交通做出了微薄的贡献。这个公益广告充满正能量，家国天下，Y市发展空间大，人才成长渠道多，内涵很丰富"。

3. 加强教师队伍建设

（1）注重教师专业化发展。

建立健全教师培训体系，完善教师专业成长平台。提高教师培训经费，分层分类对新教师、市区级骨干教师、特级教师开展培训。某校长表示，"希望再拓宽培训的途径，有针对性，特别要注重新教师、骨干教师、中年教师、班主任等分层和分类的培训。要注重培训的质量、内容，要注重多种形式、多种渠道进行培训，仅讲座一种形式效果可能不太好"。一些年轻教师建议，要加强信息技术对教师培训的支持，比如开辟网络学习平台、手机 APP 等，可以节省路上奔波的时间，多学点有用的东西。

构建教师发展支持体系，改革教师科学评价方式，提升教师专业自觉，促进自主发展。成立各学科专业研究会。加大对教研组、年级组等团队教科研的资助力度。一位教育行政部门的工作人员表示，"通过一些机制，比如有一个学科的专业委员会，让老师们自己组织起来，对专业问题进行研讨，有经验的教师带年轻教师，有思想敢创新的年轻教师刺激年长教师。这种略松散的专业组织能促进不同教师的发展。再有，还得加大投入，鼓励、支持教师对教学、对课堂、对教材、对学生认真钻研，继续加大对教科研的资助力度，这是正面的积极导向"。

（2）加强骨干师资队伍建设。

探索"区聘校用"模式，投入专项经费建立区聘优秀人才库。完善区级骨干教师评选、考核奖励办法，完善结构合理的骨干梯队。建立名优校长和特级教师工作室，通过专家指导、课题研修、管理改进、教学改革、成果展示等方式，培养有学术影响力的名优校长、知名教师，发挥其示范引领作用。设立校长专门津贴和优秀干部专项奖励资金，加大对特级教师、市学科带头人、市区级骨干教师奖励力度，通过多种方式留住优秀人才。F 区某领导在讲话中指出，"充分整合集群、集团内学科教师优势，研究探索优秀教师交流、支教等模式机制，使名优师资和课程资源从一所学校走向多所学校，变'一枝独秀'为'万家花香'，进而提升集群集团的整体教学水平，实现软件资源的共享合作"。有一些校长和教师建议，要充分发挥名优、骨干教师的示范辐射作用。花了大力气和经费评上骨干教师或者引进了骨干教师，不能就放在某一所学校，就只教一门课、一两个班，这样效益太低。如果尽可能发挥这些骨干教师的作用，对扩大优质资源将会有很大好处。有一些教师表示，加强教师轮岗交流，特别是骨干教师。结合教育集群和集团建设，建立跨校兼课制度，可以采取实质的异校交流、导师带教、公开示范课等方式，让优秀教师的教育理念、教育教学方法能更多地传播，发挥更好的示范、引领作用。还有教师建议，加强教师培训的同时，还要加强校长和学校干部培训，提高干部的法治意识，提高校长的课程领导力，提高他们对于学校、教育教学的管理水平，促进学校治理能力和学校文化建设能力提升。

（二）构建区域教育治理体系

1. 推动"管办评"分离

（1）强化教育行政部门"管"的职能，为优质教育资源扩大提供支持性服务。

深入推进管办评分离，厘清政府、学校、社会之间的权责关系，构建三者之间良性互动机制。政府应该是"有限责任政府"，必须有效、合理地，在职能、权力和行为方式上受到法律、法规明确规定和上级有效制约的前提下行使行政权。目前教育行政职能还存在"错位""越位"和"缺位"现象①。某校长表示，"教委不能用自己的判断来左右学校的发展和定位。我们学校的特色是信息化整合教学，但是最初的历程很是艰难，试验并没有得到教育行政、教科研部门的认可和支持。特别是教研部门，认为我们和其他学校不一样，由于我们的信息化方面的'先进'，因此在听评课、在骨干教师评选上都受到了阻碍。而且信息化设备设施是需要大量经费的，初期财政和教委对我们的个性化发展的支持力度非常小，按照一般学校的经费需求拨款，在一定程度上确实影响了学校在信息化整合教学方面的发展速度。希望对这些学校的特色发展可以多提供一些支持。

教育行政部门应该逐步从管理型向服务型、从事务型向研究型、从经验型向创新型转变。一些校长表示，不同教育理念、管理方式，对学校发展的影响是非常大的。一方面教委的人要下面的基层多交流多沟通，听听学校的想法，另一方面还要把教委该管的事和学校该管的事区分一下。教委该做的学校做不了，学校自己该做的也不用教委费心费力，各自干好自己的才是在其位谋其政。某校长表示，"教委机关还有直属单位要转变观念，提高工作效能，减少部门之间的推诿扯皮，改变过去谁都能出来说两句、谁都不担责的现象。针对学校办事中的问题，以案例讲解的方式教会我们，明确教委工作的流程，制定一些学校工作指南，指导学校开展工作"。

（2）强化学校办学自主权，提高学校治理能力。

加快推进学校章程建设，建立依法办学、自主管理、民主监督、社会参与的现代学校制度。一名教育行政部门工作人员指出，"我们的公办学校建成很多年了，对于制度建设都有点不当回事。好像也有一本一本制度放在那，但是真的去执行吗？在这一点上，我们反倒不如一些引进来的新建校和民办学校，它们有完善的内部制度、治理体系，而且是照章办事，一丝不苟"。一所引进的外区优质教育资源学校托管一所西部农村学校，引进的校长介绍校章建设时说："托管学校两年了，我们的重点就是在做建章立制和制度优化工作。按照制度要求，通过不断纠错来引导形成良好的文化构建。开始学校教师都觉得难以接受，慢慢地也都开始遵守制度，越来越规范。有了规范就开始向更优秀的方向发展了。"

完善学校内部治理结构，依法保障学校办学自主权。某校长表示，"学校是办学的主体。教育有没有活力，关键要看学校有没有活力。我觉得学校办学自主权包括学校文化建设、课程设置、招聘老师、设备配备、经费使用等，可是现在用钱比较'死'、手续太烦琐，想招的人进不来、'不行'的老师又出不去，不想配的设备给你送、想要的说标准太高不允许，等等。希望采取各种方式，激发学校办学积极性，让学校合法依规自主发展"。一名负责招生的工作人员举例说："为了扩大优质教育资源，今年初

---

① 褚宏启. 教育行政专业化与教育行政职能转变［J］. 人民教育，2005（21）：5-8.

我们和规划、业务、教科研部门进行了调研，为某所学校的发展提出了一条建议，建议学校以集团办学的方式进行课程教学改革，采取特色发展的方式，统筹集团内所有校区特色课程和生源建设，促进学生发展。建议提出快一年了，学校迟迟没有拟定方案上报，也就没办法批准实施。这其实是学校的办学自主权，但是学校没有做好充分准备，错过今年的招生和课改实验的机会。也许是以前我们管得太多了，一旦给学校行使权力的机会，学校可能有点不适应，不知道该怎么做。"

2. 推进治理体制机制创新

（1）创新教育集群治理模式。

完善区域集群管理机制，加强 F 区教育集群工作领导小组建设，教育行政部门安排专门工作人员协调、服务集群开展工作。建立教育集群经费与项目推进机制，保障教育集群基本运行和特色发展。一名科研部门的工作人员表示，"要找到集群的本位。尽量减少教育行政部门对集群发展的干涉，要让他们各有特色，各有优势，各自发展。教委要做好服务、协调工作。不是一定要给具体的规划，能发展的就快一些，发展不了的就相对慢一些，可以帮助支持，不能替代。对于治理体系方面，可以让示范高中带着做，也可以让运行能力强的学校牵头。总之就要弱化行政管理的意味"。

指导各集群建立集群理事会（委员会）、监事会，以集群内的学校自治方式推进集群建设，统筹集群内人才交流、经费使用、课程共享等，同时加强教育集群的总结和宣传。一名教研部门的工作人员表示，"鼓励各教育集群设置'教师发展中心''课程中心'等机构，支持每个教育集群根据自己的特点，围绕集群内教育公共服务项目，建立专业化组织，自行组织发展。而且要全面总结 FZ 和 DG 教育集群建设经验，从已经做过的事情里梳理一下好的、可借鉴的经验。比如 FZ 教育集群的集群理事会、监事会的制度就值得推广"。

（2）推进教育集团办学机制创新。

加大政府统筹。建立集团化办学的组织保障机制，明确集团及学校的权利与责任，充分发挥集团及学校的能动性和灵活性，积极开创富有活力的教育优质资源均衡化发展模式，细化各级组织的权利、责任和义务，合理规划集团布局。教育行政部门一名负责规划建设的工作人员表示，"东部以十八中教育集团为核心、西部以十中教育集团为核心、中北部以 F 二中教育集团为核心、中南部以 LZ 中学教育集团为核心布局，Y市十二中教育集团可跨越全区进行布局。每个教育集团中以示范高中校为依托，建设高中和特色高中、初中、小学、幼儿园、一贯制学校为一体的教育集团，学段丰富、办学规模相当、体制多样、文化传承相一致的集团体系"。

加强集团治理。建立集团理事会（委员会），完善集团章程和制度，规范集团会议、活动。通过不断完善和规范集团管理制度、治理模式，规范办学，明确目标，明确各方的责权利、阶段目标和长期目标，促进教育集团化办学发挥更大的优势。在生源建设、干部培养、教师交流、课程构建、内涵提升、校区发展等方面，做到"成熟

—发展—剥离—吸纳"有机结合，实现优质辐射，整体提升教育质量。

深化办学自主权。教育行政部门根据不同集团的特点制定弹性的管理政策和制度，尤其在教师招聘、人事任免、绩效工资等方面予以突破，保留对教育集团进行宏观管理的权限，将发展规划、集团内资源配置、师资管理、教育教学、评价等权限与责任交给教育集团与社会，赋予教育集团更多的自主权。某校长指出，"我希望能在教师队伍建设上给予我集团一些权力。教师招聘、轮岗、干部交流，我们集团内部就可以解决。包括独立法人的集团成员校"。某校长表示，"我有能量继续创办分校，希望在干部教师的绩效工资上教委能给出一个方案。我这几个校区不是一个绩效工资档，有时候工作开展会有难度"。

加强过程监控、评价和理论研究。定期开展对集团化办学的诊断性评价，发现问题，随时整改，建立信息报告制度和"增值"评价指标体系，搭建集团化办学交流研究平台，共享经验和信息。集团要组建专家团队，着眼长远发展，实现专业引领。一些校长表示，希望随时得到专家的指导。因为在一线实践中，学校和教师虽积累了很多经验但是缺乏理论，特别是碰到难题时，希望专家能提供国内外先进的经验和实践中的教训。

3. 建立健全多元化、多层次教育评价体系

（1）改革评价学校方式，切实发挥导向作用。

完善教育评价体系，调整评价倾向，坚持分层分类评价。充分运用评估的机制，扩大优质教育资源。一名责任区督学说："教育评价是教育督导的重要功能之一，根据一定的目标与标准，通过专业的方法对教育活动、教育过程和教育结果进行判断，是推进学校加强内涵建设，优化区域教育结构，提高办学水平的手段之一。"一名教研部门的老师认为，"应该建立多元化评价标准，保证教育评价的科学性、规范性和独立性，真正调动基层学校的积极性，进一步激发教育活力"。

增强评价结果运用范围，切实发挥教育评价的诊断导向、资源配置、干部考核和表彰奖励作用。某校长表示，"应该把评价的结果正确运用到对学校的指导和学校发展的导向上来，切实发挥教育评价的诊断、导向和激励作用，鼓励和支持优质资源的扩大。像我们学校，整合更名两年后，要求高了、老师累了、成绩有了，可是绩效评估的结果却下来了。评价对于教师来说是个积极的导向，但不能整合成为优质资源校，最后评价反而不如以前，绩效工资拿得也比以前少，好像不鼓励我们成为优质似的"。

统筹对学校的各类督导评价，减轻学校负担的同时，使评价学校的结果更加立体和综合。一些校长表示，督导要适应教育改革的要求，不断完善自身建设，提高督导和评价人员的专业化素养。同时还要优化、统筹督导和评价体系，丰富督导和评价内涵，整合督导评价工作，切实减轻学校的负担。

（2）疏通社会参与评价、监督教育的渠道。

委托专业机构和社会组织开展教育评价。建立社区代表、人大代表、政协委员以

及家长和教师代表等参与评议学校工作机制，监督学校办学行为。广泛听取学校、教师和社会各界人士关于教育发展的意见，保障公众知情权和监督权。一名督导工作人员表示，"我们坚持了几年委托第三方开展教育评价，效果还不错。学校也不是独立于社会之外而存在的，教育是社会服务领域，要回应老百姓的需求，要接受社会的评价。另外，还要保证这种评价的服务质量和效益，真正促进教育发展，促进社会了解支持教育，满意度越来越高"。一些校长表示，原来找外边公司做学校满意度调查的做法应该继续坚持，这不是教委的评价，而是真正的社会评价，让学校能够听到家长真实的声音。每年学校都认真分析满意度调查中反映出的问题，在大会上一起学习分析，帮学校全体老师共同改进，每年都有进步。一名教研部门的老师表示，"我们学校的学生体质健康测试项目开展两三年了，对于学校开展学生体育锻炼是一种监测和督促，其实，检测结果也能反映我们教研部门、教师培训部门工作中存在的问题。经过分析反思，我们也在不断对工作的重心、节奏进行调整"。

（三）提高政策执行水平

1. 提高政策执行者素质

加强培训，提高政策执行者的水平和效率。在公共政策执行的过程中，公共政策目标的实现、政策执行的效果与公共政策执行主体的素质密切相关。提高政策执行者的素质、能力、水平是提高政策执行效果的关键。一些校长表示，教委机关主管业务的工作人员对一些问题不太清楚，有些业务科室的工作人员没有在基层学校工作过，和学校没有交集，难以把任务准确地布置给学校。还有的科员对一些问题缺乏思考和预期能力，调研较少，没有太多时间深入分析政策和怎么做更好这些问题。一些教师反映，有些直属部门的人员还是计划经济时代的思路，还在琢磨一个多少班规模的学校要配多少个试管，不了解各所学校的特色难以有针对性地给学校配备设备设施，为学校的发展给予最大的支持和帮助。

建立人才流动机制，盘活现有人才资源，激发执行者的积极性，提高人才使用效率，释放更大的能量。教委一些工作人员表示，应该适当地轮岗交流一下，避免职业倦怠，以适应现在教育领域综合改革的节奏。如果交流工作有利于年轻人成长，人才就会脱颖而出，对教育事业很有好处。

2. 细化政策执行的方案

按照公共政策的预期目标，制定明晰的任务分解和责任分工，做到统一指挥、统筹协调、分工合作、各有侧重。根据任务和分工，制订具体实施方案、年度计划和政策措施，并分阶段、分步骤组织实施。在"十三五"规划和《F区委、区政府关于提升教育质量努力建设高水平有特色的F区教育的若干意见》（YF发〔2016〕15号）发布之后，一名教委工作人员说："这次下发的文件和任务分解，在区委区政府层面、教育行政部门层面都明确了责任部门和责任人，而且要求各项重点任务的牵头部门统筹协调，在一个月内出台相关细化方案，并纳入督查重点工作中。每个部门、每个人都非常明确自己的职责和任务，再加上不定时的督促检查，各项任务都会脚踏实地落到实处。"

另外，在深化教育综合改革的过程中，一些新问题不断出现，对现有职责分工是一种冲击。在旧的职能职责分工面前，面对新的流程，应加强各部门的沟通协调，杜绝推诿扯皮，共同面对新的问题，防止缺位、失职和越位的现象。

3. 加强对政策执行的监管

公共政策执行者依法执行政策，根据权责利统一原则，有权必有责。为了制约政策执行者行为，相关部门应建立健全责任制度、监督问责机制，规范执行行为，使政策执行不力的责任能够得以具体落实。由于教育工作具有涉及面广、周期长、环节多等特点，只有建立和完善一整套监督机制，相关政策措施才能落到实处①。实施重点任务月度、季度监测，加大督查，开展专项督导。F区某领导在讲话中指出，"'十三五'时期教育发展规划目标宏伟、任务艰巨，必须精心做好组织实施工作。各有关部门要明确工作目标和责任分工，抓住关键环节，将实施教育规划与日常工作有机结合。特别要加强督查评估，建立动态跟踪监测机制，确保'十三五'时期教育发展规划确定的各项目标任务如期实现"。

对因执行不力而造成损失的、推进缓慢的，要追究相应责任，保证政策执行的严肃及责任明晰。建立机制和渠道，让社会公众有效参与监督公共政策实施。将政策实施的结果、督导检查报告等及时向社会公布，不仅得到社会的监督，也促使政策执行者更有效地执行政策、推进工作。

---

① 钟秉林. 中国教育领域主要矛盾发生转化：优质资源严重短缺 [J]. 辽宁教育. 2012（7）：94.

参 考 文 献

［1］薄艳玲. 教师教育变革理念下的我国师徒制度研究进展述评［J］. 中小学教师培训，2015（2）：1－5.

［2］本刊编辑部. 深化学区化 推进集团化 促进教育均衡优质发展：访贵州省贵阳市教育局局长赵福菓［J］. 基础教育参考，2014（3）：12－16.

［3］蔡定基，周慧. 学区管理内涵与实践：以广州市越秀区为例［J］. 中国教育学刊，2010（8）：27－29.

［4］曾晓晶，樊斌. "互联网＋"时代下传统教育的变革［J］. 信息与电脑（理论版），2015（20）：180－181.

［5］陈木朝，张锦珠. 广州学习型社会建设中政府购买教育服务的评估指标及标准［J］. 广州广播电视大学学报，2013（5）：36－39.

［6］陈世岚. 国外政府购买教育服务的典型及启示［J］. 探求，2013（4）：98－102.

［7］迟希新. 班主任培训：立足专业发展需求［J］. 人民教育，2008（Z1）：35－37.

［8］戴晓华，陈琳. 我国中小学微课发展现状及其优化策略研究［J］. 中国电化教育，2014（9）：78－83.

［9］董圣足. 政府购买教育服务的源头之问［J］. 学会，2015（7）：33－34.

［10］樊红. 德国中小学教师培养与发展模式及启示［J］. 当代教育科学，2009（11）：40－42.

［11］范魁元，王晓玲. 城乡教育一体化背景下的教育管理体制改革研究［J］. 教育科学研究，2011（6）：5－12.

［12］付淼，戴秀蓉. 新任班主任专业发展校本研训路径的思考［J］. 教学与管理，2011（5）：30－31.

［13］傅能荣，谌启标. 国外新教师入职教育面面观［J］. 基础教育参考，2008（8）：36－39.

［14］傅树京. 构建与教师专业发展阶段相适应的培训模式［J］. 教育理论与实践，2003（6）：39－43.

［15］高莉，李刚. 城乡教育一体化背景下的办学体制改革研究［J］. 教育科学研究，2011（6）：9－12.

［16］和利. 国外新教师入职培训的现状及模式［J］. 师资培训研究，2005（4）：47－51.

［17］胡铁生．"微课"：区域教育信息资源发展的新趋势［J］．电化教育研究，2011（10）：61－65．

［18］胡中锋．当前推进学区化管理应注意的问题［J］．人民教育，2014（7）：36－38．

［19］靳遵龙，陈晓堂．本科生导师组制教学改革初探［J］．中国电力教育，2010（13）：39－40．

［20］康永久．当代公立学校制度变革研究述评［J］．比较教育研究，2004（11）：16－20．

［21］劳凯声．教育体制改革与改革伦理问题［J］．首都师范大学学报（社会科学版），2011（4）：1－16．

［22］劳凯声．中国教育的问题是公立学校的问题［J］．教育研究，2010（2）：15－21．

［23］李超越．互联网＋背景下的新型教学模式研究［J］．互联网天地，2016（5）：6－8．

［24］李大鹏，黄志梅．中小学教师在职培训模式研究：基于利益关系人的分析［J］．教育发展研究，2006（8）：18－21．

［25］李孔珍．义务教育优质资源扩大：跨学校组织的产生及其治理意蕴：以北京市为例［J］．教育科学研究，2016（8）：44－48．

［26］李莉．小学班主任校本培训的模块设计［J］．上海教育科研，2011（5）：57－58．

［27］李政云，尹甜甜．澳大利亚新教师入职教育措施及其特点分析［J］．湖南师范大学教育科学学报，2010（3）：76－78．

［28］梁秀丽．提升班主任专业化水平：基于校本的探索［J］．中小学管理，2012，（11）：52－53．

［29］林东桂．促进班主任专业能力发展的校本培训策略［J］．班主任，2010（5）：4－7．

［30］刘福才．我国普通高中办学体制改革：现状、问题与发展路向［J］．华南师范大学学报（社会科学版），2010（6）：28－33．

［31］刘明霞，李森．国外新教师入职教育及其对我国的启示［J］．教师教育研究，2008，20（3）：77－80．

［32］刘青峰．政府购买教育服务合同管理的理论逻辑与策略选择［J］．云南民族大学学报（哲学社会科学版），2015，32（3）：149－155．

［33］罗琴，廖诗艳．教师专业发展的阶段性：教学反思角度［J］．现代教育科学，2005（2）：71－73．

［34］罗晓杰．国内外教师专业发展阶段研究述评［J］．教育科学研究，2006

（7）：53－56．

［35］骆之强．开展一徒多师的见习教师培训［J］．现代教学，2015（5）：7．

［36］马效义．近十年中小学教师培训模式研究述评［J］．北京教育学院学报，2012，26（4）：32－36．

［37］马用之，伍娉娉，武丽志．基于问题的订单式教师研修模式探析：教师进修学校的新视角［J］．中小学教师培训，2015（4）：26－30．

［38］毛明明，刘青峰．我国政府购买教育服务研究述评［J］．云南农业大学学报（社会科学版），2015，9（4）：83－89．

［39］毛明明，刘青峰．我国政府购买教育服务研究述评［J］．中共南京市委党校学报，2015（3）：47－53．

［40］毛明明，罗崇敏．我国政府购买教育服务的战略思考：基于一个SWOT概念模型的分析［J］．广西社会科学，2015（9）：149－154．

［41］毛明明，罗崇敏．我国政府购买教育服务的主体关系困境及重构路径［J］．现代教育管理，2016（6）：1－9．

［42］孟繁华，陈丹．城乡学校一体化管理的网络组织形成、特征及研究路径［J］．教育研究，2013（12）：40－45．

［43］娜日苏，乌云特娜．罗马尼亚"导师制"对我国农村教师培训的启示［J］．民族教育研究，2012（2）：120－123．

［44］宁波市北仑区教师培训中心调研组．中小学班主任队伍现状和培训需求调查［J］．浙江教育科学，2010（4）：17－21．

［45］欧阳霞．中日新任教师培训制度之比较［J］．重庆职业技术学院学报，2006，15（4）：10－12．

［46］潘懋元，邬大光．世纪之交中国高等教育办学模式的变化与走向［J］．教育研究，2001（3）：3－7．

［47］沙培宁．北京东城区启动新一轮学区制综合改革实验项目［J］．中小学管理，2014（8）：51．

［48］宋崔．新教师专业发展：从师徒带教走向专业学习社群［J］．外国教育研究，2012（4）：77－84．

［49］苏小兵，管珏琪，钱冬明，等．微课概念辨析及其教学应用研究［J］．中国电化教育，2014（7）：94－99．

［50］汤赤．教育评估在政府购买教育服务中的作用：上海市浦东新区的探索与实践［J］．教育发展研究，2007（4A）：47－49．

［51］王春华，涂宇翔，孙晶茹．导师组制在研究生培养中的实践探索［J］．高教论坛，2012（3）：17－19．

［52］王海东．美国当代成人学习理论述评［J］．中国成人教育，2007（1）：126－128．

［53］王洪兵，陈木朝，温颖. 对学习型社会建设中政府购买教育服务几个基本问题的思考［J］. 价值工程，2013（27）：272－273.

［54］王洪兵，陈木朝，温颖. 学习型社会建设中政府购买教育服务保障机制的构建［J］. 价值工程，2013（28）：312－313.

［55］王洪兵，温颖. 美国政府购买教育服务模式的特色及启示［J］. 天津电大学报，2013（3）：59－62.

［56］王洪兵，温颖. 学习型社会建设中政府购买教育服务的必要性和可行性［J］. 湖北函授大学学报，2014（1）：1－2.

［57］王洪兵，张锦珠，温颖. 构建政府购买教育服务绩效评价体系的迫切性及路径［J］. 学校党建与思想教育，2013（23）：70－71.

［58］王洪兵. 广州学习型社会建设中政府购买教育服务存在的问题及对策［J］. 湖北广播电视大学学报，2013，33（10）：5－7.

［59］王洪兵. 学习型社会建设中我国地方政府购买教育服务"一主多元"模式的构建：以广州市为例［J］. 广州广播电视大学学报，2013（6）：39－44.

［60］王立华. 班主任培训的校本机制建构［J］. 中小学教师培训，2012（6）：29－30.

［61］王莉. 教师教育共生性合作：动力机制、困境、对策［J］. 中小学教师培训，2015（3）：5－9.

［62］王玲艳，刘颖. 西方政府购买（教育）服务的背景、运行机制及其应注意的问题［J］. 学前教育研究，2011（5）：9－14.

［63］王少非. 新教师入职教育：国际经验及其启示［J］. 全球教育展望，2006（1）：62－66.

［64］王云阁. 新教师"课堂会诊式"培训方式的探究［J］. 北京教育学院学报，2014（2）：10－13.

［65］王竹立. "互联网＋教育"意味着什么［J］. 今日教育，2015（5）：1.

［66］吴开华. 政府与民办学校合作关系的构建：以政府购买教育服务为例［J］. 广东第二师范学院学报，2013，33（1）：14－19.

［67］吴苹. 浅议青年班主任应具备的素养［J］. 德州学院学报，2012（S1）：53－55.

［68］吴学忠. 对小学青年教师班主任专业化的调查分析［J］. 中小学教师培训，2009（6）：21－23.

［69］肖俊华. 从管理到治理：领导者如何引领单位建设［J］. 领导科学，2014（7）：11－12.

［70］肖丽萍. 国内外教师专业发展研究述评［J］. 中国教育学刊，2002（5）：57－60.

［71］许明，黄雪娜. 从入职培训看美国新教师的专业成长［J］. 教育科学，2002，

18 （1）：51 –55.

[72] 薛二勇. 基础教育名校办分校的政策分析：基于北京市基础教育均衡发展政策的调查研究 [J]. 教育科学研究，2014 （7）：45 – 50.

[73] 闫海，孟娜. 民办教育发展的财政责任：以政府购买教育服务为中心 [J]. 现代教育管理，2013 （9）：106 – 110.

[74] 闫海，唐岫. 论政府购买教育服务的制度建设 [J]. 地方财政研究，2014 （4）：16 – 20.

[75] 严乃超. 县域集团化办学的高原现象与突破策略：以苏南地区太仓市城乡学校一体化管理为例 [J]. 上海教育科研，2014 （12）：59 – 61.

[76] 杨东平. 办学体制改革与教育公平 [J]. 教育发展研究，2005 （24）：32 – 33.

[77] 叶金梅. 新教师"师徒结对"培养模式的缺憾与对策 [J]. 丽水学院学报，2014 （4）：122 – 124.

[78] 易红郡. 英国教师职前培养、入职培训和在职进修的一体化及其特征 [J]. 高等师范教育研究，2003，15 （4）：74 – 80.

[79] 尹玉玲. 透视与反思北京市"名校办分校"政策的实施 [J]. 中国教育学刊，2014 （9）：7 – 11.

[80] 余胜泉，陈敏. 基于学习元平台的微课设计 [J]. 开放教育研究，2014 （1）.

[81] 张华龙. 美国教师专业发展的教学实践：个案分析与启示 [J]. 全球教育展望，2009 （12）：66 – 70.

[82] 张建刚，韩立红. 高等院校专业教师担任本科生导师的 SWOT 分析及对策研究 [J]. 经济研究导刊，2014 （29）：177 – 179.

[83] 张爽，孟繁华，陈丹. 城乡学校一体化发展模式探究 [J]. 中国教育学刊，2013 （8）：27 – 31.

[84] 张爽，孟繁华. 城乡学校一体化组织模式研究 [J]. 教育研究，2014 （11）：45 – 52.

[85] 张勇. 广州学习型社会建设中政府购买教育服务的制度设计构想 [J]. 广州广播电视大学学报，2013 （3）：18 – 22.

[86] 赵银生. 我国基础教育办学体制存在的问题及政策建议 [J]. 当代教育科学，2012 （4）：10 – 12.

[87] 钟晓流，宋述强，焦丽珍. 信息化环境中基于翻转课堂理念的教学设计研究 [J]. 开放教育研究，2013 （1）：58 – 64.

[88] 周翠萍，范国睿. 政府购买教育服务何以可能 [J]. 教育学报，2011 （1）：93 –98.

[89] 周翠萍. 关于政府购买教育服务的制度设计 [J]. 教学与管理，2010 （15）：3 – 5.

［90］周翠萍. 我国政府购买教育服务的风险分析［J］. 教育科学，2010（5）：24 – 27.

［91］周翠萍. 我国政府购买教育服务的现状与问题：基于上海市教育委托管理的分析［J］. 教育发展研究，2011（3）：39 – 44.

［92］周翠萍. 政府购买教育服务的内涵、类型与展望［J］. 全球教育展望，2010（8）：72 – 77.

［93］周婧诗. 培训需求分析模型研究综述［J］. 现代企业教育，2009（22）：68 – 69.

［94］康丽颖. 校外教育的概念和理念［J］. 河北师范大学学报（教育科学版），2002（3）：24 – 27.

［95］Thomas R. Guskey. 教师专业发展评价［M］. 方乐，张英，译. 北京：中国轻工业出版社，2005.

［96］斯蒂芬·P. 罗宾斯. 管理学［M］. 李原，译. 北京：中国人民大学出版社，2012.

［97］陈霞. 教师专业发展的实效性研究［M］. 北京：北京大学出版社，2012.

［98］傅树京. 教育管理学导论［M］. 北京：原子能出版社，2002.

［99］靳希斌. 教师教育模式研究［M］. 北京：北京师范大学出版社，2009.

［100］李鹏. 新公共管理与应用［M］. 北京：社会科学文献出版社，2004.

［101］沈德明. 校外教育学［M］. 北京：学苑出版社，1989.

［102］王浦劬，萨拉蒙. 政府向社会组织购买公共服务研究：中国与全球经验分析［M］. 北京：北京大学出版社，2010.

［103］王世明. 校外教育学［M］. 北京：学苑出版社，2002.

［104］余新. 教师培训师专业修炼［M］. 北京：教育科学出版社，2012.

［105］周雪光. 组织社会学十讲［M］. 北京：教育科学文献出版社，2003.

［106］贾晓燕. 名校办分校招牌后面水分多［N］. 北京日报，2010 – 3 – 24（2006）.

［107］李莉. 扩大优质资源供给，缓解"择校难"［N］. 北京晚报，2014 – 8 – 4.

［108］李彦荣. "管办评"分离下的集团化办学：制度化利益协调机制尤为重要［N］. 中国教育报，2014 – 9 – 2.

［109］政府工作报告［N］. 人民日报，2015 – 03 – 17（1）.

［110］苌虹. 基于胜任力的小学骨干班主任培训需求分析［D］. 武汉：华中师范大学，2012.

［111］池春燕. 教师专业发展背景下的师徒制研究［D］. 上海：华东师范大学，2007.

［112］崔宇. 中国、英国初中新教师入职教育比较研究［D］. 大连：辽宁师范大

学，2009.

[113] 刁玲. 幼儿园新教师入职需求和保障的研究［D］. 成都：四川师范大学，2012.

[114] 郭小娜. 全日制教育硕士"双导师制"实施现状调查及对策研究［D］. 南昌：南昌大学，2012.

[115] 韩晴. 国外基础教育公私合作研究及启示［D］. 南京：南京师范大学，2011.

[116] 侯芸. 中小学班主任培训存在的问题及对策［D］. 济南：山东师范大学，2011.

[117] 江野军. 基于新公共管理理论的义务教育发展研究［D］. 天津：天津大学，2004.

[118] 雷淑贤. 我国政府购买学前教育服务的现状研究［D］. 南京：南京师范大学，2013.

[119] 马萌. 面向教师需求的教师及时培训模式研究［D］. 长春：东北师范大学，2011.

[120] 曲萍. 小学新任班主任专业发展的个案研究［D］. 烟台：鲁东大学，2015.

[121] 任学印. 教师入职教育理论与实践比较研究［D］. 长春：东北师范大学，2015.

[122] 施珺. 我国中小学新教师入职教育的现状与模式研究［D］. 南昌：江西师范大学，2009.

[123] 隋莹. 美国教育券制度的实施状况探析［D］. 长春：东北师范大学，2008.

[124] 孙国辉. 当代英国教师入职教育研究［D］. 哈尔滨：哈尔滨师范大学，2013.

[125] 田凌晖. 利益关系的调整与重塑［D］. 上海：华东师范大学，2005.

[126] 杨惊涛. 政府购买学前教育服务制度创新研究［D］. 重庆：西南政法大学，2014.

[127] 杨文军. 小学班主任教师胜任特征模型的构建与验证研究［D］. 大连：辽宁师范大学，2011.

[128] 杨文颖. "导师制"教师入职教育模式探究［D］. 西安：西安外国语大学，2011.

[129] 张琦. "导师制"在成都市 F 小学试用情况的研究［D］. 成都：四川师范大学，2010.

[130] 郑江莉. 中学班主任校本培训的现状及对策研究［D］. 上海：华东师范大学，2005.

[131] 周翠萍. 我国政府购买教育服务的政策研究［D］. 上海：华东师范大

学，2011.

[132] 北京继续勾画教育新地图，今年全市小学 100% 就近入学 ［EB/OL］. http://edu.qq.com/a/20150210/068736.htm.

[133] 北京市教育委员会. 关于进一步加强北京市中小学班主任校本培训工作的意见 ［Z］. 2013.

[134] 国务院关于《中国教育改革和发展纲要》的实施意见.

[135] 国家教委关于规范当前义务教育阶段办学行为的若干原则意见.

[136] 国务院关于创新重点领域投融资机制鼓励社会投资的指导意见（国发〔2014〕60 号）.

[137] 国家中长期教育改革和发展规划纲要（2010—2020 年）.

[138] 国务院关于深入推进义务教育均衡发展的意见.

[139] 关于做好清理整顿改制学校收费准备工作的通知.

[140] 关于进一步做好小学升入初中免试就近入学工作的实施意见.

[141] 中共中央关于教育体制改革的决定.

[142] 中华人民共和国义务教育法（1986 年）.

[143] 中华人民共和国义务教育法（2006 年修订）.

[144] 中国教育改革和发展纲要.

[145] 中共中央关于全面深化改革若干重大问题的决定.

[146] 全国教育事业"九五"计划和 2010 年发展规划.

[147] 教育部关于深入推进教育管办评分离促进政府职能转变的若干意见.

[148] 教育部. 中小学班主任工作规定 ［Z］. 2009.

[149] 徐福荫. "互联网 +"时代的教育变革 ［R］. 广州：2014.

[150] Allan L. Training Needs or Training Wants Analysis? ［J］. Training & Development in Australia，2009，36（2）.

[151] Cheng E W，Ho D C. A review of transfer of training studies in the past decade［J］. Petroleum Review，2001，30（1）：102 – 118.

[152] Clive R. Belfield，Henry M. Levin. Education privatization：Causes，Consequences and Planning Implications ［M］. Paris：UNESCO：International Institute for Educational Planning，2002.

[153] Charter School Achievenment：What We Know ［EB/OL］. National Alliance for Public Charter Schools，2009.

[154] Liu，Yujin，Dunne M. Educational Reform in China：Tensions in National Policy and Local Practice ［J］. Comparative Education，2009，45（4）：461 – 476.

[155] Rouse C E，Barrow L. School Vouchers and Student Achievement：Recent Evidence and Remaining Questions ［J］. Annual Review of Economics，2009，1：17 – 42.